청교도 신학

에드워드 힌슨 편저

박 영 호 옮김

기독교문서선교회

Introduction to Puritan Theology
A Reader

Edited by
Edward Hindson

Translated by
Young-Ho Park

Copyright © 1976 by Baker Book House Company
First Printing, August 1980 Paperback Edition

Korean Edition
Copyright © 2002, 2018 by Christian Literature Center
Seoul, Korea

머 리 말

청교도들의 신학 작품들은 너무 오랫동안 현대의 신학자들에 의해 소홀히 여겨졌고 단지 문학도들에 의해 연구 되어 왔다. 청교도들의 작품의 신학적 내용에 관한 관심이 되살아난 것은 다만 최근의 일이다. 그리고 그것에 고무되어져서 이 책이 편집되게 되었다. 이 책의 목적은 신학생들 뿐만 아니라 일반 독자들도 조직신학의 몇 가지 주제들에 관한 주요한 내용을 설명하며 또 여러 청교도 저자들과 친숙하게 하기 위해서이다. 여기에 수록된 논문 선택의 기준은 신학에 대한 일관성 있는 설명이 아니라 다양한 문제들에 관한 기본적인 청교도적 가르침을 제시하는데 있다. 이 책에 포함된 저자들은 영국 국교회, 장로교회, 회중교회, 침례교회 그리고 비국교회 등에 걸쳐 폭넓게 있을 뿐만 아니라 그 주제에 관하여 최고의 권위자임을 알 수 있다.

이 책은 사본에 수록된 인쇄본에 따라 편집되었다. 다만 다음과 같은 점을 수정하였다. 아홉 개의 부제가 첨가 되었다(부제들은 모두 각 저자의 분명한 요지를 반영한다). 성경 관주는 일관성 있는 형태로 표기 하였는데, 책명은 약어로 표기 하였고 책수는 로마숫자로 표기하였으며 장과 절의 표기는 콜론에 의하여 구분하였다. 각주 번호는 책 하단에 표기된 숫자와 같고 인용 부호는 영국 식으로 되어있던 것을 미국 식으로 표기 하였다. 12편의 논문 중에서 8편은 19세기의 비평본에 근거하였고 4편은 17세기의 원본에 근거하였다.

본인은 역사 신학에 있어서 전직 교수이셨던 겔스넬(John Gerstner), 몽고메리(John W. Montgomery), 그리고 쿨벨(Robert Culver) 교수님께 진정한 감사를 표하는 바이다. 그 분들의 가르침과 지도는 이 책을 발간하는데 지대한 공헌을 하였다. 특히 겔스넬(Gerstner) 박사님은 청교도와 그들의 신학의 대단한 애호가 이시며 여기 수록된 작품들에 관해 처음으로 나의 관심을 불러 일으켜 주셨던 분이다. 역시 본인은 다음과 같은 분들께 감사드리지 않을 수 없다. 플로리다의 트리니티 신학 대학원 학장이신 그로쓰(Gordon Cross) 교수님은 이 책의 원고를 작성하는데 지도교수로서 도와 주셨다. 나의 사랑하는 아내인 돈나(Donna)는 모든 원고를 타자로 쳐서 정리해 주었는데 그녀의 인내심이 이 책을 가능하게 하였다. Banner of Truth Trust 출판사의 편집장인 머리(Iain Murray)는 원고 교정과 함께 유익한 조언을 하여 주었다. 루이스(Peter H. Lewis)는 두 개의 삽화를 제공하였고 웨스트민스터 신학교 도서관 사서인 쿠쉬크(Arthur Kuschke)양은 청교도들의 작품 원본을 찾는데 도움을 주었다. 버지니아의 유니온 신학교 도서관 사서인 앤코크(Martha Aycock)양도 역시 청교도 작품들을 구하는데 도움을 주었다. 그리고 Baker Book House 의 발행인 되시는 피셔(Allan Fisher)께서 이 책이 발간되도록 협력하셨고 이 책에 개인적인 큰 관심을 보여주셨다.

모든 것을 주의 영광을 위하여 !
(OMNIA AD DEI GLORIAM!)

목 차

머리말
서문/제임스 패커
제 1 장	청교도들에 대한 소개	14
제 2 장	자연신학/존 프레스톤	31
제 3 장	성경/존 쥬웰	49
제 4 장	하나님/스티픈 차녹	77
제 5 장	인간과 죄/토마스 맨톤	111
제 6 장	그리스도/제임스 어셔	133
제 7 장	구원 : 서론/윌리암 퍼킨스	173
제 8 장	구속/존 오웬	179
제 9 장	중생과 회심/사무엘 홉킨스	215
제 10 장	칭의/죠지 다우넘	245
제 11 장	성화/존 번연	269
제 12 장	교회/리챠드 박스터	287
제 13 장	종말론/죠나단 에드워드	307
	참고도서	329

The text for the Puritan writings included in this volume comes from the following sources:

BAXTER, RICHARD. "The True Catholic, and Catholic Church Described; and the Vanity of the Papists, and All Other Schismatics, That Confine the Catholic Church to Their Sect, Discovered and Shamed." In *The Practical Works of the Rev. Richard Baxter, with a Life of the Author, and a Critical Examination of His Writings.* 23 vols. London: James Duncan, 1830. 16:283-370 (pages included in the excerpt in this book, 283-99, 307).

BUNYAN, JOHN. "A Holy Life the Beauty of Christianity, or, An Exhortation to Christians to Be Holy." In *The Entire Works of John Bunyan.* Edited by Henry Stebbing. 4 vols. Toronto: Virtue, Yorston & Co., 1859?. 3:294-332 (312-17).

CHARNOCK, STEPHEN. "Discourse V: On the Eternity of God." In *Discourses upon the Existence and Attributes of God.* 2 vols. New York: Robert Carter, 1873. 1:276-309 (276-93).

DOWNAME, GEORGE. "Bellarmine's Eight Allegations to Prove Justification by Inherent Righteousness, Answered." In *A Treatise of Justification: Wherein Is First Set Down the True Doctrine in the Causes, Effects, Fruits, [and] Consequences of It, According to the Word of God. And Then All Objections and Cavils of the Adversaries to God's Free Justification by Grace Are Answered and Confuted, Especially [Those] of Robert Bellarmine, Jesuit and Cardinal.* London: Felix Kyngston, 1633. Pp. 227-42.

EDWARDS, JONATHAN. "The Portion of the Wicked" and "The Portion of the Righteous." In *The Works of President Edwards, with a Memoir of His Life.* 10 vols. New York: S. Converse, 1829-1830. 8 (1830): 195-279 (195-201, 203, 205-11, 227-28, 236, 239-40, 242, 244-46, 248-50, 271).

HOPKINS, SAMUEL. "The Cause, Nature, and Means of Regeneration." In *The Works of Samuel Hopkins, D.D., ... with a Memoir of His Life and Character.* 3 vols. Boston: Doctrinal Tract and Book Society, 1852. 3:543-78 (543-55, 560-69, 571-78).

JEWEL, JOHN. "A Treatise of the Holy Scriptures, Gathered out of Certain Sermons ... Preached at Salisbury, Anno Domini 1570." In *Various Tracts and Extracts from the Works of John Jewell, with a Memorial of His Life. The Fathers of the English Church, or, A Selection from the Writings of the Reformers and Early Protestant Divines, of the Church of England,* vol. 7. London: John Hatchard, 1811. Pp. 419-79 (419-29, 454-63, 465-68, 472-73, 476-79).

MANTON, THOMAS. "Man's Impotency to Help Himself out of His Misery." In *The Complete Works of Thomas Manton, D.D.* Edited by Thomas Smith et al. 22 vols. London: James Nisbet, 1870-1875. 5 (1871): 475-84.

OWEN, JOHN. "An Answer to the Twentieth Chapter of the Book Entitled, *The Universality of God's Free Grace,* etc. [Written by Thomas More and Published in 1643], Being a Collection of All the Arguments Used by the Author Throughout the Whole Book to Prove the Universality of Redemption." In *The Death of Death in the Death of Christ.* In *The Works of John Owen, D.D.* Edited by William H. Goold. 24 vols. Edinburgh: T. and T. Clark, 1862. 10:368-403 (368-94, 403).

PERKINS, WILLIAM. "A Golden Chain, or, The Description of Theology: Containing the Order of the Causes of Salvation and Damnation, According to God's Word: A View Whereof Is to Be Seen in the Table Annexed." In *The Works of That Famous and Worthy Minister of Christ, in the University of Cambridge, M. W. Perkins.* 3 vols. Cambridge: John Legate, 1608-1613. 1: insert between pp. 10 and 11.

PRESTON, JOHN. "God's Name and Attributes: The First Sermon." In *Life Eternal, or, A Treatise of the Knowledge of the Divine Essence and Attributes. Delivered in 18 Sermons...* 4th ed. London: E. P., 1634. 1:1-29 (1-22).

USSHER, JAMES. "Immanuel, or, The Mystery of the Incarnation of the Son of God." In *A Body of Divinity, or, The Sum and Substance of Christian Religion ... Whereunto Is Adjoined a Tract Entitled "Immanuel, or, The Mystery of the Incarnation of the Son of God."* London: Thomas Downes and George Badger, 1649. Pp. [1-24] (1-9, 14-24).

서 문

청교도주의란 무엇인가? 많은 잉크가 이 문제를 해결하기 위해 사용되었는데, 이는 결코 놀라운 사실이 아니다. 청교도주의는 매우 다양하고 변화가 많은 "운동"(movement)이었다. 그런데 이 "운동"이라고 하는 단어는 청교도주의에 적합한 어휘이다. 왜냐하면 그것은 끊임없이 발전되어 왔기 때문이다. 따라서 어떤 정연한 이론도 그 안에 있었던 모든 것을 다 포함할 수는 없다. "청교도"라는 말에 관한 사실들은 꽤 분명하다. 이 말은 일찌기 엘리자베스(Elizabeth) 여왕 치세하에서, 어쩌면 로마 가톨릭 교도들에 의해서 영국 신교도들을 조롱하기 위해서 만들어졌거나, 혹은 분리주의자들에 의해서 더럽혀진 결합체로부터 탈퇴한 것을 자랑하기 위해 만들어졌다(그런데 이 두 개의 가능성에 대해서는 양쪽 다 어느 정도의 증거가 있다). 국교회 옹호자들은 당장에 그 말을 분리적 경향을 나타내는 자칭 개혁자들이라는 모욕적인 의미로 사용하기 시작했다. 반면에 다른 사람들은 그 말을, "까다로운 사람"(precisian) "지옥불의 사람"(gehennian) 혹은 이와 비슷한 명칭들과 함께 "경건한 사람"들에 대한 욕설로서 사용하였다. 스튜어트(Stuarts) 왕가의 통치하에서는 알미니안주의에 반대하는 신학자들이 청교도라고 불리워졌다. 리챠드 박스터(Richard Baxter)에 의하면, 1642년 이후부터는 "청교도"(puritan)라고 하는 말은 모든 경우에 있어서, 그와 비슷한 독설이나 풍자로 말하여진, "장로교도"(presbyterian)라는 말로 대치되었다. 그러나 이러한 사실들은 "청교도"라고 하는 말이 두 개의 근원에 모두 적용되었던 이 운동에 대해 분명한 정의를 제공해 주지는 못한다. 따라서 이 시점에서 제공되는 어떤 정의든지, 만약 그것이 이 운동의 전 영역과 요인에 대한 전체적인 견해를 반영시키고 있다면, 선택력이 있고, 해석해 볼만 하며, 또한 설득력도 있을 것이다. 그러나 이것에 대한 판단은 그리 쉽지는 않다.

영국 역사가들은 "청교도 시대" - 즉, 청교도들이 주도권을 잡았던 시대 - 에 대해서 말하는데 그 시기는 1559년 마리안(Marian) 추방자들이 되돌아 온 그 때, 혹은 1564년 "청교도"라는 말이 출현한 시기부터 1662년에 청교도 목사들에 대한 국교회로부터의 대추방 사건까지를 잡고있다. 그런데 그 이후 25년 동안의 박해는 청교도주의를 국가적 무력으로 변질시켜 버렸다. 그러나(1620년대에서 1630년대 사이에 이주민들 가운데 전달되었던 영국의 청교도주의인) 미국의 청교도주의는 18세기까지는 종교적 문화적 규범으로서의 명목을 유지하였다. 그런데 그 이후 시기를 제대로 타고난 청교도인 요나단 에드워드(Jonathan Edwards)에 의해서 칼빈주의적 재 부흥운동이 전개됨으로써 청교도주의는 다시 활기를 띠게 되었고, 그 결과 19세기까지 영향력을 미칠 수 있는 힘을 얻게 되었던 것이다. 대서양 양쪽에 위치한 영국과 미국 두 나라에 주의를 기울여 보면 청교도주의가 적어도 2세기를 이어주고 있음을 알게된다.

영국에서는 비국교도 변증서로 쓰여진 다니엘 닐(Daniel Neal)의 『청교도들에 대한 역사』(The History of the Puritans, 1732 ~ 1738)라는 책은 청교도주의에 대한 인상을, 가장 주된 목적이 국교의 질서를 수정하는 것이었던 본래 교회적 항변의 운동으로 고정시켜 버렸다. 그러나 최근에 들어서 영국과 미국의 학자들은 청교도의 신앙과 윤리에 대한 문헌들에 대해서 주의를 기울여 왔고, 지금에 와서는 교회의 재조직은 청교도들이 추구하였던 일들의 일부분에 지나지 않는다는 것이 알려지게 되었다. 사실은, 기독교 사회의 결속에 대한 중세의 환상을 이어받으면서, 청교도들은 현대인들의 파악하기는 어려운 생활의 일관성을 어느 정도 보고 느끼고 있었다. 그들의 실재에 대한 꿈은 단편적인 것이 아니었다. 그들은, 기독교인의 관심이 교회의 질서나 개인의 복지에 제한되어서는 안되고 정치, 경제, 그리고 국가문화와 더불어, 두 가지 다 함께 포함해야 한다고 주장할 필요가 없었다. 왜냐하면 그들은 이것을 자명한 것으로 받아들였기 때문이다. 따라서 그들은 그들의 힘을 "주님에게 대한 신성"이라는 생활과, "관계"의 모든 분야, ─ 즉, 국교의 신앙과 규례, 모든 일반 예배자의 개인적 상태와 행동, 또한 모든 공동체 행동들의 목표들과 기준들에 걸쳐서 황금편지에 기록할 수 있다는 것을 확증시키려는데 소비하였다. 이와 같이 중요한 분야들은 보다 중요한 사람들의 계급제도로서가 아니라 동등한 사람들의 합성물처럼 여겨졌다. 이와 같은 청교도의 관심의 폭과 단일성은 리챠드 박스터(Richard Baxter)의 백만 어휘로 된 서사시의 제목 가운데서 반영되어지고 있다. 『기독교인 규칙서』, 혹은 『실천신학 개요 및 야심에 대한 제문제』『기독교인들의 지침서』『그들의 지식과 신앙을 어떻게 이용할 것인가』『모든 도움이 되는 것들과 수단을 어떻게 증진시키며 모든 의무를 어떻게 수행할 것인가』『시험을 어떻게 극복하며 모든 죄를 어떻게 피하거나 조절할 것인가』『4부의 구분 : 제1부, 기독교 윤리(혹은 개인적 의무). 제2부, 기독교 경제(혹은 가족적 의무). 제3부, 기독교 교회(혹은 교회의 의무). 제4부, 기독교 정치(혹은 우리들의 통치자들과 이웃들의 의무)(1664／5년에 저술되고 1673년에 출판됨)』. 이러한 중요한 일관성은, 매력이나 중대한 설교에 대한 권위, 헌신, 그리고 그것이 단련시켰던 훈련, 이러한 모든 것들과 함께 감독주의자들과 장로교인들, 침례교파와 재세례파 양파의 조합교회원들의 운동 가운데 공통으로 포함되어 있었다. 교회의 규례와 다른 교리적 문제에 관해서는 대립된 상태였음에도 불구하고, 그들이 영국과 미국내에서 바라는 인격이나 국가의 종류에 있어서는 하나였으며, 이러한 사실은 그들의 모든 교리적 논쟁들보다 더 깊은 가족적 감정을 그들에게 제공해 주었다.

힌슨(Hindson) 교수에게는, 청교도주의란 구영국(Old England)과 신영국(New England)을 둘다 꿰뚫고 흐르던 신학적 신념의 흐름에 대한 이름이었다. 그런데 그들 자신의 일생동안에 청교도라고는 불리우지 않았던 사람들에게까지 그 흐름은 스며들고 있었다. 일반 사람들은 청교도 명문집에서, 세 명의 영국 국교회 감독들인 쥬웰(Jewel), 도네임(Downame), 어셔(Ussher)와, 19세기까지 살았던 요나단 에드워드

(Jonathan Edward)의 논쟁적인 제자인 사무엘 홉킨스(Samuel Hopkins)의 발췌물을 발견하고서는 깜짝 놀랄 것이다. 그러나 힌슨 박사는 이 모든 제자들 가운데에서 공통적 사고방식을 분별해 내고 있다. 이 공통적 사고방식이란 공통 해석학과 함께 성경에 대한 공통적인 호소, 죄와 은혜에 문제에 있어서 심오하고 찬미적인 공통적 어거스틴주의, 세부적인 구속론에 있어서 방법과 형태에 있어서는 베타적인 공통적 칼빈주의, 일반계시와 자연신학, 그리고 신학적 체계에 있어서 이성의 지위 등에 대한 공통적 견해, 하나님의 말씀이 진실이라는 것을 우리의 경험을 통해 보이려고 하는 공통적 관심과 같은 것들이었다. 내 생각으로는 힌슨 박사가 발췌한 저자들이 서로의 의견을 나눌 수 있었다면 그들은 자신들이 속한 각각의 단체에서 단일 학파의 대표자로써 나타나는 것은 매우 정당하다고 생각했을 것이라는 의심은 아무 근거없는 생각이다.

사실 이 발췌물에 언급되어 있는 모든 세부적 견해들이 그 사상학파 안에서 만장일치로 받아들여졌던 것은 아니다. 예를 들자면 청교도시대에 있어서 영국과 미국의 모든 개혁파 어거스틴주의자들이 "금사슬 이론"(Golden chain)에 들어있는 퍼킨스 도표의 배잔(Supralapsarianism)이나, 막연한 구원사상에 대한 존 오엔(John Owen)의 논박과 같이 산산이 처부숴버리는 엄격함을 채택한 것은 아니었다. 또한 이 발췌물이 청교도들이 중요하다고 말해야 하거나 생각했던 모든 것들을 총망라했던 것도 아니다. 그들의 윤리와 그들의 안식일 엄수주의, 신앙과 확신, 그리고 토마스 훅커(Thomas Hooker)가 "그리스도에 대한 영혼의 준비"라고 불렀던 것에 대한 그들의 견해, 역사와 예수 그리스도의 공개적 재림에 대한 하나님의 계획에 관한 그들의 (일치되지 않았던) 사상들은 우리가 청교도 신학을 평가하기 이전에 주의할 필요가 있는 모든 문제들이다. 물론 양심과 그 문제들을 꿰뚫는 그들의 꽤 비범한 통찰력과 성도들을 영혼이 구원받을 수 있는 곳으로 인도하여 주었던 권위있는 목회자의 인간학도 말할 것도 없다. 그러나 지금까지 우리가 벌써 그렇게 많이 제공받아 왔는데 더 많이 제공받지 못한다 하여 불평하는 것은 인색한 것 같다. 힌슨 교수의 발췌물들은 이중의 가치가 있다. 그것들은 청교도의 신학적 사상을 이해하는데 있어서 매우 가치있는 자료이며, 또한 2세기라는 기간에 걸쳐 영어를 말하는 세계에 있어서 개혁파 어거스틴주의의 사상적 흐름을 확인하는데 있어서 개척자적 모험을 조성하기도 한다. 이 두 가지의 견지에서 볼 때, 이러한 일들에 관심을 가지고 있는 학자들의 연구에 이것들을 위탁하는 것은 기쁨이 아닐 수 없다.

더욱더 기쁜 것은 이와같이 관록이 있는 어거스틴주의의 자료들이 우리 세대에 와서 입수할 수 있게 된 일이다. (힌슨 교수가 사용하고 있는 넓고 포괄적인 용어의 용법에 있어서) 청교도들은 매우 강하였다. 이에 반해 오늘날의 복음주의적 기독교인들은 너무 약하다는 사실과, 그래서 사도시대 이후에 있어서, 과거나 현재를 막론하고 어떤 다른 기독교 교훈들보다도 청교도들의 저작들은 복음주의자들에게 보다 더 실제적인 도움을 줄 수 있다는 점은 부인할 수 없다. 이것은 매우 엄청난 주장이지만, 거기에는 충분한 근거가 있다. 청교도적 기독교 세계의 특성을 살펴보라. 여기에 지력이 뛰어난 사람들이 있다. 그런데 그들의 마음속에는 건전한 학문에 의해서 길들여진 정신적 습관들이 하나님에 대한 불타는 열성과 사람들의 마음에 대한 세세한 지식과 결합되어 있다. 그들의 모든 행위는 은사와 은혜를 독특하게 융화시켜 나타내 준다. 하나님의 최고의 권위에 대한 그들의 이해는 심오하였으며, 하나님의 말씀을 해석하는데 있어서 그들의 존경심은 매우 깊었다. 그들은 하나님께서 인간들을 다루시는 방법과 중보자이신 그리스도의 영광, 그리고 신자와 교회 안에서 이루시는 성령님의 역사에 대해서 그들 이후 어떤 사람들에게도 못지않게 풍부하고 충분히 이해하고 있었다. 그들의 지식은 단순한 신학적 정통만은 아니었다. 그들은 하나님께서 그들에게 가르쳐 주신 모든 것들을 실천에 옮기려고 노력하였다. 그들은 자신들의 양심을 성경에 얽매이게 하였고, 또한 그들이 행한 모든 일들에 대해서, 단순한 실제적인 것이 아니라, 신학적인 정당화를 자신들에게 요구하였다. 그들은 개인적인 세계 뿐만 아니라 교회, 가족, 국가, 예술과 학문, 그리고 경제세계까지에 주의를 기울였다. 이렇게 함으로써 이 세상 모든 것들의 창조자시요 주인되시는 하나님께 이와같이 많은 영역들이 봉사하고 영광돌리도록 하였다.

그런데 그들은 하나님을 알 뿐 아니라 인간에 대해서도 알고 있었다.

그들은 인간을, 하나님의 형상대로 지음을 받아 하나님의 세계를 지배하도록 창조받은, 근본적으로는 고귀한 존재로 보고 있다. 그러나 이제 와서는 죄에 의해서 잔인하게 되어지고 말았다. 하나님의 율법과 주권, 그리고 거룩함의 조명 안에서, 인간들은 3가지의 특징 안에서 죄를 깨닫게 된다. 즉, 첫째는, 범죄와 허물의 특성이고, 둘째는, 반항과 강탈의 특성이며, 셋째는, 부정과 부패, 그리고 선에 대한 무능력의 특성이다. 이러한 사실을 알게 되고, 거기에다 성령께서 죄인들을 믿음과 그리스도 안에서의 새로운 삶으로 이끌어 주시며, 성도들을 좀더 겸손하게 자라고, 은혜에 점점 더 의지하게 하며, 그들이 자신들의 구세주의 형상을 닮도록 이끌어 주시는데 사용하셨던 수단과 방법들을 그들이 깨닫게 됨으로써, 청교도들은 자신들의 시대에 있어서 훌륭한 목회자들이 되었다. 이와 똑같은 증거에 의해서 비록 죽긴 하였지만 청교도들은 아직까지 우리의 지침과 방향에 대해 우리들에게 말하고 있다.

　우리 복음주의자들은 도움이 필요하다. 청교도들은 질서와 훈련, 깊이, 그리고 철저함을 요구했던 반면, 우리들의 기질은 우연적이고 침착하지 못한 성급함으로 이루어져 있는 것이다. 우리는 곡예와 색다른 것, 그리고 오락을 좋아한다. 반면에 우리는 딱딱한 학문, 겸손한 자기반성, 단련된 묵상, 그리고 우리의 소명과 기도들 가운데서 주어진 힘든 일에 대해서는 취미를 잃어버리고 말았다. 또한 청교도주의가 통합점으로써 하나님과 그의 영광을 취했던 반면에, 우리들의 사고는 우리 자신이 마치 우주의 중심이나 되는 것처럼 우리 자신의 주위를 맴돌고 있다. 우리가 자랑하는 정통개혁주의의 공허함은 가면 갈수록 더욱 명백히 드러나고, 따라서 우리는 하나님께서 결합해 두셨던 일들을 분리시켜 놓는 결과를 낳고 있는 것이다. 이와같이 우리는 우리 개개인에 대해서는 관심을 갖고 있으나 교회에 대해서는 그렇지 못하며, 또한 증거하는 일에 대해서는 관심을 가지고 있으나 하나님께 예배드리는 일에 대해서는 그렇지 못하다. 복음을 전파하는데 있어서도, 우리는 율법이 없는 복음과 회개가 없는 신앙을 전하고 있다. 그 결과, 구원의 은사는 강조하지만, 제자로서 치루어야 할 댓가는 소홀히 하게 된다. 그러니 개종하겠다고 고백했던 그렇게도 많은 사람들이 다시 타락해 버린다는 것이 그렇게 놀라운 일은 아니다. 따라서 그리스도인의 생활을 가르치는데 있어서, 우리들의 습관은 이것을 활동하는 신앙이라기보다는 오히려 짜릿한 감정의 행로로써, 그리고 이성적인 의로움보다는 오히려 초자연적 중지(中止)의 행로로서 묘사하는데 익숙해져 있다. 또한 그리스도인의 경험을 다루는데 있어서도 우리는 로마서 7장에 나타난 신령한 불만이나 시편 73편에 나타난 믿음의 싸움, 혹은 하나님께서 그의 자녀에게 지워주신 책임의 짐과 섭리에 의한 징벌과 같은 것에 대해서는 아무런 주의도 기울이지 않고, 늘 기쁨과 화평, 행복, 만족, 그리고 영혼의 안식과 같은 것에만 거하려 한다. 태평한 외향적인 사람의 자발적인 쾌활함은 어느샌가 건전한 그리스도인 생활과 동일시하기에 이르렀고, 따라서 교회 안에서 명랑한 외향적인 사람들은 세속에 물들어 있으면서도 안심하게 되도록 헛된 용기를 얻는다. 반면에 덜 쾌활한 성격을 가진 거룩한 성도들은 위에 말한 사람들같이 해 낼 수 없음으로 인해 거의 미칠 지경에 이르게 된다. 이로 인해서 그들은 그들의 목사님들을 찾아가 상담하게 되고, 더 나아가서 정신과 의사에게까지 가서 치료받으려 하기에 이른다. 진정 우리는 도움이 필요하다. 그리고 청교도적 전통은 그 도움을 줄 수 있다. 만약 힌슨 박사의 발췌물들이 학생들이나 목사들로 하여금 영적 지식이 가득 차있는 이 어거스틴주의의 광산을 좀더 깊이 파헤치도록 용기를 북돋워준다면, 교회는 무한히 많은 유익을 얻을 것이다. 이 글로 말미암아 그의 책이 이와 같은 결과를 가져오기를 기대한다는 것은 좀 지나친 욕심일까?

영국 트리니티대학 교수
제임스 패커

제1장

청교도들에 대한 소개

　청교도주의(淸敎徒主義)란 결코 기독교인들의 어떤 특정한 집단이나 교파를 가리키는 것이 아니라, 참회적 영역을 넘어선 영적 신념들을 소유했던 설교자(說敎者)들과 평신도들을 가리키는 말이다. 또한 그것은 교회적 표제라기보다는 오히려 구교적 용어였다. 이 청교도주의는 16세기 후반 영국 국교회 내의 개혁운동으로 시작되었다.[1] 그 운동은 처음부터 교회를 분리시키려는 시도는 아니었으며, 청교도들이 보기에 아직도 로마 가톨릭과 같은 점이 너무 많은 국교회의 개혁을 계속하려는 것이었다.
　어니스트 케반(Ernest F Kevan)은 교회의 영역 안에서 청교도들은 국교회를 존속시키는 것이 좋다고 생각하였으나, 동시에 신약에 나타난 진정한 복음적(福音的), 사도적(使徒的) 유산의 가르침을 따라[2] 국교회를 보다 더 광범위하게 개혁시키는 것도 또한 옳다고 생각하였다.[3] 16세기

---

1) Perry Miller 와 Thomas H. Johnson 의 책「청교도들」(*The puritan*), 1 : 1∼12 에 이에 관한 탁월한 논의와 정의가 있다. 이 책은 전편에 걸쳐서 New England 의 청교도주의를 주로 다루며 영국 목사들에 관하여 제한적으로 언급하고 있다.
2) The Grace of Law : A Study in Puritan Theology, p. 17.
　이 책은 청교도들에게서 볼 수 있는 것처럼 성화에 있어서 도덕법의 위치에 관해 명백히 논하고 있다.
3) 이 개념은 Philip Edgcumbe Hughes 의 「영국 개혁자들의 신학」(*Theology of the English Reformers*)이란 책에서 가장 잘 인식되어 있고 잘 전개되어있다. 청교도 주의를 단지 사회적 관점에서만 논하려는 자들과는 달리 Hyghes 는 그 운동의 영적이며 신학적인 중요성을 잘 인식하였다.

종교개혁은 하나님의 은혜와 성경의 권위에 대한 재발견을 수반하였고 청교도들은 종교개혁의 열매(新敎)란 그 개혁의 근원들('**오직 믿음으로**', '**오직 성경으로**')의 결과라는 것을 인식하였다. 이와같이 청교도주의 교리운동이 되어갔다.[4] 그것은 하나님의 주권과「그리스도의 충족성」에 대한 재발견을 수반하였다. 대륙의 종교개혁과 마찬가지로, 그것은 어거스틴 사상과 성경주의적 신학의 회복이었다. 청교도들은 자신의 구원을 이룰 수 있다는 인간의 능력에 대한 로마 가톨릭의 주장에 대해 그들의 마음 깊은 곳으로 부터 나오는 강렬한 혐오감을 가지고 있었다.

초기 청교도들은, 17세기 초에 와서 격렬하여지고 두각을 나타내기 시작했던 한 투쟁인 고교회파(高敎會派)의 주장들을 강력히 반대하였다. 1662년에 발표된 통일령은 수백명의 청교도 설교자들을 영국 국교회로부터 추방하였고, 이 사건은 청교도주의를 국교 불신봉자 운동으로 만들었던 것이다. 청교도주의는 후에 미국의 뉴 잉글랜드에서 무르익었고, 18세기 말까지 지속되었다. 이와같이 청교도주의는 많은 교파들 안에 속해 있는 하나님의 자녀들을 감동시켰으며 오늘날 복음주의의 기반이 되었던 것이다.

복음주의적 교회가 도전을 받고 있고, 또한 위협을 받고 있는 이 시점에서, 복음주의적 교회의 근원이고 기초인 교리적 진리들에 대해 재고해 본다는 것은 필요하다.[5] 만약 복음주의 교회가 이 세대의 에큐메니칼적 환경으로부터 헤어나려고 한다면, 정통교리는 '**오직 성경으로**' (Sola Scriptura)라는 개혁원리 위에 서야한다. 오늘날 많은 복음주의 설교자들의 실패들 가운데 하나는 교리적 설교의 결핍이다. 마틴(A. N. Martin)은 현대 복음주의자들이 교리나 신학을 중세의 요귀로 간주하려는 정신

---

4) 이 주제는 William Childs Robinson 의 책「개혁 : 은총의 재발견」(*The Reformation A Rediscovery of Grace*)에 개진되어 있다. Robinson 은 미국 목사들을 비평하기를, 그들은 거기에는 교리적 근간도 복음적인 교회도 없었다고 말하면서 개혁자들의 교리를 이해하는데 실패하였다고 말하였다.

5) 이에 대한 현행의 노력은 Francis A Schaeffer 의「20세기 말의 교회」(*The Church at the End of the th Century*)(Chicago : Inter - Varsity, 1970)라는 책에서 실험적으로 다루어지고 있다. Schaeffer 는 보수교회가 역사적 신조와 실천으로 복귀할 것을 요청하였다.

때문에 어려움을 겪고 있다고 말하였다.[6] 이 정신은 신학자들이란 성경의 진리를 명백하게 해주는 것이 아니라, 오히려 곤란하게 만들고 있다고 비난한다. 교리설교(敎理說敎)의 분명한 목적은 하나님의 전체적 권고의 체계에 특별한 진리들을 짜 맞추는 것이다. 이 설교는 주석과 상설을 수반하는데, 이 두 가지 방법은 철학적(哲學的), 변증학적(辯證學的)으로 건전한 정통교리에 다다르게 해준다. 그것은 진리를 경험으로부터 고립시키는 것이 아니라, 오히려 진리를 경험에 적용시켜준다. 청교도 설교자에게는 진리란 실제적인 적용을 제외하고서는 기독교인의 생활과 아무런 관계가 없었다.

1. 청교도 신앙

현대신학의 발생으로 인하여 신학적 연구는 다시 복잡하고 난해한 하찮은 일이 되어버렸다.[7] 절대적 진리의 상실은 절대적 도덕의 상실로 끝나고 말았다. 신학의 중요성은 실존주의에 의해 극히 줄어들어 왔다. 현대 신학자들에게 진리로서의 진리란 더이상 중요한 것이 되지 못하게 되고, 불행하게도 이러한 태도는 현대의 많은 복음주의자들에게 영향을 끼치고 있다. 교리가 타락하게 되면, 복음주의의 방법론과 행동의 원칙까지도 역시 타락하게 된다. '교리적 진리'를 기독교인 개개인의 생활과 윤리에 끊임없이 적용했었다.[8]

---

6) 「오늘의 설교 무엇이 문제인가?」(*What's Wrong with Preaching Today?*)(London : Banner of Truth, 1970) pp. 16, 17. Martine 은 여기에서 설교자의 경건생활의 결핍과 그 메세지 내용의 결함에 대해서 현대 설교의 실패원인을 추적하였다.
7) 이에 대한 한 가지 예가 Paul Tillich 의 「조직신학」(*Systematic Theology*) 제 3권이다(Chicago : University of Chicago, 1969).
8) 이 사실은 금세기에 있어서 과거 어느 때보다도 오늘날에 와서 재발견되어지고 있다. 다음 두 청교도의 작품들을 보자. Gordon Stevens Wakefield 의 「청교도적 헌신」(*Puritan Devotion*), Robert C. Monk 의 「요한 웨슬레」(*John Wesley*). 후자의 책은 웨슬레가 다양한 청교도 서적들을 사용하였음을 추적한다. 그것들 중의 어떤 것은 심지어 웨슬레가 다시 발간하였던 것이다. 침례교 설교가들인 Charles, Haddon 그리고 Spurgeon 등에 미친 청교도의 영향에 관해서는 Ernest W. Bacon 의 책 「스펄존」(*Spurgeon*) (Grand Rapids : Eerdmans, 1968)을 보라.

밀러(Miller)가 보여주는 바와 같이 청교도란 과거 역사가들이 오랫동안 생각해온 것같이 수척한 몸매에, 검은 모자를 쓰고 머리는 길다랗게 늘어뜨린, 홍이나 깨는 그런 사람은 아니었다.[9] 그들은 유우머 감각을 지니고 있었고, 또한 하나님께 대한 영적 헌신의 깊은 지각을 소유한 다채로운 사람들이었다. 17세기 청교도들과 같은 시대에 살았던 한 사람이 청교도들을 묘사하기를 그들은 누구에게보다도 하나님께 먼저 영광을 돌리는 사람들이고, 또한 가장 좋은 기독교인이란 가장 좋은 남편과 아내, 부모, 자녀, 주인, 그리고 종이 되어야 하며, 그 결과 하나님께 대한 교리가 모욕을 당하지 않고, 영화롭게 되어야 한다고 믿는 사람들이라고 하였다.[10]

초기 청교도인 윌리암 퍼킨스(Wiliam Perkins)는 케임브릿지 대학의 가장 뛰어난 신학자였다(그런데 예정과 파멸에 대한 교리을 다룬 그의 '금사슬 이론'(Golden Chain)은 이 책에도 포함되어 있다). 그럼에도 불구하고 그는 영국 '결의론적 신학'의 창시자가 되었다.[11] 윌리암 암즈(William Ames)는 케임브리지 대학에서 퍼킨스의 강의를 들은 그의 경험을 자세히 이야기하면서, "퍼킨스는 학생들을 진리 안에서 건전하게 교육하였고, 그들에겐 경건함을 추구하도록 잘 이끌어 줌으로써, 하나님의 영광하에 있는 진정한 종교와, 다른 사람들의 구원을 증진시키도록 하였다"는 사실은 주목하였다.[12]

영국 국교회의 완전한 정화에 대한 희망이 희미해지자, 청교도들은 기독교인의 생활에 대한 신학자들이 되었다. 케반(Kevan)이 말하기를 "그들은 설교를 베풀었고 기독교회의 개혁이 성서적 원칙들에 대한 충분한 뜻을 제대로 파악하지 못한 영국에 있어서 영적인 일들에 대한 새로운 이해를 창조하려는 과업을 수행하였다"고 하였다.[13] 국교회의 약점

---

9) *The Puritans*, 1 : 2, 3.
10) John Geree, *The Character of an Old English Puritan or Nonconformist* (London, 1646).
11) Wakefield, *Puritan Devotion*, p. 6.
12) *Conscience, with the Power and Cases Thereof*, preface. Ames became a famous casuist in his own right.
13) *The Grace of Law*, p. 19.

은 종교개혁 자체의 약점 때문은 아니었으며, 오히려 국교회가 종교개혁의 원칙들을 충분히 따르지 못한 데서 기인한 것이었다. 근본주의는 청교도주의의 소산이며, 또한 순수한 교리에 대해 호감을 가지고 있기는 하나, 거의 모든 근본주의자들은 그들이 매우 많은 영향을 받은 영국 개혁가들에 대해서는 거의 관심이 없고, 더 나아가서 아예 이러한 사실을 깨닫지 조차 못한다.[14]

청교도 신학자들의 특징은 그들은 첫째로는 설교자들이었고, 둘째로는 신학 저술가들이었다는 것이다. 그들의 저서들은 주로 그들의 설교들을 모아놓은 것이있다.[15] 교리를 기독교인의 생활에 적용하는 것을 강조한 것 때문에, 그들의 저서들은 자연히 실천적 신학으로 되어졌다. 청교도들은 상아탑 신학자들이 아니라, 인간들의 욕구를 충족시켜 주시는 하나님의 은총을 전하는 설교자였다.

청교도(Puritan)라는 명칭은 청교도들은 속이 좁은 위선자들이라고 간주했던 국교회 고교회파교도들(High Church Anglicans)에 의해서 청교도 운동에 경멸적으로 주어진 이름이었다(이는 마치 오늘날 근본주의를 반대하는 사람들에 의해서 **근본주의자**라는 말이 가끔 적용되는 것과 마찬가지이다).[16] 신앙심이 없는 사람들은 때때로 신앙심이 있는 사람이 그들을 정죄하는 것보다 더 빨리 신앙심이 돈독한 사람들을 정죄해 버린다.

---

14) 이것은 사데 교회(요한계시록 3장)가 교회사에 있어서 개혁기간을 묘사해 주는 그 초기의 섭리관에 부분적인 원인이 있다. 사데 교회는 살았다 하는 이름은 가졌으나 죽은 교회이었다. 진실로 믿는 자는 거의 없었다. 이러한 섭리관에 입각하여 많은 영국의 근본주의자들은 개혁의 중요성을 과소평가하였다. 그러나 영국의 개혁자들은 세속적인 상태이거나 죽은 상태가 아니었다.

15) William Haller, *The Rise of Puritanism*, pp. 10 ~ 25.

16) 청교도인 Robert Bolton 은 그의 책 「참된 행복」(*True Happiness*, London, 1611) p. 132에서 실제로 청교도라는 이름을 불쾌하게 생각했다. 한편, 근본주의자들에 대한 동시대의 경멸적인 표현의 보기로는 Bernard Ramm 이 그의 책 *A Hamdbook of Contemporary Theology* (Grand Rapids : Eerdmann, 1966), p. 48에서 말한 것처럼 "반지성적", "반문화적", "반개화주의자", 그리고 "분리주의자"등의 표현이 있다.

청교도의 헌신은 기독교 신앙의 표본이다. 청교도들은 교리의 순수성에 대해 엄격한 입장을 취하면서도 청교도 성직자들은 그들의 양떼들을 다정하게 이끌어주고 기독교인들을 사단의 간계로부터 벗어나게 인도하고 믿지않는 사람들에게는 오직 예수안에서 안식을 얻으라고 권고하는 데 항상 관심을 갖고 있었다. [17] 리챠드 그린햄(Richard Greenham)과 그의 사위 존 도드(John Dod)는 복음을 가장 무지한 영혼들에게로 그들 자신들의 어휘와 표현들로써 설명할 수 있는 능력을 가진 사실로 유명했다. 청교도들은 하나님과 진리를 사랑하였다. 그들은 결코 바리새인들은 아니었다. 그들은 과격론자들과 광신자들을 탄핵하였다. [18] 그들의 영적 신앙은 신실하였는데, 그것은 성경적 교리를 실행한 결과였다.

청교도의 헌신에 대한 열쇠는 훈련이었다. 기독교인의 생활은 운명에 내어 맡기는 생활이 아니라 훈련된 생활이다. 너무 많은 현대의 복음주의자들이 이 원칙을 완전히 깨닫지 못한다. 그 결과 우리 교회들이 진리는 놓치고 거짓들을 붙잡는 것이다. 모든 분야에서 교리와 윤리, 그리고 방법론들에 대한 재평가를 요구하는 목소리가 들려오고 있다. 왜 그런가? 우리는 교리를 소홀히 다루어 왔는데, 이 교리는 우리들의 신앙과 헌신에 해롭게 영향을 끼쳐왔던 것이다.

청교도의 마음 중심에는 절대적으로 권위있는 성경이 자리잡고 있었다. 하나님의 말씀은 그들의 생활을 지배하고 단련시켰다. 종교개혁의 위대한 변혁은 하나님의 말씀을 성직자의 속박으로부터 해방시켰다는 것이다. 종교개혁도 중단될 수 없었다. 왜냐하면 수많은 인생들이 살아계시는 하나님의 말씀의 권능에 의하여 변화되어 왔기 때문이다. [19] 토마스 크랜머(Thomas Cranmer)는 "… 이 책은 가장 값비싼 진주요, 지구상에 남아있는 가장 거룩한 유물, 즉 하나님의 말씀이다"라고 썼다. [20]

---

17) Cf. the depth of compassion in Thomas Brooks, *Precious Remedies Against Satan's Devices* (London, 1652). On every page Brooks pleaded with great compassion with his readers.
18) Cf. Richard Alleine, *Vindiciae Pietatis* (London, 1664), pp. 1 ~ 12
19) See examples of conversions in *Theology of the English Reformers*, pp. 12 ~ 15
20) In John Strype, *Memorials of Archbishop Cranmer*, 3 vols. (London : Oxford University, 1954), 3 : 385.

하나님의 말씀에 대한 청교도들의 관심은 하나님의 율법에 대한 강조점을 포함하였다. 도덕적 율법은 단련된 신자들에게서 그 권위를 발휘하며, 또한 그것은 그들의 죄를 인정하고 그들의 유일한 소망은 하나님의 은총과 자비라는 것을 인정하는 사람에게 유용한 것이다. 따라서 청교도들은 기독교인이란 도덕적 율법을 지킬 아무 의무도 없다고 주장하는 도덕폐기론을 강력히 반대하였다. 심지어 청교도들은 성경에 있는 민법이 그들의 "가장 근본적인 법률서"가 되어야 한다고 생각하기까지 했다.[21]

케반은 성도의 생활에 있어서 율법의 권위는 기독교인의 생활에 대한 청교도의 관념에 있어서 가장 중심되는 것이라고 느꼈다.[22] 그리스도에게 대한 진정한 헌신은 하나님의 도덕적 율법에 대한 복종을 포함한다. 청교도들은 결코 이러한 복종이 구원에 대한 기준이라고 가르치지는 않았다. 오히려 그것은 인간 마음의 피할 수 없는 결과요, 또한 하나님에 의해서 새로이 되어질 것이라고 가르쳤다. 청교도들은 도덕폐기론자들이 칭의와 성화를 적절히 구별하지 못함을 비판하였다. 그들은 도덕폐기론자들의 교리가 매우 자주 실제 생활에 적용되는 것을 깨달았기 때문이다.[23]

이와 같이 청교도들은 율법의 실제적 적용을 강조하였다 : 즉 죄를 견제하고, 인간을 그리스도에게 인도하며, 신자들의 행위를 이끌어 주는 것 등이다. 이점에서 그들은 칼빈의 가르침을 거의 그대로 따르고 있

---

21) Cf. discussion in John D. Eusden, *Puritans, Lawyers, and Politics in Early Seventeenth-Century England*, p. 120.

22) *The Grace of Law*, p. 22. He cited several important Puritan refutations of antinomianism : Samuel Rutherford, *A Free Disputation Against Pretended Liberty of Conscience* (London, 1649) ; Rutherford, *A Survey of the Spiritual Antichrist* (London, 1648) ; Thomas Bedford, *An Examination of the Chief Points of Antinomianism* (London, 1646) ; Samuel Bolton, *The True Bounds of Christian Freedom* (London, 1645) Henry Burton, *The Law and the Gospel Reconciled* (London, 1631) ; George Downame, *An Abstract of Duties Commanded in the Law of God* (London, 1620) ; Thomas Gataker, *Antinomianism Discovered and Confuted* (London, 1652) ; Robert Traill, *A Vindication of the Protestant Doctrine Concerning Justification* (London, 1692).

23) Cf. John Sedgwick, *Antinomianism Anatomized* (London, 1643), p. 29.

다.²⁴⁾ 칼빈은 주장하기를 율법은 죄인이 그의 커다란 실패와 궁핍을 깨닫도록 하며, 또한 신자가 거룩함과 정직함을 얻기위해 싸워나가는 것을 격려하기 위해서 설교되어져야 한다고 하였다.²⁵⁾

청교도들은 소위 오늘날 많은 기독교인들과 같이 될 수 있으면 세상적으로 살려고 했던 것이 아니라 가능한한 경건되이 살려고 하였다. 크랜머는 "진정한 신앙은 언제나 선한 행위를 수반한다"고 기술하였다.²⁶⁾ 단지 진정한 의로움만이 인간의 신앙과 회개의 진실함을 증거해 준다. 에드윈 샌디즈(Edwin Sandys)는 "또한 우리가 그에게 빚지고 있는 의무는 우리가 그를 계속적으로 섬기는 생활의 거룩함과 의로움에 있다"고 기술하였다.²⁷⁾ 20세기의 교회는 설교와 신학에 대한 기독교의 힘있는 능력을 되찾기 위해서 이 진리를 회복하고 재강조하는 것이 매우 필요하다. 샌디즈는 다시 기술하기를 "하나님께 대한 경외심이 우리의 마음에 심어진다면, … 우리들은 그렇게 무관심한 방심 속에서 살아가지는 않을 것이다 ; 복음은 우리 안에서 보다 좋은 효과를 나타낼 것이며, 또한 보다 많은 열매를 얻게 될 것이다 ; 우리들은 마침내 불신앙과 세상적인 욕망을 내어 던져버리고, 건전하고 정당하며 경건한 삶을 살게될 것이다 ; … 성직자들은 양떼들을 먹이기에 더욱더 부지런하게 될 것이며, 성도들은 목자의 음성을 들을 준비를 더 잘하게 될 것이다 … ".²⁸⁾

성화는 신자의 생활 가운데 일어나는 성령의 즉각적인 역사이지만, 그 완성은 하나님의 말씀에 의한 단련의 과정을 수반한다. 존 쥬웰(John Jewel)은 이것을 다음과 같이 설명하였다 : "우리는 하나님의 자녀들이고, 그리스도의 형제들이며, 영원한 왕국의 상속자들이다. 우리들은 기독교인이며 하나님의 복음을 믿는다 ; 따라서 우리는 그리스도 종들로서

---

24) *Institutes of the Christian Religion* (Geneva, 1559), 2. 7. 12. See also Ronald S. Wallace, *Calvin's Doctrine of the Christian Life* (Grand Rapids : Eerdmans, 1959), pp. 141 ~ 47.
25) *Institutes*, 3. 19. 2.
26) "Homily of Faith, " in *Works*, ed. John Edmund Cox, 2 vols. (Cambridge : University, 1844, 1846), 2 : 140.
27) Quoted in Hughes, *Theology of the English Reformers*, pp. 80, 81.
28) *Sermons*, ed. John Ayre (Cambridge : University, 1842), p. 280.

살아가야 한다는 것을 기억하여야 한다 ; 우리는 하나님의 거룩한 복음의 선생들과 같이 살아가야 한다".[29] 거룩한 삶에 대한 이런 열렬한 헌신은 구원을 얻으려는 것이 아니라 하나님의 자녀됨과 그리스도 안에서 신자의 도리를 표현하려는 것이었다.

청교도 신앙은 가톨릭 신앙과 크게 대조되었다. 신플라톤주의(Neo Platonism)를 기초로 한 후자는 기독교인의 생활가운데 정죄(淨罪), 조명, 연합 세 가지 단계를 인정한다. 하지만 청교도에 있어서는 그리스도와의 연합은 기독교인의 생활의 끝이 아니라 시작이다! 이와같이 "모든 영적인 생활과 거룩함은 그리스도의 충만함 속에 소중히 간직되어지고, 그와의 연합에 의해서 우리에게 전달되어진다 ; 그러므로, 그리스도와의 연합을 성취하는 것은 우리들의 마음가운데 은혜를 간직하는 처음 과업이다".[30] 다시 말하지만, 만약 우리가 개신교와 가톨릭의 차이를 최소로 하려는 에큐메니즘의 홍수를 견디어내려 한다면, 오늘날 우리 복음주의자들은 이 진리들을 다시 붙잡아야만 한다. 그리스도를 사랑하고 그의 진리에 충실하는 것은 청교도 신앙의 진정한 특성들이었다.

2. 청교도 교리

청교도주의의 위대성은 진실한 교리와 올바른 실행의 유일한 출처로서의 하나님 말씀에 대한 충실성이었다. 그러나 그것은 단순한 종교적 신조만은 아니었다. 그것은 성경의 가르침으로 인간의 전인격을 통합시키는 생활철학이었다. 이와같이 청교도들은 과학, 논리학, 철학을 두려워하지 않았으며, 오히려 하나님의 말씀을 각 분야와 연관시켜 통합하려고 하였다. 그들은 하나님께서는 학문적 추구의 분야에서 영광을 받으실 수 있다고 믿었다. 그들은 성경이 이성과 학문으로 더불어 조화될 수 있다고 믿었으며 따라서 그들은 단순한 이성주의가 하나님의 말씀을

---

29) Works, ed. John Ayre, 4 vols. (Cambridge : University, 1845 ~ 1850), 2 : 1056 ff.
30) Walter Marshall, *The Gospel Mystery of Sanctification*, 8 vols. (London, 1692), 1 : 69.

파기하도록 버려두지 않았다.[31] 그들은 성경을 모든 분별있는 진리의 기초가 된다고 생각하였고, 성경이 가르치고 있는 것과의 관계에서 실체를 분별하려고 하였다.「따라서 그들은 거의 모든 현대 신학자들이 하는 것과는 달리 자연신학을 회피하지 않았다」.[32] 그들은「하나님의 진리」만이 인간의 필요에 대한 유일한 분별있는 대답이라는 것을 알았다. 타락한 인간의 전적 부패에 대한 그들의 강렬한 신념에도 불구하고, 청교도들은 그들 자신이 죄인들에게 그들의 불신앙의 비합리성을 보여주어야 하며, 성령께서 그들을 진리의 말씀으로 조명하여 주시기를 기도해야 한다고 믿었다.[33]

인간이「하나님의 진리」를 포기해 버릴 때 그는 또한 법, 정의, 교육, 그리고 철학에 대해 유일하게 가능한 기초마저 버리게 된다고 믿었다. 그는 단지 공허하고 무의미한 우주에 남게 되며, 그의 유일한 선택권은 자기보존과 자아만족이다. 프란시스 쉐퍼(Fransis A. Schaeffer)는 말하기를 20세기 인간이 도달할 수 있는 유일한 길은 개혁자들이 매우 잘 파악하였던 진리, 즉「신앙과 이성」은 하나라는 사실을 통해서라고 하였다.[34]「하나님의 진리」는 단지 믿지 않는 사람들의「마음과 가슴」에만 비합리적이다. 현대 인간의 절망에 대한 기독교의 해결책은 만약 인간이 하나님의 진리에 복종하게 된다면, 통합되고 합리적인 진리가 유효하게 되리라는 것이다. 쉐퍼는 "인간이 그의 합리주의를 포기해야만 할 것이라는 것은 사실이다. 그러나 그리고나서 … 그는 그의 합리성을 되찾을 가능성을 가지고 있다"고 하였다.[35]

---

31) Cf. John Cotton, *A Practical Commentary upon the First Epistle General of John* (London, 1656), p. 8.
32) Cf. chapter 2.
33) 이런 흐름 속에서 Schaeffer 는 그의 책「이성으로부터 도피」(*Escape from Reason*) (Chicago : Inter-Varsity, 1968), pp. 42~45에서 이성으로부터 도피하여 실존의 절망에로 향하는 현대 사상의 작금의 경향을 분석하였다. 그는 인간 존재의 참된 의미를 찾으려는 이성적 희망을 포기한 현대인들의 사상과 생활 가운데 있는 의미와 목적의 상실을 추적하였다. 그는 같은 책 pp. 80~87에서 현대인들이 성경의 진리에로 돌아갈 것을 요청하였다.
34) Ibid., p. 82.
35) Ibid.

교리의 문제에 있어서는 청교도들은 칼빈주의자(Calvinist)들이었다고 말하는 것이 안전할 것이다. 그들의 생활에 대한 견해는 하나님 중심적이었고 하나님의 말씀에 의해서 인도되어지고 지배되어졌다. 패커(J. I. Packer)는 칼빈주의의 기본적인 원칙은 「구원은 주님의 것이다」라는 성경적인 원리라고 주목하였다.[36] 이와같이 청교도들은 「구원사역」에 있어서 하나님의 역사 : 즉 성부에 의한 선택, 성자에 의한 속죄, 성령에 의한 효과적인 소명(召命)을 강조하였다. 하지만 그들은 「과도한 칼빈주의자들이라고 부르는 것은 전적으로 온당치 못하다」. 왜냐하면 그들은 죄인들에게 그리스도를 충분하고도 자유롭게 제공해 주었고, 또한 그들로 하여금 그리스도를 찾도록 권고하였기 때문이다.[37] 값싸게 감상에 젖어드는 것은 청교도 신학에서 찾아볼 수 없다. 청교도들은 하나님의 분명한 진리를 하나님의 말씀에 드러난대로 설교하기를 두려워하지 않았다. 청교도 설교자들은 그의 성직을 결코 소홀히 취급할 수 없는, 하나님으로부터 받은 소명으로 생각하였다. 성경의 해석이란 철저하게 연구되어지고, 주의깊게 다루어져야만 될 심오한 기술이기 때문에 청교도들은 퀘이커(Quakers)의 광신적 방법론들에 강력히 반대하였다. 그런데 퀘이커는 신앙과 이성을 정열과 감정에게 종속시켰다. 존 코튼(John Cotton)은 "열정이 없는 지식은 더이상 지식이 아니긴 하지만, 지식이 없는 열정은 성난 불길과 같다"고[38] 기술하였다.

청교도주의는 「정통신앙과 열정적인 헌신의 건전한 결합」이었다. 이 두 요소는 후대에 청교도주의의 두 파생교단 즉 유니테리안파(Unitarianism)와 신앙부흥운동으로 분리되어졌다. 유니테리안들은 그들

---

36) John Owen 의 책 *The Death of Death in the Death of Christ* (London : Banner of Truth, 1963), p. 4에 있는 「서론」. 이 논문에서 Owen 은 제한 속죄에 관한 그의 가르침에 대한 해설을 제공한다.
37) 과도한 칼빈주의(Hyper-Calvinism)는 불신자들에게 찾아가서 복음전도와 선교하는 일을 금하는 칼빈주의의 한 형태이다. 그러나 이런 관점을 옹호하는 자들은 결과(하나님의 주권적인 은혜에 의한 구원)를 작정하신 그 하나님이, 그 결과를 이루기 위해 역시 방법(죄인들에 대한 열정적인 복음전도와 그리스도를 구주로 영접하도록 그들을 호칭함)을 작정하신 같은 하나님이심을 잊는다.
38) *Christ the Fountain of Life* (London, 1651), p. 145.

의 권위와 완전히 세속화된 종교로서 성경의 진리에 이성만을 대치시켜 버렸다.

한편 신앙부흥운동가들은 감정을 너무 강조했었다. 1740년대에 있었던 대각성운동은 아직까지는 본질적으로 청교도운동이었다. 그러나 19세기에 있었던 신앙부흥운동은 단련된 성직의 개념까지 포함하여[39] 청교도주의의 거의 대부분의 자취들을 포기해 버렸다.[40] 그러나 자신들의 신앙을 지키는데 있어서 신앙부흥운동자들의 그리스도에 대한 사랑은 그들을 유니테리안 합리주의로부터는 지켜주었으나 완전주의나 예수재림주의와 같은 교리적 오류를 범하지 않을 수는 없었다. 근본주의는 청교도의 교리의 순수성에 대한 강조와 신앙부흥운동가들의 열성적인 신앙심을 공통으로 이어받은 상속자였다. 이 두 경향간의 균형은 근본주의의 교파적 근원을 결정짓는다.

복음주의는 오늘날 불확실하고 혼동된 상태에 있다. 패커는 말하기를 "전도를 수행하고 거룩을 가르치고, 지역교회를 설립하고, … 단련을 시키는 것과 같은 문제들에 있어서 현재의 상태에 대해서는 대부분 만족할 수 없고 또한 앞으로 나아갈 길에 대해서도 마찬가지로 대부분 불확실하다는 증거가 있다"고 하였다.[41] 패커는 이 문제를 개혁자들이 제창하였던 성경적 교리들에 대한 상실로 거슬러 올라간다. 교리적으로 적당히 처리된 우리 세계의 복음은 깊은 존경과 깊은 회개, 지극한 겸손, 경배의 정신, 그리고 교회에 대한 관심을 일으키지 못한다. "그것은 인간이 그들의 사상 가운데서 하나님 중심이 되게 하지 못하고, 그들의 마음 가운데서 하나님을 경외하도록 하지도 못한다".[42]

---

39) Miller and Johnson, *The Puritans*, 1 : 3 ~ 5. Cf. J. Edwin Orr, *The Second Evangelical Awakening* (London : Marshall, Morgan and Scott, 1964), pp. 117 ~ 20. On the social influence of revivalism see Timothy L. Smith, *Revivalism and Social Reform* (New York : Harper, 1965).

40) B. B. Warfield, Perfectionism (Philadelphia : Presbyterian and Reformed, 1931), pp. 101 ff.

41) "Introductory Essay," p. 1. This confusion is apparent in the speculations in Carl F. H. Henry, *Frontiers in Modern Theology* (Chicago : Moody, 1966), pp. 120 ~ 42.

42) "Introductory Essay," p. 1.

그 결과 세속적인 것이 많은 보수교회에 스며들어와서 교리, 윤리, 그리고 심지어는 음악에까지 영향을 끼치게 되었다. 그들이 무엇을 믿는지 더이상 확신치 못하는 복음주의자들 가운데에서는 교리적 재평가가 널리 행해지고 있다. 상대주의적 도덕은 교회가 지금까지 알아왔던 것보다 훨씬 해이된 도덕을 만들어내고 있다. 차알스 우드브릿지(Charles Woodbridge)는 이 문제를 교리적 오류에 대한 묵인의 태도와 동일시 하였다.[43]

근본주의자들과 마찬가지로, 청교도들은 교리적 오류로부터의 이탈을 강조하였다. 둘다 그들의 반대자들에 의해서 분리주의자들이라고 불리워왔다.

청교도들은 영감에 의한, 그리고 권위있는 하나님의 말씀에 확고히 맡겨졌다. 그들은 인간이 아담 안에서 타락했으며 인간이란 전적으로 부패되었고 따라서 그 자신을 구원시킬 수 없으며, 그 결과 그는 구세주를 필요로 하게 되었다는 사실을 믿었다. 그리스도께서는 인간을 그의 죄로부터 깨끗하게 하시기 위해서 그의 죄없는 피를 인간에게 흘려주셨고, 그를 죄의 굴레로부터 자유롭게 해 주셨다. 구원은 완전한 은혜의 산물이며, 인간은 어떠한 방법으로든지 그것을 얻거나 완성시킬 수 없다. 인간은 그를 대신한 하나님의 독립적인 역사로 구원함을 받은 것이다.

청교도들은 추상적인 신학자들이 아니라 설교자들이었다. 그들은 하나님의 말씀을 주의깊고 철저하게 연구하였으며, 그리고나서는 그 진리를 그들의 청중들에게 전해 주었다. 그들은 능력있는 설교자들이었다. 왜냐하면 그들은 하나님께서 인간을 그의 피로부터 구원시키실 수 있다고 설교했기 때문이다. 그들은 인간의 자유의지와 구원사역에 있어서 인간이 하나님과 협동하는 것에 대한 가톨릭의 개념에 반대하였다. 크랜머는 설교하기를 "여러분들의 죄를 없이 해주는 사람은 내가 아니라 오직 그리스도뿐입니다 ; 그리고 나는 그 목적을 위해서 여러분을 오직 그에게 보냅니다. 그로 인하여 여러분들은 여러분들의 모든 좋아하는 장점들과 말들과 생각들과 그리고 일들을 포기해 버리고, 오직 그리스

---

43) *The New Evangelicalism* (Greenville : Bob Jones University, 1969), pp. 13~16.

도만을 신뢰하게 되는 것입니다"[44] 라고 하였다.

우리가 영어 성경을 갖도록 하는데 생애를 바쳤던 윌리암 틴데일(William Tyndale)은 은혜에 대해서 말하기를 : " … 올바른 신앙은 인간의 환상에서 솟아나는 것이 아니며, 또한 그것은 인간의 힘으로 얻을 수 있는 그러한 것도 아니다. 그것은 전적으로 우리들에게 자유로이 부어주시는 하나님의 순수한 선물이다. 우리는 받을만한 자격도 없고 정말 그것을 찾지도 않았는데도, 하나님께서 그리스도를 통하여 사신 은사와 은혜인 것이다"라고 하였다.[45] 개종한 신부인 휴 라티머(Hugh Latimer)는 "하나님은 먼저 우리를 사랑하시고 우리의 눈을 뜨게 해 주셔서 그리스도 안에 있는 진리를 보게 함으로써 우리가 그를 받아들이도록 하게 하십니다. 따라서 여러분도 우리가 구원을 받을때 알게 된 바와 같이, 우리는 우리 자신의 행위들로 영생을 얻으리라 생각하면서 일해서는 안됩니다. 이 일은 그리스도를 부정하는 것입니다. 구원과 죄의 용서는 그의 은사, 즉 그 자신의 자유로운 은사입니다".[46]

그러면 청교도들을 연구하는 것이 오늘날 어떻게 복음주의 교회에게 유익을 주는가 ? 그것은 우리가 우리들의 설교에 있어서 성경에 대한 교리들을 다시 받아들이도록 용기를 북돋워준다. 우리는 청교도 신학의 모든 세목을 다 설명할 필요는 없으나, 그들 중 몇 가지 점은 매우 중요하다.

첫째로, 진정한 회개의 필요성과 그 본질에 관한 문제이다. 인간들은 그들의 죄로부터 돌아서기 위해서 진지하게 경고를 받을 필요가 있다. 사도 바울은 "인간은 회개하고 하나님께 돌아가서 회개에 합당한 일들을 행하여야만 한다"고 설교하였다(행 26 : 20). 죄인은 그의 죄와 그 자신의 의와 사탄, 그리고 세상으로부터 돌아서야 한다.[47] 그러한 회개는 세상을 부러워하거나 그것을 교회 안으로 이끌어들이기를 남겨주지

---

44) *Works*, 2 : 131.
45) *Works*, ed. Henry Walter, 3 vols. (Cambridge : University, 1848 ~ 1850), 1 : 53.
46) Ibid., 1 : 419, 420.
47) Joseph Alleine, *An Alarm to the Unconverted* (London : Banner of Truth, 1964), pp. 37 ~ 42.

않을 것이다.

둘째로, 진정한 그리스도가 죄인들에게 나타내져야 한다. 우리의 열정은 숫자에 대한 것이 아니라 죽어가는 사람들의 깨어진 마음에 대한 것이다. 근본주의 설교자들은 성경수리학의 광범위한 토론들, 성경과 과학, "별들 가운데 존재하는 복음" 그리고 성경적인 예언들에 대한 극단적인 해석 등으로 너무도 자주 곁길로 들어서 왔었다.[48] 우리들은 자유주의의 이론을 비판하여 설교하여 왔고, 올바로 수행해 왔다. 그러나 우리는 그리스도의 인격에 대한 적극적인 설교를 게을리해 왔다. 그리스도는 그의 지상 생애가 드러나 있는 복음들과, 그의 본성과 속죄사역이 나타나있는 기독론(Christology)으로부터 설교되어져야 한다. 죠셉 알레인(Joseph Alleine)은 "불완전한 개종은 그리스도를 반만 받아들인다. 구원의 그리스도는 모두 받아들이면서도 성화에 대한 그리스도는 받아들이지 못하는 것이다. 완전한 개종은 그리스도 전체를 받아들인다. 그는 그를 아무런 예외도, 한계도, 보류도 없이 모든 계획과 목적에 있어서 받아들인다"고 기술하였다.[49]

청교도 저술들로부터 발췌한 이 사실들은 독자들이 하나님의 말씀에 대한 청교도들의 깊은 신앙을 깨닫고, 오늘날의 복음주의자들이 성경의 교리적 진리들에 대해 다시 관심을 집중시켜줄 것을 기대하면서 제공되어진 것들이다.

매우 건전한 교리와 열의있는 성도의 헌신으로 말미암아 주 예수 그리스도의 교회는 승리하는 교회가 될 것이며 지옥으로 가는 문들이 교회를 이기지 못할 것이다.

—오직 하나님께 영광—

---

48) These extremes are criticized in John J. Davis, *Biblical Numerology* (Grand Rapids : Baker, 1968).

49) *An Alarm to the Unconverted*, p. 45.

John Preston
1587-1628

제2장
자연신학

□ 죤 프레스톤 □

존 프레스톤(John Preston)은 신적인 위치를 가진 이름있는 청교도인이었다. 그는 노드햄프턴샤이어(Northamptonshire)의 헤이포드(Heyford)에서 태어나서, 케임브릿지 대학의 킹스 대학(King's college)와 퀸즈 대학(Queen's college)에서 교육을 받았다. 그는 퀸즈 대학의 동료이면서 또 교수가 되었고 후에 차알스(Prince Charles)의 뒤를 이어 교목이 되었다. 그는 법학원(Lincoln's Inn)과 케임브릿지의 트리니티 교회에서 폭넓게 설교하였다.

그의 명성은 매일의 강의와 주일설교, 그리고 유명한 알미니안 주의자인 리챠드 몬테규(Richard Montague)와의 연속적인 논쟁으로 널리 확산되었다. 프레스톤은 칼빈의 선택의 교리를 큰 능력으로 설득력있게 주장하였다. 그는 유명한 설교자요 영향력있는 저술가가 되었으나, 그 자신이 너무 광범위하게 정력을 소모한 탓으로 48세에 죽고 말았다. 친구의 경고에 대해 그는 "우리의 생명은 쇠처럼 녹슬어 삭아지며 일하지 않은 만큼 쇠하여진다 … 어떤 사람의 7년의 삶은 다른 사람의 70년의 삶과 같다"고 대답하였다.

그의 저작들은 완전히 모아지지는 않았지만 윌리암 텐넨트(William Tennent)가 1658년에 그것들을 요약하여 출판하였다. 프레스톤의 주요 저작으로는 『새 언약』(*The New Covenant* , 1629), 『뜨거운 믿음과 사랑으로』(*The Breastplate of Faith and Love* , 1630), 『영생』(*Life Etenal* , 1631), 『성도의 매일 훈련』(*The Saints Daily Exercise* , 1629), 『성도의 자격』(*The Saints Qualifications* , 1634), 『폐하 앞에서의 설교』(*Sermons Before His Majesty* , 1630), 『성

도의 연약함에 대해』(*Doctrine of the Saints Infirmitieo*, 1636), 『그리스도의 충만함』(*Fulness of Christ*, 1640), 『불가항력적 회심의 은혜에 대한 논문』(*Thesis de Gratiae Convertentis Irresistibilitate*, 1654), 『곤궁한 자들에게 풍성한 자비를』(*Riches of Mercy to Men in Misery*, 1658) 등이다.

이러한 글들에서 프레스톤은 청교도 작가들이 전혀 돌아보지 않는 주제인 자연신학(Natural Theology)을 논하고 있다. 그는 먼저 신학과 과학에 대해 도움되는 정의를 내리고 있으며, 그의 신학체계의 분야는 칼빈의 체계를 따르고 있다. 그는 창조와 이성에서 하나님의 증거를 다루고 있으며 인간이 하나님을 인식하는 것과 영원에 대한 내적 갈망을 논하고 있다. 그러나 그는 이 증거는 하나님의 목적 실현이 종결되는 믿음에 의해 증거되어진다. "믿음"은 그 자체의 목적을 만들어낸다고 주장하는 현대 신학자들과 대조되어 프레스톤은 "믿음은 상상적인 물체들을 믿는 것이 아니다"는 것을 보여주고 있다. 그의 토론은 매우 실천적이면서 생생하고 생동력있는 것이다.

1. 서론

히브리서 11 : 6 — "믿음이 없이는 기쁘시게 못하나니 하나님께 나아가는 자는 반드시 그가 계신 것과 또한 그가 자기를 찾는 자들에게 상 주시는 이심을 믿어야 할 지니라"

신학의 전체분야를 떠 맡을때 그 자체로서 정의를 간단히 내린다면 그것은 신(Divinitie)이라고 말할 수 있다. 이는 하늘의 지혜이며 바른 말을 본받아 지키는 것이고 성경에 성령에 의해 나타나는 말씀이다. 또 하나님의 지혜를 다루고 있고, 그리고 우리들에게 영생으로 가는 길을 가르쳐 주는 것이다. 하늘의 지혜란 고린도서전서 2 : 13에서 "사람의 지혜의 가르친 말로 아니하고 오직 성령의 가르치신 것으로 하는" 지혜이다. 또 바른 말을 본받아 지킴(딤후 1 : 13)이란 성경에 분포되어 있는 건전한 교리를 이해하는 것이나 또는 그 제도이다.

이제 과학의 분야와 다른 것을 말한다면, 다음과 같다.

1) 신학은 하늘로부터 계시되지만, 다른 모든 지식은 아래로부터 얻어지고 있다.
2) 모든 과학은 사람에 의해 가르쳐지지만, 신학은 성령께서 가르치신다.
3) 모든 지식은 사람이 쓴 글에 의해 전달되지만, 신학은 하나님의 거룩한 말씀에 의해 계시된다. 이는 비록 사람이 대필자로 되어졌다 할지라도 하나님 자신에 의해 쓰여진 것이다. 그러므로 이는 모든 다른 과학과 구별되는 것이라 할 수 있다. 그리고 말씀은 사람에 의하지 않고 성령에 의해 나타났으며, 사람에 의해 쓰여진 책이 아니라 성령에 계시된 것이다.

다음으로 지혜는 하나님과 우리 자신의 지식에 정통한다는 목적을 더한다. 그래서 다른 목적을 갖는 여타 학문지식과도 구별되는 것이다. 하나님의 지식은 절대적으로 그의 본질(Essence)을 생각하는 것이 아니라 우리와의 관계나 관련성에 있어서의 '하나님의'(of God) 지식이다. 다시말하면 우리 자신들의 지식이 아니라(이는 우리 가운데 많은 것들은 예술이나 과학에 속하는 것들이다), 하나님과의 관계성에 대한 지식이다. 그러므로 이를 두 부분으로 나눈다면 우리와 관련되는 하나님의 지식과 또 그분과 관련되어 있는 우리 자신들의 지식이다.

마지막으로 종말에 대해 구별된다. 신학은 우리에게 영생에 이르는 길을 가르쳐 주는 것을 목표로 하고 있지만 일반 과학은 오로지 현세의 생활을 이해하는 결점을 다루는 것이 신학과 다르다. 거기에는 일반 이성으로 해결할 수 없는 실패나 결점들이 있으며 예술은 그러한 결점들을 수정하고 돕는 역할을 한다. 그러나 신학은 우리를 영생의 길로 인도하는 더 큰 일을 한다. 이는 다른 모든 것보다 더 우위에 있는 원리요, 더 높은 원리며 잘 정돈된 지성이다. 그 흐름은 다른 학문보다 더 높이 상승하고 있다. 그래서 신학의 교리를 종합하여 기술한다면, 다음과 같다. 즉, 두 부분으로 나누어지는데

1. 하나님에 대해,
2. 우리 자신에 대해 이며

하나님에 대한 것은 또 두 가지로 알려지는 데,

1) 그의 존재(That he is),
2) 그의 본질(What he is)이다(이 둘은 나중에 설명한다).
　하나님이 존재하심을 증명하거나 납득시키는 방법에는 두 가지가 있다.
1) 자연 이성의 능력에 의한 방법과,
2) 믿음에 의한 방법이 있다. 이에 대한 근거로써 로마서 1 : 20에 보면 "창세로부터 보이지 아니하는 것들 곧 그의 영원하신 능력과 신성이 그 만드신 만물에 분명히 보여 알게되나니 그러므로 저희가 핑계치 못할지니라" 또한 사도행전 17 : 27 ~ 28에서 사도는 말하기를 "이는 사람으로 하나님을 혹 더듬어 찾아 발견케 하려 하심이로되 그는 우리 각 사람에게서 멀리 떠나 계시지 아니하도다. 우리가 그를 힘입어 살며 기동하며 있느니라"고 하였다. 즉 우리가 다루고 만지는 바로 그것들에 의해서 우리는 한 하나님의 계심을 알 수 있으며 또한 우리 자신의 생명과 움직임, 그리고 존재에 의해서 그것들을 야기시키는 한 신성이 계심을 알 수 있다. 사도는 그들이 배울 수 있는 성경이 전혀 없는 자들에게 말하였는데 사도행전 14 : 17에도 "그러나 자기를 증거하지 아니하신 것이 아니니 곧 너희에게 하늘로서 비를 내리시며 결실기를 주시는이~" 이라고 말하였다. 불신자들도 마치 하나님이 존재하신다는 증거를 가진 자들처럼 피조물 안에 계신 하나님께 속하여 일한다. 그래서 우리는 하나님이 존재하심에 관한 앎에 이르는 두 가지 방법이 있음을 알 수 있다. 그 큰 하나는 자연 이성에 의한 것이라고 말할 수 있다. 그것을 좀 더 분명히 알 수 있도록 다음 두 가지 사실을 살펴보자.
1) 바로 창조 세계(世界) 안에는 우리에게 하나님을 알게하는데 충분함이 있다.
2) 우리 안에 주어진 오성 또는 이성의 빛이 있는데 우리는 그것에 의하여 피조물 안에 새겨진 하나님의 속성을 식별할 수 있고 하나님의 보이지 않는 경륜과 그의 한없는 능력과 지혜를 헤아려 알 수 있으며 그리고 피조물 안에 기록되어 있는 이 모든 것들이 함께 모아질 때 거기에는 하나님의 존재에 관한 충분한 논증들이 있고 우리 안에는 그런 논증들의 의의를 파지할 수 있는 넉넉한 지각이 있다. 그렇기 때문에 우리가

드러내어야 할 성경의 논증들 외에도 우리는 한 하나님이 계신다고 결론지을 수 있다. 비록 내가 앞에서 신성은 성령에 의해서 계시되어지는 것으로 말했지만 신학적 논의 가운데는 다음과 같은 구별이 있다. 즉, 어떤 진리들은 전적으로 계시에 의하여 알려진다. 그래서 그것들은 피조물 안에 아무 흔적이 없고 창조 세계 또는 하나님의 작품 속에 그것들을 알 수 있는 표시가 전혀 없다. 그것들은 모두 복음과 삼위일체의 신비에 속하는 것들이다. 반면에 다른 진리들은 그것들을 식별하여 알 수 있도록 피조물에 낙인 찍힌 어떤 흔적과 특성을 가지고 있다. 그러한 진리로 한 하나님이 계시다는 것을 우리가 지금 다루고자 한다. 이제 다음 두 가지 즉,

1) 한 하나님이 계시다는 것이 어떻게 창조 세계로부터 분명한지,
2) 이것이 믿음에 의해서 어떻게 증명되는지 살펴보자.

2. 창조물 안에서 하나님의 존재를 발견함.

먼저 "그 능력과 신성이 창조 세계 안에 나타남"(롬 1 : 20)을 밝혀보자. 성경의 그 밖의 다른 곳에서도 볼 수 있는 그런 논증들 외에도 일반적으로 창조물로부터 다음과 같은 사실이 도출된다.

1) 피조물들이 그것들 사이에 갖는 기꺼운 일치와 조화.
2) 서로간의 적합성과 균형.
3) 비이성적인 피조물 안의 이성적인 행위.
4) 모든 일에 관여되는 고도의 정돈된 규율.
5) 피조물 가운데 있는 결속과 의존.
6) 피조물들 위에 있는 솜씨와 기량의 특징.

이 모든 것들이 한 하나님의 계심을 논증한다. 한 분 하나님이 계심을 보여주는 세 가지의 다른 주요한 논의가 있는데 다음과 같다.

A. 모든 만물이 반드시 하늘과 땅을 지으신 이, 곧 하나님에 의하여 조성되었음을 논증하는 만물의 기원에 관한 고려가 있다. 그것은 다음 세 가지 사항으로 이해될 수 있다.

a) 만약 사람이 모든 만물을 지으신 하나님에 의하여 만들어졌다면

다른 모든 것들도 확실히 그렇다. 이것이 사실이라면 다음으로는 만약 세상에서 가장 좋은 것들이 어떤 시작을 갖는 것이 틀림없을 때 그것들에 부수적이며 종속적인 것들이 반드시 어떤 시작을 가져야 함은 더욱 확실하다.

    사람이 하나님에 의하여 만들어졌다 함은 바로 다음과 같은 까닭에서이다. 아이를 갖게 하는 아버지는 아이가 어떻게 형성되어 가는지를 모른다. 아이를 임신한 어머니도 모른다. 뿐만 아니라 형성력(이를테면), 즉 그것이 무엇을 하는지 모르는 자궁 안에서 신체를 모양 짓고 형성하며 이어주는 재료 속의 활력도 그것을 모른다. 어떤 물건을 제작하는 자는 반드시 그것을 완벽하게 알아야 한다고 할 수 있으며 비록 그것에 관하여 무식한 구경꾼일지라도 부분적으로나마 안다고 할 수 있다. 예를 들자면 동상을 제작하는 자는 그 모든 부분들이 어떻게 만들어져 가는지를 안다. 시계를 만들거나 혹은 일상적인 기구를 만드는 자는 모든 접합들과 부품들, 그리고 그것의 이음매들을 안다. 그렇지 않으면 그것을 만드는 것이 불가능하다. 그런데 사람의 만들어짐과 관련하여 이들 모두는 그 형성 과정을 모른다. 아버지도 어머니도 모르며 이른바 형성력도, 즉 기술자가 동상을 만들고 그것에 수족을 만드는 것처럼 재료를 가지고 몸을 만들고 형성하는 그 활력도 그것을 모른다. 그러므로 사람은 인간이 아닌 하나님에 의하여 만들어졌음이 필연적이다. 이 점에 관하여 지혜자는 어떻게 논하는지 보라. 시편 94 : 9에 "귀를 지으신 자가 듣지 아니 하시랴 눈을 만드신 자가 보지 아니하시랴"고 하였다. 즉 하나님은 우리 몸의 각 기관과 장기와 감각과 손과 발을 만드신 자이시다. 또한 그는 영혼과 그 기능의 조성자이시니 비록 다른 자들은 모르지만 하나님은 신체와 영혼의 과정과 의지의 변화, 그리고 사리의 우여곡절을 필연적으로 아신다고 할 수 있다. 그러나 위에서 언급한 그 셋은 그것을 모른다. 왜냐하면 이들은 모든 일을 수행하시는 하나님의 손에 들린 연필에 불과하기 때문이다. 비록 연필이 모든 것을 그리지만 실제로 그 하는 것을 연필 자체는 모르는 채 단지 능숙한 화가의 손을 따라갈 뿐이다. 그렇지 않으면 연필은 아무 것도 못한다. 다만 화가는 그가 하는 것을 안다. 그처럼 형성력, 즉 인간의 몸을 형성하는 그 활력도 자기가 하는 일을 연필의 경우보다도 모른다. 다만 그의 손 안에 그것을 가지고 사용하시는 하나님, 몸이 그 안에서 자라도록 자궁 안에 있는 아기씨에 생기와 활력을 주시는 하나님 그 분만이 그것을 아신다. 왜냐하면 그것을 만드신 이가 하나님이시기 때문이다. 이상이 첫번째 항목으로서 만물이 피조되었으며 그것들 스스로는 그 원형을 갖지 않았음을 증명하는 것이다.

　b) 이제 그 두번째 항목은 이렇다. 만약 만물이 피조되지 않았다면 그것들은 그 자신들로부터 어떤 존재성을 가져야만 한다. 그런데 그 자체로부터 어떤 존재성을 갖는 것은 하나님 외에 다른 어떤 것도 아니다. 왜냐하면 그 자신으로부터 그의 존재성을 갖는 것은 하나님의 비분리적 속성이기 때문이다. 그러므로 만약 피조물이 그 스스로 어떤 존재성을 가졌다고 할 경우 그것은 필연적으로 하나님이어야 한다. 왜냐하면 그 스스로, 그 자신으로부터 존재성을 갖는 것은 오직 하나님께 속한 것이기 때문이다. 이어서 우리가 주목해야 할 세번째 항목은 다음과 같다.

　c) 만물이 그 스스로 어떤 존재성을 가진다면 그것들은 아무 원인 없이 존재한다고 할 수 있다. 예를 들자면 어떤 효과적인 원인, 즉 아무 재조자도 없고 아무 목적도 없는 것이 있다고 하자. 인간이 하는 모든 일들을 보라. 집을 갖거나 직업을 갖거나 또는 인간이 제작한 도구를 취한다. 그런데 그것들은 목적을 갖고 있다. 왜냐하면 인간은 그 자신에 대한 심오한 목적을 가지고 그것들을 수행하기 때문이다. 그러므로 그런 일을 수행하는 자가 아무도 없다면 그것들은 아무 목적도 가질 수 없다. 왜냐하면 어떤 일의 목적은 그 행위자의 목적하는 바의 것이기 때문이다. 만약 사물들이 아무 목적을 갖지 못하면 그것들은 아무 형태도 가질 수 없다. 왜냐하면 모든 사물의 형태와 모양은 제작자에게 있어서 그 자신에게 심오한 목적으로부터 주어지기 때문이다. 예를 들자면 칼은 그 모양을 가지고 있는데 그 까닭은 제작자가 그것으로 무엇을 자를 수 있는 도구를 삼기 위한 목적이 있기 때문이다. 도끼나 자귀가 다른 모양을 갖는 까닭은 그것이 무엇을 절단할 수 있는 도구이기 때문이다. 그리고 열쇠가 이런 것들과는 또 다른 모양을 갖는 까닭은 제작자가 그것들을 만듦에 있어서 그 자신에게 품은 목적이 있기 때문이다. 즉 그것으로

무엇을 열 수 있기 위해서이다. 이것들 모두는 똑같은 재료로 만들어졌다. 그러나 그것들은 모양이 다양하다. 왜냐하면 그것들은 제작자가 그 자신 속에 품은 목적들을 갖고 있기 때문이다. 그러므로 만약 사물의 목적이 없다면 사물의 형태나 모양도 없다. 왜냐하면 모든 사물의 형태의 배경에는 그것들의 목적들이 있기 때문이다. 그러므로 우리가 이 모든 사실을 종합하여 볼 때 만약 사물들이 아무 원인이나 제작자가 없다면 거기에는 아무 목적도 없다고 할 수 있다. 그리고 아무 목적도 없는 곳에는 아무 형태나 모양도 없다. 또한 아무 형태도 없는 곳에는 아무 재료도 없으며 결국 그것들은 아무 원인도 갖지 못한다. 그래서 아무 원인도 없는 자는 필연적으로 하나님이어야 하는데 하나님외에 아무것도 감히 그럴 수 있는 것이 없음이 확실하다. 그러므로 만물은 그 스스로 자신의 존재성을 갖지 못한다. 이제 피조물이 하나님일 수 없는 불가능성을 말하는 부정적 논증에 더하여 모든 피조물이 어떤 목적을 갖고 있음을 명백한 논증으로 분명히 하자면 다음과 같다.

모든 피조물을 보면 그것들이 어떤 목적을 가졌음을 알 수 있다. 즉 태양과 달과 별의 목적은 땅에 봉사하기 위함이요, 땅의 목적은 식물을 생산하기 위함이요 식물의 목적은 동물을 먹이기 위함이다. 그처럼 만약 그밖의 모든 개개의 사물들을 보아도 그것들이 모두 어떤 목적을 가졌음을 알 수 있다. 그리고 만약 그것들이 어떤 목적을 가지고 있다면 거기에는 그것들에게 목적을 주며 그 목적에 걸맞는 형태를 그 피조물에게 주신 한 분이 계심이 확실하다. 예를 들자면, 왜 말은 그 형태를 가지며 개는 다른 모양을, 양과 소는 또다른 모양을 갖는 이유가 무엇인가? 그 이유는 명백한데, 즉 말은 잘 달리고 사람을 태울 수 있도록 만들어졌으며 소는 쟁기질을 잘하고 그리고 개는 사냥을 잘하도록 하기 위해서 그렇다. 그밖의 다른 것들도 다 그렇다. 이것들은 자신들의 시작을 갖게 한 창시자 또는 만든 이가 없이 존재할 수 없다. 그처럼 인과적으로 이것은 명백한 사실이다. 그러므로 이것은 하나의 확고한 규칙인데 그것이 무엇이건 간에 다른 목적이 없고 오직 자기 자신이 목적이며 그 자신을 넘어서 다른 것에서 만족을 찾지 않으면서 자신 안에서 만족을 찾는다는 것은 오직 영원히 복되신 하나님에 있어서나 가능하다. 그

제2장 자연신학/존 프레스톤 39

는 그 자신 외에는 아무 목적이 없다. 그 자신을 넘어서는 아무 원인도 없다. 그러므로 그는 오직 그 자신을 찾는다. 그리고 그 자신 안에 그의 만족이 자리잡고 있다. 어떤 것은 그 자신의 영역을 벗어나지 않고 자신의 범위 안에 머물면서 자기 내부에서 만족을 추구하는 것이 있는데 그것은 자기 자신을 파괴하는 것이다. 즉 어떤 피조물의 경우 그 자신의 껍데기로부터 벗어나도록 자극하지 않으면 그것은 그 안에서 죽고 만다. 그처럼 어떤 사람이 그 자신 외에 다른 목적을 갖지 않고 그 자신을 추구하며 그가 하는 모든 일에 있어서 그 자신을 목적으로 삼고 단지 자신의 이익과 재화만을 추구한다면 그는 자기 자신을 파괴하고 있는 것이다. 왜냐하면 인간은 하나님을 섬기도록 창조되어졌기 때문이다. 그리고 거기에 인간의 행복이 자리잡고 있다. 사람은 하나님을 섬기는 목적으로 만들어졌기 때문이다. 순전한 마음으로 하나님께 봉사함에 그 자신을 바친자들을 우리는 행복한 사람들이라고 할 수 있다. 어그러진 길로 가는 자들은 그 자신을 파괴하는 자들임을 우리는 경험하여 알 수 있지 않는가? 이상이 세번째 항목이다.

  만약 만물이 아무 시작이 없다면, 만약 세상이 영원부터 있었다면 지금 있는 유물보다 더 고대의 유적이 없는 까닭은 무엇인가? 만약 우리가 영원이 무엇인지에 관하여 생각한다면, 그리고 그것의 광대함을 생각한다면 수십억 년을 생각한다 하여도 미치지 못할 것이다. 만약 세상이 그처럼 오래 계속되어 왔다면 왜 만물이 이를테면 새롭게 소생되며 지금 있는 것보다 더 오래된 것이 없는 까닭은 무엇인가? (성경을 제외하고) 지금까지 글을 쓴 저자들을 보면 그들은 역사가 4천년 이상 넘어가지 않는다. 왜냐하면 그들 대다수는 모두 그 자신의 역사기록을 가진 최초의 사람이 아브라함의 시대나 그 보다 조금 전 시대에 살았던 니누스(Ninus)였다는 견해에 동의한다. 트로구스 폼페이우스(Trogus Pompeius)와 디오도루스 시쿨루스(Diodorus Siculus)는 다음과 같은 플루타크(Plutarch)의 말에 동의하는데 플루타크는 테세우스(Theseus)가 역사기록을 가진 최초의 사람이며 그 이전에는 참되고 믿을만한 역사 기록이 전혀없다고 말했다. 그는 테세우스 이전 시대의 역사를 살펴보면 그것은 마치 지도의 가장자리 같을 것이며 거기에는 광대한 바다밖에 눈에 띄지 않을 것이라고 표현했다. 가장 해박한 저자들 중의 한 사람인 발로 (Varro)는 니누스 시대 이후에 시작된 시키오니안(Sicyonians) 왕국 시대 전에는 어떤 것도 확실치 않으며 그 시작도 의심스럽고 불확실하다고 주장했다. 역사가들에 의해 근거는 없어도 확실한 그들의 일반적인 시대 구분들은 그들을 잘 아는 자들에게 잘 알려져 있다. 그런데 어떤 믿을만한 역사가들은 바벨론 포로시대 훨씬 후부터 시작한다. 에스더 시대 이후에 살았던 헤로도투스(Herodotus)는 산문을 기록한 최초의 인물로 고려되고 있으며 그는 모세 시대 이후 800여 년 뒤의 사람이었다. 이상의 결론으로 우리는 다만 다음과 같이 말할 수 있다. 고대 로마의 시인들 중의 한 시인은 우리가 다루고 있는 문제인 만물이 영원부터 있었으며 아무 시작도 없음을 가정하는 논의로 부터 이런 결론을 끌어냈다.

"테베의 전쟁과 트로이의 무덤 외에 다른 것에 대해서는 노래할 수 없었던가?" (*Cur supra bellum Thebanum and funera Troje Non alias alii quoque res cecinere Poeta?*)

만약 만물이 영원부터 존재했다면 테베와 트로이 전쟁 전에 모든 고대 시인들과 고대 저자들이 어떤 것도 언급하지 않았던 까닭은 무엇인가? 만약 만물이 영원부터 존재했는데도 그것들의 아무 문헌이 없음을 어떻게 생각하는가? 만약 영원의 크기를 생각한다면 그것은 과연 어떤가? 그처럼 예술과 학문의 시작에 대해서 생각해보자. 왜 그것들의 원형은 알려져 있는가? 왜 그것들은 더 빨리 발견되지 않았을까? 왜 그것들은 더 빨리 완성되지 않았을까? 잘 아다시피 인쇄 기술은 뒤늦게 발명되었고 문자의 발명도 그렇다. 수학뿐만 아니라 천문학과 철학과 같은 모든 가장 오래된 학문들도 왜 그 창시자가 알려져 있으며 우리는 그 시작부터 결과까지 보고 있는가? 그처럼 사람들의 족보(사도 바울이 행 17 : 26에서 하나님이 인류를 한 혈통으로 지으셨다고 이방인들과 논쟁할 때 은근히 비친 논점)에 관하여 우리는 어떻게 한 사람이 다른 사람을 낳고 그 사람이 또 다른 사람을 낳는다는 것을 분명히 본다. 성경 속의 모든 족보와 다른 모든 역사 기록 속의 족보를 볼 때 그것들 모두가 하나의 원천에서 비롯되었음을 알 수 있다. 그러므로 만약 세상이 영원부터 있었다면 거기에 왜 우리 모두가 비롯된 단 하나의 원천, 한 혈통이 있는지 묻고 싶다. 만약 사람들이 영원부터 있었고 그 시작이 없다면 왜 땅에 그들이 동시에 살지 않았으며 모든 땅에 군집되어 살지 않았을까?

B. 하늘과 땅을 지으신 한 하나님이 계신다는 것을 납득 시킬 수 있는 두번째 중요한 표제는 하나님 자신의 증거이다. 거기에는 두 가지 증거가 있는데 하나는 우리가 성경에서 볼 수 있는 기록된 증거이고 다른 하나는 사람의 마음에 쓰여진 증거이다.

모든 민족은 어떤 신에 대한 지식을 갖고 있다(이것을 우리는 당연한 사실로 여긴다). 심지어 뒤늦게 발견된 종족들조차도 이를테면 세상으로 부터 고립되어 사는 종족들 조차도 어떤 신을 가지며 그를 숭배한다. 남 인도 지역의 스페인 근처에서 최근에 발견된 종족들과 그 이래로 발견된 모든 종족들도 예외없이 그들의 마음에 한 하나님이 계신다는 기록을 갖고 있다. 이 논증의 강조점은 다음 두 가지 사실에 있다.

a) 롬 2 : 15절을 보면 "그들의 마음에 기록된 한 법"이라고 불리우는 구절을 볼 수 있다. 모든 사람의 양심은 그 위에 무엇을 기록할 수 있는 서판이나 종이와 같다. 그리고 거기에 쓰여진 것은 우리가 지금 다루고 있는 법칙, 즉 하늘과 땅을 만드신 한 하나님이 계시다는 것이다. 그런데 그 기록자는 누구인가? 그는 분명히 하나님이시다는 것이 그 법칙에 의해 분명한데, 왜냐하면 그 법칙은 모든 사람의 마음에 있는 보편적인 법칙이기 때문이다. 그러므로 그것은 반드시 가장 보편적인 원인으로부터 온 것이다. 그 밖에 어디에서 그 법칙이 나올 수 있겠는가? 부분적인 원인으로는 그런 법칙을 산출할 수 없다. 만약에 그것이 어느 한 민족이나 나라에서 어느 한 시대에 어떤 특별한 사람이나 어떤 종파에 의하여 가르쳐졌다면 우리는 그 원인을 알고 그 법칙이 원인보다 낫지 못함을 알 것이다. 그런데 우리가 그 법칙을 모든 민족과 모든 시대의 모든 사람의 마음 속에서 찾을 때 우리는 그것이 홀로 하나님이시며 모든 만물의 창시자에 의하여 기록된 보편적 법칙이라고 필연적으로 결론

내릴 수 있다. 결국 이 논증이 강조하는 것은 그 법칙은 하나님 자신의 증거라는 것이다.

b) 이 밖에도 모든 사람이 하나님을 찾고 있으며 그를 구하고 있음을 볼 때 비록 그들이 하나님을 찾지 못한다 해도 거기에 어떤 한 분이 계시다는 논증이 있다. 그들이 거짓된 신을 갖고 잘못된 방법으로 그를 구한다고 해도 거기에 어떤 한 신성이 계심을 보여준다. 어떤 한 사물에 대해서 사람들이 느끼는 정서는 각각 다르다. 어느 사람의 눈에 그것은 아름다우나 다른 사람의 경우에는 그렇지 않을 수 있다. 그러나 모든 사람이 어떤 미의식을 갖는다는 것은 미가 모든 사람들의 보편적 대상이라는 논증이다. 맛에 있어서도 그렇고 다른 감각들에 있어서도 마찬가지다. 그러므로 사람이 다른 여러가지 방법으로 신을 찾으며 어떤 이는 어떤 신을, 다른 이는 다른 신을 숭배한다 해도 모두가 한 신을 섬긴다는 점에서 일치한다. 그러므로 거기에 어떤 한 분이 계신다는 논증이 필연적이다. 이처럼 모든 사람의 마음에 새겨진 법에 대해서 사람들은 적어도 그것을 자연의 작용으로 여길 것인데 자연의 작용이라도 공허하게 있지 않다. 심지어 공중으로 솟구치는 불을 볼 때도 거기에 비록 우리가 결코 그것을 볼 수 없으나 그것이 차지하는 공간이 있는 것이다. 그리고 (겨울에) 어느 곳으로 날아가는 제비를 볼 때 비록 우리가 그 장소를 보지 못했으나 거기에 자연이 그들에게 지정해주고 그래서 그들을 날아가도록 충동하여 거기에서 머물 수 있도록 하는 한 장소가 있다는 것이 필연적이다. 그처럼 모든 사람의 영혼안에 비록 그들이 하나님을 보지 못했으나 하나님을 찾도록 부추키는 것이 있고 그들 대다수가 하나님을 잘못된 방법으로 찾아가고 그래서 실제는 아니나 그것을 하나님으로 여긴다 해도 거기에 그들이 추구하는 한 신성이 계신다는 논증이 있는 것이다.

C. 이제 마지막 논의는 인간의 영혼을 논재 삼은 것인데, 즉 영혼의 존재양식과 그 불멸성에 관한 것이다.

a) 하나님은 말씀하시길 '그 자신의 형상을 따라 사람을 만들자'고 하셨다. 여기서 하나님은 사람의 몸을 의미하지 않았다. 왜냐하면 그것은 하나님의 형상을 따라 만들어진 것이 아니기 때문이다. 우리 안에 있었

으나 지금은 상실해버린 그 거룩성만을 의미하는 것도 아니다. 왜냐하면 창세기 9 : 6에서 그렇게 말씀하지 않았기 때문이다. "무릇 사람의 피를 흘리면 사람이 그 피를 흘릴 것이니 이는 하나님이 자기 형상대로 사람을 지었음이니라"(창 9 : 6). 여기서 주요한 요점은 하나님께서 비물질성, 불멸성, 그리고 불가시성 같은 하나님의 본질에 대한 형상과 모양을, 따라 인간에 영혼을 주셨다는 것이다. 인간의 영혼 속에는 이중적인 하나님의 형상이 있는데 하나는 영혼의 실체 속에 있는 것으로서 결코 상실되지 않는 것이고 다른 하나는 초자연적인 은사인데 하나님의 지시과 거룩 그리고 의의 형상이다. 그런데 이것을 전적으로 상실해 버렸다. 그러나 인간의 영혼은 하나님의 본질의 형상이다. 즉 그것은 하나님처럼 비물질적, 불멸적, 불가시적이다. 그리고 이해력과 의지를 갖고 모든 것을 이해하시고 그 기뻐하시는대로 행하시는 하나님처럼, 인간의 영혼도 이해력과 의지를 갖는다. 당신 자신의 영혼 속에서도 하나님의 형상을 볼 것이다. 그것이 바로 하나님에 관한 논증이다.

b) 그 밖에도 영혼의 불멸성은 여기 지상의 어떤 것으로부터가 아닌 하나님께로부터 그 기원을 갖고 있음을 논증하는데, 즉 영혼은 하나님께로부터 와서 반드시 하나님께로 돌아가며 지상에서 어떤 시작을 갖지 않고 하나님께로 부터와서 반드시 하나님께로 다시 돌아간다. 그러면 육체는 무엇이며 거기 어디에 영혼이 깃들어 있는가? 육신은 영혼의 상자요 껍데기이며 칼집과 같다. 그러므로 영혼은 잠깐동안 육신을 사용하며 사람이 집안에 거주하는 것처럼 영혼이 그 안에 거주하는 곳이다. 그러나 육체가 쇠망할 때 영혼은 그 곳을 떠난다. 깨지면 버리는 그릇처럼 영혼은 육신을 사용한다. 이용 가치가 있을 동안만 사용되는 도구와 같다. 그것이 더이상 쓰기에 적합하지 않으면 버리는 것처럼 영혼도 육체를 내버린다. 사람이 의복을 사용하다가 그것이 낡고 헤어지면 버린다. 그처럼 영혼과 육체의 관계도 마찬가지다. 이에 대한 더 큰 증거와 그리고 영혼이 육체에 의존해 있거나 육체에서 그 기원을 가졌거나 육체에 의한 것이 아님을 증명하기 위해서 영혼의 특출한 작용을 생각해 보자. 그것은 물질의 성질로부터 야기될 수 있는 것이 아니다. 그것은 결코 그렇게 의문스러운 것도 아니다. 일반 사람들 사이의 영혼에

관한 이야기에 있어서 하나님과 천사와 같은 고상한 존재에 관한 의견이나 그런 존재에 대한 생각은 결코 감각에 속한 것이 아니다. 비록 소리나 색깔이 감각에 의하여 파악되어진다 하여도, 색채를 형상화 하고 소리를 연주하는 것은 그 안에 있는 이해력으로부터 이루어진다. 지나간 일들에 관한 기억과 상호비교를 통하여 사물의 상태를 관찰하는것도 그와 같다.

그런데 짐승들을 보면 물질의 성질로부터 야기되지 않은 행동이 없다. 물질의 성질에 따라 그것들의 기호와 욕망이 형성된다. 비록 어떤 행동이 다른 행동보다 우세하다 해도 행동은 감각의 원천을 떠나서 발생하지 않는다. 앗시리아에서 글자를 물고 한 장소에서 다른 장소로 옮긴다는 독수리나 어떤 비둘기처럼 비상한 일을 하도록 가르침 받은 동물들은 다만 그들의 음식 때문에 그렇다. 그것은 그것들의 음식 섭취 방법과 관계가 있다. 그리고 춤을 추거나 그런 비슷한 행동을 하는 다른 짐승들은 그들의 감각에 의거하여 행동하게 되어있다. 그러나 인간에게 있어서는 그의 생각과 의지에 따라 행동이 달라진다. 사실상 인간 내부에도 기호와 욕망이 있다. 이것들은 육체의 기질로 말미암아 야기된다. 그러므로 육체의 다양한 기질만큼 다양한 욕망과 성벽, 그리고 감정이 있다. 이 사람은 이것을, 저 사람은 저것을 좋아한다. 이것들은 다만 감각적 욕구의 몇 가지 변화이다(짐승들에 있어서도 그렇다). 그러나 보다 높은 영혼의 부분에 이르면 인간의 의지와 이해력에 의한 행동이 있고 그것들은 보다 높은 성질에 속한다. 그것들의 행동은 인간의 육체에 전혀 의존하지 않는다. 게다가 인간 육체의 동작을 보면 영혼이 육체를 인도하고 움직인다(뱃사공이 배를 저을 때 비록 배가 암초에 걸린다 해도 뱃사공은 안전할 수 있다). 그러나 짐승을 보면 그것들은 전적으로 욕망에 의하여 지배 받는다. 그것들은 반드시 그 욕구를 따라 행동한다. 그러므로 그것들은 뱃사공이 배를 제어하는 것처럼 통제될 수 없다. 그러나 사람에게 있어서는 욕심이 사람을 이쪽 저쪽으로 이끌려고 하지만 의지력으로 제어하며 이해력으로 사리분별을 한다. 그처럼 인간 육체의 행동은 다른 피조물들처럼 다양한 감각적 욕구로부터 야기되지 않고 의지력과 이해력에 의한다. 왜냐하면 영혼이 육체에 의존해 있지 않고 육체의 행동이 영혼에 달려 있기 때문이다. 그러므로 육체가 죽을 때 영혼은 죽지 않는다. 어떤 집에 거주하는 사람이 집이 무너지면 그 집에 있지 않고 다른 집으로 가는 것처럼 영혼은 육체에 전혀 의존하지 않는다. 그런 까닭에 육체가 죽을 때 영혼도 죽는다고 생각해서는 안된다.

 게다가 영혼은 다른 것들처럼 쇠하거나 지치지 않는다. 육체는 지치고 정신은 피곤해진다. 육체는 의복처럼 완전히 닳아질 때까지 낡아진다. 그러나 영혼은 지치지 않고 쇠할 수 없다. 영혼의 모든 활동에 있어서 영혼 자체는 아무 손상이 없다. 영혼에 들어오는 그 무엇이든지 영혼을 타고난 완전함으로 완전하게 한다. 그래서 영혼은 보다 강하게 된다. 그러므로 영혼은 다른 것들처럼 썩을 수 없으며 낡아질 수 없다. 생각이 많아질수록 영혼은 더 완전해진다. 실로 육체는 노동으로 쇠하여지고 정신은 피곤해지나 영혼은 그렇지 않다. 영혼은 즉각적인 행동에서도 여전히 활동하며 심지어 잠들어 있을 때도 활동한다. 영혼의 활동을 보면 그것은 독립적이다. 그리고 독립성이 증가하는 만큼 영혼은 더욱 젊어져가며 더욱 강해져간다. 세월이 지나갈수록 더 새로워진다. 그래서 영혼은 썩지 않고 멸하지 않는다. 병아리가 알 속에서 점점 자라가면 껍데기가 깨지고 부화되는 것처럼 육체도 껍데기처럼 영혼을 붙들고 있다가 영혼이 완전하게 자라면 육체를 버리고 영혼은 그 창조자에게 돌아간다.

3. 하나님의 존재를 믿음

 다음으로 얘기하고자 하는 것은 하나님의 존재가 어떻게 믿음에 의하여 명백하여지는가를 보여주고자 하는 것이다. 어떤 사람이 어떤 사물에 관해 대략적으로 알고 있으며 그에 대한 약간의 타당한 근거를 갖고 있을 때 그는 그것에 관해 어느 정도 확신을 갖기 시작하게 된다. 그러나 그 위에 어떤 현명하고 믿을만한 사람이 와서 그것이 과연 그렇다고 그에게 말해주면 이것은 그의 확신을 더욱 굳게 해준다. 만약 당신이 하나님을 알고자 하여 피조물들로부터 이성에 의해 알고자 할 때 그것은 어느정도 당신에게 확신을 줄 수 있는 방법이다. 그러나 어떤 사람이 당신에게 와서 성경이 진실로 지혜롭고 참되신 하나님에 의하여 쓰여진 것이다라고 말할 때 그것은 당신으로 하여금 성경을 확신하게 만든다. 그러므로 믿음에 의한 논증의 힘은 이런 방법으로 얻는다. 나는 성경이 진실되며 하나님의 말씀임을 믿는다. 성경에는 하나님이 하늘과 땅을 지으셨다고 기록되어 있다. 나는 성경이 하나님의 말씀임을 믿는 까닭에 그 안에 포함된 말씀은 무엇이든지 확신한다. 그처럼 한 분 하나님이 계신다는 나의 믿음은 점점 강하고 확고하여진다. 이러한 방법으로 당신은 믿음에 의하여 한 하나님이 계심을 결론짓게 된다. 그러면 믿음이란 무엇인가? 어떤 사물이 눈 앞에 있는 대상으로써 당신에게 제시되어져 있을 때에 거기에 그것이 과연 무엇인가를 보는 믿음의 습성이 있다. 믿음이란 다름이 아니라 그것이 무엇인지를 보는 것이다. 비록 내가 그것이 존재한다고 믿기 때문에 사물이 존재하는 것이 아니지만 먼저 사물들이 존재하고 있기에 나는 그것들을 믿는다. 믿음은 상상적인 사물을 믿는 것이 아니다. 그런 것은 아무 근거가 없는 것이다. 그러나 믿음이 신용하는 그 무엇이든 간에 그것은 어떤 존재성을 갖는다. 그런데 우리가 신앙하는 대상은 믿음의 눈에 의하여 정화되고 고양되어서 이성의 눈 앞에 놓여있다. 그러므로 모세는 그가 성경을 기록할 때 "태초에 하나님이 천지를 창조하시니라"와 같은 말씀을 이성에 의하여 증명하려고 하지 않았다. 그는 믿음의 대상을 제시하였고 그것을 믿음의 눈으로 보도록 하였다. 그러므로 믿음의 성질은 다음과 같다. 즉 하나님은 인간에게 지성(이른바 이성이라고 일컫는)과 세상에 부여되어진 모든 실재하는 대상들을 주셨다. 그리고 그것들은 무엇이나 어떤 존재성을 갖는다. 우리가 믿을 수 있다고 말하는 모든 것을 보면 그것들은 역시 존재하고 있는 것들이다. 그리고 그것들은 지성과 이성의 참된 대상들인 것이다. 그런데 지식의 대상에는 두 종류가 있다.

 1) 육안으로 그 앞에 있는 대상을 보는 것처럼 쉽게 지각할 수 있는 것과

 2) 그것을 고양시켜서 볼 수 있게 하는 육안 이상의 어떤 것이 없이는 쉽게 볼 수 없거나 아예 볼 수 없는 것이 있다 : 촛불과 그 크기 같은 것은 눈으로 볼 수 있다. 그러나 위도상 태양의 크기를 보기 위해서 사

람들은 그것을 볼 수 있는 기술적인 도구를 반드시 필요로 하며 등급으로 그것을 측정해야만 한다. 그렇게 하여 그것을 본다. 그처럼 우리가 단지 이성으로 완전히 알 수 있는 것이 있고 우리 앞에 놓여 있음으로 육안으로 쉽게 볼 수 있는 것도 있다. 그러나 그것들이 실재하여도 너무 멀리 떨어져 있어서 육안으로 보기에는 거의 불가능한 것도 있다. 그래서 그것들을 볼 수 있기 위하여 우리의 지력을 도울 수 있는 어떤 것이 꼭 필요하다. 그런데 믿음이 바로 그 대상들과 우리의 지력에 새로운 빛을 더함으로 우리의 지력을 강화시켜 주는 방법이다. 그렇게 하여 그것들은 드러나게 된다. 그러나 그것들이 전에는 존재하지 않았으나 이제 드러남으로 그것들의 존재성을 얻게된 것이 아니다. 그것은 밤에 새로운 빛이 우리가 전에 보지 못했던 것을 보게 해 주는 것과 같고 우리가 전에는 육안으로 볼 수 없었으며 눈 자체의 시력으로는 미칠 수 없었던 것이 망원경에 의하여 육안에 드러나는 것과 같다. 그러므로 결국 이 논의에 의하자면 우리 자신을 강화시켜 주는 그 방법은 성경과 그리고 그 안에 포함된 내용을 믿는 것이다.

John Jewel
1522-1571

제3장

성 경

□ 존 쥬웰 □

　옥스포드 대학을 졸업하고 영국 국교회(Anglican)감독이 된 존 쥬웰 (John Jewel)은 영국의 종교개혁시 뛰어난 청교도 지도자 중의 하나였다. 그는 1522년 5월 24일 데본(Devon)지방의 부덴(Buden)에서 태어났다. 쥬웰은 초기 청교도인으로서 1540년 학사학위(B. A.)를 받았다. 그는 1547년 에드워드 6세가 왕위에 오를 때까지 학생들에게 성경의 개혁원리를 가르쳤고 개인교수로, 수사학 강사로 일했다. 쥬웰은 신교신앙 선언을 하였으며 한때 옥스포드를 방문했던 종교개혁자 피터 마터(Peter Martyr)와 아주 가까운 친구가 되었다.

　1553년 메리 여왕이 즉위했을 때 쥬웰은 처음으로 생명을 건 탈출을 시도했다. 결국 그는 프랑크푸르트에서 영국의 망명자들과 합하였으며, 거기서 그는 로마 가톨릭(Roman Church)에 대해 비평의 소리를 더욱 높였다. 프랑크푸르트에서 프랑스의 스트라스부르(Strasbourg)로, 스트라스부르에서 쥐리히(Zurich)로 피터 마터와 같이 여행하는 도중 1558년 메리 여왕이 죽었을 때 그는 영국으로 다시 돌아왔다. 그리고 1560년 샐리스베리(Salisbury)의 감독으로 지명되었다. 이때부터 그는 개혁신앙(Reformed faith)의 변호를 위해 광범위하게 책을 쓰기 시작했는데 해를 거듭할수록 그 열매가 나타나기 시작해서 『영국 국교회에 대한 변증』(Apologia pro Ecclesia Anglicana)이 나왔다. 후에 1562년 영어판으로 번역되어 『 An Apology in Defence of the Church of England 』로 나왔다.

　쥬웰은 노고와 망명으로 인한 것으로 49세에 일찍 세상을 떠났다. 그는 위대한 경건자로 알려졌으며 가난한 자들에게 특히 따뜻한 온정을 베풀었다. 그의 저작들은 다음과 같다. 『변증학』(*A Defence of the "Apology"*, 1567), 『소 논술집』(*A view of a Seditious Bull Sent into England from Pope Pius Quintus ··· Anno 1569 ··· Whereunto Is Added a Short Treatise of the Holy Scripture*, 1582), 『데살로니가서 강해』(*An Exposition upon the Two Epistleo to the Thessalonians*, 1583) 그리고 『작품집 V. Ⅰ ~ Ⅳ』(*Works of John Jewel*).

쥬웰의 성경에 관한 글은 성경의 신적기원과 인간의 마음을 변화시키는 능력을 설명해주고 있다. 그리고 하나님 말씀이 믿는 자에게 기쁨을 가져다 주고 결과적으로 말씀에 따라서 더욱 경건해 진다는 것이다. 그의 논점의 어떤 부분은 후기 청교도 작품들의 생생한 점이 약간 모자라기는 하지만 쥬웰은 성경을 인간의 권위로 대체시키려는 낡은 유혹을 잘 제시해 준다. 그는 바리새인, 이방인들, 로마 가톨릭, 자유주의자, 그리고 신정통주의 신학자들을 언급하면서 그들이 또한 성경 위에 인간의 권위를 두려고 한다고 그는 강하게 경고하면서 지적하고 있다.

1. 서론

하늘과 땅에 있는 모든 피조물들 중에서 하나님은 어느 것도 궁창의 해처럼 만들지 않았다. 그 빛은 아름답고 찬란하며 모든 곳의 모든 것들에 안락함을 준다. 그것은 전 세계를 기쁘게 하며, 병든자를 회복시킨다. 빛은 새들을 노래하게 하고, 물고기가 뛰놀며, 소들이 달리고, 벌레가 기어다니며, 풀이 자라고 열매가 맺도록 하며, 빛은 전 세계의 면을 새롭게 한다. 아직껏 이 아름다움 가운데 기쁨을 갖지 못한 눈먼 자가 있다면 그는 진짜 눈먼 자요, 보지 못하는 자인 것이다. 또한 아직 이 열기에 의해 따뜻함을 갖지 못한 자가 있다면 그는 정작 죽은 자요, 아무것도 느끼지 못하는 자이다.

아담은 완전한 상태인 천국(Paradise)에 있었다. 그는 하나님의 천사들과 동행했으며, 하나님과 함께 걷고 또 말도 나누었다. 그는 하나님의 면전을 보았으며, 그 목소리를 들었다, 강들은 물로 풍부히 넘쳐흘렀고, 나무들은 생명의 열매를 그에게 주었다. 그는 수고함이 없이 풍부함을 소유했으며, 기쁨과 즐거움이 넘쳤고, 그가 바라던대로 모두 이루어졌다.

　그러나 아담은 감사함이 없었다. 그는 행복의 창조자인 하나님을 알지 못했으며, 그가 계신 곳을 알지 못했고, 더구나 그의 소유인 동산과 축복을 알지 못했다. 그러므로 하나님의 진노가 그에게 쏟아졌다. 그는 악마의 꼬임에 떨어져 죽을 운명이 되었고 결국 먼지로 돌아가 버렸다.

　이스라엘처럼 행복한 나라가 전 세계에 어디 있는가? 그들은 바로의 폭정에서, 노예와 천민의 상태에 있었던 애굽으로부터 강한 손에 의해 구출되어졌다. 그들의 자녀들은 더 이상 노예가 아니었으며, 그들은 바다 밑바닥을 통과해서 마른 땅으로 나왔다. 그들이 굶주렸을 때, 주께서 바람을 보내 바다에서부터 메추라기 떼를 가져다 주었고, 하늘에서부터 먹을 양식인 만나를 주었다. 그들이 목말랐을 때 바위를 깨뜨려 물이 솟아나게 했으며, 그들과 짐승들이 다 마실 수 있었다. 전쟁에서도 그들은 강하고 용감했다. 어떠한 힘도 그들을 대적하지 못했다. 주께서 그들 앞에 서서 낮에는 구름기둥으로, 밤에는 불기둥으로 그들을 인도했다. 그들이 주께 부르짖을 때 주님은 들었으며, 주님을 온전히 신뢰했을 때 그들은 혼잡하지 않았다.

　그러나 그들은 이런한 모든 자비로움을 마음에 두지않고 자라갔다. 그리고 주께 대해 불평을 했으며, 그의 종 됨에 대해 불평했다. 그러므로 하나님께서 그 손을 그들에게 향해 진노를 나타냈다. 하나님은 진노를 나타내 안식할 곳에 들어가지 못하게 했으며 천사를 보내 광야에서 그들을 멸절시키고자 했다.

　이러한 모든 상황을 겪었음에도 그들은 구원의 말에는 상관치 않았다. 그들은 귀가 있어도 듣지 못했고, 마음으로 깨달을 수 없었기 때문에 주의 진노가 그들을 향해 피어 올랐던 것이다. 선지자들은 하나님의 이름으로 이스라엘을 향해 "내가 내 종 선지자들을 너희에게 보내었으되 부지런히 보내었으나 너희가 나를 청종치 아니하며 귀를 기울이지 아니하고"(렘 7 : 25 ~ 26)라고 외친다. 그리고 제2 에스드라서 9 : 31 에 "보라, 내가 나의 법을 너희에게 뿌렸고 너희에게서 그 열매 맺기를 바랐거늘 우리 조상들은 법을 지키지 아니했으며 그 계명도 따르지 아니하고, 그 열매도 얻지 못했다. 그러므로 그들에게 뿌린 것을 아무것도 얻지 못했으므로 그들은 멸망을 받을 것이니라"고 말한다. 사무엘은 사울에게 "왕이 여호와의 말씀을 버렸으므로 여호와께서 왕을 버려 이스라엘 왕이 되지 못하게 하셨음이니이다"(삼상 15 : 26)고 말하였다. 또 예레미야는 6장 10절에서 "내가 누구에게 말하며 누구에게 경책하여 들게 할꼬 보라, 그 귀가 할례를 받지 못하였으므로 듣지 못하는도다 보라, 여호와의 말씀을 그들이 자기에게 욕으로 여기고 이를 즐겨 아니하니 … 내가 이 백성에게 재앙을 내리리니 이것이 그들의 생각의 결과라, 그들이 내 말을 듣지 아니하며 내 법을 버렸음이니라"(렘 6 : 10, 19)고 말한다.

  이러한 일이 있은 후에 하나님께서는 왜 그 말씀을 우리 가운데 두지 않았는가를 보여주신다. 이는 우리가 자의대로 행하며, 말씀을 듣지도 않고, 받지도 않으며, 기뻐하지도 않고, 그 열매도 산출하지 않고서 그것들을 거절하며, 불평하며, 우리에게서 던져 버렸기 때문이다. 그러므로 여호와께서 우리를 버렸으며, 우리는 미련하고 자기들 방식대로 기쁨을 누리고, 그 생각대로 따르며, 멸망하게 된다, 이는 우리가 주의 말씀의 교훈을 듣지 아니하고, 미련한 자처럼 그것에 순종하지 아니하며, 등 뒤로 말씀을 버렸기 때문이다.

  여기에서 성경이 말하는 어떤 것이 나를 감동시키고 있다. 그것은 하나님이 밝은 태양이며, 우리의 길을 인도 하는 빛이며, 우리 생활의 모든 부분을 위로해 주시고 우리 영혼을 구원해 준다. 그 안에 우리의 재산이 있음을 알려주고, 우리 주 그리스도 안에 하나님의 사랑을 증거해 준다.

  또 우리가 걸어가야 할 길을 더 잘 보여준다. 하나님의 뜻은 참되며, 평이하며, 하나님의 말씀이 내놓은 권위와 위엄을 단순하게 보여준다. 그러므로 우리는 말씀으로 인해 이익을 얻으며, 말씀이 얼마나 필요한 것인지 성경은 잘 가르쳐주고 있다. 또한 즐거움과 환희를 성경 안에서 발견하며, 어둡고 의문나는 점을 쉽고 평이하게 이해하도록 해 준다. 우리가 말씀의 권위와 위엄을 생각할 때, 하나님은 성경으로 우리에게 위로와 이익을 가져다주며 불평하지 않게 하고, 보지 못하는 눈을 뜨게 만들며 경외함과 두려움으로 듣게 하고, 우리안에 열매를 맺게 하고, 결코 우리를 헛되게 만들지 않는다.

2. 하나님의 말씀은 권위적이다.

성경은 '하나님 말씀'이다. 이보다 더 가치로운 제목이 있을까? "예언은 언제든지 사람의 뜻으로 낸 것이 아니요 오직 성령의 감동하심을 입은 사람들이 하나님께 받아 말한 것임이니라"(벧후 1 : 21)고 말하는 것보다 더 성경을 권위있게 하는 말이 있을까? 세상 임금의 포고령 앞에서 우리는 서서 경의를 표하며 그것에 깊은 주의를 기울인다. 우리는 그렇게 하도록 되어 있고 그것은 우리의 의무이다. 그런 존경이 우리를 통치하도록 세움 받은 권력자들에 속하여 있다. 왜냐하면 그들은 하나님의 세움을 받았기 때문이다. 그래서 누구든지 그들을 대적하는 자는 하나님을 대적하는 자가 된다.

만약 우리가 계시를 받고 천사가 우리에게 말하는 것을 들었다면 우리는 얼마나 주의깊게 그것을 주목하고 기억하며 천사의 말을 전하였겠는가! 그러나 천사는 영광스러운 피조물에 불과하고 하나님은 아니다. 그러면 왕은 무엇인가? 크고 막강하지만 가시적이어서 죽음에 종속되어 있고 그의 호흡은 떠나며 그의 이름은 사라지는 존재이다. 그와 그의 말, 그의 권력과 힘은 끝이 있는 것이다.

그러나 복음의 말씀은 세상의 왕의 말과 같지 않다. 그것은 천사의 말보다 더 위엄이 있다. 히브리서 2장 2~3절에서 사도는 다음과 같이 말했다. "천사들로 하신 말씀이 견고하게 되어 모든 범죄함과 순종치 아니함이 공변된 보응을 받았거든 우리가 이같이 큰 구원을 등한히 여기면 어찌 피하리요 이 구원은 처음에 주로 말씀하신 바요 들은 자들이 우리에게 확증한 바니".

하나님은 선지자 이사야에 의해서 다음같이 말씀 하셨다. "내 입에서 나가는 말로 헛되이 내게로 돌아오지 아니하고 나의 뜻을 이루며 나의 명하여 보낸 일에 형통하리라"(사 55 : 11). 그리고 같은 선지자는 말하길(11 : 8), "하나님의 말씀은 영원히 서리라"고 하였다. 그리고 우리 주님은 말씀하시길, "그러나 율법의 한 획이 떨어짐보다 천지의 없어짐이 쉬우리라"(눅 16 : 17)고 하셨다. 왜냐하면 그것은 살아계시고 전능하신 만군의 하나님의 말씀이기 때문이다. 그는 하늘과 땅에 그 기뻐하시는대로 행하시는 분이시다.

그는 이 말씀으로 그의 뜻을 알리셨다. "내가 내 자의를 말한 것이 아니요 나를 보내신 아버지께서 나의 말할 것과 이를 것을 친히 명령하여 주셨으니"(요 12 : 49에서 그리스도께서 말씀하셨다). 그리고 다시 "내가 와서 저희에게 말하지 아니하였더면 죄가 없었으려니와 지금은 그 죄를 핑계할 수 없느니라"(요 15 : 22)고 하셨다. 어느 누구도 어느 때든지 하나님을 본 사람은 없다. 그는 보이지 않으신다. 육안으로 그를 볼 수 없다. 오직 아버지의 품안에 있는 독생하신 아들만이 하나님을 알리셨다. 그는 우리에게 은혜의 보좌를 보여주셨고 그래서 우리가 어려울때 자비를 구하고 은혜를 얻도록 하셨다. 그는 우리에게 아버지의 뜻을 알리셨다. 그는 우리 곁을 떠났으나 그의 거룩한 말씀을 보도록 명하셨다.

사자들과 복된 천사들이 하늘로부터 와서 사람들에게 말할 때 이 말씀을 사용하였다. 그들이 복된 동정녀와 요셉과 그밖의 사람들에게 와서 말할 때 선지서들과 하나님의 성경에 기록된 말씀으로써 말하였다. 그들은 그들 자신의 권위가 충분하다고 생각하지 않았다. 그들은 하나님의 말씀으로부터 그들의 말에 신뢰를 두었고 그들의 메시지에 권위를 두었다.

이 말씀을 선지자들은 백성들에게 증거하고 전달하였다. 비록 그들이 어머니의 뱃속에서 거룩하게 되었다 할지라도, 비록 하나님이 그들에게 성령을 부여하셨다 할지라도, 비록 스랍천사가 그들 중 하나에게 와서 타는 숯불을 그 입술에 대었다 할지라도, 비록 그가 높은 보좌에 앉으신 주를 보았다 할지라도 그들은 그 자신으로 말하지 않고 오직 주의 이름으로 말하였다. 즉 그들은 이렇게 말했다. "주께서 말씀 하셨다" "이것은 주의 말씀이다" "주께서 말씀하신 것을 들으라". 바울 사도는 비록 그가 삼층천에 올리워졌고 낙원에로 갔으며 사람으로는 말할 수 없는 말을 들었다 할지라도 그는 로마와 고린도와 데살로니가와 그리고 그밖의 교회에게 그 자신의 말을 쓰지 않았고 오직 그가 받은 말씀을 그들에게 전하였으며 성경 말씀을 따라 그들을 가르쳤다.

이 말씀이 참된 만나이다. 그것은 하늘로부터 온 떡이다. 그것은 천국의 열쇠이며 인생에 대한 삶의 향기이고 구원에 대한 하나님의 능력이다. 그 안에 하나님은 우리에게 그의 능력과 그의 지혜와 그리고 그의 영광을 보여주셨다. 그것에 의해 그는 우리에게 알리워지신다. 그것에 의해 그는 피조물들의 경배를 받는다. 하나님의 말씀에 거스려서 가르치는 진리는 무엇이든지 진리가 아니다. 그것은 거짓이요 잘못이다. 그의 말씀에 의하여 요구되는 영광에 거스려서 하나님께 영광돌리는 것은 무엇이나 하나님께 영광이 아니요 신성모독일 뿐이다.

그리스도께서 "사람의 계명으로 교훈을 삼아 가르치니 나를 헛되이 경배하는도다"(마 15：9)라고 말씀하셨다. 이사야를 통해서 하나님은 "누가 너희 손에서 이것을 구하였느냐？"고 하셨고 예레미야를 통해서 "대저 내가 너희 열조를 애굽땅에서 인도하여 낸 날에 번제나 희생에 대하여 말하지 아니하며 명하지 아니하고 오직 내가 이것으로 그들에게 명하여 이르기를 너희는 내 목소리를 들으라 그리하면 나는 너희 하나님이 되겠고 너희는 내 백성이 되리라 너희는 나의 명한 모든 길로 행하라 그리하면 복을 받으리라 하였으나"(렘 7：22～23)라고 말씀하셨다.

다시 예레미야 23：28에서 "나 여호와가 말하노라 몽사를 얻은 선지자는 몽사를 말할 것이요 내 말을 받은 자는 성실함으로 내 말을 말할 것이라 겨와 밀을 어찌 비교하겠느냐"고 하셨다. 성경을 찾아 보라. 그 안에서 하나님을 아는 것을 배울 것이요 어떻게 그를 섬길 것인지를 배울 것이다. 그 안에서 영원한 생명을 찾을 것이다. 주의 말씀은 용광로에서 단련된 은처럼 순전한 말씀이다. 거기에는 어떤 불순물이나 찌꺼기가 없다. 성경은 지혜와 하나님을 아는 지식의 보고이다. 그것에 비하여 모든 세상의 지혜는 다만 헛되고 어리석을 뿐이다.

로마의 왕 누마 폼필리우스(Numa Pompilius), 라케데몬의 왕 리쿠르구스(Lycurgus), 그리고 크레타의 왕 미노스(Minos)는 현명한 사람들이었으며 위대한 통치자들이었다. 그들은 백성들을 다스릴 법을 고안하였고 그들의 법이 더 큰 신뢰를 얻고 영원히 서도록 하기 위하여 그것이 계시에 의하여 가르쳐진 것처럼 손에 들고 전하였다. 그러나 그것이 지금은 어디에 있는가? 누마(Numa), 미노스(Minos), 리쿠르구스(Lycurgus)는 어디에 있는가? 그들의 책은 어디 있는가? 그들의 법은 어떻게 되었는가?

그들은 무지하고 하나님을 알거나 이해하지 못하였다. 그들과 그들의 법은 죽었다. 그들의 이름도 잊혀졌다. 그러나 하나님의 말씀은 진실로 하늘로부터 왔다. 하나님은 그의 손가락으로 그것을 쓰셨다. 그것은 모든 지혜의 원천이다. 그런즉 그것은 영원하며 끝이 없을 것이다.

여기서 우리는 하나님의 위대한 능력과 사역을 살펴보자. 모세가 율법을 받을 때 하나님께서 친히 인간 세계로 수 많은 천사들과 함께 강림하셨다. 그의 임재시에 사방이 어두워졌으며 산은 불꽃으로 뒤덮혔으며 땅은 흔들렸고 하늘에는 천둥 번개가 있었으며, 백성들은 멀리 떨어져서 무서워 피하였다. 그래서 백성들이 모세에게 말하기를 "우리에게 말씀하소서 그러면 우리가 듣겠나이다 그러나 하나님이 우리에게 말씀 않게 하소서 그렇지 않으면 우리가 죽겠나이다" 이것이 율법의 처음 선언이고 공포이다. 하나님께서 그의 말씀에 그러한 힘과 신뢰를 두셨으며 스스로 주 되심을 보증하셨다.

그 이후로 이제까지 수천 년이 흘렀다. 그 동안에 이스라엘 백성들은 폭군의 압제를 받았으며 외적의 약탈을 당하고 쫓겨났다. 먼저 느브갓네살(Nebuchadnezzar)왕에 의해 바벨론으로, 그다음에 안티오쿠스(Antiochus)왕에 의해 시리아로, 그리고 마지막으로 이 나라에서 저 나라로 떠돌아 다니는 방랑자들이 되고 말았다.

그들의 수도 예루살렘은 약탈 당했고 그들의 집은 무너졌으며 그들의 성전은 파괴되었고 돌 하나도 돌위에 남지 않았다. 그들의 도서관은 파괴되었으며 그들의 책은 불타버렸고 장막도 상실하고 언약궤도 부수어져 버렸다. 어떤 환상도 어떤 계시도 어떤 위로도 그 백성에게 남지 않았으며, 어떤 선지자도 어떤 제사장도 주의 이름으로 말하는 어떤 사람도 없었다.

그 모든 쇠퇴와 약탈과 어둠과 슬픔의 시대에 주의 말씀은 어떻게 되었는가? 그것은 사악하게도 유다왕 여호야김에 의하여 불타버렸고 안티오쿠스(Antiochus)는 율법서들을 불태웠으며 그것들을 조각조각 잘라 내버렸다. 어떤 사람도 그것들을 가지는 것이 감히 알려지지 않았고 누구도 그것들을 가지고 있다고 감히 말하지 못했다. 그래서 그들은 하나님의 영광을 전적으로 지워버렸고 그의 율법에 대한 모든 기억을 없애버렸다고 생각했다.

그 때 바리새인들이 나타났다. 그들은 그들의 전통으로 하나님의 말씀을 익사시켜 버렸다. 그들은 지식의 열쇠를 가졌으나 그들 자신은 들어가지 않았으며 들어가는 사람들도 막았다. 그들 뒤에 이단자들이 나타났다. 그들은 하나님의 말씀을 지우고 더럽혔으며 와전시키고 변경시켜 버렸다. 하나님의 말씀을 그들은 그들 자신의 말로 만들었으며 설상가상으로 그들은 그것을 악마의 말로 만들어 버렸다.

수천 년의 기간동안 하나님의 말씀은 폭군들과 바리새인들과 이단자들과 불, 그리고 검의 위험을 통과하였다. 그리고 오늘날까지 글자 하나 바꾸어지거나 변경됨이 없이 보존되고 유지되어 왔다. 그렇게 많고 큰 적들이 있었고 그렇게 많고 큰 위험이 있었으나 문장 하나 단어 하나 글자 한자도 더하여지거나 변경됨 없이 아직까지 성경이 보존되어 온 것은 참으로 하나님의 놀라운 역사이다. 어떤 피조물도 그렇게 할 수 없다. 그것은 하나님의 역사이다.

하나님은 그것을 어떤 폭군도 없애지 못하고 어떤 전통도 질식시키지 못하고 어떤 이단도 부당하게 더럽히지 못하도록 보존하셨다. 그의 이름과 택한 자들을 위하여 그는 그것이 폐하도록 내버려두지 않았다. 그 안에 하나님은 그의 백성들을 위한 축복을 명하셨다. 그리고 그것에 의하여 그는 그의 백성들과 함께 영생을 약속하셨다. 폭군들과 바리새인들과 이단자들과 그리스도의 십자가의 원수들은 끝이 있다. 그러나 주의 말씀은 끝이 없다.

어떤 세력도 성경을 폐할 수 없다. 지옥의 문이 그것을 이기지 못한다. 성은 무너지고 나라는 망하고 제국은 연기처럼 사라지나 주의 진리는 영원히 계속된다. 그것을 태우면 그것은 다시 자라날 것이고 그것을 죽이면 그것은 다시 살아날 것이며 그것을 뿌리째 자르면 그것은 다시 뿌리를 내릴 것이다. "지혜로도 명철로도 모략으로도 여호와를 당치 못하느니라"(잠 21 : 30).

3. 하나님의 말씀은 유익하다.

한 때 기독교를 믿었으나 지금은 이교화 되어버린 일리리쿰(Illyricum), 에피루스(Epirus), 펠로폰네소스(Peloponnesus), 마케도니아(Macedonia), 그리고 그 밖의 다른 민족들이나 나라들을 보라. 그리고 다시 과거에는 이교적이었으며 하나님을 몰랐던 영국, 아일랜드, 로마, 스코틀랜드 그 밖의 여러 나라와 국가들을 보라.

그들은 모두 복음도 그리스도도 하나님도 그리고 삶의 희망도 없었다. 그들은 심지어 그들 자신의 손으로 만든 우상을 숭배했다. 그들은 그것들에 대하여 그들의 예배를 위한 제사장들을 정하였고 그것들에 예배하여 백성들이 함께 기원할 수 있는 날들과 장소들을 지정하였다.

여기 영국에서도 런던에 있는 바울 교회는 여신 다이아나(Diana)의 신전이었다. 웨스트민스터에 있는 베드로 교회는 아폴로의 신전이었다. 로마 사람들은 가장 큰 신인 쥬피터(Jupiter)의 신전을 두었고 플로렌스에서는 마르스(Mars)의 신전을, 그리고 다른 곳에서는 다른 우상들을 섬기는 신전을 두었다.

쥬피터(Jupiter), 마르스(Mars), 아폴로(Apollo) 그리고 다이아나(Diana)는 불결한 영들이며 더러운 악신들이었다. 그런데 사람들은 그들의 평화와 번영에 대하여 그것들에게 감사하였고 전쟁 중에서, 슬픔 가운데서 그것들에게 기도하였으며 그들의 아내와 그들의 자녀와 그들 자신과 그들의 영혼의 안전과 보호를 그것들에게 위탁하였다. 그들은 화려한 예배당과 집회소를 세웠으며 금과 은으로 그것들의 상을 만들어 세웠으며 그들의 손을 들고 그것들에게 기도하였고 그들의 자녀를 그것들에게 희생하여 제물로 바쳤다.

말하기도 두렵지만 어두웠던 시대에 사람들이 그들의 자녀를 죽여서 우상에게 재물로 바친 것은 사실이다. 그들은 쥬피터가 위대하고 아폴로가 위대하며 에베소의 다이아나가 위대하다고 말했다. 이것들은 우리 조상들의 신들이다. 우리 조상들은 그것들을 믿었다. 즉 그것들이 우리

제3장 성경/존 쥬웰 59

를 만들었으며 그것들이 우리를 지켜주고 우리의 적들에 대항하여 승리를 우리에게 준다고 믿었다. 그것들을 거부하는 자는 누구든지 죽어야 마땅하다고 생각했다.

그것들을 믿는 왕들과 영주들과 그리고 백성들이 있었으며 몇 천 년 동안 그것들은 아무 방해나 반대가 없이 유지되어 왔다. 그것들은 역사성과 보편성과 그리고 모든 시대의 오랜 동의를 가진 대단한 지지를 받아왔다. 즉 어느 곳에서나 모든 사람들이 보편적으로 일치하여 섬겨 왔다. 그것을 그처럼 오래되었고 보편적이며 일반적인 동의를 받고 있는 그런 종교라고 생각하는 사람들에게 그토록 강하고 확고하게 뿌리내리고 있는데 어찌 쉽게 사라질 수 있을까?

그러나 때가 차매 하나님께서 그의 말씀을 보내셨다. 그래서 모든 것이 변화되었다. 거짓이 무너지고 진리가 서게 되었다. 사람들은 그들의 우상을 버리고 하나님께로 왔다. 왕들과 이교 사제들과 백성들이 변화되었다. 신전들과 희생들과 기도들도 변화되었다. 사람들의 눈과 마음이 변화되었다. 그들은 그들의 신들을 버렸고 그들의 이교 왕들과 그들의 이교 사제들을 버렸다. 그들은 그들의 전통과 관습과 동의와 그들의 조상들과 그들 자신까지 버렸다.

무슨 능력이 이런 일들을 가능하게 하였을까? 어떤 황제가 무력으로 그처럼 대단한 일을 이루었던가? 무슨 힘이 그처럼 막강한 우상들을 폐위시킬 수 있었던가? 어떤 사람의 손이 온 세상을 정복하고 복종시켜서 그처럼 막강한 나라들로 하여금 그들의 죄를 고백하게 할 수 있었는가? 이것은 주께서 그의 말씀의 권능과 그의 입의 호흡으로 이루신 일인 것이다.

이것은 사로잡힌 자들을 이끌어 내고 주께 대항하여 그 스스로 높아진 모든 것들을 엎으시며 모든 권세를 주께로 복속시키는 그것이다. 그것은 하나님의 형상이고 권능과 팔과 검이며 그리고 하나님의 영광이다. 그것은 강력하고 엄청난 세력과 힘이 있으며 권위와 위엄이 있는 것이다. 왜냐하면 그것은 하나님의 말씀이기 때문이다. 그런즉 그 영광이 크다.

4. 하나님의 말씀에 대한 지식은 필수적이다.

다음으로는 우리가 인생의 모든 경영에 있어서 하나님의 말씀에 의하여 인도받는다는 것이 얼마나 필수적이며 없어서는 안될 일인지를 고려해 보자. 하나님의 말씀의 우리 영혼에 대한 관계는 우리 영혼의 몸에 대한 관계와 같다. 영혼이 떠날 때 몸이 죽는 것처럼 하나님을 아는 지식이 없을 때 영혼도 죽는다. "사람이 떡으로만 사는 것이 아니요 여호와의 입에서 나오는 모든 말씀으로 산다"(신 8 : 3).

하나님께서 다음과 같이 말씀하셨음을 보라. "주 여호와께서 가라사대 보라 날이 이를찌라 내가 기근을 땅에 보내리니 양식이 없어 주림이 아니며 물이 없어 갈함이 아니요 여호와의 말씀을 듣지 못한 기갈이라"(암 8 : 11). 그들의 혀는 마르고 그들의 마음은 굶주릴 것이며 그들은 기근으로 죽을 것이다. "사람이 이 바다에서 저 바다까지 북에서 동까지 비틀거리며 여호와의 말씀을 구하려고 달려 왕래하되 얻지 못하리니"(암 8 : 12) "우리가 소경같이 담을 더듬으며 눈 없는 자 같이 두루 더듬으며 낮에도 황혼 때 같이 넘어지니 우리가 강장한 자 중에서도 죽은 자 같은지라"(사 59 : 10).

그런즉 그들이 주의 이름을 부르지 않으면 어찌 구원 받을 수 있으리요? "그런즉 저희가 믿지 아니하는 이를 어찌 부르리요 듣지도 못한 이를 어찌 믿으리요 전파하는 자가 없이 어찌 들으리요 보내심을 받지 아니하였으면 어찌 전파하리요"(롬 10 : 14 ~ 15 상). 그러므로 크리소스톰은 말하길 "그가 항상 신령한 독서에 사로잡히지 않는 사람은 결단코 어떤 사람도 구원얻는 것이 불가능하다"고 하였다. 지혜자는 말하였다. "내 백성이 지식이 없으므로 망하는도다"(호 4 : 6).

성경을 모를 때, 하나님의 말씀에 의하여 백성들을 교화시키고 권면하며 그리고 위로해줄 아무도 없을 때 그들은 반드시 망하고 만다. 왜냐하면 그들은 그들이 가야할 길을 모르고 누구를 섬겨야 할지 모르며 누구의 이름을 불러야 할지 모르기 때문이다. 그들은 무엇을 믿어야 할지, 무엇을 해야 할지도 모른다. 지옥은 그 자체를 크게 확장하여 그 입을 크게 벌린다. 그리고 완악하고 무지한 어둠의 자녀들은 그 안으로 들어

간다.

  그들은 속박되고 사탄의 노예가 되었다. 그들의 마음은 묶여져 있다. 그들은 아무것도 이해하지 못한다. 그들의 눈은 닫혀져 있다. 그래서 그들은 아무것도 보지 못한다. 그들의 귀는 막혀있으므로 아무것도 들을 수 없다. 그들은 지옥의 불쏘시개로 전락되었다. 왜냐하면 그들은 하나님을 아는 지식이 없기 때문이다.

  그러므로 그리스도께서는 사두개인들에게 다음과 같이 말씀하셨다. "너희가 성경도 하나님의 능력도 알지 못하는고로 오해하였도다"(마 22 : 29). 즉 그리스도께서는 그 잘못이 무지의 소산이라고 가르치셨다. 너희가 오해하는 까닭은 성경을 모르기 때문이요, 너희가 빛을 미워하며 어둠을 좋아하는 까닭은 너희가 아버지도 나도 알지 못하기 때문이다. 하나님의 진리를 알지 못하는 자는 하나님을 모른다고 가르치셨다.

  그런데 여기에 이런 경우에 있어서는 무지가 변명이 될 수 없다. 무지 때문에 핑계할 수 없다. 크리소스톰은 다음과 같이 말했다. "당신은 말하길 나는 성경에 관하여 듣지 못했다고 할 것이다. 그러나 이것이 핑계가 될 수 없다. 오직 죄일 뿐이다" 그리고 다시 이렇게 말했다. "이것은 사탄의 영향을 받고 생기는 일이다. 사탄은 우리가 부요케 되기 위하여 보물을 보는 것을 그냥 내버려두지 않는다. 그는 우리가 하나님의 말씀을 듣고 따르는 것을 보지 않기 위하여 하나님의 말씀을 듣는 것이 우리에게 전적으로 무용하다고 속삭인다"

  그레고리(Gregory)는 다음 같이 말했다. "누구든지 주께 속한 것을 알지 못한 자는 주를 알지 못한다". 오리겐(Origen)도 역시 이러한 사탄의 실상을 다음과 같이 말했다. "사탄에게 있어서 모든 고통 이상의 고통이요 모든 아픔 이상의 아픔인 것은 그들이 어떤 사람이 열심히 하나님의 말씀의 지식과 성경의 신비와 비밀을 찾고 연구하면서 하나님의 말씀을 읽는 사람을 보는 것이다. 여기에 사탄이 고통 당하는 불꽃이 있다. 이 불 속에서 괴로워한다. 왜냐하면 사탄은 무지 가운데 머무는 모든 사람들에게 달렸고 속해 있기 때문이다".

  철학자 카르네아데스(Carneades)는 그의 주인이자 스승인 크리시푸스(Chrysippus)에 관하여 늘 말하기를, "만약에 크리시푸스가 없었다면 나는 결코 어떤 사람도 되지 못했을 것이다. 그는 나의 주인이요 스승이시다. 그는 나를 깨우쳐 주셨다. 내가 가진 것은 무엇이나 그로부터 얻은 것이다". 라고 말했다. 하물며 더욱 우리는 성경의 말씀에 관하여 같은 말을 사용할 수 있겠다. 즉 만약 하나님의 말씀이 없다면 우리의 지혜도 허무하며 우리의 지식도 허무하다. 우리가 가진 것은 무엇이나 그 말씀에 의하여 얻은 것이다. 만일 하나님의 말씀이 없다면 우리의 기도는 기도가 아니며 만일 하나님의 말씀이 없다면 우리의 헌신이 헌신이 아니다. 우리의 믿음도 믿음이 아니며 우리의 양심도 양심이 아니고 우리의 교회도 교회가 아니다. 태양을 제거해 보라. 그러면 어둠 이외에 무엇이 남겠는가? 하늘과 땅이 어두워진다면 어떤 사람이 그의 길을 볼 수 있고 사물을 식별할 수 있겠는가? 하물며 하나님의 말씀이 없다면 오직 비참한 혼동과 치명적인 무지 외에 무엇이 남겠는가?

블레셋 사람들이 삼손의 머리카락을 잘랐을 때 그들은 그를 넘어뜨리고 그를 붙잡아다가 묶고난 후 그의 눈을 뽑았다. 그들은 그를 둘러 춤을 추었으며 그를 경멸하고 장난하였다. 우리는 삼손과 같다. 우리 머리카락의 힘은 하나님의 말씀에 관한 지식이다. 그것이 우리 머리에 있으며 우리의 가장 높고 중요한 부분에 있다. 만약 우리가 하나님의 말씀을 듣고 읽으며 그래서 깨닫지 않는다면 그 때 잘못과 미신과 온갖 사악함이 손을 들고 우리에게 덮치며 우리를 묶을 것이다. 그리고 우리의 눈을 뽑고 우리를 경멸하며 완전히 우리를 패망케 할 것이다.

예루살렘 성의 사람들이 포위되어서 먹을 음식이 부족하였을 때 그들은 쥐와 새앙쥐와 그리고 많은 더럽고 불결한 것들을 먹었다. 어떤 여인은 고기가 없어서 자기 자녀에게 잔인한 일을 행하고 싶을 만큼 굶주렸다. 그래서 그녀는 자기 몸의 열매인 자기 자녀를 붙잡아 그를 죽이고 칼로 잘라 조리를 하여 그것을 먹었다. 혐오스러운 음식이다. 특별히 어머니가 자기 자녀를 잡아 먹었으니 더욱 그렇다. 그러나 그녀는 그렇지 않을 수 없을 만큼 극도로 배가 고팠다. 그것은 결코 있어서는 안되나 삶이 안고 있는 잔혹한 일이다.

하나님께서 그의 복음을 거두시고 주의 말씀을 듣지 못하는 기근을 보내고자 하셔서 우리와 우리 조상에게 그렇게 하셨더라면 우리는 보기에 혐오스럽고 두려운 것들을 먹지 않을 수 없었을 것이며, 우리의 자녀와 심지어 우리 마음의 공상과 허영까지 먹지 않을 수 없었을 것이다. 그것들에는 실체가 없으므로 그것들은 우리를 배부르게 할 수 없다.

이스라엘 백성들의 경우에 있어서 그들이 하나님의 말씀을 잊어가고 그 가운데 있는 명령을 떠났을 때 하나님은 그들을 기뻐하지 않으셨고 그들의 기도와 헌신은 받아들여지지 않았다. "너희가 내 앞에 보이러 오니 그것을 누가 너희에게 요구하였느뇨 내 마당만 밟을 뿐이라 헛된 제물을 다시 가져오지 말라 분향은 나의 가증히 여기는 바요 월삭과 안식일과 대회로 모이는 것도 그러하니 성회와 아울러 악을 행하는 것을 내가 견디지 못하겠노라"(사 1 : 12 ~ 13).

서기관과 바리새인의 경우에 있어서도 그들이 하나님의 말씀에 의하여 인도받는 것을 저버리고 지식의 열쇠를 버렸을 때 그들은 자신들의 교훈을 따랐고 하나님의 명령과 뜻을 무시하였으며 그들 자신의 전통을 좇았다. 그러므로 그리스도께서 그들을 다음과 같이 꾸짖으셨다. "외식하는 자들아 이사야가 너희에게 대하여 잘 예언하였도다 일렀으되 이 백성이 입술로는 나를 존경하되 마음은 내게서 멀도다 사람의 계명으로 교훈을 삼아 가르치니 나를 헛되이 경배하는도다 하였느니라 하시고"(마 15 : 7 ~ 9).

그러므로 우리가 만약에 교회의 성례가 무엇인지 알기를 원한다면, 세례 또는 성찬에 있어서 교훈 얻기를 원한다면, 우리의 창조주를 알고 창조주와 피조물 사이의 구별을 알기 원한다면, 현세가 무엇이며 내세는 무엇인지를 알기 원한다면, 하나님을 믿고서 하나님의 이름을 부르며 하나님께 경배하기를 원한다면, 온전한 열심과 참된 진리 안에 머물기를 원한다면, 하나님께 향하여 올바른 양심 갖기를 원한다면, 어느 것이 하나님의 교회인지를 알기 원한다면, 우리가 하나님의 말씀을 듣는 것은 필수적이다. 우리에게 구원을 가르치는 말씀은 하나님의 말씀밖에 없다.

5. 하나님의 말씀은 우리를 축복한다.

이제 하나님의 말씀이 우리에게 주는 기쁨과 즐거움에 관해서 얘기해

보자. 하나님의 말씀은 진지하고 엄숙한 권고와 하나님을 아는 지식과 덕스러운 본보기들과 악을 교정하는 것과 현세의 종말과 내세의 삶에 관한 말씀으로 가득차 있다. 그것들이 하나님의 말씀의 내용이다. 그것들은 그 스스로 크고 중대한 내용이다. 거기에는 허영이나 방종이 없다.

그것들은 크고 중요하다. 그래서 그것들이 그처럼 중요하고 한층 가치 있기에 우리는 그것들을 듣는다. 그런데 우리는 반드시 기쁨을 갖고 그 크고 중요한 것들을 좋아할 수 있는 상상을 가져야 한다. 선지자 다윗은 그것들을 "꿀과 송이꿀보다 더 달다"고 말했다. 만약 우리가 다윗이 말한 것과 같은 호의를 갖고 그것들을 맛본다면 우리는 크고 중대한 천국의 기쁨을 그것들에게서 얻을 것이다.

많은 사람들은 줄리어스 시이저(Julius Caesar), 알렉산더 대왕(Alexander the Great), 그리고 막강하고 당당한 제후들의 이야기를 읽기 좋아한다. 그들은 저들의 전쟁과 승전보와 영웅담을 읽는데서 기쁨을 갖는다. 그리고 많은 사람들은 사람들의 다양한 생활 양식과 행동들을 보기 위하여 먼 나라들로 여행하는데서 기쁨을 갖는다.

만약에 우리가 세상 모든 것들을 한 눈에 볼 수 있는 산 꼭대기에 올라서 도시들과 마을들과 산들과 숲들과 성들과 호화로운 건물들과 그들의 영지에 있는 세상의 모든 왕들과 제후들을 볼 수 있다면, 만약에 우리가 어떤 사람들은 평화롭게 조용히 살고 다른 사람들은 전쟁 중에 소란하며 어떤 사람들은 부자로 살고 다른 사람들은 궁핍과 곤궁 가운데 있으며 어떤 사람들은 일어나고 다른 사람들은 넘어지는 그런 세상의 다양한 모습들을 볼 수 있다면, 그처럼 크고 다양한 일들을 보는 것은 우리를 흥미롭게 해줄 것이 틀림없다.

우리가 그처럼 크고 다양한 광경들을 볼 수 있는 그런 산과 우리가 귀족들과 그들의 전쟁과 승리에 관하여 읽는 그런 이야기가 하나님의 말씀 속에 있다. 이 산 위에서 우리는 하나님의 손으로 이루신 모든 사역들을 볼 수 있다. 즉 그가 어떻게 하늘과 땅과 태양과 달과 바다와 강들과 물속의 물고기와 공중의 새와 그리고 들의 짐승들을 지으셨는지를 볼 수 있다. 이 산 위에 서서 우리는 그의 사자들과 천사장들과 천사들을 볼 수 있다. 어떻게 하여 그들 중에 약간은 타락하고 나머지는 계속 영광 가운데 있으며 어떻게 하나님은 그들을 메세지를 전하러 보내며 그들은 어떻게 인생들을 돕기 위하여 하늘로부터 내려오는지를 볼 수 있다.

하나님의 말씀에서 우리는 만군의 하나님의 전쟁에 관하여 읽을 수 있다. 즉 어떻게 그가 그의 백성들 가운데 진을 치시고 그들을 앞서 가서 그들을 위하여 싸우셨는지를, 어떻게 암몬 족속과 가나안 족속들이 뿌리 뽑혔는지를, 어떻게 하여 모세가 손을 들고 기도할 때 아말렉 군대가 패배하였는지를, 어떻게 여리고 성이 이스라엘 백성들의 나팔 소리와 고함 소리에 무너졌는지를, 그리고 어떻게 하여 하나님께서 그의 백성들에게 승리를 주시고자 하셨을 때 십삼만 오천의 앗시리아 군대가 천사의 손에 의해 하룻밤 동안에 도륙당했는지를 읽을 수 있다.

하나님의 말씀에서 우리는 어떻게 하나님이 그의 적들을 무찌르시고 제압하셨는지를 볼 수 있다. 즉 어떻게 그가 홍해 가운데 바로와 그의 말과 군사들과 병거들과 모든 것들을 빠뜨리셨는지를 볼 수 있다. 하나님의 말씀에서 우리는 한 막강한 왕이었던 느브갓네살(Nebuchadnezzar)이 제 정신을 잃고 그의 궁전과 그의 동료들과 그리고 인간의 예법을 저버리고 짐승들처럼 들에서 살았던 것을 볼 수 있다. 하나님의 말씀에서 우리는 어떻게 하나님이 안티오쿠스 왕과 헤롯 왕을 더러운 질병으로 치셔서 그들의 몸을 벌레가 먹게 하셨는지를, 어떻게 하나님이 하늘로부터 불과 유황을 내려보내사 소돔과 고모라를 그들의 죄 때문에 멸망시키셨는지를, 어떻게 하나님이 지진을 일으키사 다단(Dathan)과 아비람(Abiram)을 삼키게 하셨는지를, 어떻게 웃시야 왕이 문둥병에 걸려서 성전 밖으로 쫓겨나고 그의 왕국으로부터 끊어졌는지를 볼 수 있다.

어느 시대, 어느 왕들과 백성들의 이야기가 하나님의 손이 이루신 것만큼 그리고 성경의 이야기가 우리에게 말해주는것 만큼 그처럼 생소한 전쟁과 그처럼 막강한 승리와 그처럼 위경에서의 놀라운 구원과 그처럼 적들에 대한 무시무시한 정복을 우리에게 말할 수 있겠는가?

이 말씀은 역시 그를 믿는 백성들을 향한 하나님의 선하심과 자비하심도 보여 준다. 어떻게 그가 그의 백성을 그들의 적들에게 무섭게 만드셨는지를, 어떻게 그가 그의 백성들의 적들을 그들의 발등상이 되게 하셨는지를, 어떻게 그가 그들을 홍해로부터 무사히 건너게 하셨는지를, 어떻게 그가 그의 천사를 그들의 앞서 보내어 그들을 인도하셨는지를, 어떻게 그가 그들에게 반석에서 물을 주셨으며 하늘로부터 빵을 비처럼 내리게 하셨는지를, 어떻게 그가 그들에게 젖과 꿀이 흐르는 땅으로 인도하여 그는 그들의 하나님이 되고 그들은 그의 백성이 되게 하실 것을 언약하셨는지를 볼 수 있다.

이 말씀 속에서 하나님의 놀랍고 생소한 사역들, 즉 바다가 갈라져서 높은 벽처럼 양쪽에 섰던 일과 여호수아의 말에 태양이 멈추어 서서 가지 않은 일들과 같이 자연의 법칙을 넘어서고 인간의 이성을 초월하는 일들을 볼 수 있다. 히스기야 왕이 말하고 그것을 구하였을 때 태양이 10도나 뒤로 물러났다. 엘리야의 기도에 불이 하늘로부터 내려와서 그의 제물들을 태웠다.

이 말씀에서 우리는 당나귀가 그 입을 벌려서 말하고 그의 주인을 꾸짖는 것과, 하나님의 세 종이 아무 상처없이 뜨겁게 타는 풀무불 속에서 걸은 것과, 사자굴 속의 다니엘이 무사한 것과, 베드로가 물 위를 걸은 것과, 문둥병자가 고침을 받고 절름발이가 걸으며, 소경이 보고 벙어리가 말하며, 귀머거리가 듣고 죽은 사람이 그 무덤으로부터 일어나 살며, 하찮고 무식한 사람들이 방언을 말하고 귀신이 그 사로잡힌 자로 부터 쫓겨나서 말하길 나는 당신이 하나님의 아들, 그리스도 이심을 안다고 말하는 것을 볼 수 있다.

이 말씀 속에서 우리는 12명의 가난하고 단순한 사람들이 창이나 검이나 무력을 쓰지 않고 온 세상을 정복하고 승리한 것을 볼 수 있다. 어떤 권세도 그들을 억누를 수 없었다. 어떤 세력도 그들을 이겨낼 수 없었다. 어떤 왕이나 어떤 나라가 다른 왕이나 나라에게 항복한다는 것은 큰 문제이다. 그러므로 모든 왕이 그들의 권표를 던지고 모든 백성이 그처럼 몇 명 안되고 하찮고 무장하지 않은 사람들 앞에 복종하며 그들이 거짓을 품고 무지 가운데 살았음을 고백하고 이 열두 사람은 지극히 높으신 이의 종들임을 인정하는 것을 보는 것과 어떻게 하나님이 세상의 어리석은 것들을 택하사 지혜로운 자들을 부끄럽게 하시며 세상의 약한 것들을 택하사 강한 것들을 어리둥절케 하시는 것을 보는 것은 참으로 크고 놀라운 일임에 틀림없다. 하나님은 그러한 능력을 그의 종들의 말에 주셨다. 그는 그들을 우뢰의 아들로 만들었다. 그들은 세상의 기초를 뒤흔들었다. 그들은 그들을 거스리는 것은 무엇이거나 부숴뜨렸다.

이 말씀 속에서 우리는 하나님의 택한 자녀들의 투쟁을 볼 수 있다. 어떻게 그들이 하나님의 진리를 부인하는 것보다 그들의 몸의 고통을 인내로써 감당하였는지를 볼 수 있다. 박해자들이 그들의 등을 채찍질하였고 그들의 목을 베었으며 그들의 몸을 불로 태웠다. 그러나 어떤 폭군도, 어떤 협박도, 어떤 위협도, 어떤 고문도, 어떤 검도, 어떤 죽음도 그들을 그들이 받은 복음에 대한 사랑으로부터 뗄 수 없었다.

베임을 당할 수록 더 자라났다. 죽임을 당할 수록 더 살아났다. 어거스틴은 다음 같이 말했다. "그들은 체포되었고 투옥되었으며 고문 당했고 불에 태워졌다. 그런데도 그들은 증가되었다". 이것은 세상을 이기는 승리이다. 주께서는 다음 같이 대답하셨다. "이는 내 능력이 약한데서 온전하여짐이라"(고후 12 : 9). 그것은 죽음 가운데서 산다. 그것은 상처와 채찍질 속에서 온전하고 강건케 된다. 그것은 그것을 파괴하는 수단들에 의하여 오히려 증가한다.

야곱은 땅 위로 서있는 한 사다리를 보았으며 그 꼭대기가 하늘에 닿아 있는 것을 보았다. 그리고 하나님의 천사들이 그 둘레를 오르락 내리락 하는 것을 보았다. 이것은 단지 그가 잠자면서 본 꿈이요 환상이었다. 그러나 그가 깨었을 때 그는 이 환상으로부터 기쁨과 위로를 얻었다.

우리는 야곱이 가진 이같은 기쁨만 아니라 다른 훨씬 큰 환상을 가지고 있다. 우리는 이사야가 높은 보좌에 앉으신 주를 바라본 것을 본다. 우리는 바울이 삼층천에 올라간 것을 본다. 우리는 하나님의 영광이 나타나서 구름으로부터 음성이 들리며 이르기를 "이는 내 사랑하는 아들이요 내 기뻐하는 자니 너희는 저의 말을 들으라"(마 17 : 5)고 하신 것을 본다.

우리는 하나님의 아들이시요 동정녀에게서 탄생하신 예수 그리스도를 본다. 그리고 다음과 같은 사연을 본다. "오히려 자기를 비어 종의 형체를 가져 사람들과 같이 되었고 사람의 모양으로 나타나셨으매 자기를 낮추시고 죽기까지 복종하셨으니 곧 십자가에 죽으심이라"(빌 2：7～8). 우리는 그가 큰 목소리로 다음과 같이 부르짖는 것을 듣는다. "나의 하나님 나의 하나님 어찌하여 나를 버리셨나이까?" 우리는 그가 이렇게 말씀하시는 것도 듣는다. "아버지여 저희를 사하여 주옵소서 자기의 하는 것을 알지 못함이니이다"(눅 23：34) "아버지여 내 영혼을 아버지 손에 부탁하나이다"(눅 23：46).

여기서 우리는 태양이 어두워지고 달이 빛을 잃으며 땅이 흔들리고 바위가 산산조각으로 쪼개지며 휘장이 갈라지고 무덤이 열린 것과 그리고 그리스도께서 죽은 자들 가운데서 부활하사 하늘에 승천하시고 하나님의 보좌 우편에 앉으신 것을 볼 수 있다.

여기서 우리는 "모든 나라를 그 음행으로 인하여 진노의 포도주로 먹이던"(계 14：8) 바벨론의 무너짐을 볼 수 있다. 하나님의 입의 호흡으로 어떻게 그것이 파괴되었는지를 볼 수 있다. 여기서 우리는 죽은 자들의 부활과 하나님 앞에 그들의 자리에 있는 24장로들과 그의 보좌에 앉으신 옛적부터 항상 계신 이와 심판의 자리와 열린 책과 그 앞에 나타난 모든 육체들을 볼 수 있으며 그리고 어떻게 하여 그들 가운데 어떤 자들은 영생을 얻게 되고 어떤 자들은 영원한 사망에 처하게 되는 가를 볼 수 있다.

무슨 말로 하나님의 말씀 가운데서 우리에게 주어진 이 기쁨과 즐거움을 표현할 수 있을까?

이렇게 하여 나는 약속을 성취하였다. 그리고 내 손 안에 갖고 있던 네 가지 것들을 지금까지 2, 3, 4, 5항에 걸쳐 솔직하고 꾸밈없이 보여 주었다. 나는 지금까지 하나님의 말씀이 가진 중요성과 권위가 어떠한지를, 우리가 그것에 의해 얻을 수 있는 유익이 얼마나 큰지를, 그것이 우리의 거치른 인생길에 얼마나 필수적인지를 그리고 우리가 그 안에서 얻을 수 있는 양식과 즐거움이 어떠한지를 밝혔다.

6. 하나님의 말씀은 이해 가능하다.

그럼에도 불구하고 어떤 사람들은 이의를 제기하여 다음과 같이 말한다. 성경은 어둡고 불확실하다. 그 문제들은 깊고 그 단어들은 이해하기 힘들다. 그래서 성경을 이해할 수 있는 사람은 거의 없다. 어떤 사람들은 같은 성경 내용을 이런 의미로 푸는가 하면 다른 사람은 저런 의미로 푼다. 가장 박식한 사람들조차도 그것들에 관하여 의견이 일치되지 않는다. 그래서 많은 경우에 그것들은 싸움의 원인이 된다. 요한은 성경이 세 개의 인으로 봉해져 있다고 말했다. 그리고 천사가 큰 목소리로 다음과 같이 외쳤다. "누가 책을 펴며 그 인을 떼기에 합당하냐?"(계 5 : 2) 어느 누구도 그것을 펼 수 없으며 어느 누구도 그것을 읽을 수 없다. 사도 베드로는 다음과 같이 말했다. "또 그 모든 편지에도 이런 일에 관하여 말하였으되 그중에 알기 어려운 것이 더러 있으니 무식한 자들과 굳세지 못한 자들이 다른 성경과 같이 그것도 억지로 풀다가"(벧후 3 : 16). 그리고 사도 바울은 다음과 같이 말했다. "하나님은 가까이 가지 못할 빛에 거하시고 아무 사람도 볼 수 없고 또 볼 수 없는 자시니"(딤전 6 : 16).

그러므로 그 권위가 아무리 크고 그 유익과 필요성과 기쁨이 아무리 크다 해도 사람들이 그것을 읽는 것은 아무 소용이 없다. 돼지 앞에 진주가 던져져서는 안되며 자녀의 떡이 개에게 주어져서는 안된다. 그런즉 그들은 말하길 실로 하나님의 말씀은 진주이다. 그러나 사람들이 돼지는 아니다고 말한다. 어떤 사람들은 말하기를 그들은 성경을 읽어서는 안된다, 그들은 성경을 사용할 수 없다, 성경은 그들을 위하여 있지 않다고 말한다. 이 점들에 관하여 나는 앞으로 7항에서 말하겠으며 성경 말씀을 들을 때 마땅히 가져야 할 경외와 경의에 관하여 언급하겠다.

하나님께서는 다음과 같이 말씀하셨다. "내가 오늘날 네게 명한 이 명령은 네게 어려운 것도 아니요 먼 것도 아니라 하늘에 있는 것이 아니니 네가 이르기를 누가 우리를 위하여 하늘에 올라가서 그 명령을 우리에게로 가지고 와서 우리에게 들려 행하게 할꼬 할것이 아니요 이것이 바다 밖에 있는 것이 아니니 네가 이르기를 누가 우리를 위하여 바다를 건너가서 그 명령을 우리에게로 가지고 와서 우리에게 들려 행하게 할꼬 할 것도 아니라 오직 그 말씀이 네게 심히 가까와서 네 입에 있으며 네 마음에 있은즉 네가 이를 행할 수 있느니라"(신 30 : 11 ~ 14). 우리는 이리 저리 방황할 필요가 없다. 바다로 나갈 필요도 없다. 우리가 마땅히 해야 할 것이 무엇인지, 우리가 바르게 산다는 것을 의미하는 것이 무엇인지를 찾아서 우리의 머리를 두드릴 필요가 없다. 하나님의 말씀과 그 계명이 우리를 충분히 가르쳐 준다.

선지자 다윗은 다음과 같이 말하였다. "여호와의 계명은 순결하여 눈을 밝게 하도다"(시 19 : 8). "주의 말씀은 내 발의 등이요 내 길에 빛이니이다"(시 119 : 105). 주의 말씀은 어둡지 않다. 그것은 내 길에 빛이며 내 눈에 빛을 주는 것이다. 만약 빛이 어두우면 무엇이 분명히 보이겠는가? 또는 그가 빛을 볼 수 없다면 무엇을 볼 수 있겠는가?

인간의 지식은 어둡고 불확실하다. 철학은 어둡고 천문학도 어두우며 기하학도 어둡다. 그런 까닭에 교수들도 때때로 실수할 때가 있다. 그들은 자신을 잃고 당황하며 어디인지를 모른다. 그들은 자연적 원인의 깊이와 밑바닥을 헤아리며 원소의 변화와 대기 중의 영향과 무지개의 원인과 불타는 별들과 천둥 번개와 땅의 떨리고 흔들리는 원인을 연구하며 행성들의 움직임과 천체의 크기와 그 작용을 연구한다.

그들은 나침판으로 하늘을 측정하며 별들의 수를 헤아린다. 그들은 땅의 내부로 들어가서 광맥을 찾으며 바다의 신비를 캐어낸다. 이 모든 것들에 관한 지식은 어렵고 불확실하다. 그것을 다 알 수 있는 사람은 거의 없다. 그것은 모든 사람이 이해하기에는 적합하지 않다.

그러나 하나님의 성령은 훌륭한 교사처럼 우리의 둔한 이해력에 그 자신을 잘 적응시킨다. 그는 우리를 땅의 불확실한 곳으로 인도하지 않으며 공중이나 구름의 불확실한 곳으로 이끌지 않는다. 그는 우리를 자연의 무상함으로 놀라게 하지 않는다. 그는 우리 마음 속에 그의 법을 기록하셨다. 그는 우리에게 그와 그의 그리스도를 가르쳐 알게 한다. 그는 우리에게 다음과 같이 가르치셨다. "우리를 양육하시되 경건치 않은 것과 이 세상 정욕을 다 버리고 근신함과 의로움과 경건함으로 이 세상에 살고 복스러운 소망과 우리의 크신 하나님 구주 예수 그리스도의 영광이 나타나심을 기다리게 하셨으니"(딛 2 : 12 ~ 13) 이 말씀은 유익하며 그 내용은 평이하다. 이 말씀은 분명하며 언사도 명백하다.

크리소스톰은 다음같이 말하였다. "그런즉 성령의 은혜가 성경 말씀을 섭리하고 조화시켜서 세리들과 어부들과 장막치는 자들과 목동들과 그리고 사도들과 천인들과 무식자들도 성경에 의해서 구원 얻도록 하셨다. 그래서 아무리 비천한 자도 그의 완악함을 핑계치 못하도록 하셨으며 모든 사람들이 보기 쉽게 말이 되어져 있다. 그래서 일꾼도 종도 과부도 그리고 가장 무식한 자라도 누구나 그것을 읽을 때 유익을 얻도록 하였다. 왜냐하면 처음부터 하나님의 영의 은혜를 부여받은 자들이 이 방인의 작가들처럼 헛된 영광을 위하여 작성하지 않았고 오직 듣는 자들의 구원을 위하여 작성했기 때문이다".

이 세상의 문제에 가장 현명하고 박식한 자들이라고 하여 그들이 항상 하나님의 영광을 드러내기를 잘 하거나 기꺼이 그러려고 하지 않는다. 그들이 이 점에 있어서 가장 좋은 학자가 아니다. 모세와 아론 같은 하나님의 종들을 대적하였던 자들이 누구였는가? 그 백성들이 아니었고 이집트의 가장 현명하고 박식한 자들이었다. 엘리야를 대적하여 섰던 자들은 누구였는가? 그 백성들이 아니었고 박식하고 지혜로운 사람들과 바알의 선지자들과 제사장들이었다. 선지자들을 돌로 쳐서 죽인 그들은 누구였는가? 그 백성들이 아니었다. 그들은 이스라엘의 수령들과 가장 지혜롭다 하는 자들이었다.

그리스도와 그의 복음을 대적하고 하나님의 영광을 소멸하기를 구하였던 자들이 누구였는가? 그 백성들이 아니었고 그들은 서기관들과 바리새인들과 대제사장들과 그리고 그들 성직자의 모든 무리들이었다. 그들은 그를 사기꾼이라고 불렀고 그리고 바알세불, 세리와 창기의 친구라고 불렀다. 그들은 그를 함정에 빠뜨릴 수 있는 어느 곳에서나 기다리고 있었다. 그들은 그를 고소하여 죽게 했다.

바울은 이 문제에 대하여 다음같이 결론적으로 말했다. "기록된 바 내가 지혜있는 자들의 지혜를 멸하고 총명한 자들의 총명을 폐하리라 하였으니 지혜있는 자가 어디 있느뇨 이 세대에 변사가 어디 있느뇨 하나님께서 이 세상의 지혜를 미련케 하신 것이 아니뇨 하나님의 지혜에 있어서는 이 세상이 자기 지혜로 하나님을 알지 못하는고로 하나님께서 전도의 미련한 것으로 믿는 자들을 구원하시기를 기뻐하셨도다 유대인은 표적을 구하고 헬라인은 지혜를 찾으나 우리는 십자가에 못박힌 그리스도를 전하니 유대인에게는 거리끼는 것이요 이방인에게는 미련한 것이로되 오직 부르심을 입은 자들에게는 유대인이나 헬라인이나 그리스도는 하나님의 능력이요 하나님의 지혜니라. 하나님의 미련한 것이 사람보다 지혜있고 하나님의 약한 것이 사람보다 강하니라. 형제들아 너희를 부르심을 보라 육체를 따라 지혜 있는 자가 많지 아니하며 능한 자가 많지 아니하며 문벌 좋은 자가 많지 아니하도다. 그러나 하나님께서 세상의 미련한 것들을 택하사 지혜있는 자들을 부끄럽게 하려 하시고 세상의 약한 것들을 택하사 강한 것들을 부끄럽게 하려 하시며 하나님께서 세상의 천한 것들과 멸시받는 것들을 택하사 있는 것들을 폐하려 하시나니"(고전 1 : 19～29).

마가는 하나님께서 우리를 얼마나 자비롭게 대하시는지 말했다. 우리와 함께 복음을 마음에 품고 믿음 안에서 우리와 연합하거나 우리와 친구되는 사람들 중에 유식한 자들은 거의 없고 지혜롭다고 여겨지는 자들도 거의 없다. 하나님은 그런 자들을 그들의 지혜 안에서 속게 하셨다. 그들이 스스로 지혜롭다고 생각하나 여전히 어리석으며 세속적인 판단과는 대조적이다. 하나님은 약하고 천한 우리를 그리스도 예수 안에서 아무 흠이 없고 지혜롭고 의롭게 만드셨으며 거룩하게 하시고 구속 받게 하셨다. 그리스도께서는 다음과 같이 말씀 하셨다. "너희가 돌이켜 어린 아이들과 같이 되지 아니하면 결단코 천국에 들어가지 못하리라"(마 18 : 3).

그러므로 그리스도께서 다음과 같이 말씀하셨다. "천지의 주재이신 아버지여 이것을 지혜롭고 슬기있는 자들에게는 숨기시고 어린 아이들에게는 나타내심을 감사하나이다"(마 11 : 25). 그런 자들은 무식하여도 오직 하나님 안에서 기뻐하는 자들이다. 세상의 지혜롭고 유식한 자들은 그것을 들을 수 없고 볼 수 없다. 그러나 그것에 대한 이해를 어린 아이와 같은 자들에게 나타내시기를 기뻐하셨다. 그것이 하나님의 자비이다. 혈과 육으로는 하나님의 뜻을 아는 지식에 이를 수 없다. 아버지의 영이 그것을 계시하셨다.

그리스도께서 다음과 같이 말씀 하였다. "나의 양들은 나의 음성을 듣는다 그리고 나는 그들을 안다 그들은 나를 따를 것이며 타인을 따르지 않을 것이다"(요 10 : 3, 5). 나의 백성들은 양처럼 단순하다. 그들은 변변치 못하여서 그들이 무엇을 해야 할 바를 알지 못한다. 그러나 그들은 나의 음성을 알고 나를 따른다. 그들은 그들의 목자를 도둑과 구별할 줄 안다. 그들은 타인이 부르는 소리와 그 목소리를 따르지 않는다는 것이다.

그런즉 우리는 하나님께서 그의 음성을 듣는 것으로부터 어떤 사람도 내쫓지 않는 것을 본다. 그는 가난한 자들을 그의 가난 때문에 멸시하지 않으신다. 그는 그들을 거절하지 않으신다. 왜냐하면 그는 가난한 자들의 하나님이시기 때문이다. 그들도 그의 피조물이다.

성 어거스틴은 다음같이 말했다. "전능하신 하나님은 성경 안에서 식자나 무식자이건간에 차별없이 그 마음에 가까운 친구처럼 말씀하신다". 그는 자신을 낮추시고 그들의 수용 능력에 맞게 말씀하신다. 왜냐하면 그의 뜻은 모든 사람들이 그 진리를 알아서 구원 얻게 되는 것이기 때문이다.

7. 하나님의 말씀은 존중되어야 한다.

이제 우리는 하나님의 말씀을 듣거나 읽을 때에 우리가 마땅히 가져야할 경외와 경의에 관하여 생각해 보자. "여호와의 사자가 떨기나무 불꽃 가운데서 그에게 나타나시니라"(출 3 : 2) 모세가 보려고 몸을 돌이킬 때에 하나님께서 그에게 말씀하셨다. "이리로 가까이 하지 말라 너의 선 곳은 거룩한 땅이니 네 발에서 신을 벗으라"(출 3 : 5).

하나님께서 시내산에서 백성들에게 말씀하시기로 작정하셨을 때에 모세에게 다음같이 말씀하셨다. "너는 백성에게로 가서 오늘과 내일 그들을 성결케 하며 그들로 옷을 빨고 예비하여 제 삼일을 기다리게 하라 이는 제 삼일에 나 여호와가 온 백성의 목전에 시내산에 강림할 것임이니"(출 19 : 10 ~ 11).

주의 말씀은 불꽃을 내며 타는 떨기나무와 같다. 하나님의 말씀은 만군의 주께서 그 자신을 나타내 보이시는 시내산과 같다. 그 안에서 하나님은 우리에게 말씀 하신다. 그 안에서 우리는 영원한 생명의 말씀을 듣는다. 우리는 정결케 되어야 하며 우리의 의복을 빨고 주의 말씀을 들을 준비가 되어야 한다. 우리는 우리의 모든 편견을 버려야 하며 두려움으로 그 앞에 무릎을 꿇어야 한다. 우리는 그 말씀을 하시는 이가 하늘과 땅을 창조하신 분이심을 알아야 한다. 우리는 그가 우리 주 예수 그리스도의 아버지이시며 모든 육체가 그 앞에 설 때에 산 자와 죽은 자를 심판하실 하나님이심을 알아야 한다.

하나님의 말씀은 거룩하다. 우리는 그것을 받아들이는 마음의 상태에 주의를 기울여야 한다. 누구든지 그것을 오용하는 자는 하나님께 대하여 엄청나게 큰 죄를 범하는 것이다. 우리는 그것을 우리의 마음을 부추키기 위해서 받아들여서는 안된다. 우리는 그것을 우리의 지식을 자랑하기 위하여 받아들여서는 안된다. 우리는 그것을 우리의 논쟁과 말다툼을 위하여 사용해서는 안된다. 우리는 그것을 우리 자신을 뽐내거나 우리의 솜씨를 나타내기 위하여 사용해서는 안된다.

하나님의 말씀은 마음을 낮추기를 가르친다. 그것은 우리에게 우리 자신을 알도록 가르친다. 만약 우리가 겸손을 배우지 못한다면 우리는 아무것도 배우지 못한 것이다. 비록 우리가 무엇을 아는 것 같으나, 그러나 우리가 마땅히 알아야 할 그것을 알지 못한다.

성경은 하나님의 신비이다. 너무 꼬치꼬치 캐기를 좋아하지 말자. 성경에 계시된 이상으로 더 하나님을 알려고 하지 말자. 성경은 하나님의 바다와 같다. 우리는 그 안에 익사되지 않도록 조심하자. 성경은 하나님의 불과 같다. 그것에 의해 위로를 얻자. 그러나 그것에 타지 않도록 주의하자. 태양을 무리하게 쳐다보는 사람은 그 눈에 손상을 입기 마련이다.

이스라엘 백성들이 광야에서 만나를 보았을 때 그들은 만 후(Man Hu)? 이것이 무엇이냐? 고 물었다. 그들은 그것을 손에 들고 바라보면서 그것에 관하여 궁금히 생각했다. 그들은 서로에게 그것이 무슨 유익을 주는지 물었다. 성경은 만나와 같다. 하늘로부터 내려져서 이 광야 같은 세상에서 우리를 먹이기 위한 만나와 같다. 우리는 그것을 들고 바라보면서 그것에 관하여 연구하고 그것이 주는 유익이 무엇인지 서로에게 묻고 배우자. 그것은 우리를 위하여 그리고 우리의 배움을 위하여 기록되었음을 알자. 성경의 인내와 위로를 통하여 우리는 소망을 가질 수 있다. 그것은 믿음 가운데서 가르치며 소망 가운데서 강하게 하며 우리의 눈을 열고 우리의 갈길을 보여준다.

만약 우리가 그 의로운 진리를 억제하고 우리 주인의 뜻을 알고도 행치 않는다면, 만약 하나님의 이름이 우리 때문에 비방을 받는다면, 하나님의 말씀은 우리를 떠날 것이고 그 열매 맺는 백성들에게 주어질 것이다. 하나님은 우리에게 강한 미혹을 보내셔서 우리는 거짓을 믿게 될 것이고 우리 자신의 마음이 우리를 정죄할 것이며 그래서 우리는 많은 매를 맞게될 것이다.

그러므로 우리는 우리가 듣는 말씀에 성실한 주의를 기울여야 한다. 우리는 그것을 묵상하고 되새김질 하여야 한다. 새김질하지 않는 모든 짐승들은 부정하다(레 11 : 3 ~ 8). 그래서 그것들은 재물로 적당치 않다. 우리는 가난한 심령, 겸손한 마음이 되어야 한다. 유순한 사람이 되어야 한다. 그럼으로써 그리스도의 어린 양이 되고 그의 양이 된다. 그의 음성을 듣고 그를 따르자 회개한 심령이 되자. 그리고 하나님의 말씀 앞에서 떨자. 우리가 하나님을 알 때 그에게 하나님에게 합당한 영광을 돌리자.

그러면 하나님께서 우리를 돌아보실 것이며 지혜와 명철과 깨달음과 지식과 근신의 영이 우리 위에 있을 것이다. 그런즉 우리는 모든 선한 일을 행하기에 온전케 되어지고 구원의 기쁨을 노래할 것이며 그리고 한 입으로 우리 주 예수 그리스도의 아버지이신 하나님을 영화롭게 찬양할 것이다.

Stephen Charnock
1628-1680

제4장

하나님

□ 스티픈 차녹 □

 스티픈 차녹(Stephen Charnock)은 런던에서 출생하여, 1642년에 케임브릿지의 임마누엘 대학(Emmanuel College)에 입학하여, 거기서 회심하였다. 그는 그 대학에서 신학사(B. D.) 학위를 받은 후에, 런던의 사우스웍(Southwark)에서 그의 공적 사역을 시작하였다. 1650년에 옥스포드의 뉴 대학(New College)에서 평의원의 지위(Fellowship)를 얻어, 토마스 구드윈(Thomas Goodwin)과 존 하우(John Howe)와 함께 일하였다. 1655년에 아일랜드(Ireland) 주지사 헨리 크롬웰(Henry Cromwell)의 전속 목사가 되었다. 그의 명성이 높아지게 된 것은 더블린(Dublin)에서였는데, 거기서 원고없이 하는 그의 설교가 청중을 크게 감화시켰던 것이다. 왕정 복고 시대가 열림으로 해서 그는 그의 직위를 상실하고, 거의 은거하다시피 런던에서 살다가 죽었다. 잠시 동안 그는 크로스비 홀(Crosby Hall)의 교회에서 토마스 왓슨(Thomas Watson)과 더불어 협동 목사(joint pastor)로 일한 적이 있었다.
 차녹은 그의 생전에는 단 한 권의 설교집만을 출간하였으나, 사후에 그의 위대한 저작들이 출간되었다. 『하나님의 섭리에 관한 논문』(*A Treatise on Divine Providence*)이 1680년에, 『하나님의 존재와 속성에 관한 강화』(*Discourses upon the Existence and Attributes of God*)가 1862년에 출간되었다. 그의 저작들은 1815년에 전 9권으로 완간되었는데 에드워드 파슨스(Edward Parsons)가 표제를 붙인 전기(傳記)가 곁들여져 있다. 차녹의 문체는 당당하고 장엄하였다. 그는 하나님의 속성에 대하여 선언적이고 객관적인 자세로 썼다. 하나님의 속성들을 진술함에 있어서 그는 하나님이 사람들을 다루실 때 인지(認知)될 수 있는 자질(qualities , 비인격적인 추상적 개념들이 아님)로 묘사하였다. 그의 문체는 중후하되 둔하지 아니했고, 세밀하되 결코 지루하지 아니했다.

하나님의 영원성에 관한 본 장에서, 차녹은 그의 주제의 개요를 깊이 있고 철저하게 전개하고 있다. 여기서 그의 주된 관심사는 하나님의 존재 기한이다. 전형적으로 청교도적인 문체로 그는 그의 글을 결론지음에 있어서 하나님의 영원성 교리의 "유익"(use)에 관한 언급을 빼놓지 않고 있다. 이 결론 부분에는 교리를 신자의 삶에 적용하는데 하나님이 어떻게 관심을 갖고 있는가를 밝혀 놓고 있기 때문에, 앞 부분의 해석만큼 중요하다. 예를 들자면, 차녹은 이 교리의 심리학적 가치를 지적하여, 사람이 현세적이고 물질적인 가치 대신 영원한 진리들에 관심을 기울이도록 하고 있다.

1. 서론

시편 90 : 2 — "산이 생기기 전, 땅과 세계도 주께서 조성하기 전 곧 영원부터 영원까지 주는 하나님이시니이다"

이 시의 제목은 기도이다. 저자는 모세이다. 어떤 사람들의 주장에 의하면, 이 시 뿐만 아니라 뒤이어 나오는 열 개의 시도 모세가 지은 것이다. 이 시의 제목에는 모세가 신명기 33장 1절에서처럼, "하나님의 사람"으로 높여 호칭되어 있다. 하나님의 사람은 하나님이 주신 말씀을 해석하고 전달하도록 영감을 받은 자요, 하나님의 인도하심을 특별하게 받은 자이며,[1] 자기의 주인의 일에 종으로써 온전하게 헌신하고, 하나님의 영광을 위해 행동한 자이다.[2] 그는 구약의 목사(the minister of the Old Testament)요, 신약의 선지자(the prophet of the New Testament)였다.[3]

이 시는 두 부분으로 대별된다. ⅰ) 인간의 생명이 전반적으로 연약한

---

1) Coccei *in loc.*
2) Austin *in loc.*
3) Pareus *in loc.*

것에 대한 불평(3 ~ 6절)과, 교회의 상태에 대한 특별한 불평(8 ~ 10절). ⅱ) 기도(12절). 그러나, 그는 인간의 생명의 짧음에 대하여 말하기 전, 인간에게는 견고한 피난처인 하나님이 계신다는 것을 생각나게 함으로써 흔들리지 않게 한다 : "주여, 주는 대대에 우리의 거처가 되셨나이다"(1절). 아브라함이 갈대아의 우르에서 부르심을 받은 이래로, 이 땅에는 아무 곳에도 확정된 거처가 우리에게 전혀 없었다. 가나안을 약속 받았으나, 아직 우리의 소유가 되지 아니했다. 우리는 위협적인 원수의 잔인한 약탈에 노출되어 왔고, 황막한 광야에서 불편을 감수하며 살아 왔다. 우리는 하늘에서 내리는 이슬이 아닌, 땅에서 나는 과일을 원하였다. "주는 대대에 우리의 거처가 되셨나이다". 아브라함은 주님의 관리를 받고 있었고, 이삭과 야곱도 주님의 돌보심을 받고 있었으며, 그들의 후손은 주님에 의하여 번성되었으나, 애굽 사람들의 압박을 받았다. 주님은 위험에 대하여 우리의 방패가 되어 왔고, 환난 날에 우리의 보호자가 되셨다. 우리가 쫓겨 홍해에 이르렀을 때, 피조물이 우리를 건져준 것이 아니다. 우리가 광야에서 배를 곯아 창자가 뒤틀릴 지경이었을 때 아무 피조물도 우리에게 만나를 내려 주지 아니했다.

가옥이 비바람으로부터 우리를 지켜 주는 거처이듯이, 주는 우리의 거처가 되어 주셨다. 그것도 한 두 세대가 아니라 대대에(in all generations)거처가 되어 주신 것이다. 주는 우리를 위하여 대문을 활짝 열어 놓으셨고, 폭풍우로부터 우리를 보호하셨으며, 재난으로부터 지켜 주셨다. 어떤 사람들은 본문에서 거처(居處)는 사람들이 모든 위기 상황에서 대피하지 않으면 안되었던 방주를 언급하고 있는 것으로 생각한다. 그러나, 우리의 피난처와 방패는 피조물이 아니다. 방주가 아니라 그 방주를 짓게하신 하나님이 우리의 피난처요 방패이신 것이다. 상론하자면,

A. 하나님은 자기 백성에게 영구적인 피난처요 방패이시다. 하나님의 섭리는 한 세대에만 국한되지 않는다. 한 세대만이 그의 축복과 사랑을 맛보는 것으로 끝나지 않는다. 그는 결코 주무시지 않으시며, 비록 돛단배같이 교회가 파도에 요동하였지만, 그의 교회가 침몰하는 것을 그는 결코 허락하지 않으셨다. 그는 언제나 변함없이 우리를 지키는 항구요, 우리를 안전케하는 거처가 되셨다. 그는 항상 사랑으로 우리를 불쌍히

여기셨고, 권능으로 우리를 보호하셨다. 세상이 화난 얼굴을 가지고 우리를 노려볼 때, 하나님은 우리를 향하여 그의 얼굴을 들어 비춰 주셨다.[4] 그는 잔인한 세상으로부터 노아를 초자연적 능력으로 옮겨 본향(하늘)으로 인도하셨다. 그리고, 사람들의 포악한 생활을 인하여 그들을 심판하기로 하나님은 작정하셨을 때, 세상의 불사조(the phoenix of the world)인 노아를 방주에 기숙케하여, 홍수 가운데서 살아남게 해주셨다. 이로써, 하나님은 세상에서 교회가 다시 힘을 얻을 수 있게 기운을 돋우셨다. 대대(代代)에 하나님은 여기 이 세상에서 자기 백성을 보호하고, 하늘의 본향에서 그들을 즐겁게하는 거처(居處)이시다. 그의 섭리는 다함이 없고, 그의 돌보심은 시들지 않는다. "그는 우리의 피난처"이셨기에, 우리를 안심시키려고 애쓸 이유가 전혀 없었다. 또한, "영원부터 영원까지 주는 하나님"이시기 때문에, 우리를 보호하려고 힘을 빌릴 이유도 없는 것이다. 교회는 세파를 뚫고 나가기 위해 다른 항해사를 필요로 하지 않는다. 또한 자기를 위협하는 파도를 막아 주고 보호해 줄 반석을 결코 필요로 할 까닭도 없다.

　B. 우리에게 새로운 은총이 필요하게 되는 때에는, 이전에 받은 은총들을 기억하는 것이 아주 중요하다. 하나님의 백성들이 하나님의 권능을 거듭 새로 필요로 하였을 때 만큼 하나님의 긍휼에 대한 기록들이 정확하게 개정된 일이 결코 없었다. 우리가 궁핍할 때에야 비로소 하나님이 베푸신 지난날의 은총에 대한 때 늦은 감사를 드릴 마음을 갖게 되지 않는가! 우리는 우리가 지난 날에 받은 긍휼을 감사하지 아니한 채 지내온 까닭에, 우리가 필요로 하는 긍휼을 받을 자격이 더욱이나 없는 것이다. 하나님은 이스라엘 백성들에게 아무 구출(deliverance)도 거의 약속하지 아니했으며, 그들도 그들의 고통 중에서 어떤 구출을 기대하여 거의 기도하지 아니했다. 그러나, 애굽에서의 구출은 양편에서 다 언급하였다. 하나님은 이스라엘 백성을 격려하였고, 그 백성들은 하나님을 신뢰한 것으로 언급되었다. 우리의 위기가 크면 클수록, 하나님이 전에 베푸신 은총을 더욱더 유념해야 하는 것이다. 우리는 우리 세대에서 우리 자신들에게 베풀어진 하나님의 긍휼뿐만 아니라, 앞 세대에서 베풀

---

4) Theodoret *in loc.*

어진 것까지 유념하여 감사해야 한다. "주는 대대에 우리의 거처가 되셨나이다". 모세는 앞 세대들에 살고있지 아니했지만, 앞 세대에서 베풀어진 긍휼을 현 세대에게도 해당되는 것으로 돌린다. 세대 뿐만 아니라 긍휼도 앞서 간 사람들의 허리에서 나오는 것이다. 온 인류는 오직 한 아담이요, 온 교회 또한 오직 한 몸이다. 2절에서 모세는 그가 1절에서 말한 것을 보충 설명한다. ⅰ) 세계를 조성하는데서 나타난 하나님의 크신 권능과, ⅱ) 그의 존재의 무한성, 곧, "영원부터 영원까지"를 들어 설명하고 있다. 주께서 우리의 거처가 되시고, 그의 강력한 권능과 부요한 사랑을 우리에게 베푸신 까닭에, 만일 우리가 우리 편에서는 원하지 않는다고 할지라도, 우리는 하나님의 지속(持續)을 결코 의심할 수가 없다. 왜냐하면 거대한 산들과 비옥한 땅이 하나님의 손으로 만들어진 것들이요, 그것들을 창조하는데 필요한 권능보다, 우리를 구원하는데 필요한 권능이 훨씬 더 못하기 때문이다. 그리고, 여러가지 경우들에서 하나님의 힘이 많이 과시되었지만, 아직까지 그 팔의 힘이 약해지지 아니했다. 이는 "영원부터 영원까지 주는 하나님"이시기 때문이다.[5] 주는 언제나 하나님이시므로, 그의 존재에는 결코 시작이 있을 수가 없다. 즉, 시간적으로 그의 존재의 시작을 말할 수가 없는 것이다.[6] 산들은 하나님 자신만큼 오래 전부터 존재한 것이 아니다. 그것들은 하나님의 권능으로 존재케 된 것들이다. 그러므로, 하나님의 영원성에 버금될 수가 없다. 그것들은 피조물이기 때문에, 그것들의 존재를 가능케한 선행(先行)하는 원인이 전제된다. 우리가 역사를 되돌아 보려 할지라도, 우리는 창조의 시작보다 더 거슬러 올라갈 수가 없고, 세계의 기초가 처음 놓이기 시작할 때부터 연대를 계수할 수가 있을 뿐이다. 그러나, 그렇게 계수하고나면, 우리는 영원의 심연(abyss)에서 길을 잃고 헤매이게 될 것임에 틀림없으며, 우리의 생각을 제대로 가늠할 단서도 전혀 갖고 있지 못하고, 주님의 영원성의 한계를 전혀 우리로서는 알 수가 없다. 인간의 경우를 보면, 그는 잠시동안 세상에 머물다가, 모든 사람들에 대하여 선언된 주(主)의 명령에 따라 흙으로 되돌아 가고, 썩어 무덤에 묻힌다.

---

5) אֵל , strong.
6) Amyrald *in loc.*

어떤 사람은 본문의 산을 이해함에 있어서 다른 피조물에 비하여 산이 좀더 고상한 성질을 가지고 있는 피조물인 까닭에 천사로 생각하며, 땅의 경우는 땅이 사람들의 거주지이기 때문에 그들은 인간의 본성으로 이해한다. 그러나, 여기에서는 그같은 의미로 비약시켜 해석할 필요가 전혀 없다. 본문의 표현은 시적(詩的)인 것으로 보이며, 다음과 같은 의미로 해석될 수 있다 : 하나님은 시간이 시작될 때 비로소 존재하기 시작하지도 않으셨을 뿐만 아니라, 시간이 끝날 때 존재를 마감하지도 않으실 것이다. 그는 우리의 조상들에게 자신을 계시하셨을 때에 그의 존재를 시작한 것이 아니고, 피조물이 조성(造成)되거나 시간의 연대가 정해지기 전에, 그의 존재는 세계의 창조보다 앞섰다.[7] "산들이 생기기 전". 산들이 생성되기 전이란 이 말이 성경에서는 그같은 개념들로 사용되고 있다. 즉 하나님이 창조하신 땅 덩어리의 나머지 부분보다 산이 더 높게 솟기 전이다. 산들은 대홍수의 위력에 의하여 우연하게 생겨난 것 같지 않다. 즉 몇몇 군데에서 바닷물이 모래를 모아 거대한 성(城)을 이루는 것처럼, 대홍수에 의하여 땅이 침식되고, 그중의 일부가 함께 떠밀려 거대한 산을 형성한 것으로 볼 수가 없는 것이다. 산은 처음부터 하나님에 의해 조성되었다. 여기에 하나님의 영원성이,

1) 하나님의 선재(先在), 즉, "세계가 조성되기 전"이라는 말과,

2) 그의 존재의 시간적 연장, 즉, "영원부터 영원까지 주는 하나님이시니이다"는 말에 나타나 있다. 하나님은 세계보다 앞서 계셨다. 그렇지만, 그에게는 시작이나 끝이 없다. 그는 유한한 하나님이 아니고 영원한 하나님이시다. 세계가 창조되기 이전에 뿐만 아니라. 세계가 소멸된 후에도 하나님의 존재는 계속적으로 연장되는 것이다. 하나님의 영원성은 시간의 연속이 아니고, 영구적인 상태이다. 하지만, 하나님의 영은 우리의 유한한 이해력에 적절하게 그 영원성을 두 부분으로 나누어, 세계가 창조되기 이전에 과거적인 부분과, 세계의 멸망 이후에 오게 될 미래적인 부분으로 표현한다. 이는 마치 하나님이 모든 세대 전에 존재하셨고, 모든 세대 이후에도 존재하실 것처럼 표현하고 있는 것이다. 본문의 이 구절에는 많은 진리들이 숨어 있다.

---

7) Ἄναρχος καὶ ἀτελεύτητος, Theodoret *in loc.*

a) 세계는 그것이 존재하기 시작한 때가 있다. 세계는 영원부터 존재한 것이 아니다. 한때는 그것은 아무것도 아니었다. 만일 세계가 아주 오래 전부터 존재하였다고 하면, 현존하고 있는 것보다 더 오래전에 되어진 행동들에 대한 얼마간의 기록들이 남아있었을 것이다. 그 세계가 존재하게 된 것은 하나님의 창조 능력에 의해서이다. 주께서 무(無)에서 존재케 세계를 조성한 것이다. 즉, 주는 하나님이시고, 세계는 스스로 존재할 수가 없었다. 그것은 아무 것도 아니었다. 세계를 조성한 자가 있었을 것임에 틀림없다. 3. 하나님은 세계보다 앞서 존재하고 계셨다. 원인이 결과보다 앞서 있는 것이 당연하다. 존재하게 하는 원인자가 존재하게 되는 결과보다 앞서 있는 것이 마땅한 것이다. 4. 이 존재자(원인자)는 영원부터 있었다. 5. 이 존재자는 영원까지 계속 존재할 것이다. 오직 한 분, 영원한 하나님이 계신다. "영원부터 영원까지 주는 하나님이시니이다". 오직 한 분만이 영원성의 속성을 가지고 계신다. 이 방의 신들에게는 그같은 영원성이 있을리 없다.

 교   리 하나님의 존재 기간은 영원하다. 하나님의 영원성은 언약의 불변성의 기초이자, 그리스도인에게는 큰 위로인 것이다. 성경에서 하나님의 계획은 언약을 방편으로 하여 사람들을 다루고 있다는 것을 밝히는데 있다. 성경은 하나님이 만물보다 앞서 계신다는 것으로 시작한다 : "태초에 하나님이 천지를 창조하셨다"(창 1 : 1). 하나님의 언약은 그 근거를 오직 하나님의 영원성에만 둘 수가 있다. 즉, 하나님이 세계 창조 이전에도, 그리고 세계가 멸망된 이후에도 존재하시는 까닭에 오직 그의 영원성에 언약이 기초하는 것이다.[8] 여기서 모세는 하나님의 본체(essence)와 관련해서 뿐만 아니라, 그의 언약적 섭리와 관련하여 그의 영원성을 언급하고 있다. 그러기에, 하나님은 대대에 자기 백성의 거처이시다. 성경에는 하나님의 영원성(eterrity)이라는 용어보다는 그가 영원히 살아 존속하신다(duration)는 개념이 더 자주 언급되어 있다. 그러나, 하나님의 영원성은 우리가 그의 불멸성으로부터 얻을 수 있는 모든 위로의 근거인 것이다. 만일 하나님에게 시작이 있었다고 하면, 그에게는 끝도 있을 것이다. 그렇게 되면, 우리의 모든 행복과 희망 뿐

---

8) Calv. in loc.

만 아니라 우리의 존재 자체도 하나님과 함께 소멸될 것이니다. 그러나, 성경은 하나님에게는 끝이 없을 뿐만 아니라 시작도 없이 존재한다는 점을 가끔 강조한다. "주는 영원부터 계신 이다"(시 93 : 2); "영원부터 영원까지 계시는 하나님을 찬양할지로다"(시 41 : 13); "만세 전부터 내가 세움을 입었다"(잠 8 : 23). 만일 하나님의 지혜가 영원부터 있었다고 하면, 하나님 자신도 영원부터 있었을 것이다. 우리가 여기서 지혜를 하나님의 아들이신 그리스도로 이해하든, 아니면 하나님의 본체적 지혜로 이해하든, 여기서는 상관이 없다. 하나님의 지혜는 하나님의 본체를 전제한다. 이는 마치 피조물에게 있는 기질(habits)이 그것의 주체로서 어떤 힘을 가진 존재를 전제하는 것과도 같다. 하나님의 지혜는 마음과 이해, 본체와 실체를 전제하는 것이다. 영원성의 개념을 정의하기란 어렵다. 오스틴(Austin)이 시간에 대하여 말한대로,[9] 시간이란 무엇인가라는 질문을 만일 아무도 내게 묻지 않는다고 하면, 나는 그것이 무엇인지를 잘 알고 있다. 그러나 누군가 내게 그것이 무엇이냐고 묻는다면, 나는 그것을 설명할 방법을 알지 못한다. 영원성에 대하여도 이렇게 말할 수 있을 것이다. 그것은 말로 사용하기는 쉬우나, 이해하려 들면 어렵고, 그것을 설명하려고 하면 더더욱 어렵다. 그 개념을 적극적으로 규정하는 것보다는 부정적으로 규정하는 것이 더 쉽다. 우리는 영원을 파악할 수는 없으나, 영원이 존재한다는 것을 파악할 수는 있다. 이는 마치 하나님이 어떤 분이신가 하는 그의 본체를 우리가 파악할 수는 없으나, 하나님이 존재하신다는 사실을 우리는 알 수가 있는 것과도 같다. 우리는 하나님의 본질의 무한성을 이해할 수는 있다. 우리는 무한성(infiniteness)보다는 영원성을 더 잘 이해할 수 있고, 무한한 존재를 상상하는 것보다는 헤아릴 수 없는 날과 연대를 가지고 있는 시간을 더 잘 이해할 수가 있다. 그런 까닭에, 사도 바울은 하나님의 영원성을 그의 능력과 연결지어, "그의 영원하신 능력과 신성"(롬 1 : 20)이라고 말하는 것이다. 왜냐하면 피조물 가운데 나타나 있는 하나님의 능력과 더불어 필연적으로 하나님의 영원성을 인식하게 되기 때문이다. 측량할 수 없는 능력을 가지고 있는 자는 본질상 영원성을 지닐 필요가 있음에 틀

---

9) Confes. lib. ii. Confes. 14.

림없다. 사람의 눈에는 피조물 가운데서 하나님의 능력이 가장 잘 파악되는 것이다. 그것을 계기로 하여 하나님의 영원성이 사람의 이성에 의해 쉽게 연역될 수 있다. 영원(eternity)은 영구적 지속(a perpetual duration) 으로서, 시작도 없고 끝도 없다. 그러나, 시간은 시작과 끝이 다 있다. 우리가 말하는 그러한 것들은 시작이 있고, 점진적으로 발전하며, 시제(詩制)간의 승계가 있는 시간의 틀을 벗어나지 못한다. 그러나, 영원은 시간과 반대된다. 그러므로, 영원은 영구적이고 불변적인 상태이자, 어떠한 변화도 없이 생명을 완전하게 소유하는 것이다. 영원은 그 자체 안에 모든 기한의 세대들을 포함하고 있다. 그것은 결코 시작이 없다. 그것은 모든 시간이 지난 후에도 지속되며, 결코 멈추지 않는다. 그것은 시간의 한계를 넘어설 뿐만 아니라, 시간이 시작하기 전에 이미 진행되고 있었다. 시간은 그것에 앞서는 어떤 것을 전제한다. 그러나, 어떤 것도 영원을 앞설 수가 없다. 그것보다 선행하는 것이 있게 될 경우 그것은 전혀 영원이 아니다. 시간에는 계속적인 승계가 있다. 이전 시간이 지나가고 나면 다른 시간이 승계한다(즉, 이어 나간다). 작년은 금년이 아니고, 금년 또한 내년이 아니다. 우리는 영원에 대하여 시간의 개념과 반대되는 것으로 생각해야 하는 것이다. 시간의 본질이 시제 간의 승계에 있듯이, 영원의 본질은 무한 불변한 지속(持續)에 있다. 영원과 시간은 바다와 강의 경우처럼 다르다. 바다는 결코 장소를 옮기지 않으며, 언제나 동일한 한 물이다. 그러나 강은 흘러 내려 바다로 합류되어 버린다. 마찬가지로 시간도 영원에 의해 삼킨 바 된다.[10] 성경에서는 어떤 것이 영원하다고 말하는 경우가 있다 ;

 a) 비록 끝이 있을지라도, 장구한 기한에 대한 것으로서 한량없는 시간을 두고 말할 때, 성경에서는 그것을 영원하다고 말한다. 그래서 할례가 "영원한 언약"으로 육체에 행해지는 것으로 언급되어 있다(창 17 : 13). 좁은 의미로 말해서 할례가 영원해서가 아니고, 할례를 장구하게 시행해야 하는데서 나온 표현이다. 그리고, 어떤 종이 자기의 주인 곁을 떠나고 싶지 아니하여 그의 귀에 구멍을 뚫도록 하려하는 경우, 그는 "영원히"(신 15 : 17), 즉, 매 50년마다 있게 되는 희년 때까지 종이 될

---

10) Moulin. God. 1, Ser. 2, p. 52.

것이라고 성경은 말한다. 또한, 그들이 드리도록 되어 있던 소제(素祭)가 "영원한" 규례로 언급되어 있다(레 6 : 20). 가나안은 아브라함에게 "영원한" 소유로 주어진다고 말씀되어 있다(창 17 : 8). 그런데, 이 가나안 땅에서 유대인들은 쫓겨났고, 그 땅은 야만스런 강대국들에게 늘 희생물이 되어 왔다. 실로 할례는 영구적이지 아니했다. 하지만, 할례를 징표로 한 언약의 실체(내용)는 영원하였다. 즉, 하나님은 신자들의 하나님으로서 영원히 계시며, 육체의 할례가 상징하는 바 마음의 할례는 영광의 나라에서 영원히 남아있게 될 것이다. 언약의 징표인 할례 자체가 영원한 것이 아니고, 할례에 의하여 인쳐진 언약이 영원하다. 표징으로서 할례는 폐기되었다. 그래서, 사도 바울은 이 문제에 대하여 아주 단호하여, 주장하기를 만일 누구든지 할례를 고집하고자 한다면, 그는 그리스도로부터 끊어질 것이라고 말한다(갈 5 : 2). 제물들은 그것들이 상징하는 실체, 즉, 그리스도의 죽음과 관련하여서 영원하다. 그리스도의 죽음은 그것의 효과에 있어서 영구적이다. 그래서, 유월절도 그것이 상징하는 구속(救贖)과 관련하여 "영원"한 것이다(출 12 : 24). 그래서, 유월절이 영원히 기억되어야 했다. 가나안 땅은 그것이 상징하는 하늘의 영광과 관련하여, 아브라함의 영적 자손에게 영원히 주어지도록 되어 있는 영원한 기업인 것이다.

b) 어떤 것이 비록 시작은 있다고 할지라도, 전혀 끝이 없을 때에는 영원하다고 표현한다. 그래서, 천사와 영혼은 영원하다. 그들의 존재가 시작한 때는 있었지만, 그들의 존재는 결코 멈추지 않을 것이기 때문이다. 그것들은 존재하기 전에는 전혀 존재하지 아니했다. 그러나, 그들은 다시는 결코 무(無)로 되돌아가지 않고, 무한한 행복이나 불행의 상태에서 살게 될 것이다. 하지만, 시작도 없고 끝도 없는 경우라야 온전히 영원하다고 말할 수 있다. 그런 까닭에, 영원성은 하나님의 고유한 속성인 것이다.

이 교리에서, 1) 하나님이 어떻게 영원한가, 즉, 어떤 면들에서 영원성이 그의 고유한 속성인가. 2) 하나님은 영원하며, 그래야만 한다. 3) 영원성은 하나님에게만 고유하게 속하며, 다른 피조물에게 결코 공유(共有)되는 것이 아니다는 점 등을 밝히고자 한다. …

2. 하나님의 영원성의 방식

A. 어떻게 하나님이 영원하신가? 다시 말해서, 어떤 면들에서 그가 영원하신가? 영원성은 부정적(否定的) 속성이다. 즉, 하나님에 대하여 시간을 부인하는 것으로, 이는 마치 무한성(無限性, immensity)이 하나님에 대하여 공간을 부인하는 것과도 같다. 무한성이 하나님의 본체의 확산(diffusion)이듯이, 영원성은 그의 본체의 지속(duration)이다. 하나님이 영원하다고 할 때, 우리는 하나님에게서 시작과 끝에 대한 모든 가능성과, 모든 부침(浮沈)과 변화를 배제시킨다. 하나님의 본체가 어떠한 장소에 의해서도 제한될 수 없는 것처럼, 어떠한 시간에 의해서도 제한될 수가 없는 것이다. 그의 무한성이 편재(everywhere)이듯이, 그의 영원성은 항상(always)이다. 피조물들이 장소와 관련하여 한정된 위치에 머물고, 시간과 관련하여 현재, 과거 또는 미래에 속하듯이, 창조주는 장소와 관련하여 모든 곳에 계시고, 시간과 관련하여서는 항상(semper) 존재하시는 것이다.[11] 하나님의 지속은 그의 본체가 무한(無限, boundless)하듯이 끝이 없다(endless). 그는 항상 계셨고, 항상 계실 것이며, 그가 시작이 없었던 것처럼 전혀 끝도 없으실 것이다. 이것은 최고의 존재(the Supreme Being)에게 있는 탁월성이다.[12] 하나님의 본체가 모든 존재들을 포함하되, 그것들을 능가하며, 그의 무한성이 모든 장소들을 뛰어넘듯이, 그의 영원성은 모든 시간과 모든 지속(持續)을 포함하되, 무한하게 그것들을 초월한다.[13]

a) 하나님은 시작이 없으시다. "태초에" 하나님이 세계를 창조하셨다(창 1 : 1). 그렇다면, 하나님은 세계가 시작되기 이전에 계신 것이다. 만일 하나님께서 피조물이 존재하기 시작하기 전에 계셨다고 한다면, 하나님이 존재하기 시작한 시점을 어느 때로 잡을 수 있을 것인가? 모든 피조물들은 시간이 있고, 하나님으로부터 기원되었지만, 하나님은 시작이 없이 존재하였다. 1(unity)이 모든 수에 앞서 있듯이, 하나님은

---

11) Gassend.
12) Crellius de Deo, C. 18, p. 41.
13) Lingend Tom. Ⅱ. p. 496.

그의 모든 피조물에 앞서 계신다. 아브라함은 영존하시는 하나님(창 21
: 33)곧 영원한 하나님의[14] 이름을 불렀다. 영원하신 하나님은 이방신
들과 반대된다. 이방신들은 단지 어제(과거에) 새로 주조된 까닭에, 시
간적으로 새로운 것이다. 그러나, 영원한 하나님은 세계가 만들어지기
전에 이미 존재하였다. 그같은 의미로 사도 바울이 말한 바 다음의 구절
을 이해해야 하는 것이다 ; "영세 전부터 감춰었다가 이제는 나타내신 바
되었으며 영원하신 하나님의 명을 좇아 선지자들의 글로 말미암아 모든
민족으로 믿어 순종케 하시려고 알게 하신 바 그 비밀"(롬 16 : 26). 복
음은 새롭고 단명(短命)한 신이 아니라, 창세 전에 계신 그 하나님의 명
령으로 말미암아 전파되는 것이다. 복음이 나타나게 되는 것은 시간이
지나서, 즉, 창세 이후이지만, 복음의 목적과 결의(resolve)는 영원한
때에 이미 정해져 있었다. 만일 세계의 기초가 놓여지기 전에 복음에 대
한 작정(decrees)이 있었다고 하면, 세계의 기초가 놓여지기 바로 그 이
전에 작정자(Decreer)가 있었던 것이다. 세계의 기초가 놓여지기 전에
하나님은 중보자이신 그리스도를 사랑하셨다. 그리스도에 대한 작정은
창세 전에 있었다(요 17 : 24). 사람들을 선택하는 일이 창세 전에 있었
으므로, 선택하시는 분도 창세 전에 있었던 것이다(엡 1 : 4). 그리스도
안에서 주어진 은혜가 세계가 시작하기 전에 있었으므로(딤후 1 : 9),
그 은혜를 주시는 분도 창세 전에 있었다. 크렐리우스(Crellius)가 말하
는 바에 의하면, 이상의 성경 구절들로 미루어 볼 때, 하나님은 세계의
기초가 놓여지기 전에 계셨던 것같다. 그러나, 그 구절들은 절대적인 개
념의 영원을 단정적으로 말하고 있지 않다. 그러나, 모든 피조물보다 앞
서 존재한다고 하는 것은 그가 영원 전부터 계셨다고 하는 말과 같은 것
이다.[15] 시간은 세계가 창조되는 것과 더불어 시작되었다. 그러나, 하나
님은 시간 전에 존재하시는 까닭에, 시간 내에서 결코 시작을 하실 리가
없었다. 창조가 시작되기 전, 그리고 시간이 시작되기 전에는, 오직 영
원만이 존재할 수 있었고, 창조되지 아니한 것, 즉, 오직 시작 없이 존
재했던 것만이 존재할 수 있었다. 시간 내에서 존재한다고 하는 것은 시

---

14) אל עולם : 영원한 하나님.
15) Coccei Sum. p. 48. Theol. Gerhard Exeges. c. 86. 4. p. 266.

작이 있다는 것을 의미한다. 시간에 존재한다는 것은 결코 시작이 없고, 항상 존재한다는 것을 의미한다. 왜냐하면 창조주와 피조물 사이에는 전혀 중간적 존재가 존재하지 않는 것처럼, 시간과 영원 사이에도 전혀 중간적인 것이 존재하지 않기 때문이다. 그래서, 피조물보다 앞서 계신 그분은 영원하고, 모든 피조물을 창조하신 그가 하나님이시다고 쉽게 결론지을 수가 있는 것이다. 만일 그가 시작이 있었다고 하면, 그는 다른 존재로부터가 아니면, 자신으로부터 그 시작을 보게 되었을 것임에 틀림없다. 그런데, 만일 그가 다른 존재로부터 시작되었다고 하면, 그의 존재의 근원이 된 그분은 그보다 더 나은 분일 것이요, 그보다 더 위대한 하나님이실 것이다. 최상(supreme)이 아닌 그는 하나님이실리가 없다. 자기의 존재를 다른 존재의 권능에 의존하고 있는 그는 최상일 리가 없다. 만일 그가 자기의 불멸성을 다른 존재에게 종속시켰다고 하면, 그가 사실상 불멸하다고 말할 수가 없는 것이다(딤전 6 : 16). 또한, 그는 자기 자신으로부터도 시작을 할리가 없었다. 만일 그가 자신을 시작케 했다고 한다면, 그는 한때 존재하지 아니했다. 즉, 그가 존재하지 아니한 때가 있었다. 만일 그가 존재하지 아니했다고 하면, 그가 어떻게 자신의 제일 원인일 수 있었겠는가? 아무것도 자신에게 시작이나 존재의 원인이 될 수가 없는 것이다. 어떤 것이 행동을 하려고하면, 먼저 존재해야 하는 것이다. 즉, 행동이 있기 전에 존재가 있는 법이다. 어떤 것이 원인으로써 존재하려 할 것 같으면, 그것은 전에 결과로써 존재하지 아니했어야한다. 즉, 존재하지 않는 자는 존재하는 자의 원인일 수가 없다. 그러므로, 만일 하나님이 존재하시고, 그의 존재를 다른 것으로부터 받지 아니했다고 하면, 그는 영원부터 존재한 것임에 틀림없다. 그러므로, 우리가 하나님이 스스로 존재하신다고 말할 경우, 하나님이 자신에게 자기 존재의 원인이 되었다는 것을 의미하지 않는다. 대신, 하나님은 자신 외에는 어떠한 존재 원인도 가지고 계시지 않는 것으로 이해되어야 하는 것이다. 세계가 창조되기 전에 수 천만 년이 있었다고 할지라도, 하나님은 그보다 앞서 무한히 계셨다. 그래서, 그는 "옛적부터 계신 이"(the Ancient of Days, 단 7 : 9)로 불리운다. 그는 모든 날과 시간 전에 존재하시며, 자신 안에 모든 시간과 세대를 탁월하게 포함하고 계신다. 하나님이 옛날 분이라고 불리운다 하여 그가 쇠잔한다거나 곧 없어질 분으로 생각해서는 안되는 것처럼, 그는 존재한 지가 얼마 안되는 것으로 여겨질 수 있게끔 젊은 분으로 불리워질 수도 없다. 모든 피조물은 새롭고 싱싱하다. 그러나, 아무 피조물이라도 하나님의 시작을 발견해 낼 수가 없다. 하나님은 시작이 있을 수가 없는 것이다.

b) 하나님은 끝이 없다. 하나님은 항상 계셨고, 항상 계시며, 항상 변함없이 본래의 모습대로 계실 것이다. 그에게는 전혀 변화할 낌새조차도 있을 수가 없다(약 1 : 17). 그는 지금까지 존재해 오신대로 계속 장구하게 존재하실 것이다. 우리가 과거의 연수(年藪)를 결코 헤아릴 수가 없다고 하면, 역사의 종말까지의 남은 연한(年限)도 전혀 헤아릴 수가 없는 것이다. 이는 "주께서 영원히 거하실(endure)것이기"(시 9 : 7) 때문이다. 그는 영원부터 존재하신 까닭에 그가 존재 안하실 수가 없듯이, 그가 영원까지 존재 안하실 수도 없다. 성경에는 이같은 하나님의 영원성이나, 창세 이후에 대한 증거들이 아주 많이 있다. 그가 "세세토록 사시는"(계 4 : 9, 10) 것으로 말씀되어 있다. 땅은 없어질 것이나, 하나님은 "영원히 계시고" 그의 "연대는 무궁"할 것이다(시 102 : 27). 식물들과 짐승들은 미미한 것으로부터 시작하고 성장하여 완숙기에 이른 다음에는 다시 쇠패하므로써, 그것들은 본질상 항상 변화가 무쌍하다. 그러나 하나님은 시간이 아무리 변하여도 결코 쇠함이 없다. 그래서, 어떤 사람들은 생각하기를, 노아의 방주를 만드는데 사용된 백향목이 부패하지 않는 성질을 가지고 있기 때문에, 하나님의 신성의 불후성(不朽性)이 이 백향목으로 상징된 것으로 보는 것이다(출 25 : 10). 시작이 전혀 없는 존재는 결코 끝이나 중단이 있을 수가 없다. 하나님은 결코 다른 어떤 피조물에게도 의존하지 않으신 까닭에, 무엇이 그의 영원한 본체를 멈추게 할 수 있다는 말인가? 그는 자신을 파멸시키려 하실 리도 없다. 우주의 만물은 그것들이 자신을 보존할 수만 있다고 하면, 살아 남아있으려 하는 것이 보편적 본성이므로, 스스로 존재를 멈추려 하는 것은 그 같은 보편적 본성에도 어긋나는 것이다. 하나님은 자기 자신의 존재를 버릴 수가 없다. 왜냐하면 그는 자신을 지고선(至高善)으로 사랑하지 않을 수 없기 때문이다. 어떤 것이 쇠패하는 이유는 그 자체의 선천적 연

약성 때문이거나, 그것과 적대되는 어떤 다른 것의 우세한 힘 때문이다. 하나님의 본성에는 부패를 유발할 수 있는 어떠한 연약성도 있지 않다. 왜냐하면 그는 전혀 혼잡됨이 없이 무한히 단순하기 때문이다. 그는 어떤한 다른 것에 의해서도 압도될 수가 없다. 그보다 더 연약한 것이 그에게 상처를 입힐 수가 없고, 그보다 더 강한 자는 존재할 수가 없다. 그는 그의 무한한 지혜 때문에 속임을 당할 수 없다.[16] 그는 자기의 존재를 아무에게서도 물려받지 아니한 것처럼, 다른 누구에게도 그것을 빼앗길 수가 없다. 그가 필연적으로 존재하고 있는 것처럼, 그는 필연적으로 항상 존재하는 것이다. 이것이 하나님의 고유한 속성이다. 어떤 것도 이만큼 하나님에게 있어서 고유할 수가 없다. 어떠한 존재가 아무리 완전한 속성들을 가지고 있다할지라도, 그것이 영원하지 아니하면, 그것은 신적(神的)인 것이 아니다. 하나님만이 죽지 않으신다.[17] 그분만이 본성의 필연에 의하여 죽지 않으시는 것이다. 천사들, 영혼들과 우리의 몸 역시 부활 후에는 죽지 않을 것이다. 그러나, 그것은 본질에 의해서가 아니고, 하나님의 은사로 그렇게 죽지 않게 되는 것이다. 하지만, 그것들을 무(無)에서 일으킨 그 말씀이 그것들에게 다시 무(無)로 돌아가도록 말하게 된다고 하면, 그것들은 무(無)로 돌아가게 되어 있는 것이다. 하나님께서는 그것들에게 생명을 주거나 박탈하는 것이 손바닥 뒤집기나 마찬가지로 쉽다. 하나님께서 그것들을 창조하실 때 쏟아부은 그의 능력을 거둬 그것들을 보존시키지 않는다고 하면, 그것들은 멸망하지 않을 수가 없게 된다. 그러나, 하나님은 그의 존재에 있어서 요지부동이시다. 아무도 그에게 생명을 주지 않은 것처럼, 아무도 그에게서 생명을 빼앗을 수가 없다. 하나님이 무한하게 소유하고 있는 행복과 생명은 조금치라도 잃을 수가 없다. 그것을 영원부터 소유한 것처럼, 그것은 영원까지 지속될 것이다.

c) 하나님에게는 전혀 승계(succession)가 없다. 하나님에게는 승계나 변화가 없다. "그는 영원부터 영원까지 하나님이시다". 즉, 영원히 동일하시다. 하나님은 항상 존재하실 뿐만 아니라, 항상 동일한 존재로 계신

---

16) Crellius de Deo, c. 18, p. 41.
17) 딤전 6 : 16. Daille, *in loc.*

다. "주는 여상(如常)하시다"(시 102 : 27). 피조물들의 존재는 승계적이나, 하나님의 존재는 영구적이다. 그는 무한하게 지속하시되 그의 속성이 전혀 변함이 없이 온전하게 존재하신다. 영원의 첫번째 개념은 시작과 끝이 없다는 것이다. 이 개념에 의하면, 어떤 존재의 실존(existence)과 관련하여 그것이 지속한다는 것이다. 그러나, 전혀 승계가 없고, 처음이나 마지막에 해당되는 것이 전혀 없다고 하는 것은 어떤 존재의 본질에 관하여 그것의 완전성(속성)을 의미한다. 피조물들은 변화가 무쌍하다. 매일 얼마간 부분적으로 얻어지거나 상실되기 때문이다. 사람은 그가 사람인 때에는 실존에 관해서 동일하게 사람이다. 그가 어린 아이였을 때에는 또한 어린 아이였다. 그러나, 그에게는 양(量)과 질(質)에 있어서 새로운 승계가 있다. 그는 성숙하게 될 때까지 매일 어떤 것을 얻는다. 그러나, 노쇠하여 죽음에 이르게 될 때까지는 매일 어떤 것을 잃게 된다. 사람은 아침의 때의 모습과 저녁 때의 모습이 같지가 않다. 어떤 것은 없어지고, 어떤 것은 더해진다. 매일 그의 연령에 있어서 변화가 있고, 그의 실체에 있어서 변화가 있으며, 그의 생활에 있어서 변화가 있다. 그러나, 하나님은 영원이라고 하는 하나의 동일 시점에서 자기의 전존재를 가지고 계신다. 그는 전에 없던 것을 얻어 갖는 것이 전혀 없으며, 전에 있었던 것을 전혀 잃는 것이 없다. 그는 언제나 무한한 가운데 탁월함과 완전성에 있어서 전혀 변함이 없다. 그는 여전하여 그의 연대는 다함이 없고(히 1 : 12), 다른 연대들처럼 가고 오는 것이 없다. 하나님에게는 어제나, 오늘이나, 내일이 없다. 지식과 관련하여 아무 것도 그에게는 과거나 미래가 아니고, 모든 것이 현재이듯이, 그의 본질과 관련하여 아무 것도 과거나 미래적인 것이 없다. 그의 본질에 있어서 어제의 그와 오늘의 그가 다르지 아니하며, 오늘의 그와 내일의 그가 전혀 다르지 않을 것이다. 그의 모든 속성들은 매순간 그에게 있어서 이제와 영원히 가장 완전하다.[18] 하나님은 그의 전본체를 광활한 공간에서 뿐만 아니라 모든 장소에서 분할 없이 가지고 있듯이, 시간의 무한한 기한들에서 뿐만 아니라 시간의 한 순간에 그의 전존재를 가지고 있는 것이다. 어떤 사람들은 강가에나, 해안가에 서 있는 나무나 바

---

18) Lessius de Perfect. Divin. lib. iv. c. 1.

위의 경우를 예를 들어 영원한 시간 간의 차이점을 설명한다. 나무는 같은 곳에 움직이지 않고 항상 서 있으나, 강물이 나무 밑을 흘러 지나간다. 변하는 것은 강일 뿐, 강의 여러 부분들이 흘러갈 때 다양한 물의 흐름을 나무는 접할 뿐인 것이다. 강물은 서로 떠밀려 앞으로 흘러간다. 이 순간의 강물은 다음 순간의 것과 같지가 않다.[19] 마찬가지로 모든 지상의 것들도 계속적으로 변화한다. 천사들은 중대한 변화를 결코 하지는 않지만, 지엽적인 변화는 한다. 왜냐하면 오늘 천사들이 취한 행동은 어제 그들이 행한 바로 그 행동들이 아니기 때문이다. 그러나, 하나님에게는 전혀 변화가 없다. 그는 항상 동일하시다. 피조물의 경우는 과거의 그, 현재의 그, 미래의 그 등으로 말할 수 있으나, 하나님에 대해서는 오직 현재의 하나님만을 말할 수 있을 뿐이다.[20] 하나님은 과거나 현재나 미래나 전혀 변화가 없이 언제나 동일한 그 하나님이시다. 그러나, 이와는 달리, 피조물은 과거, 현재, 미래의 시제를 따라 그때 그때 각각 모습이 다르다. 과거의 그것과 현재의 그것이 다르고, 현재의 그것과 미래의 그것이 다른 것이다. 촛불을 예로 들어 말하자면, 그것은 분명코 촛불이다. 그러나, 현재의 촛불은 어제의 바로 그 촛불이 아니다. 또한 잠시 후에 있을 그 촛불과도 같지 않다. 촛불은 계속적으로 타서 공중으로 사라지고, 새로운 불꽃으로 타오르는 것이다. 촛불이 타고 있는 동안에는, 촛불이 있다고 말할 수 있다. 그렇지만 그것은 전적으로 동일한 하나의 촛불이라기보다는, 연속적으로 타오르는 촛불인 것이다. 부분들이 승계되어 타서 사라지고, 사라지고 타는 것이다. 사람의 경우도 마찬가지라고 말할 수가 있다. 사람도 부분들이 승계되어(in a succession of parts)존재한다. 그는 과거의 바로 그가 아니고, 지금의 그는 내일의 그가 아닌 것이다. 그러나, 하나님은 동일하시다. 그에게는 부분이나 시간의 승계가 없다. 하나님의 경우는 "현재적 그분"(He is)만을 생각할 수 있을 뿐이다. 현재나, 과거나, 미래의 그분이 전혀 다름이 없다. 하나님은 확고하고 절대적인 존재로서, 항상 동일하신 것이다.[21] 하나님은

---

19) Gamacheus in Aquin. Part I. Qu. 10. c. 1.
20) Gassend. Tom. I. Physic. § 1. lib. ii. c. 7. p. 223.
21) Daille, Melange de Sermon, p. 252.

모든 것들이 계속 변화하면서 자기 발 밑에서 지나가는 것을 보고 계신다. 그는 세계속에서 일어나는 변혁을 보고 계시되, 자기의 가장 영광스럽고 불변하는 본성에는 전혀 변화가 없다. 모든 만물들은 한 상태에서 다른 상태로, 즉 본래의 순전한 상태에서 파멸에로 변화되어 가지만, 하나님은 시작이나, 끝, 또는 중간도 없이 불가분의 한 지점에서 자기의 존재를 소유하고 있다.

1) 하나님의 지식에는 전혀 승계가 없다. 세계 속에서 일어나고 있는 각양의 승계들과 변화들은 신적 지식에 있어서 승계나 새로운 대상들을 만들어 주지 않는다. 왜냐하면 만물들은 그것들의 존재와 관련해서는 세계에 실제로 현존하지 않지만, 하나님에게 있어서 그의 지식과 관련해서는 영원부터 현존하기 때문이다. 하나님께서는 어떤 것을 지금 알지 못하다가 나중에야 아는 것이 아니다. 그는 모든 것을 한번에 아신다 ; "세계가 시작되는 때로부터 모든 것이 하나님에게 알려져 있다"(행 15 : 18). 그러나, 그것들이 하나님의 영원한 계획 가운데 있지만, 그것들의 참된 승계 질서를 따라 시간 속에서 발생하도록 되어 있는 것이다. 만물이 창조될 때에는 승계와 순서가 있지만 그것들에 대한 하나님의 지식과 관련하여서 하나님에게는 전혀 승계가 없다. 하나님께서는 앞으로 생겨날 사물들과 그것들이 세계의 무대에 나타나게 될 시간적 순서를 알고 계신다. 그렇지만, 그 사물들과 순서를 하나님은 단번에 아신다. 만물이 하나님과 함께 존재하지만, 그것들이 세계에 나타나는 순서대로 하나님께 대하여 그것들은 존재하고, 그것들이 동시에 생겨날 것처럼 하나님과 함께 존재하지 않는다. 그리스도의 죽음은 시간의 순서에 있어서 그의 부활에 앞서도록 되어 있었다. 여기에는 시간상의 승계가 있다. 그러나, 하나님은 이 둘을 동시에 아신다. 그러나, 하나님의 지식이 작용하여 그리스도가 동시에 죽고 부활하는 것은 아니다. 하나님의 지식에는 승계가 없지만, 사물들에는 시간상의 승계가 있는 것이다. 하나님은 시간을 알고 계시기 때문에, 만물들이 시간 안에서 존재하고 있는대로 그것들을 아신다. 하나님께서는 만물의 현재와 과거와 미래를 동시에 알고 계시지만, 그것들이 동시에 발생하는 것으로는 알고 계시지 않는다. 만물은 그것들의 존재에 있어서 과거, 현재, 미래가 있

다. 그러나, 그것들에 대한 하나님의 지식에 있어서는 과거, 현재, 미래가 없다.[22] 왜냐하면 하나님은 다른 것을 통하지 않고 스스로 보고 아시기 때문이다. 그는 그 자신의 빛이요 안경이다. 그래서, 그 자신을 봄으로, 그는 만물을 보는 것이다(beholding himself, he beholds all things).

2) 하나님의 작정에는 전혀 승계가 없다. 하나님은 전에 작정하지 아니한 것을 지금 작정하는 일이 없다. 이는 하나님의 하시는 일들을 태초로부터 그가 알고 계셨던 것처럼, 그의 사역들은 태초로부터 작정되었기 때문이다. 하나님이 그것들을 동시에 아신 것처럼, 그것들을 동시에 작정하신 것이다. 하나님의 사역들이 시행되는데는 승계가 있다. 첫째는 은혜요, 그 다음이 영광이다. 그러나, 이 두가지를 베푸시는데 있어서 하나님의 계획은 영원의 한 동일한 순간에(in one and the same monent of eternity) 되어진 것이다. "창세 전에 그리스도 안에서 우리를 택하사 우리로 사랑 안에서 그 앞에 거룩하고 흠이 없게 하시려고"(엡 1 : 4). 그리스도의 선택과, 그 안에서 몇몇이 선택되어 거룩하고 행복하게 하려한 것은 창세 전에 되어졌다. 하나님의 영원한 계획에 의하여 만물이 시간 안에서 발생한다. 그것들은 하나님의 영원한 계획과 의지를 따라서 그것들의 순서대로 발생하는 것이다. 세계가 구속(救贖)되는 것은 세계가 창조된 다음에 있다. 그러나, 세계 창조에 대한 작정과 세계 구속에 대한 작정은 영원부터 있었다.

3) 하나님이 그 자신의 영원이다(God is his own eternity). 하나님은 다른 어떤 것의 허락이나 처분에 의해서가 아니고, 본질과 본체적으로 영원하다.[23] 하나님의 영원은 단지 하나님의 지속(持續, duration)이다. 그리고, 하나님의 지속은 단지 그의 존재가 지속하는 것[24]을 말한다. 만일 영원이라는 것이 하나님과 구별된 어떤 것이고, 하나님의 본질에 속하는 것이 아니라고 한다면, 하나님을 온전하게 하는데 필요한 어떤 것이 있게 되는 것이다. 즉, 하나님이 아닌 다른 어떤 것이 하나님을 온전케 하기 위해 필요하게 될 수도 있다. 불멸이 이성적 피조물의 위대한

---

22) Parsiensis.
23) Calov. Socinian.
24) Existentia durans.

속성(perfection)인 것처럼, 영원성은 하나님의 가장 뛰어난 속성(the choice perfection)이다. 진실로, 다른 모든 속성들 가운데 가장 두드러진 속성인 것이다. 하나님이 영원하지 않다고 하면, 하나님의 다른 모든 속성은 불완전하게 될 수도 있다. 하나님은 본체적으로 그의 존재 자체이시다(God is essentially whatsoever he is). 그래서, 하나님에게는 그의 본체(essence) 외에는 아무 것도 없다. 피조물들에게 있어서 존재의 지속은 그들의 존재와 다르다. 왜냐하면 그것들은 오직 한 순간만 존재할 수 있기 때문이다. 모든 피조물들이 존재한다고 말할 수 있지만, 지속한다고는 할 수 없다. 왜냐하면 모든 지속에는 미래와 과거(prius et posterius)가 포함되기 때문이다. 하나님이 기뻐하시기만 하면 모든 피조물은 그것의 존재를 상실할 수 있다. 그러므로, 그것들은 그것들의 본질상 지속적이지 않다. 따라서, 그것들이 스스로 존재하지 않는 것처럼, 스스로 지속하지 않는 것이다. 천사들이나 영혼들과 같은 몇몇 피조물들은 하나님에게서 영구적 생명을 전달받기 때문에 영원하다고 할 수 있을지 모르나, 그것들은 스스로 결코 영원한 것이 아니다. 왜냐하면 그러한 지속이 그것들의 본질에 속하지 아니하고, 다른 존재(즉, 하나님)의 뜻에 좌우되기 때문이다. 그것들에게 지속을 허락한 하나님이 그것을 박탈하고자 계획한 경우, 그것을 막을 수 있는 힘이 그것들이 본성에는 전혀 없는 것이다. 그러나, 하나님은 그 자신의 존재의 필연(his own necessity of existing)이듯이, 그는 존재함에 있어도 그 자신의 지속(his own duration in existing)이시다. 즉, 하나님은 스스로 필연적으로 존재하듯이, 스스로 필연적으로 항상 존재하실 것이다.[25]

4) 그런 까닭에, 하나님의 모든 속성은 영원하다. 신적 영원성과 관련하여, 하나님의 모든 것들, 즉, 그의 능력, 자비, 지혜, 공의, 지식 등이 영원하다. 만일 하나님에게 있어서 본질적인 그의 속성들 중 어떤 것이 영원하지 않다고 하면, 하나님 자신도 영원하지 않게 된다. 하나님이 영원부터 온전한 하나님이셨을리가 없고, 하나님의 전존재(全存在) 또한 영원하지 아니했었을 것이다. 만일 어떤 피조물이 본성에 속하는 어떤 것에 하자가 있다고하면, 그것은 완전하다고 볼 수가 없을 것이다.

---

25) Gassend.

마찬가지로, 하나님의 본성에 필수적인 어떤 것이 한 순간이라도 부족하였다고 하면, 그는 영원한 하나님이라고 말할 수 없었을 것이다.

3. 하나님의 영원성의 본질

B. 하나님은 영원하시다. 성경에서 하나님의 영이 우리의 능력에 맞추어 하나님의 영원성을 날과 연수로 표기함으로써, 우리가 측량할 수 있는 시간적 용어들을 사용하고 있다(시 102 : 27). 그러나, 그같은 시간적 표현들로 인하여 하나님이 시간상의 제한을 받고 있다든지, 아니면 많은 수의 날들의 연한이 그에게 있는 것으로 우리가 생각할 수 없는 것은, 하나님의 영광스러운 본성과 활동들에 대한 우리의 이해를 돕기 위해 성경에서 하나님에게 지체(肢體)가 있는 것으로 우리가 결론지을 수 없는 것과 같다. 비록 하나님에게 연한이 있는 것으로 표현되어 있지만, 하나님의 지속(duration)과 사람들의 연한 간에는 비교가 전혀 될 수 없기 때문에, 하나님에게 대하여 표현된 그러한 연한은 헤아려질 수도 없고, 다함이 있을 수도 없는 것이다. "하나님은 크시니, 우리가 그를 알 수 없고, 그 연수를 계산할 수 없느니라. 그가 물을 가늘게 이끌어 올리신 즉 그것이 안개가 되어 비를 이루고, 그것이 공중에서 내려 사람 위에 쏟아지느니라"(욥 36 : 26 ~ 28). 창세 이래로 온 지구상에 내린 빗방울의 수는 하나님의 연수에 비교하면 아무 것도 아닌 것으로 나타날 것이다. 세계의 모든 나라들도 하나님과 비교하면 "큰 통의 한 방울 물같고, 저울의 적은 티끌"(사 40 : 15) 같듯이, 세상의 모든 연한도 하나님과 비교하면 수 십만 분의 일분도 안되는 것이다. 창조 이래로 지나온 시간들은 헤아려질 수 있으나, 하나님의 지속의 연한은 무한하여 헤아릴 수가 없다. 사람에게 있어서 하루는 하나님에게 있어서 천 년이다. 성령께서는 사람의 능력을 감안하여, 하나님의 무한한 지속을 다소나마 이해시키기 위하여 그렇게 표현한 것이다.[26] 사람에게 있어서 하루가 하나님의 천 년에 해당한다는 표현을 문자적으로 받아들여 계산하자면, 사람의 일 년이 하나님에게 있어서는 삼십육만 오천 년이 되고, 사람의

---

26) Ps. 90 : 4. Amyrald, Trin. p. 44

수명이 칠십 년이면 하나님의 수명은 이천 오백 오십 오만 년이 되겠지만, 시간과 영원 간에는 전혀 비교가 되지 않기 때문에, 우리의 생각은 그러한 표현들을 초월할 수 있어야 하는 것이다. 해와 달은 단지 피조물들의 지속을 측량할 수 있을 뿐이다. 그리고, 연한을 이루는 천체의 움직임에 따라 좌우되는 물질적 신체적인 것들의 지속을 해와 날수로 계산할 수 있는 것이다.27) 때때로 이 영원성은 되돌아 보고 내다보는 어떤 것으로 표현되기도 하고, 시제, 곧, 과거, 현재, 미래(계 1 : 8, 4 : 8)로 표현되기도 한다.28) 존재하는 어떤 것에 대해서는 정확하게 과거와 현재 및 미래를 구분하여 말할 수 있으나, 하나님에 대하여는 과거 현재 미래 등 모든 시제를 한번에 포함하고 있는 것으로 성령이 말씀하시고 하는 것이다. 하나님에게는 시작한 때가 결코 없고, 끝이 날 때가 전혀 없다. 그러나, 피조물에 대해서는 그것이 과거에도 항상 있었고 현재에도 과거의 모습 그대로 항상 있으며, 미래에도 현재의 모습 그대로 항상 있으리라고 말할 수가 없다. 그러나, 하나님은 과거의 모습 그대로 현재 항상 있고 현재의 모습대로 미래에도 항상 있으실 것이다. 그래서, 성경의 표현은 우리의 이해에 적합할 수 있는 바, 하나님의 영원성에 대한 아주 중요한 표현이다.

    a) 하나님의 영원성은 하나님이 친히 자신에게 주신 이름에 분명히 나타나 있다(출 3 : 14) : "하나님이 모세에게 이르시되 나는 스스로 있는 자니라, 또 이르시되 너는 이스라엘 자손에게 이같이 이르기를 스스로 있는 자가 나를 너희에게 보내셨다 하라". 이것은 그가 모든 피조물과 구별되는 이름이다. '스스로 있는 자'(I Am)는 그의 고유한 이름이다. 이 이름은 현재 시제로 되어 있으므로, 그의 본질은 과거나 미래를 알지 못한다는 것을 의미한다. 만일 그의 이름이 과거 시제로 되어 있다고 하면, 과거의 그의 모습대로 지금 그가 있지 않을 것이라고 말할 수 있을 것이고, 만일 미래 시제로 표현되어 있다고 하면 미래의 그의 모습대로 그가 아직은 계시지 아니했을 것이라고 할 수 있을 것이다. 그러나, 그의 이름이 현재 시제이다. '스스로 있는 자'라는 이름은 내가

---

27) Daille, Vent. Sermons, Serm. I. sur 102 Ps. 27, p. 21.
28) Crellius weakens this argument, De Deo, c. 18, p. 42.

유일한 존재, 곧 모든 존재들의 근원임을 의미한다. 그러므로, 그는 존재하지 않는 것이 아니고, 그의 존재는 영원한 것이다. 그러므로, 그의 이름은 그의 완전성과 불변성 뿐만 아니라, 그의 영원성까지를 의미한다. '스스로 있는 자'가 지복 상태를 말하듯이, 최고의 지속을 말한다. 그래서, 불란서어 성경에는 여호와라는 이 이름이 영여 성경에서처럼 주(主)라고 번역되는 대신에 '영원자' — 나는 항상 불변하게 동일하다 — 로 번역되어 있다. 하나님의 영원성은 과거, 현재, 미래의 시제를 가진 가변적인 시간과 반대된다. 모래알이 세계를 구성하고 있는 모든 원자들과 조그마한 분자들 중 하나에 지나지 않는 것처럼, 우리의 시간도 물 한 방울에 지니지 않는다. 그러나, 하나님은 무한대한 존재의 바다 (an unbounded sea of being)인 것이다. "나는 스스로 있는 자이다"는 무한한 생명이다. 나는 내가 이전에 갖지 아니했던 것을 지금 갖고 있지 아니하며, 내가 지금 가지고 있지 아니한 것을 나중에 갖게 되지 않을 것이다. 나는 과거 그대로 지금도 매순간 존재하며, 항상 존재하게 될 것이다. 아무 것도 나에게 더하여질 수가 없고, 아무 것도 나에게서 빼질 수가 없다. 아무 것도 그보다 우월한 것이 없으며, 그에게 더하여질 만큼 보배로운 것이 아무 것도 없는 것이다. 그러므로, 만일 하나님에게 시작과 끝이 있었고, 그리고 그에게 어떤 승계가 있었다고 하면, 그는 "스스로 있는 자"일리가 없었을 것이다.[29] 왜냐하면 그는 과거와 관련하여서는 안 계셨을 때가 있을 수 있고, 미래와 관련해서도 그는 아직 계시지 않는 때가 있게 되기 때문이다. 이에 관하여 한 이방인이 잘 논증하고 있다.[30] 모든 피조물에 대해서는 그것들이 존재하였거나, 존재할 것이라고 말할 수가 있다. 그러나, 하나님에 대해서는 그가 영원히 지속하시기 때문에 에스트(라, est, 영, he is), 즉, 하나님이 존재하신다는 말 외에는 아무 것도 말할 수가 없는 것이다. 만일 어떤 피조물이 아직 존재하지 않거나, 지금 존재하지도 않고, 과거에 존재해 왔다고 하면, 그것이 존재한다고 말할 수가 없다.[31] 하나님만이 '스스로 있는 자'(I

---

29) Thes. Salmur. p. 1. p. 145, Thes. 14.
30) Plutarch de *El*, I. p. 392.
31) Perrer. in Exo. 3. Disput. 13.

Am)로 불리울 수 있다. 모든 피조물들은 존재하는 시간보다는 존재하지 않는 시간이 더 많다. 왜냐하면 모든 피조물은 그것이 시간내에서 어떤 것으로 존재하도록 되기 전에는, 영원부터 아무 것도 아니었기 때문이다. 그리고, 만일 그것이 그것의 전체 본성에 있어서 불후하다고 하면, 그것이 시간 내에서 어떤 것으로 존재케 된 이후에는 영원까지 아무 것도 아닌게 될 것이다. 그리고, 만일 천사들처럼 그것의 본성에 있어서, 또는 사람의 영혼의 경우처럼 그것의 본성의 모든 부분에 있어서, 그것이 썩지 않게 된다고 할지라도, 고유한 의미에서 존재하고 있다고 볼 수가 없는 것이다. 왜냐하면 그것이 존재를 계속하거나, 아니면, 상실하게 되는 것이 하나님의 뜻에 달려있기 때문이다. 그리고, 그것이 존재하는 동안에도 그것은 변화가 무쌍하다. 그러므로, 만일 하나님이 고유한 의미에서 "스스로 있는 자", 즉, 존재라고 한다면, 그가 항상 계셨다고 말할 수가 있는 것이다. 왜냐하면 만일 그가 항상 계시지 아니했다고 하면, 앞에서 밝힌대로, 그는 어떤 다른 존재에 의하여, 또는 자신에 의하여 존재케 된 것임에 틀림없기 때문이다. 그는 다른 존재에 의하여 존재할 수가 없었다. 만일 그랬었다고 하면 그는 하나님이 아니라, 한 피조물에 지나지 않았을 것이다. 또한 그는 자신에 의하여서도 존재하게 될 수가 없었다. 이는 만일 그렇게 자기를 존재케하는 존재였다고 하면, 그는 존재의 대상이 된 자신보다 먼저 존재했어야 하기 때문이다. 그는 자기가 존재하기 전에 이미 존재하였었다는 말이 된다. 사실, 하나님은 언제나 존재하게 될 것이다. 왜냐하면 "스스로 있는 자"로서 모든 존재가 그 자신 안에 있기 때문이다. 모든 존재의 근원이신 그가 어떻게 그의 이름을 '스스로 있지 않는 자'로 바꿀 수 있겠는가?

　b) 하나님은 자신 안에 생명을 가지고 계신다(요 5 : 26). "아버지께는 자기 속에 생명이 있다". 그는 "살아계신 하나님"이시다. 그러므로 "영원히 변치 않으신다"(단 6 : 26). 그는 참여에 의해서가 아니라, 그의 본질에 의하여 생명을 가지고 계신다. 그는 모든 피조물에게 빛과 생명을 주시는 태양과 같다. 그러나 그는 아무에게서도 빛이나 생명을 받지 않으신다. 그러므로, 그에게는 무한한 생명이 있다. 한 오라기의 생명이 아니라, 생명의 원천이 있으며, 무한한 생명의 한 섬광이 아니라,

모든 한계를 뛰어넘는 생명이 있는 것이다. 그는 자기 속에 생명이 있다. 모든 피조물은 그 안에서 그리고 그로부터 그들의 생명을 얻는다. 자기 속에 생명을 가지고 계시는 그는 필연적으로 존재하며, 결코 피동적으로 존재케 될 수가 없다. 왜냐하면 그렇게 될 경우에는, 그 자신 속에 생명이 있는 것이 아니고, 그를 존재케 만들어 주고 그에게 생명을 준 것 안에 생명이 있기 때문이다. 그러므로, 필연적으로 존재하는 것은 영원부터 존재한다. 스스로 존재하는 것은 결코 시간 안에서 존재케 될 수가 없고, 한 순간이라도 존재를 상실할 수가 없었다. 왜냐하면 그것은 그것의 본질로부터 존재하며, 어떠한 동력인(動力因)의 영향도 받지 않기 때문이다. 하나님이 자기의 이름을 "나는 스스로 있는 자이다"라고 선포하셨을 때, 천사들과 사람들이 존재하고 있었으며, 세계가 무려 수만 년 전에 창조되어 있었다. 하나님이 그 당시 말씀하시던 자인 모세도 존재하고 있었다. 그렇지만 하나님만이 존재하신다. 왜냐하면 하나님만이 자기 속에 존재의 원천이 있고, 다른 모든 것은 그로부터 흘러나오는 개울이었기 때문이다. 하나님은 스스로 존재하시며, 다른 어떤 것으로부터 기원하지 않으시나, 그 밖의 모든 것은 햇살이 태양으로부터, 그리고 강과 바다가 수원(水源)으로부터 나오듯이, 그들의 근원이신 하나님으로부터 존재케 되는 것이다.[32] 모든 생명은 하나님 안에 배태되어 있다. 하나님은 생명이시다. 생명은 하나님 안에 본래, 근본적으로, 따라서 영원히 있다. 하나님은 순수한 행동이시다. 그는 다른 피조물들이 그의 선물로 받은 그 생명을 그의 본질상 가지고 계신다. 그런 까닭에, 사도 바울은 하나님이 죽지 않으실 뿐만 아니라, 불멸성을 온전하게 소유하고 계신다고 말한다(딤전 6 : 16). 그는 다른 것의 의지에 좌우되지 않고, 그 자신 안에 모든 것을 함유하고 계신다. 자기 속에 생명을 가지고 계시고, 자신으로부터(from himself) 존재하는 자는 존재하지 않을 수가 없다. 그는 항상 존재하셨다. 왜냐하면 그는 자기의 존재를 다른 아무에게로부터 받지 아니했고, 다른 분이 주지 아니한 그 존재를 아무도 빼앗아 갈 수 없기 때문이다. 만일 그가 존재하기 전에 어떤 공간이 존재했다고 하면, 그를 존재하게 해준 어떤 것이 있었을 것이다. 그렇다

---

32) Petav. Theol. Dogm. Tom. I. lib. i. c. 6, § 6, 7.

면, 그 안에가 아니라, 그를 존재케 한 그 분 안에 생명이 있었을 것이다. 그렇다면, 그는 하나님일 수가 없고, 그를 존재케 한 다른 분이 하나님이 되실 것이다. [33] 세상에 존재하는 아무것도 우연하게 존재하게 되는 것이 없고 어떤 존재 원인이 있음을 알면서도, 하나님이 우연하게 존재케 되었다고 말하는 것은 무의미하다. 하나님은 존재이시기 때문에, 아무 것도 아닌 우연에 의해서는 어떤 것도 존재케 될 수 없는 것이다. 그리고, 만일 그가 우연하게 존재케 되었다고 하면, 그는 전적으로 우연하게 없어지고 말 것이다. 이것은 하나님에게 대하여 얼마나 괴이한 발상인가! 자기 속에 생명이 없고, 단지 우연하게 생겨난 그러한 하나님을 상상이나 할 수 있겠는가? 그는 자기 속에 생명을 가지고 계시기 때문에, 그리고, 그의 존재에 있어서는 아무런 원인도 없었기 때문에, 그를 제한한 아무런 원인도 있을 수 없으며, 시간이나 장소에 전혀 제한될 수가 없다. 자기 속에 생명을 가지고 있는 존재는 무한하게 생명을 가지며, 그것을 결코 버릴 수가 없고, 빼앗길 수도 없다. 필연적으로 그가 살아계시기에, 그는 살지 않으실 수가 절대로 없다. 반면에, 모든 다른 것들은 "그를 힘입어 살며 기동하고 존재하는"(행 17 : 28) 것이다. 그것들은 그의 뜻에 의하여 살게 되듯이, 그의 말씀 한마디에 무(無)로 되돌아 갈 수가 있다.

 c) 하나님이 영원하지 않았다고 하면, 그의 본성 또한 불변하지 않았을 것이다. 영원성이 없이 존재한다는 것은 불변성의 본성에 반대된다. 왜냐하면 무엇이든지 시작이 있는 것은 존재하지 않는 상태에서 존재하는 상태로 변화되기 때문이다. 그것은 과거와 다른 상태가 되기 시작한 것을 의미한다. 또한 만일 그것이 존재하기를 그만둔다고 하면, 과거의 상태가 중단되는 것이다. 그러므로, 시작이나 끝, 또는 승계가 그 속에 있다고 하면, 그것은 하나님이라고 말할 수가 없다. "나는 여호와라, 나는 변역지 아니하노니"(말 3 : 6). "전능자를 우리가 측량할 수 없나니"(욥 37 : 23). 칼빈이 말하고 있는대로, 여기서 하나님은 여호와로서의 그의 불변의 본성으로부터 그의 계획의 불변성을 논증해 나간다. 만일 그가 영원하지 아니했었다고 하면, 무(無)에서 유(有)로의 대 변화가 있

---

33) Amyrald de Trinit. p. 48.

었을 것이다. 본질의 변화는 계획의 변화보다 훨씬 큰 것이다. 하나님은 항상 동일한 광채로 이글거리는 태양과도 같으시다. 성장하였다가 노쇠해지는 일이 결코 그에게는 없다. 만일 그가 영원의 한 순간에 거하지 않으시고, 그에게 승계가 있었다고 하면, 과거에서 현재에로, 현재에서 미래에로 변화가 있었을 것이다. 하나님의 영원성은 모든 종류의 변화를 막아내는 방패이다. 만일 하나님의 본질에 전에 없던 어떤 것이 생겨났다고 하면, 하나님이 영원 불변한 본체라고 말할 수가 없었을 것이다.

d) 만일 하나님이 영원하지 않다고 하면, 그는 무한히 완전한 존재가 되실 수 없었을 것이다. 유한한 지속(a finite duration)은 무한한 속성과 일치하지 않기 때문이다. 시간의 제한을 받는 것은 무엇이나 그 자체 안에 모든 속성(perfections)을 갖추어 가질 수가 없는 것이다. 하나님에게는 불가사의한 속성이 있다. "네가 하나님의 오묘를 어찌 능히 측량하며 전능자를 어찌 능히 온전히 알겠느냐?"(욥 11 : 7). 하나님은 능히 측량할 수가 없다. 그는 **무한하시다**. 왜냐하면 그는 헤아려 알 수가 없기 때문이다. 하나님의 불가사의성(不可思議性)은 인간의 짧은 이해력에 의하여서는 측량될 수 없는 무한한 속성으로 말미암는다. 하나님의 행위뿐만 아니라 그의 본질은 공간적 무한성과 시간적 지속성에 있어서 측량할 수가 없다. 그러므로, 하나님에게 시작이 있었다고 하면, 그는 무한할리가 없었을 것이다. 무한하지 않다고 하면, 그의 속성은 온전하지 못하였을 것이다. 만일 그의 존재가 쇠패할 수 있었다고 하면, 그는 완전하지 못했을 것이다. 부패하여 썩어질 가능성이 있는 존재가 어찌 최고의 완전자의 이름에 합당할 수 있겠는가? 유한하고 제한적인 존재는 가장 불완전하다. 왜냐하면 존재가 부인되기 때문이다. 만일 하나님이 항상 가장 복스런 존재가 아니었거나, 영원히 그러한 존재로 머물러 계시지 않는다고 하면, 그는 사실 가장 복스런 존재일리가 없었을 것이다. 그러나, "여호와 이스라엘의 하나님은 영원부터 영원까지 찬양을 받으실지어다"(시 41 : 13). 만일 그에게 시작이 있었다고 하면, 그는 무제한으로 가장 완전하지 못하였을 것이다. 그는 그를 시작케 한 어떤 것에 의하여 제한되었을 것이다. 그로 하여금 존재할 수 있게 한 것은 그 자신이 아니고, 하나님이었을 것이다. 그분은 그보다 더 완전하였을 것

이다. 하지만, 하나님이 가장 절대적으로 완전하시며, 그보다 더 완전한 것은 아무 것도 결코 상상될 수 없기 때문에, 그가 "영원"하신 것이 분명하다. 그가 무한하시기 때문에, 아무 것도 그에게 더해지거나 감해질 수 없다.

e) 하나님께서 영원하지 않다고 하면, 그는 전능하실리가 없었다. 전능자의 호칭은 시작을 가진 존재에게는 어울리진 않는다. 시작이 있는 것은 무엇이든지 한때는 아무 것도 아니었다. 그리고, 그것이 아무 것도 아니었던 때에는 아무 것도 행할 수가 없었다. 아무런 존재도 없는 경우에는 아무런 힘도 없는 것이다. 또한 전능자의 호칭은 쇠패하는 본성과도 어울리지 않는다. 원수들의 외부의 압력과 폭력, 또는 내부의 부패 원인들에 대하여 자신을 보존할 수 없는 자는 아무 것도 계획할 수가 없는 것이다. 사람은 "그의 호흡이 코에 있기"(사 2 : 22) 때문에, 수에 칠 가치가 없다. 만일 하나님도 숨이 끊어지는 존재라고 한다면, 그가 다른 피조물보다 더 나을 것이 얼마나 있겠는가? 항상 전능하지 않는 자는 온전하게 전능하다고 볼 수가 없다. 만일 그가 전능하다고 하면, 아무도 그를 손상케할 수가 없다. 자기가 원하는 것이면 무엇이든지 그가 행하신다고 하면, 아무 것도 그를 불행하게 만들 수가 없다. 왜냐하면 불행이란 우리의 뜻에 반대되어 일어나는 것들에 있기 때문이다.[34] 하나님의 전능성과 영원성은 함께 연결되어 있다 : "주 하나님이 가라사대, 나는 알파와 오메가라. 이제도 있고 전에도 있었고 장차 올 자요 전능한 자라 하시더라"(계 1 : 8). 영원하시기 때문에 전능하고, 전능하시기 때문에 영원하다.

f) 만일 하나님이 영원하지 않았다고 하면, 그는 만물의 제일 원인이 아니었을 것이다. 그러나, 그는 처음이요 마지막이시다. 만물의 최초 원인이시요, 만물의 마지막 목적이시다.[35] 처음인 것은 존재하기 시작할 리가 없다. 만일 시작이 있었다고 하면, 처음이 아니었을 것이다. 또한, 처음인 것은 존재를 중단할리도 없다. 쇠패하는 것은 무엇이나 그것이 존재하기 이전으로 분해된다. 그런 까닭에, 쇠패하는 것은 처음이 아니

---

34) Voet. Natural. Theol. p. 310.
35) Rev. 1 : 8. Ficin. de Immort. lib. ii. c. 5.

다. 세계는 없었던 때가 있었다. 그것은 한 때는 아무 것도 아니었다. 그것을 무(無)에서 존재케 한 어떤 원인이 있었음에 틀림없다. 아무 것도 스스로 존재를 가능케 하는 능력이 결코 없다. 거기에는 더 나은 원인이 있다. 그것의 의지와 능력에 의하여 피조물이 존재케 되며, 구별된 모양을 갖게 된다.[36] 이 능력은 영원할 수 밖에 없다. 그것은 창세 전에 있었을 것이 틀림없다. 건축자는 건축 행위에 앞서 있는 법이다. 그의 존재는 영원부터 있음에 틀림없다. 그렇지 않다면, 아무 것도 영원부터 존재하지 않는다고 우리는 말해야 한다.[37] 만일 영원부터 아무 존재도 있지 아니했다고 하면, 시간 내에서 어떤 존재도 지금 있을 수 없었을 것이다. 우리가 보는 것 그리고 우리의 존재도 자체로부터 또는 어떤 다른 것으로부터 기원되어야 한다. 그러나, 그것은 자체로부터 기원될 수가 없다. 만일 어떤 것이 스스로를 존재케 한다면, 그것은 스스로를 존재케 하는 능력을 갖고 있었을 것이다. 그렇다면, 그것은 그것이 존재하기도 전에 강력한 힘을 가지고 있었다고 말해야 할 것이다. 능력과 관련해서는 이미 어떤 것으로 인정되어야 하나, 한편 존재와 관련해서는 아무 것도 아니다. 만일 어떤 것에게 자체를 존재케 하는 힘이 있었다고 하면, 이 힘은 다른 것이 그것에게 부여해 준 것임에 틀림없다. 그러므로, 자체를 존재케 하는 힘은 자체로부터가 아니고, 다른 것으로부터 온 것이다. 그러나, 만일 존재케 하는 힘이 자체로부터 나온 것이라고 하면, 왜 이전에 스스로를 존재케 하지 아니했겠는가? 왜 존재하지 아니한 때가 있었겠는가?[38] 만일 사물들이 존재하고 있다 하면, "제일 원인"인 것이 필연적으로 "영원부터 존재"해야 하는 것이다. 세계의 직접적 원인이 무엇든지 간에 우리가 신뢰해야 하는 제일의 주요한 원인의 경우 그 앞에 선행하는 것이 아무 것도 없어야 한다. 만일 그것에 앞서 어떤 것이 선행한다고 하면, 그것은 최초의 것이 아니었을 것이다. 그러므로, 제일 원인인 자에게는 시작이 없음에 틀림없다. 아무 것도 그에 앞서 존재하지 않음에 틀림없다. 만일 그가 다른 어떤 것으로부터 시작하게 되었

---

36) Coccei Sum. Theol. c. 8.
37) Crellius de Deo, c. 18. p. 43.
38) Petav. Theol. Dogmat. Tom. I. lib. i. c. 10, 11.

다고 하면, 그는 만물의 제일 원인과 조성자일리가 없었다. 만일 그가 만물의 제일 원인이라고 하면, 그는 스스로 존재하기 시작하거나, 아니면 영원부터 존재해야 마땅한 것이다. 그러나, 그는 스스로 존재를 시작할 수가 없었다. 무엇이든 시간 내에서 시작하는 것은 아무 것도 아닌, 즉, 존재하지 아니한 때가 이 전에 있게 되기 때문이다. 그리고, 그것이 아무 것도 아닌 경우에는, 그것은 아무 것도 행할 수가 없고, 자신을 존재케 하는 일마저도 할 수가 없었다. 왜냐하면, 그렇게 된다면, 그것이 갖지 아니한 것을 주고, 그것이 할 수 없는 것을 행한 것이 되기 때문이다. 만일 그가 자신을 시간 내에 만들었다고 하면, 왜 이전에 스스로 존재하지 아니했겠는가? 무엇이 그를 방해했는가? 그것은 그가 할 수 없었기 때문이거나, 그가 하지 않으려 했기 때문이었다. 만일 그가 할 수 없었다고 하면, 그에게는 항상 능력이 결여되었고, 항상 하려고 하는 마음만 있었을 것이다. 그리고 능력이 그에게 주어져 있지 않다고 하면, 그는 스스로 존재한 것으로 볼 수가 없었을 것이다. 만일 그가 스스로 이전에 존재하고자 아니했다고 하면, 그는 원하는 때에 존재를 시작할 수도 있었을 것이다. 어떻게 존재하지도 않으면서 존립 유무를 결정하는 능력을 갖고 있었겠는가? 무(無)는 결의하거나 소멸될 수가 없다. 무에게는 아무런 능력도 없다. 그러므로, 어떤 영원한 존재를 전제하지 않을 수가 없는 것이다. 만일 그렇지 않으면 헤어날 수 없는 미궁에 빠져들고 만다. 만일 우리가 어떤 영원한 존재를 부인한다고 하면, 우리가 자신의 존재와, 우리와 관련된 모든 것의 존재 뿐만 아니라, 모든 존재를 부인해야 하는 것이다. 그러므로, 만일 하나님이 만물의 원인이라고 하면, 그는 만물보다 앞서 영원부터 존재한 것이다.

4. 하나님의 영원성의 독특성

C. 영원성은 하나님에게만 고유하고, 피조물에게서는 찾아볼 수가 없다. 피조물에게 영원성이 있는 것으로 생각하는 것은 하나님에게서 영원성를 박탈하는 것 만큼이나 어리석은 짓이다.[39] 영원성이 하나님에게

---

39) Bapt.

고유한 것인 까닭에, 히브리서 기자가 그리스도의 신성을 입증하려고 할 때, 그는 그리스도의 창조 능력 뿐만 아니라, 그의 불변성과 영원성에 의하여 입증한다 : "오직 주는 영존할 것이요 … 주는 여전하여 연대가 다함이 없으리라"(히 1 : 10~12). 만일 영원성이 하나님 이외의 다른 것에 본질적으로 속했다고 하면, 이같은 주장은 통하지 아니했을 것이다. 단지 그에게는 "죽지 아니함"이 있다고만 말해야 마땅할 것이다 (딤전 6 : 16). 모든 다른 것들은 그것들이 존재를 하나님에게서 받으나, 그가 또 그것들의 존재를 박탈할 수가 있다. 모든 것들은 하나님에게 종속되어 있는 것이다. 그러나, 하나님은 아무에게서도 기원하지 않으신다. 모든 다른 것들은 옷과 같아서, 하나님이 그것들을 보존하지 않으면 낡아져 버린다. 죽지 아니함(不滅)은 하나님의 속성이다. 하나님에게만 독자적인 죽지 아니함이 있다. 천사들과 영혼들에게도 죽지 아니함이 있으나, 그들 자신의 본질에 의해서가 아니고, 하나님이 선물로 주신 까닭에 그 불멸의 속성이 있는 것이다. 그들의 불멸성은 그것들 자체의 본성에 필연적으로 내재하여 있는 것이 아니고, 그것들의 창조주에게 달려있다. 하나님께서는 그것들을 창조하신 후에 멸절시킬 수도 있으셨다. 그것들의 지속(持續)은 그것들의 창조주의 뜻에 달려있고, 또 창조주에 의하여 소멸될 수도 있기 때문에, 엄격하게 말하자면, 영원하다고 볼 수가 없는 것이다. 피조물의 경우는 절대적이고 필연적인 불멸이 아니고, 가변적(可變的)인 불멸이다. 무엇이든 하나님이 아닌 것은 일시적이다. 그러나, 무엇이든 영원한 것은 하나님이다. 피조물이 영원할 수 있다고 말하는 것은 모순이다. 영원한 것은 아무 것도 창조되지 않는 것처럼, 창조된 것은 아무 것도 영원하지 않다. 영원성은 하나님의 본질이기 때문에, 하나님의 본질과 구별되는 것은 영원할리가 없다. 모든 피조물은 어떤 원인에 대한 종속 관계에 놓여 있으므로 영원할리가 없다. 영원하지 않는 것이 하나님의 본성에 걸맞지 않는 것처럼, 영원한 것은 피조물의 본성에 걸맞지 않다. 이는, 만일 그렇게 되면, 피조물이 창조주와 동등하게 될 것이고, 창조주 또는 제일 원인은 피조물 또는 결과보다 앞서 존재하진 않았을 것이다.[40] 많은 영원자(永遠者)들을 인정하

---

40) Lessius de Perfect. lib. iv. c. 2.

는 것은 많은 신(神)들을 인정하여 말하는 것이나 다를 바 없고, 피조물이 피조되지 않고 영원할 수 있다고 말하는 것은 하나님이 창조될 수 있다고 말하는 것이나 다를바 없는 것이다.

a) 창조는 무(無)에서 유(有)를 생산해 내는 것이다. 그러므로, 한 때 무(無)이었던 것은 영원할 수가 없다. 존재하지 않는 것이 영원하였다고 하는 말은, 그것의 존재가 영원할리 없었다는 말과도 같다. 왜냐하면 그렇게 될 경우, 무(無)이었을 때 유(有)이게 되었을 것이기 때문이다. 그러나, 피조물은 그것이 창조되기 전에는 무(無)인 것이 그것의 본성이다. 존재하기 전에는 무이었던 것은 영원히 지속하는 하나님과 동등할 수가 없다.

b) 가변적이지 않는 피조물은 결코 없다. 그러므로, 어떠한 피조물도 영원하지 않다. 피조물이 무에서 유에로 변화했듯이, 그것은 존재하다가 존재 안할 수도 있다. 만일 그 피조물이 가변적이지 아니했을 것 같으면, 그것은 가장 완전하였을 것이고, 따라서 피조물이 아니라 하나님이었을 것이다. 왜냐하면 하나님만이 가장 완전하시기 때문이다. 피조물의 본질이 가변적인 만큼, 하나님의 본질은 불변적이다. 가변성과 영원성은 완전히 상극이다.

c) 아무 피조물도 무한하지 않다. 그러므로 영원하지 않는 것이다. 지속(持續)에 있어서 무한한 것은 본질에 있어서 무한한 것과도 같다. 어떤 피조물이 온 우주에 단번에 충만할 수 있다고 하면, 그것은 대대(代代)에 걸쳐 영원할 수 있다고 할 것이다. 왜냐하면 하나님의 속성인 무한성이 없이는 무변성(無邊性)이나 영원성이 있을 수 없기 때문이다.[41] 시간의 제한을 받지 않으면, 공간의 제한도 받지 않게 되는 것이다.

d) 자유로운 지적(知的) 행위자(行爲者)의 어떠한 결과도 지속(持續)에 있어서 그것의 원인과 비교될 수가 없다. 자연적 동작인(natural agents)이 생산해낸 것들은 그 동작인 자체 만큼이나 시간적으로 오래되었다. 태양은 그것 자체 만큼 시간적으로 오래된 햇살을 생산한다. 그러나, 지혜로운 솜씨가 지혜로운 숙련공 만큼 시간적으로 오래되었다는 말을 누가 지금까지 들어본 일이 있었는가? 하나님은 피조물을 생산해 냄에

---

41) Ibid.

있어서 태양이 햇살을 발하듯이 필연적이거나 자연적으로 하는 것이 아니라, 지적(知的) 행위자(行爲者)로서 자유롭게 하셨다. 태양은 필연적이 아니었다. 그것은 하나님의 기쁘신 뜻을 따라 존재할 수도, 안 할 수도 있었다. 의지의 자유로운 행위는 시간의 순서에 있어서 의지와 관련된 결과들의 원인으로서 필연적으로 선행한다.[42] 존재하자마자 행동하는 그러한 원인들은 자유롭게가 아니라, 자연적으로 그리고 필연적으로 행동하며, 행동을 자유롭게 멈출 수가 없는 것이다. 그러나, 설령 어떤 피조물이 하나님의 뜻에 의하여 영원부터 존재하였을지도 모른다고 가정해 보자. 하지만, 어떤 사람들이 생각하는대로, 그것은 절대적이거나, 그것 자체의 본질에 있어서 영원하다고는 말할 수가 없었을 것이다. 왜냐하면 그것의 존재가 하나님의 자유로운 의지에 달려있었기 때문이다. 하나님은 창조할 수도, 안 할 수도 있었던 것이다. 오직 하나님만이 영원하다. 하나님만이 처음이요 나중이며, 시작이요 끝이다. 피조물이 존재하기 전에 그가 존재한 것처럼, 모든 피조물들이 무(無)로 되돌아 간다고 할지라도 그는 영원히 존재하실 것이다.

---

42) Crellius de Deo, c. 18, p. 43.

Thomas Manton
1620-1677

제5장
인간과 죄

□ 토마스 맨톤 □

가장 탁월한 청교도 신학자들 중의 한 사람인 토마스 맨톤(Thomas Manton, 1620 ~ 1677)은 서머세트(Somerset)에서 태어나, 옥스포드의 티버튼(Tiverton)과 와드햄(Wadham) 대학에서 수학(修學)하였다. 그는 20세에 집사로 임직되었다. 그는 이로 말미암아 설교할 자격이 주어진 것으로 믿고서, 사제(司祭) 서품을 계속적으로 거부하였다. 데본(Devon)의 쿨리톤(Culliton)에서 3년을 지낸 후에, 그는 런던 근처의 스토크-뉴잉톤(Stoke-Newington)에서 목회하며 7년을 보냈다. 그곳에 있는 동안에 야고보서와 유다서 주해를 준비하였다. 혁명 기간 동안 맨톤은 자주 초청을 받아 의회에서 설교하였다. 1653년에 세인트 폴스 코벤트 가든(St. Paul's Covent Garden)의 교구 목사로서 오바디아 세드윅크(Obadiah Sedgwick)의 뒤를 이어 1662년까지 이 탁월한 청교도 교회에 머물렀다.

맨톤은 대반란(the Rebellion) 기간 동안에 올리버 크롬웰(Oliver Cromwell)의 전속 목사들 중의 하나가 되어, 1660년에 복고 시대(the Restoration)를 촉진시켰으며, 왕의 전속 목사들 중의 하나로 선택되었다. 같은 때에 차알스 2세의 요구로 옥스포드대학에서 신학박사 학위(D. D.)를 받았다. 그러나, 1662년에 기도 방식 통일 법령(the Act of Uniformity)에 의하여 다른 비국교도(非國敎徒)들과 함께 축출되었다. 그는 장로교인들을 이끌고 복직을 시도하였으나 요구가 받아들여지지 아니했다. 그래서, 그는 코벤트 가든(Covent Garden)에 사랑방을 개설하여 거기 모인 회중에게 설교했다. 그는 옥스포드 서약을 거절함으로써 6개월간 투옥

되었으며, 그 후로는 청교도 회중이 초청하는 곳이면 어디에나 가서 설교하였다.

대부분의 청교도들처럼 탁월한 설교자요 주해가인 맨톤을 제임스 어셔는 "영국의 가장 위대한 설교자들 중의 하나"라고 평가하여 불렀다. 그의 글들 중의 얼마가 1681년에서 1701년 사이에 다섯 권으로 모아 출판되었으나, 완전한 전집인『토마스 맨톤의 작품』(*The Works of Thomas Manton, D. D.*)은 1870년에서 1875년 사이에 22권으로 완간되었다. 그의 생전에 출판된 주요한 저서들로는『야고보서 주해』(Exposition of the Epistle of James, 1651)와『유다서 주해』(Exposition of the Epistle of Jnde, 1658)가 있었다.

인간의 본성과 죄에 관한 이 논문에서, 맨톤은 인간이 자신을 구원하기에는 전적으로 무능함을 밝힌다. 그는 또한 각종의 방편을 통하여 하나님을 "찾는 것"("seeking" God)에 대한 청교도적 개념을 소개하고, 비개종자들을 쉽게 포기하는 대신 인내심을 가지고 청교도들이 그들을 다룬 사실을 밝힌다.

1. 서론

로마서 5 : 6 — "우리가 아직 연약할 때에 기약대로 그리스도께서 경건치 않은 자를 위하여 죽으셨도다".

로마서 5장은 두 부분으로 되어 있다. 첫 부분에서 사도 바울은 의롭다 함을 받은 자들이 누리는 위로의 열매와 특권들을 말하고, 뒷 부분에서는 이러한 위로들의 확실성을 논한다. 이 위로들의 확실성과 건실성을 사도는 이중의 비교에 의하여 진술한다 : (1) 그리스도를 그리스도와, (2) 그리스도를 아담과 비교하여, 그리스도를 그리스도와 비교함에 있어서는 우리가 그를 통해서 받는 한 은택을 다른 것과 비교하며, 본문 6절로부터 12절까지에서 다루고 있다. 그 다음은, 그리스도를 아담과, 즉 둘째 아담을 첫째 아담과 비교하는 것으로, 본장의 끝까지에서 다루고 있는 것이다.

A. 그리스도를 그리스도와 비교

a) 의롭다 함을 받기 전 우리를 향한 그리스도의 사랑의 효능을, 의롭다함을 받은 후 우리를 향한 그의 사랑의 효능과 비교한다. 주요 논지는 이렇다 : 우리가 죄인이었을 때 그리스도가 우리를 사랑하시되, 우리를 위하여 죽으실 만큼 그의 사랑이 넘쳤다고 하면, 우리가 친구가 된 때에는 그의 사랑을 훨씬 더 많이 우리가 기대할 수가 있는 것이다. 만일 우리가 죄와 불행에 빠져 무능(無能)하고 무기력하던 때에, 그리스도께서 우리를 위하여 죽으실 뿐만 아니라 우리의 모든 허물에도 불구하고 우리를 기쁘게 받아 주셨다고 하면, 우리가 의롭다 함을 받고 그리스도 안에서 하나님과 화목된 후에는 그가 우리를 포기하려 할 것인가? 그리스도의 이같은 사랑이 6절에 단언되어 있고, 7절과 8절에서 부연되어 있으며, 9절에서 결론짓고 있다 : "그러면 이제 우리가 그 피를 인하여 의롭다 하심을 얻었은 즉 더욱 그로 말미암아 진노하심에서 구원을 얻을 것이니."

b) 두번째 비교는 그리스도의 죽음의 효능과 그의 살으심의 효능에 대한 것이다. 십자가에서 못박혀 죽으신 그리스도가 우리를 하나님께 화목시킬 만큼, 죽은 자 가운데서 부활하여 하늘에 살아 계시는 그리스도가 우리를 구원하여 하나님께로 인도할 능력이 없는 것으로 생각하는 것은 어리석다.

c) 세번째 비교는 지옥에서 건져냄을 얻은 바 소극적(privative) 긍휼과 하늘에 들어가는 권세를 얻게 되는 바 적극적 긍휼에 대한 것이다. "이 뿐 아니라 이제 우리로 화목을 얻게 하신 우리 주 예수 그리스도로 말미암아 하나님 안에서 또한 즐거워하느니라"(11절).

B. 그리스도와 아담 간의 비교.

이 비교의 요점은 이렇다 : 아담의 파괴하는 능력보다 그리스도의 구원하는 능력이 더 강하므로, 의롭다 함을 받은 자들은 아무 것도 두려워할 필요가 없다는 것이다. 아담이 공적(公的)인 사람이요 인류의 뿌리인 것처럼, 그리스도 또한 공적인 사람이다. 이는 아담이 "오실 자의 표상"(튀포스 투 멜론토스 : $\tau \nu \pi o \varsigma\ \tau o \hat{v}\ \mu \acute{\epsilon} \lambda \lambda o \nu \tau o \varsigma$)이었기 때문이다(14절). 아담은 공적인 사람이기는 했으나, 유한(有限)한 존재로서, 그 자신 안에는 아무런 고유의 가치가 없었으며, 단지 신적 제도에 의하여 우리 모두를 대표하였다. 그러나 그리스도는, 하나님이 세우신 제도 외에도 무한(無限)한 존재인 까닭에, 그리스도에게는 "더욱 넘침"(폴로 말론 : πολλῷ μᾶλλον)이 있다. 아담의 불순종으로 말미암아 임하게 된 저주를 여러가지 점들에서 그리스도의 거룩한 순종이 능가한다는 점을 사도 바울은 5장 후반부에서 상세하게 진술한다.

본문의 말씀은 첫번째 비교로 시작되어있다.

a) 우리의 본래적인 상태가 '경건치 않다'와 '연약하다'는 두 마디의 말로 표현되어 있다. 전자가 의미하는 바에 의하면, 우리에게는 아무런 가치가 없어서 하나님을 감동시켜 우리를 도우시게 할 수가 없다. 왜냐하면 우리가 "불경건"했기 때문이다. 후자가 의미하는 바에 의하면, 우리에게는 아무런 능력이 없어서 우리 자신을 도울 수가 없다. 왜냐하면 "우리는 연약하였기" 때문이다. 우리는 연약하였으므로 도움이 필요하다. 그러나 "경건치 아니했으므로" 도움을 거절 당했다.

b) 우리의 회복을 위한 방편 : '그리스도께서 우리를 위하여 죽으셨다'.

c) 우리를 구속하는 시기가 적절함 : '기약대로'.

우리의 본래적 상태를 표현하고 있는 첫번째 개념인 "경건치 않음"에 대해서는 생략하고자 한다. 두번재 개념인 "연약함"(무능력)이 이 점을 우리에게 밝혀 줄 것이다.

[교리] 타락한 인간은 자기가 죄로 말미암아 빠진 그 불행으로부터 자신을 구출하거나 또는 다시 일어서는 모든 능력과 방편을 결여하고 있다.

만일 율법과 관련하여 또는, 복음과, 하나님께서 그리스도 안에서 베푸는 은혜와 관련하여 인간의 상태를 고려하게 되면, 이 점이 드러날 것이다. 율법과 관련하여 인간의 상태를 고려하는 것이 여기서는 더 적절하겠으나, 주제의 성격상, 복음과 관련하여 인간의 상태를 고려하는 문제도 다루는 것이 유익하므로 순서대로 말하고자 한다.

2. 율법과 관련하여 본 인간의 상태

첫째로, 율법과 관련하여 인간의 상태를 살펴 보자. 이 점을 잘 이해하고자 하면, 율법의 요지(要旨)를 잘 드러내고 있는 성경 말씀, "누구든지 율법 책에 기록된대로 온갖 일을 항상 행하지 아니하는 자는 저주 아래 있는 자라"(갈 3 : 10)를 살펴 보는 것이다. 이 말씀에는 다음 세 가지가 나타나 있다.

1. 율법이 강요하는 의무.
2. 율법이 부과하는 형벌.
3. 이 두 가지가 타락한 피조물에게 미치는 영향.

A. 율법이 강요하는 의무 : 무죄한 본성이 전제되어 있다. 이는 사람이 "항상 행해야" 하기 때문이다. 본문에는 "이제 시작하라"고 말씀되어 있지 않다. 율법의 판결은 인간을 타락된 것으로, 또는 하나님과 이미 관계가 끊어진 것으로 전제하지 않고, 선하고 건전한 상태에 있는 것으로 전제한다. 그런 까닭에, 보편적이고 영구적이며 완전한 순종이 불가피하게 요구되는 것이다. 그는 전심으로 "온갖 일을 항상" 행하되 계속적으로 그렇게 행해야 하는 것이다. 만일 조금이라도 실수하면 끝장나는 것이다. 인류가 아담의 언약 아래 거하고 있는 한, 이 점이 모든 사람들에게 개인적으로 강요된다. "사람이 (율법을) 준행하면 그로 인하여 살게 된다"(겔 20 : 11). "범죄하는 그 영혼이 죽으리라"(겔 18 : 4). 우리가 이제까지 지내온 날들 중 가장 흠이 없는 날에 대하여 만일 하나님이 우리에게 책임을 물으신다고 하면, 우리는 어떻게 될 것인가 ? "여호와여, 주께서 죄악을 감찰하실진대 주여 누가 서리이까 ?" (누가 강력하게 감히 항변할 수 있으리까 ?)(시 130 : 3).[1] 율법이 죄인의 "멱살"을 잡고서 "빚을 갚으라"(마 18 : 28)고 요구하면, 그 심판을 당하는 것보다는 차라리 태어나지 않는 것이 좋을 것이다. 이 얼마나 가련하고 불쌍한가 ? 그런 까닭에, 우리는 "연약하여," 행위의 율법(the law of works)에 전혀 순종할 수가 없는 것이다. 율법을 통해서는 아무 것도 완전케 될 수가 없다. 왜냐하면 율법이 "우리의 육신으로 말미암아

---

1) That is, *rectus in curia* - be able to make a bold defence.

연약"(롬 8 : 3)해지기 때문이다. 타락한 사람에게 있어서 율법은 죄를 제거해 주는 대신, 죄를 벌하는 과정을 확실하게 해 준다. 우리는 죄의 빚을 늘릴 수는 있으나, 줄일 수가 없다. 설사 우리가 순종하므로 미래에 대하여서는 빚이 없게 된다할지라도, 과거의 빚이 없어지는 것은 아니다. 온전하고 무죄한 상태에 있던 때마저도 자신을 지킬 수 없었던 자들은 타락한 상태에서는 자신들을 회복시킬 수가 없는 것이다.

B. 율법이 부과하는 형벌 : "누구든지 저주 아래 있다". 어떻게 저주를 받는가? 그가 소유하는 모든 것에서 저주를 받는다(신 28 : 15~18). 그에게 즐거움을 주는 모든 소유들이 올무가 되고, 현세적 위로들이 오히려 그를 강퍅하게 하며, 더 큰 불행을 예비한다. 또한 그가 행하는 모든 일들에서 저주를 받는다. 그의 기도가 변하여 죄가 되고, 그가 듣는 것은 "죽음에 이르는 죽음의 기별"이 되며, 그의 수고와 노동은 모두 헛수고가 된다. "악인의 제물은 본래 가증하거든 하물며 악한 뜻으로 드리는 것이랴?"(잠 21 : 27) 그것은 기껏해야 "가증한 것"에 지나지 않는다. 하나님은 악인이 드리는 제물을 받지 않으신다. 하물며 그 제물이 악한 목적으로 드려질 때에는 더더욱 받지 않으신다. 그러나 이것이 전부가 아니다. 그는 영원히 저주를 받는다. 율법이 그의 영육(靈肉)으로 하여금 영원한 고통을 당하게 하며, 때가 되면, "저주를 받은 자들아, 나를 떠나 마귀와 그 사자들을 위하여 예비된 영영한 불에 들어가라"(마 25 : 41)는 무서운 판결을 듣게 될 것이다. 실날같은 연약한 생명 때문에 이같은 판결의 집행이 유예되고 있는 것이다. 죄인의 지옥의 바로 가장자리에 서 있어서, 언제라도 금방 들어가게 되어 있다. 거기서 그는 하나님의 진노 아래 영원히 있게 되는 것이다. 그래서 우리는 여기서 "연약한"(무능력한) 것이다. 왜냐하면 하나님의 공의를 한 가지도 우리가 만족시킬 수 없기 때문이다. 우리는 항상 빚을 조금씩이나 갚고 있지만, 완전하게 갚았다는 소리를 결코 들을 수가 없다. 우리는 마치 수억 원의 빚을 매주 1원씩 갚아나가는 가난뱅이와도 같다.

C. 이같은 의무에 대한 판결이 죄인에게 어떤 영향을 미치는가 생각해 보라. 이같이 무서운 형벌이 전제된 의무의 강요는 양심이 공포에 떨게 되거나 마비되게 한다. 그렇지 않으면, 심히 부패되게 하거나 절망에

빠져 구원에 대한 모든 노력과 희망을 포기하게 되는 것이다.

　a) 흔히 공포에 떨게 된다. 죄인의 양심은 조금만 닿아도 아픈 곳(a sore place)이다. 그들은 죽기를 무서워하므로 "일생에 매여 종노릇"한다 (히 2 : 15). 악인의 가슴 속에는 잠재된 공포(a hidden fear)가 있다. 이 공포는 항상 느끼는 것은 아니지만, 말씀을 통해서 가책을 받는다든지, 아니면 어떤 상처를 주는 심판이나, 죽음의 고통 또는 내세(來世)에 대한 심각한 사색등을 통하여 곧바로 일깨워진다. 벨릭스는 바울이 하나님의 심판을 언급만 했어도 두려워 떨었다(행 24 : 25). 죄수가 재판관을 떨게 만든 것이다. 하나님이 죄인의 양심을 살짝 건드리기만 해도 죄인은 자기의 상태를 생각하기를 두려워한다. 그가 발버둥을 해 보아도, 그는 상처투성이로 얽매여 있을 뿐이며, 아무리 도망쳐 보아도 자기의 지옥을 짊어지고 있는 것이다.

　b) 이같은 의무 강요와 무서운 형벌의 부과에도 불구하고, 양심이 두려워 떨지 않는다고 하면, 그것은 마비되어 자신들의 불행에 대하여 무감각해지는 것이다(엡 4 : 19). 그러나, 사람이 한번 그렇게 무감각해지게 되어, 바보처럼 죽음의 자리로 나아가게 되는 때에는, 그것은 영혼의 위험한 위기 상태인 것이다.

　c) 죄인들의 타고난 부패(inbred corruption)가 크게 자극된다. 막강한 구속력(拘束力)과 준엄한 판결을 가지고, "계명이 이르매 죄는 살아나고 나는 죽었도다"(롬 7 : 9). 우리가 하나님께 순복할 필요성을 느끼면 느낄수록, 우리의 영혼은 하나님께 더욱더 적대적이 되는 것이다. 이는 마치 댐을 막으면 강이 더욱 격렬한 급류가 되며, 수소에게 처음 멍에를 지우려할 때 그것이 더욱 난폭하게 되는 것과도 같다.

　d) 그렇지 않으면, 절망에 빠지게 한다. "이는 헛된 말이라(즉, 소망이 전혀 없도다). 그러므로 우리는 우리의 도모대로 행하며 우리는 각기 악한 마음의 강퍅한대로 행하리라"(렘 18 : 12). 우리에게 말을 해주어도, 또는 애를 써보아도 전혀 허사(虛事)이다. 그들이 하는 말은, 그들에게는 전혀 소망이 없으므로 하나님께로 돌이킬 생각을 아예 하지 않은 채, 자기들이 원하는대로 살겠다고 고집부린 것과도 같다. 사람이 자기의 마음의 정욕에 굴복하여(시 81 : 12), 회복될 소망도 없이 파멸의

길로 치달리는 것은 가장 악한 종류의 절망이다. 양심에 가책을 받아 두려워 떠는 자들에게는, 절망하여 체념하거나 양심이 마비되어 완고하게 고집부리는 사람들보다 훨씬 더 소망이 있다. 그런 까닭에, 율법과 관련하여 인간은 무기력하고 연약한 것이다.

3. 복음과 관련하여 본 인간의 상태

둘째로, 복음으로 베풀어진 은혜와 관련하여 사람을 살펴 보자. 인간은 여전히 "연약"(without strength)한 상태에 있다. 그는 율법에 의하여 저주받을 상태에 있을 뿐만 아니라, 은혜가 없으므로 복음을 받아들일 수가 없다. 다음의 두 가지를 고려하면 이같은 사실이 드러난다 :

1. 인간의 상태(case)와 치유(cure)에 대하여 진술하고 있는 성경의 두드러진 표현들과,

2. 자신을 하나님께로 회심시키거나, 영적으로 선한 것을 행할 능력이 인간에게 전혀 없다고 단호하게 선언하는 주장으로 볼 수 있다.

A. 인간의 상태와 치유에 대하여 진술하고 있는 두드러진 표현들.

a) 인간의 상태 : 성경은 인간의 상태에 대하여 그가 죄 가운데서 태어난다고 진술한다(시 51 : 5). 선천적인 것은 쉽게 고쳐지지 않는다. 죄는 탐욕스러운 것이어서, 죄인은 악을 짓기를 물 마심같이 한다(욥 15 : 16). 목마른 사람이 물을 마시듯이, 죄를 짓는데 격정적인 기질을 가지고 있는 것이다. 목마름은 가장 참기 어려운 욕구이다. 차라리 배고픈 것은 견디어낼 만하다. 그리고 큰 미혹과 격렬한 정욕에 휩싸이는 것은 가끔씩 있는 일이라고 할지도 모른다. 하지만, 그렇지가 않다. "그 마음의 생각이 모든 계획이" 악하되, "악 밖에 모르며," 그것도 "항상" 악하다(창 6 : 5). 얼마나 많은 악화되고 점증하는 환경들에 의하여 인간의 죄가 싹트는가 ! 죄인 속에서 수 많은 것들이 항상 작동하고 있다. 죄인의 마음은 악한 생각들을 계획하고, 그의 가슴을 악한 정욕들과 육신적인 일들을 꾸민다. 그의 기억은 그것들을 저장해 놓은 창고이다. 그러나, 인간은 회복될 수가 없는 것인가 ? 이것이 그를 얽매고 괴롭히지는 않는가 ? 그렇지가 않다. 그의 마음은 돌같은 마음이다(겔 36 : 26).

즉, 융통성이 없고 무감각하다. 하나님께서 말씀을 사용하시고, 성령의 일반적 은사를 베풀어 주며, 감동적인 섭리를 역사하여도 모든 것이 헛될 뿐이다. 이는 사람의 마음이 만물보다 거짓되고 심히 부패한 까닭이다(렘 17 : 9). 사람의 마음은 하나님을 피하고, 자신을 속여 자신의 행복을 빼앗기 위하여 온갖 속임수와 핑계를 꾸민다. 그러나 구약보다는 신약이 더 호의적이지 않은가? 아니면, 더 많은 은총이 베풀어졌으므로, 사람이 더 좋아진 것이 아닌가? 대답은 아니다이다. 구약과 신약 사이에는 아무런 차이가 없다. 신약에서도 인간이 "본질상 진노의 자녀"(엡 2 : 3)로 진술되어 있음을 알게 될 것이다. 다른 사람들 뿐만 아니라 선택받은 사람들까지도 죄의 종이다(롬 6 : 17). 이렇게도 오만한 주인은 결코 없으며, 이렇듯 고분고분한 종도 결코 없다. 죄는 결코 명령을 강요하지 않는다. 우리가 죄 짓기를 좋아한다. 죄인은 하나님의 생명에서 멀리 떠나 있는 존재로 진술되어 있음(엡 4 : 18)을 알게 될 것이다. 육신적인 죄인이 하나님의 생명에 대하여 생각할 것으로 기대하는 것은 헛수고이다. 죄인은 율법에 대해서도 원수로 진술되어 있는 것이다(롬 8 : 7). 하나님을 기쁘시게 할 수도 없을 뿐 아니라, 하려고도 않는다. 장님인 까닭에 무엇을 행할 것인지도 알지 못한다(벧후 1 : 9). 이처럼 영적으로 눈이 먼 것은 육신적으로 눈먼 것보다 더욱 불행할 것이다. 육신적으로 눈먼 사람은 적당한 안내자를 구한다. 예컨대, 엘루마는 그가 눈이 멀게 되자 그의 손을 잡아 인도할 사람을 두루 구하였다(행 13 : 11). 또한, 죄인은 본문(롬 5 : 6)에서처럼 연약한 자로 진술되어 있다. 진실로, 죄인은 "허물과 죄로 죽은"(엡 2 : 1~5) 것이다. 그는 죽은 것보다 더 악한 상태에 있다. 왜냐하면 죽은 사람은 더 이상 상처입을 것이 없고, 그의 악도 그와 함께 소멸되기 때문이다. 그러나 죄로 죽은 상태에 있는 자의 경우는 하나님을 저항하며 대적하는 삶을 계속 살고 있는 것이다.

이제 이 모든 것을 종합해 보면 인간의 불행이 어떠한가를 알 수 있으며, 본질상 인간이 얼마나 비참하고 무능력한 존재인가를 알게 되는 것이다. 성경은 이점을 잠깐 스쳐가는 식으로 말하거나, 과장법을 사용하여 한 두 차례만 말하고 있는 것도 아니다. 성경은 도처에서 이 문제에 대하여 공공연하게 말하고 있는 것이다. 사람이 자신의 회심을 위하여 거의 아무 것도 기여할 수 없다는 것이 확실하다. 그는 악을 짓기를 물 마심같이 하나, 그리스도를 사모하여 "배고파 하며 목마를"수가 없다. 전적으로 죄악된 인간은 은혜 받을 만한 것이 본질상 전혀 없다. 만일 성경이 말하기를, 인간이 죄에 익숙했기는 하나, "죄 가운데 태어나지" 아니했다고만 했었다면 ; 인간이 악을 짓는 경향이 다소 있기는 하지만 탐닉하지는 않는다고 성경이 말했다고만 한다면 ; 악을 가끔 생각하고 "항상"하지 아니했다고만 한다면 ; 인간이 다소 완고하기는 했지만, "돌 같이"굳은 것이 아니라고만 한다면 ; 인간이 하나님께 무관심하기는 했으나 공공연하게 "대적"한 것이 아니라고 성경이 말했다고만 한다면 ; 죄의 포로이기는 하나, 종은 아니었다고만 한다면 ; 죄로 약해졌을 뿐, 죄로 "죽은" 것이 아니라고만 한다면 ; 하나님께 대하여 중립적일 뿐, "반항자"는 아니었다고 성경이 말했다고만 한다면, 그렇게 되었을 경우, 사람에게는 어떤 것이 있을 수 있으므로 회심케 하는 일이 그렇게 어렵지는 아니했을 것이다. 그러나, 성경은 정반대로 말씀하고 있다.

b) 인간의 치유 : 이같이 큰 악을 치료하기 위해서는 전능한 능력과 충족한 은혜(the all‧sufficiency of grace)가 필요하다. 그러므로, 성경에서 회심이 어떻게 진술되어 있는가를 알아보는 것이 좋을 것이다. 때때로, 회심이 마음의 눈을 밝히는 것으로 진술되어 있다 : "너희 마음 눈을 밝히사"(엡 1 : 18) 등. 이 세상에서 가장 지혜로운 피조물인 인간은 하나님의 일에 있어서는 무지하기 짝이 없다. 인간에게 본성의 빛이 있고 예술의 안경을 쓸 수 있는가 하면, 말씀의 안경을 통해서 하나님의 일들에 대한 개념들을 정리할 수도 있으나, 그들의 죄악된 상태가 치료를 받기 전에 먼저 인간의 기능에 무엇인가가 일어나야 하는 것이다. 우리의 이해의 대상이 계시될 뿐만 아니라, 우리의 이해(마음)의 눈이 밝혀져야 하는 것이다. 그러나, 빛이 우리의 눈에 들어오는 것으로 다 되는 것이 아니다. 마음을 여는 것에 대하여 성경은 말한다 : "주께서 루디아의 마음을 열으셨다"(행 16 : 14). 하나님은 마음의 문을 두드리실 뿐만 아니라, 그것을 또한 열으신다. 그는 외적(外的) 방편들을 사용하여 여러 차례 문을 두드리시나 전혀 출입구를 찾지 못하신다. 문을 열고 싶어하

시는 그는 이 열쇠 저 열쇠를 사용해보다 마침내는 열쇠 꾸러미의 모든 열쇠를 다 사용하시나 헛될 뿐이다. 이처럼 하나님은 모든 방편을 다 사용하시고나서 결국은 자물쇠 손잡이에 손가락을 집어 넣으신다(아가서 5 : 4, 5). 그래도 문이 열리지 않는다. 그러기에 먼저 마음의 눈이 밝혀져야 한다. 그렇게 되면 마음이 열린다.

성경은 회심을 표현함에 있어서 중생(重生)이라는 용어를 사용하기도 한다 : "사람이 거듭나지 아니하면 하나님 나라를 볼 수 없느니라"(요 3 : 3). 우리는 갱신(更新)되어야 할 뿐 아니라 거듭나야 하는 것이다. 출생(generation)이 자연의 통상적인 일(ordinary work of nature)이고, 흔히 제2의 원인들의 과정에서 일어나기 때문에, 성경은 회심을 부활에 비유하기도 한다(엡 2 : 5). 출생의 경우는 이미 있었던 것(예, 부모 등)이 다시 있게 되는 것(예, 자녀)이지만, 회심은 그렇지 않기 때문에 창조사역으로 불리운다. "우리는 그의 만드신 바라"(포이에마 아우투 : ποίημα αὐτοῦ, 엡 2 : 10 ; 고후 4 : 6, 5 : 17 ; 시 51 : 10). 또한, 회심은 승리로도 표현된다(요일 4). "더 강한 자"가 "강한 자"를 묶고 구타하는 것(눅 11 : 21, 22)과 "모든 교만한 생각을 사로잡아" 복종시키는 것(고후 10 : 5) 등으로 표현되고 있다. 하나님의 은혜의 신비를 설명하기 위하여 성경이 이 모든 표현들을 사용하고 있는 것이다. 한 가지 표현만으로는 부족할 수 있기 때문에, 여러가지의 모형과 비유를 사용하여 서로 부족한 점을 보충할 수 있게 하는 것이다.

그러므로, 이상의 표현들은 다음과 같이 정리될 수가 있다. 우리의 마음에 빛이 있어야 할 뿐만 아니라 가슴이 감동되어야 하는데, 감동으로 그쳐서는 안되고 변화를 받아 새롭게 빚어지고 거듭나야 하는 것이다. 그런데 출생이 성질상 선행되는 원인을 전제하는 까닭에, 회심은 "중생"뿐만 아니라 "부활"이라는 용어로 불리우고 있는데, 이는 선행되는 원인이 전혀 전제되어 있지 않기 때문이다. 그렇지만 이루어져야 할 일이 아직껏 남아있기 때문에, 무(無)에서 만물을 조성해낸 바 창조로 회심이 표현되고 있다. 하나님은 믿음이 전혀 없는 곳에 믿음을, 회심이 전혀 없는 곳에 회심을 창조하여 심어 주시고, "없는 것을 있는 것같이 부르신다"(롬 4 : 17). 그러나 죄는 무(無)보다 우리를 더 악하게 만들기 때문에, 창조의 경우에서도 우리를 도와줄 것이 아무 것도 없듯이 저항하거나 방해할 아무 것도 없기에 회심이 승리로 표현되어 있는 것이다. 즉, 사람의 마음 속에 있는 저항이 은혜에 의하여 압도될 때까지 하나님이 우리 속에서 역사하여 승리하시는 것을 의미한다.

B. 두번째 증거는, 자신을 하나님께로 회심시키거나, 영적으로 선한 것을 행할 능력이 인간에게 전혀 없다고 단호하게 선언하는 주장들에서 찾을 수 있다. 성경이 말씀하고 있는 바에 의하면, 사람은 알 수가 없으며(고전 2 : 14), 믿을 수가 없고(요 6 : 44), 순종할 수가 없다(롬 8 : 7). 결코 조금치도 할 수가 없다. 사람은 스스로는 선한 생각을 품을 수가 없고(고후 3 : 5) 좋은 말을 할 수도 없다. "너희는 악하니 어떻게 선한 말을 할 수 있느냐? 이는 마음에 가득한 것을 입으로 말함이라"(마 12 : 34). 사람은 아무 것도 할 수가 없다(요 15 : 5). 전혀 "큰 일"을 하지 아니하며, "내가 없이는 너희는 아무 것도 할 수 없느니라". 그러므로 은혜가 없이는, 사람은 알 수도, 믿을 수도, 순종할 수도, 생각할 수도, 말할 수도, 아무것도 행할 수도 없기 때문에, 분명코 사람은 "연약하여" 자신을 하나님께로 회심시키기에는 전적으로 무능력한 것이다.

반대 1. 그러나, 여기에 대해 반대가 있을 수 있다. 만일 인간이 연약하여 전적으로 무능력하다고 하면, 그가 지불할 수 없는 빚을 그에게 요구하는 것은 인류의 창조주이신 하나님의 긍휼과 어떻게 어울릴 수가 있는가? 인간이 행할 수 없었던 것을 하지 아니했다하여 영원한 죽음으로 벌하는 것은 세상의 심판자이신 하나님의 공의와 어떻게 어울릴 수가 있는가? 뿐만 아니라, 권고받은 일을 전혀 행할 능력이 없는 자에게 약속들을 주면서 권고하는 것은 최고의 입법자(lawgiver)이신 하나님의 지혜와 어떻게 어울릴 수 있겠는가?

답변 1. 하나님의 긍휼과 어울리지 않는다고 하는 첫번째 질문에 대한 대답은 이렇다. 인간이 그의 능력을 상실했다 할지라도, 하나님께서 자기 권리를 상실하는 것이 아니다. 사람들이 무능력하다 하여 그들의 의무가 면제되는 것이 아니다. 예를 들자면, 종이 술에 만취하였다고 하여 종으로서의 의무가 면제되는 것이 아니며, 그 종의 허물로 인하여 주인이 자기의 명령권을 잃는 것으로 결코 볼 수 없는 것과도 같다. 방탕한 채무자가 지불할 능력이 전혀 없어도 그 빚 때문에 소송을 당하여도 마땅하며, 그 소송은 전혀 불의하지 않는 것이다. 하나님은 아담 안에서 우리와 언약을 맺으셨다. 그가 요구하는 순종은 언약상으로 뿐만 아니라 율법상으로 정당하며, 적극적인 율법과 언약에 의해서 뿐만 아니라 불변적 권리에 의해서도 정당한 것이다. 사람들의 생각에는 아담의 허물 때문에 우리가 벌을 받는 것이 가혹하게 보인다. 사람들은 아담의 그 허물을 알지도 못했을 뿐만 아니라, 실제로 동의하지도 아니했기 때문이다. 그러나 모든 사람은 자신의 심령 속에 아담의 있음을 발견하게 될 것이다. 옛 사람이 그 속에 자리잡고 있으면서, 얼마간 남아있는 선천적인 빛과 힘을 낭비하고 있다. 그러면, 교만할 뿐만 아니라 방탕한 채무자에게 순종의 빚을 하나님이 독촉해서는 안되는가? 우리는 교만하다. 이는 우리가 비참할 때에도 우리는 우리 자신이 행복하다고 생각하기 때문이다. 그리고, 가난할 때 부유한 것으로 생각하는가 하면, 눈이 먼 때에 아주 잘 보는 것으로, 벌거벗은 때에 옷을 잘 입고 있는 것으로 생각하기 때문이다(계 3 : 17). 그러므로 하나님은 우리에게 우리의 의무를 이행할 것을 권하며 자기의 권리를 주장할 수 있는 것이다. 우리가 아무리 무능력하다고 할지라도, 우리가 빚진 것을 갚지 않아도 되는 것으로 생각할 수가 없다. 사람은 교만할 뿐만 아니라 방탕하다. 우리는 우리에게 남아있는 것을 허비하며, 아담의 타락이 결과시킨 폐허화(廢虛化)를 겨우 피하여 남은 한 조각의 양심과 도덕적 기질마저 휴지 조각처럼 내버리고 있다.

답변 2. 인간이 할 수 없었던 것을 하지 않는다 하여 그를 벌하신다면 어떻게 하나님이 공의롭다 할 수 있겠는가 하는 두번째 질문에 대한 대답은 이렇다. 우리의 선천적 무능력은 자의적(恣意的)이다. 우리는 인간이 선을 행하기에 무능력한 것으로만 생각해서는 안된다. 인간은 악을 즐기며, 전심으로 악을 좋아한다. 사람은 하나님께 올 수 없을 뿐만 아니라, 오기를 원하지 않는다(요 5 : 40). 우리의 무능력은 우리의 완고함 때문이다. 그러므로, 인간은 핑계할 수가 없는 것이다. 우리에게 베풀어지는 하나님의 은혜를 우리가 거절하고, 죄를 항상 즐겨 범하므로 우리는 죄에 더욱 얽매이며, 우리의 뿌리 깊은 습관들은 제2의 천성이 되어 버린다.

[답　변] 3. 권고받은 일을 전혀 행할 능력도 없는 우리에게 하나님이 어떻게 권고하며 설득할 수 있는가 하는 세번째 질문에 대한 대답을 위하여 다음과 같은 생각을 가져볼 수도 있다. 이것은 하나님의 "뜻대로 부르심을" 확실하게 입은(롬 8 : 28) 선택된 자들만을 위한 것이다. 다른 사람들은 버림받은 자들로서, 그들은 선택된 자들과 뒤섞여 산다. 만일 선택된 자들이 홀로 따로 떨어져 공동체를 이루며 거주하고 있다고 하면, 반대가 설득력이 있으나, 그들은 다른 사람들 가운데 숨기워져 있다. 따라서, 유기된 자들도 외적(外的) 방편에 있어서 선택된 자들과 동일한 은총을 누리고 있는 것이다. 세계는 선택된 자들을 위하여 있으나, 태양은 그들만을 위하여 비춰지 아니하며 비도 그들 위에만 내리지 않는다. 다른 말로 말하자면, 장님들이 태양을 보지 못하지만 태양은 빛난다. 그리고, 비는 들판에 뿐만 아니라 암벽과 산 위에도 내린다. 이와 같이 선한 사람이나 악한 사람을 막론하고 의무에 대한 권고들이 적용되는 것이다. 이것은 충분한 대답이 될 수 있지만, 대답이 의도하는 바는 이 권고들에는 용도(用途)가 있다는 점을 밝히는데 있다. 왜냐하면 하나님께서 이 권고들을 통하여 유익을 얻을 수 있도록 하는 자들의 경우에는 축복이 따르기 때문이다. 말씀은 하나님의 능력이 나타나게 하는데 기여한다. "나사로야 나오너라"하고 그리스도께서 말씀하셨을 때, 그 말씀이 그를 무덤에서 일으켰던 것이다. 한편, 이 권고들을 통하여 회심하지 않는 자들의 경우는 오히려 그들을 정죄하며 그들의 난폭성을 억제하고, 그들을 교화(敎化)시켜 더 악해지지 않도록 하는 방편이 된다. 이로써 많은 현세적 축복들이 그들에게 생겨난다. 예컨대, 이방의 로마가 도덕적 계율이 그 힘을 발휘하는 동안에는 번영을 모든 면에서 누렸던 것이다.

[반　대] 2. 만일 사람이 전적으로 무능력하다고 할 것 같으면, 왜 외적 방편들을 사용할 것을 강요하는가?

[답　변] 1. 비록 사람은 자신을 변화시킬 수 없지만, 외적 방편들을 사용해야 되는데, 여기에는 몇가지 이유들이 있다.

1) 우리 자신의 연약성을 우리가 실제로 볼 수 있도록 하기 위함이다. 사람들은 시련을 당해 보고, 마비증세로 마른 팔이 움직이는 것을 보며, "마음을 명철에" 두고서 "지식을 불러" 구하기(잠 2 : 2, 3) 전에는 은혜의 사역을 가볍게 생각한다. 하나님의 은혜를 진심으로 얻고자 하는 자는 누구나 그것을 얻기 전에 간절하게 구하지 않으면 안될 것이다. 우리는 우리의 체험을 통하여 우리의 연약함을 확신하게 될 때까지는, 하나님의 손에서 간절한 심정으로 도움을 결코 구하지 않는다. 사람은 자기 힘에 겨운 무거운 짐을 들어올리고자 할 때, 도움을 청할 수 밖에 없게 되는 것이다.

2) 마음의 변화 뿐만 아니라 방편의 사용도 하나님의 은혜이다. 우리는 그것들을 사용할 도덕적 의무가 있는 것이다. 신앙과 회심을 요구하신 바 있는 하나님은 기도, 말씀 듣기, 읽기, 그리고 묵상을 요구하셨다. 우리는 순종을 통해서 어떤 유익이 얻어지게 될지 알지 못하지만, 아무튼 순종해야 할 의무가 있는 것이다. 아브라함은 "갈 바를 알 지 못하고"(히 11 : 8) 하나님께 순종하였다. 그리고 베드로는 거의 가망이 없을 때에 "당신의 말씀에 의지하여"(눅 5 : 5) 순종하였던 것이다. 우리의 대규칙은 하나님이 명령하시는 것을 행하여, 그분이 원하시는 것을 하실 수 있게 해드리는 것이다.

3) 우리의 죄책을 덜기 위해서이다. 왜냐하면 사람들이 방편을 사용하지 않는 경우에는, 아무 핑계를 댈 수가 없기 때문이다. 우리가 우리의 죄악된 상태에서 빠져 나오려고 하지 않는다고 하면, 그것은 능력의 결핍 때문이 아니고, 게으름과 의지의 결핍 때문인 것이 분명하다. 우리는 죄에 얽매어 있는 것을 좋아하며 우리 자신을 폐쇄시킨다. 그래서, "영생 얻음에 합당치 않은 자로 자처"(행 13 : 46)하는가 하면, 우리 자신의 영혼에게 형벌을 선언하고 있는 것이다. 그것은 하나님이 우리에게 긍휼을 베풀고 계시는지의 여부에 대해 우리가 관심이 없다는 징표이다. 은혜의 방편과 관련하여 하나님의 긍휼에 전혀 관심이 없는 자는 악하고 게으른 종이라는 비난을 면할 수가 없게 된다(마 25 : 26).

4) 은혜의 방편을 사용하면 여러 방면에서 유익이 있다.

ⅰ) 만일 우리가 어떤 것을 행하지 않는다고 하면, 우리는 점점 더 악

하게 될 것이다. 고인 물은 썩기가 쉽다. 인간의 본성은 활동적이어서, 더 나아지거나, 아니면 더 나빠진다. 본성을 향상시키지 아니하면, 우리가 그것을 부패시키게 되는 것이다. "저희는 이성없는 짐승같이 본능으로 아는 그것으로 스스로를 부패시키느니라"(유다서 10절). 의도적인 부작위(不作爲)는 형벌을 받아 마땅하게 사람이 경직된다. 그래서, 더욱 무능력해진다. 그러나, 은혜의 방편들을 사용하게 되면, 많은 죄를 예방하게 되고 마음이 경직되는 것도 막을 수 있는 유익이 있다. 그것은 마치 시체를 향료로 처리하여 방부(防腐) 보존하는 것과도 같다. 은혜의 방편을 사용하면, 그것이 생명을 회복시켜 주지는 않지만, 부패하는 것을 막아준다.

ⅱ) 은혜의 방편을 사용하지 않으면 아무것도 결코 희망을 걸 수가 없다. "전파하는 자가 없이 어찌 믿으리요?"(롬 10 : 14) 만일 우리가 하나님을 만나고, 그리스도를 만나고자 한다면, 이런 식으로 되어야 하는 것이다. 천사가 물을 동하게 하던 때에 들어갈 수가 없던 불쌍한 사람이 연못가에 누웠던 것처럼, 그렇게 눕기라도 하면 좋다(요 5 : 3~5). 혼인은 인류의 번식을 위하여 제정되었지만, 영혼은 오직 하나님에게서만 나온다. 아무 사람도 이성적인 영혼을 낳을 수가 없다 하여 혼인을 하지 않는 것이 아니다. 마찬가지로 은혜는 하나님에게서 나온다. 그러나, 말씀은 듣는 것과 읽는 것 그리고 기도하는 일 등은 하나님이 제정하신 방편들이다. 은혜가 우리 자신들이 아니라 하나님에게서 나온다 하여, 우리가 이 방편들을 그만두어서는 안되는 것이다.

ⅲ) 하나님께서 이 방편들을 통하여 우리를 만나 주실 수가 있다. 그렇게 하시는 것이 하나님의 값없는 은혜의 통상적 관행이다. 보편적인 희망을 시험해 보는 것은 유익하다 : "주께 기도하라. 혹 마음에 품은 것을 사하여 주시리라"(행 8 : 22). 아주 불확실할지라도 기도하라. 이것이 하나님을 찾는 자들을 그가 만나 주시는 그의 통상적인 방법이다 : "내가 너희에게 말하노니, 비록 벗됨을 인하여서는 일어나 주지 아니할지라도 그 강청함을 인하여 일어나 그 소용대로 주리라"(눅 11 : 8). "그의 강청함을 인하여"(디아 텐 아나이데이안 : $\delta\iota\grave{\alpha}\ \tau\grave{\eta}\nu\ \grave{\alpha}\nu\alpha\acute{\iota}\delta\epsilon\iota\alpha\nu$), "그의 염치 없음을 인하여"(방편을 사용함에 있어서 우리가 끊임없이

안달하는 것을 적절하게 표현하고 있음).[2] 하나님이 예약된 것은 아니다. 그러나, 강청함을 인하여 어떻게 결과될 것인가를 누가 아는가? 하나님은 은혜를 베푸실 수도 있고, 안하실 수도 있다. 그러나, 일반적으로는 하나님은 베풀어 준신다. 사람의 부지런함(열심)을 축복하는 것이 하나님의 통상적 방법이다. 그렇지만, 열심을 다하는 자들이 모두 성공을 절대 확신하는 것은 아니다. 열 해 중 한 해에 기근이나 흉년이 있을 수 있다 하여, 누가 농사를 안지을 것인가? 행동을 취하라. 하나님이 그의 능력과 축복으로 임하실 것이다 (통상적으로 하나님은 임하신다).

이제, 이같은 연약성을 하나님이 왜 타락한 피조물에게 허용하시는가 하는 몇 가지 이유를 제시하고자 한다.

1) 하나님의 은혜의 한량 없음(freeness)과 능력을 높이기 위해서이다. 첫째로, 하나님의 은혜는 한량이 없다. 이는 하나님께서 모든 사람을 저주 아래 가두어 두신 것이, 하나님의 긍휼을 통하지 아니하고서는 피할 길이 전혀 없도록 하시기 때문이다. 하나님의 긍휼이 없고서는, 사람들의 영원한 파멸과 저주는 확실하며 불가피하다 : "하나님이 모든 사람을 순종치 아니하는 가운데 가두어 두심은 모든 사람에게 긍휼을 베풀려 하심이로다"(롬 11 : 32). '가두어 두다'가 헬라어로는 쉰에클레이세 (Συνέκλεισε)이다. 사도 바울은 불신앙의 상태를, 문이 쇠창살로 만들어진 견고한 감옥에 비유한다. 하나님의 허용에 의하여 사람이 자신을 그같은 감옥에 "가두어"둔 것은 오직 긍휼을 통해서만이 그에게 문이 열려질 수 있도록 하기 위함인 것이다. 유대인이나 이방인을 막론하고 하나님의 손에 의해서만이 풀려질 수 있는 쇠사슬로 단단하게 묶여 있다. "그러나, 성경이 모든 것을 죄 아래 가두었으니 이는 예수 그리스도를 믿음으로 말미암는 약속을 믿는 자들에게 주려 함이니라"(갈 3 : 22). 이 말씀은 로마서의 말씀과 같은 의미이다. 우리는 불타오르는 감옥의 창살을 부여잡고 애통하며 한숨지으나, 하나님이 그리스도를 통하여 우리를 긍휼히 여기지 아니하시면 결코 거기서 빠져나올 수가 없다.

---

2) And so fitly expressing our restlessness in the use of means.

둘째로, 이같은 비참한 상태로부터 우리를 구출해 주는 하나님의 능력을 높이기 위해서이다. 그 능력은 믿는 자들 속에서 역사는 전능한 능력이다(엡 1 : 19). 감옥에 갇힌 것과 같은 우리의 비참한 상태를 생각할 때, 육신적이고 완고하기 짝이 없는 우리 안에서 그러한 변화가 일어날 수 있을까 우리는 의아해하지 않을 수 없다. 하나님은 우리를 어두운 데서 불러내어 그의 기이한 빛에 들어가게 하셨다(벧전 2 : 9). 우리가 죄의 감옥에서 나올 수 있게 된다고 하면 그것은 참으로 경이적인 것이다. 수많은 쇠사슬과 문들과 지키는 자들이 있는 감옥에서 베드로가 빠져나온 것보다 더 경이로운 것이다(사도행전 12장).

2) 피조물 자신의 죄와 무가치성 등을 인식하므로써 철저하게 자신을 낮추기 위함이다. 본질상 우리는 "불경건"하고 "연약하다". 왜 하나님이 그것을 허용하셨는가? "이는 모든 입을 막고 온 세상으로 하나님의 심판 아래 있게 하려 함이니라"(휘포디코스 토 데오 : $ὑπό δικος τῷ θεῷ$)(롬 3 : 19). 이로써, 우리의 무능력과 완악함을 인하여 우리를 낮추고 자신에 대하여 불만족하여 하나님께로 가서, "주님, 나는 멍에에 익숙하지 못한 송아지 같습니다"(렘 31 : 18) 라고 말할 수 있게 하기 위함이다. 이 시련을 통과한 사람마다 그것을 민감하게 발견하는 것이다.

은혜의 모든 방편들의 용도

A. 비회심자들(the unconverted)의 경우 : 그들의 상태를 깨닫고 하나님께 탄식하게 된다. 죄의 빚을 인정하라. 자기의 무능(無能)을 고백하라. 용서와 은혜를 구하라. 그리고, 자신의 비참함을 겸손히 깨닫고, 거기서 나오도록 진지하게 노력하라. 이같은 가르침들에 의하여, 사람들이 "마음에 찔리게"(행 2 : 37, 7 : 54) 되는 것이다. 이처럼 마음에 찔림이 있는 것은 아주 부드러운 반응에 해당한다. 어떤 사람들의 마음과 정욕은 격분되고 만다. 그들은 그들의 위험에 대하여 경고를 받게 되면 격노한다. 주님께 대하여 불평하며 주정뱅이 식의 절망에 빠지는 것보다는 자신을 한탄하는 것이 더 낫다. 불평을 토하는 것보다는 한탄할 때

더 소망이 있는 것이다. 주님의 주권(主權)에 대하여 불평하지 말고, 대신 자신의 마음의 완악함을 인하여 하나님께 탄식하고 그리스도를 인하여 하나님의 은혜를 구하라. 그러므로, 주님의 발 앞에 엎드리어, "주님, 나의 마음이 눈 멀고 완악합니다"라고 말하라. 더 이상 말을 보탤 것이 없다. "나 스스로는 금지된 악을 결코 극복하지 못하고, 주님이 명하신 선을 행하지 않으며, 말초신경적 정욕을 삼가하지 못하고, 주님의 복스런 보좌로 나아가 경배를 결코 드리지 못할 것입니다. 오! 이 돌같고 거칠은 마음을 제거하여 주옵소서!" 당신이 이같이 고백하며 간구할 것 같으면, 비록 당신은 감옥에 갇혀 있으나, "소망의 포로"인 것이다.

B. 회심자들(the converted)의 경우 : 더욱 감사할 수 있게 된다. 불가운데서 타다 남은 나무같은 우리를 하나님이 꺼내 주시기까지는 우리가 이같은 불쌍한 상태에 있었다. 우리는 완전히 비참하고 모든 선한 것을 결여하였다. 오! 하나님을 찬양할지어다. 그는 감옥문을 열어 주셨고, 불쌍한 포로들에게 그리스도로 말미암아 석방을 선포하였으며, 그것을 선포하였을 뿐만 아니라, 우리를 위해 실제로 석방을 가능케 하였다. 하나님의 전능하신 팔만이 쇠빗장을 풀고 우리에게 채워진 자물쇠들을 풀으셨다. 베드로는 천사가 그의 쇠사슬을 풀어주었을 때 그 일을 "깨닫고"(행 12 : 12) 가서 성도들 가운데서 감사를 드렸다. 오! 당신에게도 수많은 감옥문들과 쇠빗장이 있었고, 당신이 회심하는 길에 많은 난관들과 위험이 있었을 때, 당신에게 피할 길을 마련해 주신 하나님을 찬양하라. "내가 착고에 채워져 있을 때 나를 훈계하신 여호와를 송축할지라"(시 16 : 7).

C. 이같이 비참한 상태에 있는 다른 사람들을 동정할 수 있게 한다. 불쌍한 영혼들아! 그대들은 얼마나 불쌍한 상태에 있는가! 그들은 우리만큼 자신들의 불행에 대하여 깊은 인식을 일반적으로 갖고 있지 못한다. 이스라엘 백성은 그들도 한때 애굽에서 나그네이었기 때문에 나그네들을 불쌍히 여겨야 했다. 우리 자신도 종의 집에서 얽매어 지내왔다. 오! 가엾고 불쌍한 영혼들이여. 특별히 이것은 목회와 관련이 있다. "그리스도를 대신하는 자들"은 "그리스도의 심장을 소유해야 한

다". "내가 예수 그리스도의 심장으로 너희 무리를 어떻게 사모하는지 하나님이 내 증인이시라"(빌 1 : 8). 우리가 "경건치 아니하고, "연약할" 때에, 그리스도께서 죄인들을 위하여 죽으셨는데, 당신은 그들을 위해 해산의 수고를 감당하며, 당신의 재능을 활용하여 그들을 세워줄 용의가 있는가? 영혼의 귀중성을 알고 그 영혼들이 위험을 당하고 있음을 신중하게 우리가 고려한다고 하면, 우리가 주님의 일을 평상시처럼 게을리 하지는 않을 것이다. 그러나, "하나님의 동역자"로서 우리는 당신들에게 "하나님의 은혜를 헛되이 받지 않기를"(고후 6 : 1) 간절히 간구하는 바이다. 우리에게 유익이 되는 것이면 무엇이나 붙들어야 한다. 물에 빠져 허우적거리는 사람의 경우처럼, 지푸라기 하나라도 놓쳐서는 안된다. 더욱 근면하고 목회적 도움들을 잘 활용할 것을 강권한다. 우리 자신들이 불쌍하고 무능력하며 갇힌 바 된 죄인의 심정을 익히 경험한 까닭에, 연민의 정을 가지고 부드럽게 당신들에게 은혜의 방편을 잘 사용할 것을 거듭 권한다.

James Ussher
1581-1656

제6장

그리스도

□ 제임스 어셔 □

　제임스 어셔(James ussher)는 청교도는 아니었으나 칼빈주의자였고 많은 청교도들이 그를 높이 평가하였다. 어셔는 아일랜드(Ireland)의 더블린(Dublin)에서 태어나, 트리니티 대학(Trinity College)에서 교육받았으며 그 대학의 첫번째 졸업생이었다. 그는 1601년에 학위를 받았으며 1606년에 성 패트릭(St. Patrick) 대학의 총장이 되었다. 1607년 트리니티 대학의 신학교수로 임명되었으며 8년 후에는 더블린 대학의 부총장이 되었다. 그는 미이쓰(Meath) 대학의 주교가 되었고(1621년), 그 이후에는 아일랜드 추밀고문관이 되었으며(1623년), 아르마(Armagh)의 대주교와 아일랜드 대주교가 되었다.
　차알스 1세(Charles Ⅰ)와 의회 사이의 전쟁으로부터 파생된 갈등 때문에 어셔는 1640년에 강제적으로 아일랜드를 떠나야 했다. 그는 링컨주에서 전도자가 되었다. 어셔는 감독 제도와 왕정을 지지하였으므로 고교회파의 옹호를 받았고, 의회파인 크롬웰(Cromwell)이 그의 학식과 칼빈주의를 높이 찬양하였으므로 의회파의 호의적인 대우를 받았던 사람이었다. 그는 특이하게도 양 쪽의 호의를 그대로 유지한 비상한 사람이었다. 어셔는 네덜란드의 레이든(Leyden)대학에서 주는 교수직을 사양하고 레이게이트(Reigate)에서 피터 브르흐(Peter Borough)부인의 가정에서 함께 여생을 보내었으며 그 곳에서 1656년 3월 21일에 사망하였다.
　어셔는『신구약의 연대표』(*Annales Veteris et Novi Testamentae*, 1650 ~ 1654)

를 저술하여 성경 연구가이자 연대학자(chronologist)로서 확고한 자리를 차지하고 있다. 오늘날의 연구들과 비교해 볼 때 비록 구식이긴 하지만 어셔의 역대기는 흠정 영역 성경에 채택되기도 했다.

또한, 어셔는 『영국 교회 고대사(Britannicarum Ecclesiarum Antiquitates , 1639년)및 아일랜드 예수회 수도사들의 도전에 대한 답변』(An Answer to a Challenge Made by a Jesuit in Ireland , 1624년)과 그 이외의 많은 역사적 연구 및 신학 작품 등을 저술하였다. 엘링턴(C. R. Elrington)과 터드(J. H. Todd)는 명예 신학박사인 『제임스 어셔의 전집』(The Whole Works of the Most Rev. James Ussher, D. D.) 17권을 출판하였다(1847년과 1864년 사이에 출판됨).

어셔가 쓴 그리스도의 성육신에 관한 연구는 그리스도의 인격과 그리스도의 인성의 차이에 대해 논의하고 있다. 우선 어셔는 분명하게 동정녀 탄생을 신성의 성육신(임마누엘)으로 간주하고 있다. 이 연구의 두 번째 부분에서 그는 그리스도의 중보와 하나님의 택하심을 입은 자녀들을 모으시는 일에 대해 논의하고 있다. 어셔의 논의는 매우 풍부하면서도 바르게 전개되고 있으며 이러한 논의를 뒷받침하기 위하여 광범위하게 성경을 인용하고 있다. 그리스도의 성육신에 관한 어셔의 연구는 이제까지의 연구 기록 중에서 가장 훌륭한 것의 하나로 인정받고 있다.

1. 서론

빌립보서 3장 8절. ─ 내가 모든 것을 해로 여김을 내 주 그리스도 예수를 아는 지식이 가장 고상함을 인함이라.

거룩한 예언자는 잠언서에서,[1] 지혜를 배우지 못하였고 또 거룩하신 자를 아는 지식이 없는 모든 사람들에게 다음과 같이 질문한다. "하늘에 올라갔다가 내려온 자가 누구인지 바람을 그 장중에 모은 자가 누구인지 물을 옷에 싼 자가 누구인지 땅의 모든 끝을 정한 자가 누구인지 그 이름이 무엇인지 너는 아느냐?" 이러한 질문에 대하여 인자는 그가 이

---

1) 잠 30 : 3, 4.

세상에 왔을 때 하늘에서 내려온 자 곧 인자 외에는 하늘에 올라간 자가 없다[2]고 우리에게 말하였다. 그가 우리를 돕기 위하여 말하였으므로 우리는 그의 이름에 대해 무지하지 않게 되었다. 예언자 이사야는 오래 전에 "한 아기가 우리에게 났고 한 아들을 우리에게 주신 바 되었는데 그 이름은 기묘자라, 모사라, 전능하신 하나님이라, 영존하시는 아버지라, 평강의 왕이라 할 것임이라"[3]고 예언하였다.

영원의 아버지가 어떻게 시간 속에 태어날 수 있는가? 전능하신 하나님이 어떻게 인간의 가장 나약한 모습인 한 아기가 될 수 있는가? 인자가 땅 위에서 말하고 있는데 어떻게 동시에 하늘에 있을 수 있는가? 이러한 모든 일들이 어떻게 함께 일어날 수 있는가를 설명해야 한다면 우리는 이 위대한 이름을 처음으로 표현하는 말이 바로 기묘자임을 명심해야 한다. 그가 구약 시대의 마노아(Manoah)에게 나타났을 때에 그의 이름은 기묘자이었으며, 그는 이적을 행하였다(삿 13 : 18, 19). 그러나 그리스도의 성육신이라는 위대한 신비가 일어난 후에 이제껏 일어났던 모든 이적은 그리스도의 성육신에게 자리를 내주어야 했으며 그로 인해 이적이 그치게 되었다. 하나님께서 애굽에서 그의 능력을 보이고[4] 그의 이름이 온 천하에 전파되게 하려 하였을때 하나님은 애굽에서 이적의 역사(役事)를 행하였으며, 이러한 이적의 역사는 놀라운 심판으로 언급되었고 검증되었다. 즉 애굽인들 앞에[5] 이전에도 없었고 후에도 없을 이적이 일어났던 것이다. 애굽 전국에 전무후무한 메뚜기떼와 큰 곡성이 있었다.

무에서 만물을 창조하시는 일은 하나님의 사역의 시작이었고(이러한 6일 동안의 사역의 날들은 아직 시작된 적이 없는 긴 안식의 날로 이어져 끝나야 할 것이었고, 그 안식에서는 아버지와 아들과 성령이 어떤 피조물과의 교제 없이도 그 분들 스스로의 열매로 무한히 영화롭게 되고[6]

---

2) 요 3 : 13.
3) 사 9 : 6.
4) 출 9 : 16.
5) 출 10 : 14 ; 11 : 6.
6) 요 17 : 5.

기뻐하시게 된다.⁷⁾) 영원한 안식(이 안식은 시작은 있으나 끝이 없는 안식이다) 이전에 이루게 되는 죽은 자들의 부활과 만물의 회복이라는 마지막 사역에 있어서, 이러한 첫번째 사역이나 마지막 사역은 지극히 찬양할 만한 사역이나 주께서 그의 지혜와 선하심과 능력과 영광의 최고의 나타나심을 보고서 그로 말미암아 기뻐하시는 것이야말로 최고의 영광(모든 것 중에서 가장 무한한 최고의 것이라고 말할 만한)이라고 나는 말하고자 한다.

바벨론의 느부갓네살왕의 꿈을 해석함에 있어 이 왕이 제기한 질문에 대하여 갈대아의 술사들은 왕이 물으신 것은 희한한 일⁸⁾이라고 대답하였고 오직 육체와 함께 거하지 아니하는 신들 이외에는 어느 누구도 왕 앞에 그것을 보일 자가 없다고 대답하였다. 그러나 갈대아의 술사들이 육체와 함께 거하지 아니하는 신들이라고 너무나 분명하게 단언하였던 것과는 정반대로 이러한 희한한 일은 만물 위에 계셔 세세에 찬양을 받으실 하나님이신⁹⁾ 그는 우리의 육신이 되어 우리와 함께 거해야 하며¹⁰⁾우리와 함께 그의 성막을 지으셔야 할 분이다. 하나님의 영광이 성막(우리의 주님의 인성을 나타낸 모습)에 충만하였으므로,¹¹⁾모세가 감히 그¹²⁾안으로 접근할 수 없었으며(다른 만물들에서¹³⁾와 마찬가지로 거기에서도 그 집의 주인에게 접근할 수 없었던 것이다), 또한 솔로몬의 성전(우리의 평강의 왕의 육체¹⁴⁾를 상징하는 것)에 하나님의 영광이 충만¹⁵⁾하였으므로 제사장들이 감히 하나님의 전에 들어갈 수 없었다. 그래서 예수 안에는 신성의 모든 충만이 육체로 거하셔야만 했다.¹⁶⁾

---

7) 잠 8 : 30.
8) 단 2 : 11.
9) 롬 9 : 5.
10) 요 1 : 14.
11) 출 40 : 34, 35.
12) 히 9 : 9, 11.
13) 히 3 : 3, 6.
14) 요 2 : 19, 21.
15) 대하 7 : 1, 2.
16) 골 2 : 9.

그러므로, 손으로 지어진 그 성전에 영광이 가득하였기에 솔로몬은 "하나님이 참으로 사람과 함께 땅에 거하시리이까. 하늘과 하늘들의 하늘이라도 주를 용납치 못하겠거든 하물며 내가 건축한 이 전이오리까"[17] 라고 찬양할 수 있었다. 그런데 손으로 짓지 아니한 참된 성전에 대하여 우리는 사도가 "크도다 경건의 비밀이여 그렇지 않다 하는 이 없도다. 하나님은 육신으로 나타나신 바 되신 주다"[18] 라고 말한 바와 같이 크게 경이로워 하면서 이야기할 수 있다. 그렇다. 그는 여자에게서 났으며, 동정녀에게서 나셨다. 그것은 너무나 기묘한 일이었으며[19] 이미 하나님께서 깊은 데서든지 높은 데서든지 모든 이적들 중에서 선택하셨던 한 가지의 큰 징조이었다. 이러한 징조가 실제로 이루어지기 전에 하나님께서는 믿지 아니하는 자들에게 칠백 사십여년 전에 친히 알려주셨던 것이다. 그러므로 "주께서 친히 징조를 너희에게 주실 것이라 보라 처녀가 잉태하여 아들을 낳을 것이요 그 이름을 임마누엘이라 하리라"(사 7 : 14)고 말하였던 것이다.

2. 그리스도의 인격과 본질

놀라운 이적일 뿐만 아니라 다른 모든 것에 비할 데 없이 위대한 한 가지 이적이 있다. 그것은 바로 하나님의 아들이 '여자에게서 났다'[20]는 점이다. 더구나 그가 창조하신 여자[21]에게서 났다는 것이다. 그 때 그 여자의 모태와 지금의 하늘들은[22] 하늘들의 하늘이라도 용납할 수 없었던 그를 용납해야만 하게 되었다.[23] 그는 아버지와 어머니가 있었으며 그의 족보는 아담에게로 거슬러 올라간다. 그는 베들레헴에서 때가 찼을 때

---

17) 대하 6 : 18.
18) 딤전 3 : 16.
19) 사 7 : 11, 14.
20) 갈 4 : 4.
21) 요 1 : 3 ; 골 1 : 16.
22) 행 3 : 21.
23) 왕상 8 : 27.

에 태어나셨으며, 예루살렘 성밖에서 자신의 인생을 마쳤다. 그러나, 실제로 그러한 일이 일어났음에도 불구하고 그는 '아비도 없고 어미도 없고 족보도 없고 시작한 날도 없고 생명의 끝도 없이'[24] 교만한 그 시대 사람들 사이에서 그의 예표가 된 멜기세덱으로 있었다. 그는 교만한 그 시대 사람들 사이에서 외롭게 존재하였던 것과 같이 그도 그렇게 존재하였다. 그의 아버지는 그보다 크신 분[25]이어야 한다. 그러나 또한 그와 그의 아버지는 동등하시다.[26] 그는 아브라함이 있기 전부터 있는 분이다.[27] 그러나, 아브라함은 거의 2000년의 간격이 있을 만큼 그보다 먼저 앞서 난 분이다. 또한, 그는 다윗의 자손이었으나 다윗의 주이신 분이다. '이와 같은 지혜를 배우지 못하고 거룩한 자에 대해 이러한 지식을 알지도 못하였던'[28] 바리새인들이 모였을 때에 그는 다윗의 주이자 다윗의 자손이라는 말씀을 하심으로써 가장 위대한 랍비들을 조용하게 하였다.

이러한 사실들을 아는 지름길은 무엇보다도 우리의 구속자의 인격의 연합 안에 있는 신성과 인성의 놀라운 연합을 올바르게 이해하는 것에 달려있다. 우리는 이러한 인격적인 연합의 완전함 때문에 그러한 본질들 중의 어떤 것에 대해서도 증명되어져야만 한다는 것을 알고 있다. 그와 마찬가지로 그러한 본질들에 관한 것은 무엇이든지 언급할 수 있으므로 전 인격에 대해서도 참되게 이야기할 수 있어야 한다. 우리는 그의 인격의 연합에 대해 분명하게 이해하기 때문에 사도가 우리에게 우리의 구주를 만나는 것에 대해 '그 안에는 신성의 모든 충만이 육체로 거하신다'[29]고 말한 것을 분명하게 이해할 수 있는 것이다. 그것은 다시 말하면 이러한 인격적이고 실제적인 연합으로 그의 유한한 인성과 무한한 신성이 한 개인적 인격의 연합 안에서 영원히 나뉘어지지 않고 결합을

---

24) 히 7 : 3 *with* 사 53 : 8 and 미 5 : 2.
25) 요 14 : 28.
26) 요 5 : 18; 빌 2 : 6.
27) 요 8 : 58.
28) 마 22 : 42, 43, & c.
29) 골 2 : 9.

이루신다는 것을 의미한다.

　이 충만은 그의 인격 안에 거하고 바로 이 안에 거하는 충만은 곧 본질이 된다. 그 안에는 신성의 충만이 거하고 있을 뿐만 아니라 인성의 충만 또한 함께 거하고 있다. 우리는 그가 창세 전에 그의 아버지의 실체로 난 완전한 하나님이라는 것과 또한 때가 찼을 때에 그의 어머니의 실체로부터 난 완전한 인간이라는 것을 믿는다. 그러므로 우리는 그 안에 두 가지의 뚜렷한 본질이 있다고 주장하며 이 두 가지의 본질은 너무나 뚜렷하여 결코 하나로 결합된 본질이 될 수 없으며 결합되지 않은 채로 남아 있다고 믿는다. 인성의 충만 속에 거하는 그와 신성의 충만 속에 거하는 그가 각각 다른 사람이 아니다. 그는 인성과 신성의 두 가지 본질 안에 함께 거하는 자이며, 한 분이시고 같은 임마누엘이시다. 그러므로 궁극적으로 우리는 그가 오직 한 인격이시라는 것을 굳게 믿어야 한다.

　여기에서 우리는 신성이 인간적인 인격으로 나타날 수는 없으나 신격이 인성으로 나타날 수 있다는 것을 고려해야만 한다. 또한 3위의 신격 중에서 이러한 본질을 나타낸 것은 제 1위도 제 3위도 아니요 바로 중간의 인격이었으며 이러한 중간의 인격이 하나님과 인간 사이에 다음과 같은 중보적 역할을 수행해야 한다는 것을 고려해야만 한다. 제 2위이신 중보자는 제 1위와 제 3위가 신성 안에서 거룩한 삼위일체의 고귀함을 더욱 바르게 보존하기 위해 필요한 것과 같이, 그의 아버지에게 품었던 그러한 관계로 말미암아 인류를 더 고귀하게 하기 위해 필요하신 분이다. 왜냐하면 신성의 충만이 어떤 인간적인 인격 안에 거했어야 했다면 거기에는 필수적으로 제 4위가 덧붙여져야만 했으며 제 2위를 제쳐놓은 채로 3위 중에서 어느 한 위가 여자에게서 났다면 삼위일체 안에는 두 아들이 있었어야 하기 때문이다. 그러나 하나님의 아들이자 복된 동정녀의 아들은 오직 한 인격이시기 때문에 결국 한 아들일 뿐이요 삼위일체의 인격의 관계에는 어떠한 변화도 생겨날 수 없는 것이다.

　바로 이러한 목적을 위하여 사도는 "하나님이 그 아들을 보내사 여자에게서 나게 하신 것은 바로 우리로 아들의 명분을 얻게 하려 하심이라. 그러므로 이 후로는 너희가 종이 아니요 아들이니 아들이면 하나님으로 말미암아 유업을 이을 자"[30]라고 우리들에 관하여 말씀하였던 것이다. 그 안에 함께 있는 존재인 우리는 그의 은혜로 말미암아 그와 같은 아들의 명분을 얻게 된다. 그는 아버지의 독생자이며[31] 그의 본질로 우리는 그가 우리를 위하여 값으로 산 고귀한 은혜를 받으며 그를 영접하는 자[32] 곧 그를 믿는 자가 될 때 하나님의 자녀가 되는 권세 또는 특권을 받는다. 그는 그 자신만이 가지는 탁월한 면을 가지고 계신다. 이러한 탁월함은 특별한[33] 방법 안에서 그에게 미리 예정되어 있으며 그가 많은 형제 중에서 맏아들이 되시는[34] 것에서 나타난다. 또한 그 안에서 그를 위하여 있는 나머지 사람들은 아들의 명분을 얻은 은혜로 말미암아 모두가 맏아들이 된다.

그래서 하나님께서는 모세에게 말할 때에, "너는 바로에게 이르기를 여호와의 말씀에 이스라엘은 내 아들 내 장자라 내가 너에게 이르기를 내 아들을 놓아서 나를 섬기게 하라 하여도 네가 놓기를 거절하니 내가 네 아들 네 장자를 죽이리라 하셨다 하라"[35]고 하고 있다. 하나님의 온 이스라엘은 유대인과 이방인들로 이루어져 있었으며 사도가 설명한 대로 하늘에 기록한 장자들의 총회와 교회가 된다.[36] 온 이스라엘을 아들이 되게 하고 그리스도와 함께 결합하는 것을 증거하게 하는 이유와 또한 그들을 장자가 되게 하는 꼭같은 이유는 바로 복음의 규정에 따라 "자녀이면 또한 후사 곧 하나님의 후사요 그리스도와 함께 한 후사이다"[37]라는 결론을 진리로 인정하게 될 것이다(비록 일반법의 토대가 모두 무너진다 하더라도 …). 아들에 대해서 설명한 바와 같이 그 인격에 대해서도 같은 설명을 할 수 있다고 본다.

---

30) 갈 4 : 4, 5, 7.
31) 요 1 : 14 ; 3 : 16.
32) 요 1 : 12.
33) *Propter quod unumquodq ; est tale, illud ipsum est magis tale.*
34) 롬 8 : 29.
35) 출 4 : 22, 23.
36) 히 12 : 23.
37) 롬 8 : 17.

제 6 장 그리스도/제임스 어셔 *141*

　예수에게 나타난 본질은 바로 그가 아브라함의 씨이며(히 2 : 16) 다윗의 씨(롬 1 : 3)이며, 여자의 씨(창 3 : 15)이자 말씀이며[38] 삼위일체의 제 2위로서 육신이 된[39] 존재라는 것이다. 다시 말해서 그는 하나님이 그 아들을 보내사 여자에게서 나게 하신 존재이며[40] 진실로 또한 실제로 여자의 태중의 아이가[41] 되었다. 그는 단순히 우리의 본질의 실체만을 가진 것이 아니라 모든 자질과 성품을 갖춘 존재이다. 그는 엘리야와[42] 사도들에[43] 대해서 말했던 것과 같이 우리와 같은 성정을 가진 사람이었다.　그렇다. 그는 자신의 육신 안에[44] 거하실 때에 우리들이 가진 연약한 본질들에서 볼 수 있는 것과 같은 나약하심으로[45] 십자가에 못박히셨으며 나약함으로 둘러싸여 있었던 분이다. 한 마디로 말해서 그는 모든 일에 우리와 한결같이 시험을 받은 자로되 죄는[46] 없으시며 범사에 형제들과 같이 되신 분이다. 그가 자신을 인간적인 인격의 성질을 지닌 것이 아니라 인성을 지닌 자로 생각하였던 것처럼 우리는 미친 자나 눈먼 자 또는 절름발이와 같이 특별한 질병들이 모든 사람들에게 보편적으로 생기는 일이 아니라 몇몇 사람들에게 일어나는 것을 알고 있듯이 이러한 인격적인 나약한 성질을 그가 지니지 않아도 된다는 것을 알고 있다. 그는 갈증이나 배고픔 또는 연약함과 슬픔과 고통과 죽음과 같은 인간의 전체적인 본질에 수반되는 인격적인 나약함을 지녔다는 것을 고려해야만 한다.

　우리는 더 나아가서 우리의 제사장에[47] 대하여 좀 더 깊이 생각해 보

---

38) 요일 5 : 7.
39) 요 1 : 14.
40) 갈 4 : 4.
41) 눅 1 : 42.
42) 약 5 : 17.
43) 행 14 : 15.
44) 히 5 : 7.
45) 고후 13 : 4 ; 히 2 : 17, 18 ; 4 : 15.
46) *Inter Trinitatem, et hominum infirmitatem, et iniqtitatem, Mediator factus est homo, non iniquus, sed tamen infirmus ut ex eo quod non iniquus, jungeretur Deo ; ex eo quod infirmus, propinquaret tibi.* Aug. praef. in enarrat. 2. Ps. 29.
47) 히 7 : 3.

아야만 한다. 우리의 제사장은 자신의 본질들에 대해서 어미가 없었듯이 다른 본질들에 대해서도 아비가 없었다. 그는 어떤 사람의 도움도 받지 않고 오직 순결하고 완전한 동정녀에게서 나신 분이다.

또한, 그는 모든 점에 있어서 순결하고 완전하신 분이며 아담의 죄로 말미암아 생겨난 부정과 더러움이라는 본질을 가지지 않은 분이었다. 아담 한 사람으로 말미암아 죄가[48] 이 세상에 들어왔고 모든 아비들이 그의 자녀에게 아담이 되어 자신들이 낳은 자녀들에게 이러한 타락의 본질을 전해 주었다. 우리의 구주는 우리의 본질의 실체를 나타내시는 일에 있어서 아담의 후손들이 갖고 있는 평범한 길로 본질을 받지 아니하였다. 그는 최초의 사람이 전한 그 길로부터 전해지는 육체의 타락이라는 모든 더러움과 얼룩으로부터 자유로운 존재이다. 따라서, 그는 인간에게서 났으나 인간에 의해 난 것이 아니며 인간의 허리에서 난 것이 아니라 모태의 중요한 열매이었던 자이다. 그는 지극히 거룩한[49] 자이며 복받은 한 어머니에게서 난 자이다. 비록 그의 어머니는 소중한 육신을 낳게 한 육체적이고 수동적인 원리에 불과하였지만 성령께서 대리인으로 유효한 활동자로 작용하셨다.[50] 그러나 인간이신 그리스도 예수께서는 자신의 영의 아들이 될 수는 없는 것이다. 왜냐하면 아비들이 자신의 실체로부터 아들을 낳기 때문이다. 그러나 성령은 그렇게 하지 않으시고 하나님의 보내심을 받들어 그들의 피조물 중에서 주의 계집종이며[51] 만세에 복이 있다고 찬양받을 동정녀에게 그의 육신을 낳게 하였다. 동정녀의 복받은 모태는 바로 신부의 방이었으며 성령은 그 안에서 우리의 인격적인 본질과 그의 신성 사이에 완전한 결합을 이루셨다. 그래서 하나님의 아들은 그 전부터 계셨던 존재를 유지하면서 그의 인격 안에 연합이 되었으며, 변하지 않은 채로(왜냐하면 하나님께서 여전히 그 안에 거하시기 때문이다) 그 전의 존재를 유지하고 계신다. 여자에게서 난 이 거룩한 자는[52] 실제로 또한 진실로 하나님의 아들로 일컬어지리라는

---

48) 롬 5 : 12.
49) 눅 1 : 35.
50) 갈 4 : 6 ; 롬 8 : 9.
51) 눅 1 : 38, 48.

예언대로 하나님의 아들이시다. 이와 같이 한 인격의 연합 안에서 너무나 다른 두 본질이 기묘한 결합을 이룬다는 사실과 이러한 결합이 어떻게 영향을 미치는가 하는 문제는 우리의 유한한 능력으로는 도저히 해결할 수 없는 문제이며 차라리 천사들의 이해하는 능력에 어울리는 문제라고 해야 할 것이다. 우리는 언약궤의 구조에서 그룹들이[53] 그 날개로 속죄소를 덮으며 그 얼굴을 서로 대하여 속죄소로 향하는 모습을 살펴볼 수 있다. 여기에서 알 수 있는 바와 같이 그 문제는 천사들도 살펴보기를 원하는 것이다.[54]

그러므로 천사는 동정녀인 어머니에게(어찌 이 일이 있으리이까라고[55] 질문하며 놀랍게 생각하였던 어머니) "지극히[56] 높으신 이의 능력이 너를 덮으시리"라고 대답하였던 것이다. 어찌 이 일이 있으리이까라는 물음은 바로 하나님의 모든 말씀은 능치 못하심이 없다는[57] 것을 알려준다. 또한 우리는 지극히 높으신 이의 능력이 너를 덮으시리라고 대답한 것은 바로 그 분 하나님께서 그의 휘장으로 이 신비를 덮으신다는 것을 알려준다는 것을 깊이 새겨야 한다. 우리는 벧세메스 사람들이[58] 하나님의 법궤를 들여다 보았기 때문에 살육당한 것과 같이 우리의 호기심으로 감히 들여다 볼 생각을 품어서는 안된다. 우리는 오직 거룩한 삼위일체 안에서 위격을 구별하는 것이 신성의 본질의 연합을 막는 일이 아닌 것과 같이 우리의 중재자 안에서 두 가지의 본질을 구별하는 것이 그의 인격의 연합을 아무렇게나 분리하는 일이 아니라는 것을 분명하게 말할 수 있으며 분명하게 주장해야 할 필요가 있다. 또한 우리의 중재자 안에서 두 가지의 본질이 각각 그 안에 온전하게 남아 있으며 전환되거나 혼합되거나[59] 혼란 또는 혼동이 없이 고유의 적합한 자질을 보유하고 있다

---

52) 눅 1 : 35.
53) 출 37 : 9.
54) 벧전 1 : 12.
55) 눅 1 : 34.
56) 눅 1 : 35.
57) 눅 1 : 37.
58) 삼상 6 : 19.

는 것을 분명하게 알아야 한다. 모세는[60] 떨기 나무에 불이 붙었으나 사라지지 아니하는 것을 보고 그 광경을 괴이하게 여기며 "내가 돌이켜 가서 이 큰 광경을 보리라 어찌하여 떨기 나무가 타지 아니하는고"라고 말하였다. 그러나 하나님께서는 곧 떨기 나무 가운데서 그를 불러서 "이리로 가까이 하지 말라"고 하셨고 자신이 누구인지를 말씀하셨다. 그러자 모세는 두려워 떨며 얼굴을 가리우고 하나님 뵙기를 무서워하였다. 이와 같이 가까이 하지 말라고 경고받았음에도 불구하고 누가 감히 가까이 다가가려 할 것인가? 무엇이 우리로 하여금 멀리 떨어져 있지 못하게 하고 또한 이 큰 광경을 기이하게 생각하지 못하게 할 것인가. 우리의 하나님은 소멸하는 불이시다라고[61] 사도가 말하였다. 우리 중에 과연 누가 삼키는 불과 함께 거하겠으며 우리 중에 누가 영영히 타는 것과 함께 거하리요[62]라고 우리의 선지자는 질문하고 있다. 모세는 다른 선지자들과는 달랐으며 하나님[63]또한 모세와 대면하여 말씀하실 때에 사람이 그 친구와 이야기하는 것 같이 하셨다. 그러나 이러한 모든 것에도 불구하고 모세가 주께 "주의 영광을 내게 보이소서"하고[64]간구하였을 때에 그는 다음과 같은 대답을 들어야만 했다. "네가 내 얼굴을 보지 못하리니 나를 보고 살 자가 없음이니라" 아브라함은 하나님 앞에서 하나님의 특별한 벗이었으며[65] 믿는 모든 자의 조상이었고[66] 신실한 자녀들의 아버지이었다. 그러나 그는 하나님께 말할 때에 티끌과 같은 존재라고[67] 자신을 낮추어 말하였다. 그렇다. 천사들까지도(비록 더 큰 힘과 능력을[68]

---

59) *Concil Chalcedonen.* Act. 5. et *apud Evag. lib.* 2. hist. Eccl. cap. 4. inconfuse, incomutabiliter, indivise, inseparabiliter. *Jo. Maxentius in catholicae suae Professionismitio. Concil. Roman. sub Martino* I.
60) 출 3 : 2, 3, 5, 6 ; 행 7 : 31, 32.
61) 히 12 : 29.
62) 사 33 : 14.
63) 민 12 : 6, 7, 8 ; 출 33 : 11.
64) 출 33 : 18, 20.
65) 사 41 : 8 ; 대하 20 : 7 ; 약 2 : 23.
66) 롬 4 : 11, 16 ; 갈 3 : 7.
67) 창 18 : 27.
68) 벧후 2 : 11.

가지고 있었으나) 주께서 높이 들린 보좌에 앉으셨을 때 하나님의 영광이 밝게 빛나는 것을 감히 바라볼 수 없었으므로 그들의 얼굴을 가리었던[69] 것이다.

우리는 티끌과도 같은 우리의 존재가 하나님 그 분의 인격 안에 결코 나뉘어질 수 없는 연합으로 나타나고 같은 지붕 아래에서 한 집 식구로 거하는 것을 허락받을 수 있다는 것을 볼 때 참으로 놀라지 않을 수 없다. 떨기 나무가 영원히 타오르는 불 속에 있었으나 사라지지 아니하고 남아서 영원히 더욱 푸르고 생기를 띠는 것을 보라. 그렇다. 어떻게 우리가 오늘 아브라함과 더불어 기뻐하지 않을 수 있겠는가? 우리는 우리의 본질이 우리의 주 예수의 인격 안에서 영원히 타오르는 불로 거하는 것을 볼 수 있을 뿐만 아니라 그 안에서 그에 의하여 우리의 인격 또한 그에 가까와지게 되는 것을 발견하게 된다. 하나님은[70] 그의 성전과 장막을 우리 가운데 세우시고 우리와 함께 거하시며 (더욱이) 우리로 하여금 하나님이 거하실 집과[71] 처소가 되게[72] 하신다. 그는 그 안에서 성령으로 거하시며 기뻐하신다. 사도의 말에 따르면 우리는 살아계신 하나님의 성전이다.[73] 우리는 하나님의 성전이므로 하나님께서 "내가 너희 가운데 거하며 두루 행하며 나는 너희 하나님이 되고 너희는 나의 백성이 되리라"고 말씀하신 것을 이해할 수 있다. 우리의 구주이신 그 분은 그의 아버지께서 우리를 위하여 보내 주신 찬양해야 할 중보자이시다. 그는 "내가 비옵는 것은 이 사람들만 위함이 아니요 또한 저희 말을 인하여 나를 믿는 사람들도 위함이니 아버지께서 내 안에 내가 아버지 안에 있는 것 같이 저희도 다 하나가 되어 우리 안에 있게 하사 세상으로 아버지께서 나를 보내신 것을 믿게 하옵소서 내게 주신 영광을 내가 저희에게 주었사오니 이는 우리가 하나가 된 것 같이 저희도 하나가 되게 하려 함이니이다 곧 내가 저희 안에 아버지께서 내 안에 계셔 저희로 온

---

69) 사 6 : 2.
70) 레 26 : 11, 12 ; 겔 37 : 26, 27 ; 계 21 : 3.
71) 히 3 : 6.
72) 엡 2 : 22.
73) 고후 6 : 16.

전함을 이루어 하나가 되려 함은 아버지께서 나를 보내신 것과 또 나를 사랑하심 같이 저희도 사랑하신 것을 세상으로 알게 함이로소이다"[74]라고 기도한다.

3. 그리스도의 중보적 직책

하나님과 우리 사이에 이러한 결합을 이루기 위해서 우리의 예수이자 구주이신[75] 그 분은 반드시 **임마누엘**이어야만 한다. 임마누엘은 하나님이 우리와 함께 하신다는 의미이다. 그러므로 그의 인격 안에서 임마누엘이 되셔야만 한다는 것은 하나님이 우리의 육체에 함께 거하신다는 것을 말한다. 왜냐하면 그는 또한 그의 직책에 의해서 임마누엘이어야 하기 때문이다. 다시 말해서 하나님이 우리와 함께 하신다는 것은 그가 우리와 함께 하는 하나님이어야 한다는 것을 말한다. 하나님과 사람 사이에 중보자가[76] 되시는 것이 바로 그에게 고유한 직책이므로 그는 양편에 함께 참여해야 한다. 다시 말하면 그는 영원 전부터 아버지와 일체가 된 존재였으며 정하신 때에 그의 백성들과 함께 한 모양으로 일체가 되어야 하는 존재라는 의미이다. 사도는 "자녀들이 혈육에 함께 속하였으매 그도 또한 한 모양으로 혈육에 함께 속하신다"[77]고 말하고 있다. 우리는 로마 역사에서 사비니 사람들(Sabines)과 로마 사람들이 전쟁에서 함께 동맹하였던 것에 대해 읽게 된다. 이와 똑같은 경우의 예를 사사기 마지막 장에서도 찾아볼 수 있다. 사사기 마지막 장에서는 베냐민 자손들에 관해 언급하고 있다. 베냐민 자손들 중에 모든 남자들은 각각 실로의 여자들 중에서 그 아내를 붙들어 지파를 보존하였다. 여인들은 한 편에서는 딸들이 되었고 다른 편에서는 아내가 되어 양편을 중재하였고 싸움을 그치게 하였다. 양편 모두에게 특별한 이해관계를 갖고 있었던 실로의 여자들의 중재로 말미암아 두 적대적인 양쪽 지파 사이에는 새로운

---

74) 요 17 : 20, 21, 22, 23.
75) 마 1 : 21, 23, See Anselmes *Cur Deus homo*.
76) 딤전 2 : 5.
77) 히 2 : 14.

제 6 장 그리스도/제임스 어서 *147*

동맹이 체결될 수 있었다. 지극히 적대적인 감정을 갖고 서로 마주 보고 대립했던 두 지파는 평화를 누리게 되었고 그 뿐만 아니라 한 몸이자 한 국가로[78] 통합되었던 것이다.

우리는 하나님의 아들로 말미암아 하나님으로 더불어 화목되기 전에 하나님과 우리는 원수의[79] 관계이었다. 그러나, 우리의 화평이며[80] 우리를 하나님으로 더불어 화목되게 하고 원수의 적의를 없애주는 그 분은 불화하는 양쪽 모두에 특별한 관심이 있으며 양쪽 모두에 관계를 맺으신 분이다. 그는 사람의 아들들에게 다음과 같은 위로의 메시지를 보낼 능력이 있는 분이다. "너는 내 형제들에게 가서 이르되 내가 내 아버지 곧 너희 아버지 내 하나님 곧 너희 하나님에게로 올라간다 하라"[81] 그는 우리들을 형제라 부르시기를 부끄러워 아니하시는 분이므로[82] 하나님께서는 우리 하나님이라 일컬음을 부끄러워 하지 아니하신다.[83] 그리고 그는 우리와 같은 모습이며 그의 이름과 우리의 이름 안에서 "볼찌어다 나와 및 하나님께서 내게 주신 자녀"라고[84] 말씀하시는 분이다. 이렇게 하심으로써 그는 그의 아버지의 분노를 가라앉히는데 충분한 힘을 발휘하실 수 있으며 그의 아버지께서 우리에게 호의적인 태도를 보이시도록 바꾸게 할 힘이 있는 것이다. 다른 한편으로 그 분은 우리가 제멋대로 행하는 반항적인 자녀들이라는 것이 증명되었을 때에도 우리들에게 조금이나마 은혜의 불씨가 남아있다면 우리가 가진 것과 무기를 내버리게 하고자 "우매무지한 백성아 여호와께 이같이 보답하느냐 그는 너를 얻으신 너의 아버지가 아니냐 너를 지으시고 세우셨도다"[85]라고 강력하게 꾸

---

78) *Sic pax facta, foedusque persussun secutaq;res mira dictu, ut relictis sedibus suis novam in Vrben hostes demigrarent, et cum generis suis avitas opes pro dote sociarent.* L. Flor. histor. Rom. li. 61. c. 1.
79) 롬 5 : 10.
80) 엡 2 : 14, 16.
81) 요 20 : 17.
82) 히 2 : 11.
83) 히 11 : 16.
84) 히 2 : 13.
85) 신 32 : 6.

짖고 자극을 주시는 분이다. 그는 우리가 "망령된 행실에서 구속된 것은 은이나 금같이 없어질 것으로 한 것이 아니요 오직 흠 없고 점 없는 어린 양 같은 그의 아들의 보배로운 피로"[86]한 것이라고 일러주신다.

 늙은 엘리 제사장은 하나님과 불화하는 것이 얼마나 위험천만한 일인가를 다음과 같이 말하고 있다. "사람이 사람에게 범죄하면 하나님이 판결하시려니와 사람이 여호와께 범죄하면 누가 위하여 간구하겠느냐?"[87] 또한 욥은 하나님 앞에서 "하나님은 나처럼 사람이 아니신 즉 내가 그에게 대답함도 불가하고 대질하여 재판할 수도 없고 양 척 사이에 손을 얹을 판결자도 없구나"[88]라고 말하고 있다. 우리가 이와 같은 말씀들을 무시한다면 우리는 비참한 상태에 빠지게 될 것이며 사도 요한이 계시록에서 눈물 흘렸던 것보다 훨씬 더 많은 눈물을 흘리게 될 것이다. 사도 요한은 "보좌에 앉으신 이의 오른손에서 본 책을 하늘 위에나 땅 위에나 땅 아래에 능히 그 책을 펴거나 보거나 할 이가 없고[89] 이 책을 펴거나 보기에 합당한 자가 아무도 보이지 아니"하기 때문에 크게 울었다. 그러나 장로 중의 하나가 사도 요한에게 울지 말라 하며 "유대 지파의 사자 다윗의 뿌리가 이기었으니 이 책과 그 일곱 인을 떼시리라"[90] 말하였기에 사도 요한은 울음을 그치었던 것이다. 그와 같이 그 분은 어디에서든지 우리 모두에게 특별히 요한에게 베푸신 것과 같은 위안을 주시는 분이다. 또한 "만일 누가 죄를 범하면 아버지 앞에서 우리에게 대언자가 있으니 곧 예수 그리스도시라 저는 곧 우리의 죄를 위한 화목제물이니 우리만 위할 뿐 아니요 온 세상의 죄를 위하심이니라".[91]

 하나님이 한 분이시듯[92] 하나님과 사람 사이에 중보도 한 분이시니 이는 곧 예수 그리스도이시다. 그는 모든 사람을 위하여 자신을 속전으로

---

86) 벧전 1 : 17, 18, 19.
87) 삼상 2 : 25.
88) 욥 9 : 32, 33.
89) 계 5 : 3, 4.
90) 계 5 : 5.
91) 요일 2 : 1, 2.
92) 딤전 2 : 5, 6.

주셨다. 하나님과 사람의 싸움을 없애기 위한 유일한 중재자로서 그 분은 이러한 속전의 해방 안에서 진노하신 하나님과 손을 잡고 범죄한 인간들의 손을 잡는 중보적 직책을 수행하신다. 하나님을 향하여서 우리의 중보자는 제사장으로서 사역하신다. 왜냐하면 그는 사람 가운데에서 취한 자이므로 하나님께 속한 일에 사람을 위하여 예물과 속죄하는 제사를 드리기 때문이다.[93] 그러므로 대제사장으로서의 그의 사역은 만족과 중재의 두 가지 부분으로 나뉜다. 만족이라 함은 하나님의 공의를 만족시킨다는 것이요 중재라 함은 특별히 하나님의 백성에게 유익을 베풀기 위하여 하나님의 자비를 간절히 청하는 것을 말한다. 그의 중재로 말미암아 "하나님께서는 긍휼히 여길 자를 긍휼히 여기어 곧 자기의 의로움을 나타내시고[94] 자기도 의로우시며 또한 예수 믿는 자를 의롭다 하려 하신다"[95]

우리의 중재자는 그의 중재의 힘으로 우리를 위하여 하나님 앞에 나타나시는 자이며[96] 우리를 위하여 간구하시는 자이시다.[97] 사도는 히브리서 4장에서 무엇보다 먼저 "그러므로 우리에게 큰 대제사장이 있으니 승천하신 자 곧 하나님의 아들 예수시라"(4절) 고 말한다. 그 다음으로 사도는 "우리에게 있는 대제사장은 우리의 연약함을 체휼하지 아니하는 자가 아니요 모든 일에 우리와 한결같이 시험을 받은 자로되 죄는 없으시니라"(15절)고 말하고 있다. 가련한 죄인들을 위한 위안은 바로 그러한 중재자가 있고 없고 사이에 또한 그의 본성의 높으심과 겸손하심 사이에 존재한다. 그는 우리의 마음 상태를 적응시키는 분임에 틀림없다. 그러므로 그가 범사에 형제들과 같이 되시는 것이 마땅한 일이다. 이는 그가 하나님의 일에 자비하고 충성된 대제사장이 된다는[98] 것을 말해준다. 바로 이러한 점에서 그는 반드시 우리의 혈육에 함께 하시는 분이며

---

93) 히 5 : 1 ; 2 : 17.
94) 롬 9 : 15, 16.
95) 롬 3 : 26.
96) 히 9 : 24.
97) 롬 8 : 34 ; 히 7 : 25.
98) 히 2 : 17.

형제들에게 따뜻한 애정을 갖는 분이시다. 또한 바로 이러한 점에서 그는 아버지께 지극히 큰 부탁을 하실 수 있으며 성부 하나님께 지극한 사랑을 받아 마땅한 분이시다. 그 안에는 언제나 커다란 이익이 있으며 그는 언제나 아버지께서 그의 간구를 들으실 것이라고 확신할 수 있었다.[99] 그러므로 오직 그 만이 아버지께서 하늘로부터 이는 내 사랑하는 아들이요 내 기뻐하는 자라고[100] 소리로써 증거하였던 분이다. 우리의 중재자가 우리 자신들과 한 모양으로 사람이 되는 것은 합당한 일이었다. 그래서 우리는 그에게 담대하게 [101] 나아갈 수 있으며, 그에게서 부족할 때에 도와주시는 은혜를 찾을 수 있다. 그가 하나님이시기 때문에 우리는 그가 아버지에게 그의 짝된 자이며[102] 동등한 존재로서[103] 조금도 두려워하지 않고 담대하게 나아갈 수 있다.

그러나 그는 하나님이 공의를 사랑하시며 죄를 증오하시므로 자비로 공의를 덮어버리는 일을 하지 않으며 또한 마땅한 배상이 없이는 죄를 용서하지도 않으신다. 그래서 우리의 중재자는 우리를 위하여 단순히 용서만을 얻게 하려고 도와주시는 분이 아니라 오히려 우리의 죄에 대한 화목제물이[104] 되시며 속전과[105] 값으로 우리를 구속하시는 분이시다. 그러므로 그는 우리를 위하여 주에게 간절히 청하여 우리들을 구하는 주인이실 뿐만 아니라 우리가 담당해야 할 모든 빚을 갚아주시는 우리의 보증인으로서[106] 그로 말미암아 이루어지는 모든 만족을 뒷받침해 주시는 대언자의[107] 일을 하신다. 이제 우리는 우리의 보증인께서 우리를 위하여 이행하기로 한 만족에 대하여 알아보기로 하자. 그 만족은 두 가지의 빚이었는데 그 하나는 근본적인 빚이요, 다른 하나는 부차적인 빚

---

99) 요 11 : 42.
100) 마 3 : 17.
101) 히 4 : 16.
102) 슥 13 : 7.
103) 빌 2 : 6.
104) 롬 3 : 25 ; 요일 2 : 2 ; 4 : 10.
105) 마 20 : 28 ; 딤전 2 : 6. 욥 33 : 24.
106) 히 7 : 22.
107) 요일 2 : 1.

이다. 근본적인 빚은 바로 하나님의 지극히 거룩하신 율법에 대한 순종을 말한다. 사람은 그의 창조주께 영원한 찬양으로서 순종을 드리기로 되어있다. 비록 그가 죄 짓지 아니하였더라도 사람은 자신의 부족함 때문에 지금은 아무 것도 가진 것이 없으며 조금도 면제받을 수가 없다. 오직 우리의 보증인이신 그 분의 보증 이외에는 그 부족을 메꿀 수도 없다. 오직 그 분만이 하나님과 인간을 중재하실 수 있다.

이제 우리는 그리스도의 중재에 대하여 언급해야 한다. 그리스도의 중재라는 부분은 그 얻으신 것을 구속하여[108] 사람의 아들들에게 전해주는 일에 관한 것이다. 구속하는 일에 있어서 실제로 이 소중한 구속하는 것은 이루말할 수 없이 값진 하나님 아들의 피이다. 하나님 아들의 피는 우리에게 무슨 의미가 있는가. 만약 우리를 값으로 산 자가 우리에게 전해주지 아니하고 값으로 산 자의 피 안에서 우리들에게 전해진 좋은 권리를 이끌어내지 못한다면 우리는 무엇으로 더 나은 자가 될 수 있겠는가? 이 좋은 권리는 이 전 시대에는 이스라엘 곧 구속에 관하여 더 가까운 친족인 구속자이자 기업을 무를 자의 권리에 속한 것이다.[109] 욥은 그의 모든 후손들에게 영원히 기억될 만한 지극히 영광된 믿음을 고백하였다. "내가 알기에는 나의 구속자가 살아계시니 후일에 그가 땅 위에 서 서실 것이라 나의 이 가죽 이것이 썩은 후에 내가 육체 밖에서 하나님을 보리라 내가 친히 그를 보리니 내 눈으로 그를 보기를 외인처럼 하지 않을 것이라"[110] 이러한 욥의 말에서 우리는 그의 구속자이자 우리의 구속자는 곧 눈에 보이지 않는 하나님이었음을 쉽게 이해할 수 있다. 우리의 구속자가 눈에 보이지 않는 분임에도 불구하고 그는 육신으로 나타나서 그가 구속한 사람들의 육체적인 눈에 직접 보이는 분이시다. 그가 우리의 육신으로 나타나시지 않았다면 어떻게 우리가 그의 혈족이 되어왔으며 그에게 가까운 친족이라고 생각할 수 있겠는가? 또한 신성이 그 육체에 결코 나뉘어질 수 없는 인격적인 연합에 의해 전해지지 않았다면 어떻게 그가 우리의 가까운 친족이라고 설명할 수 있겠는가? 우

---

108) 엡 1 : 14.
109) 룻 3 : 12 ; 4 : 1, 3, 4, 7.
110) 욥 19 : 25, 26, 27.

리는 이러한 사실을 분명하게 밝히기 위해 사도가 "첫 사람은 땅에서 났으니 흙에 속한 자이거니와 둘째 사람은 하늘에서 나셨느니라"[111]고 말한 것을 명심해야 한다. 첫 사람과 둘째 사람 사이에 수백만의 사람들이 있음에도 불구하고 우리는 우리의 구속자를 둘째 사람이라고 인정한다. 왜 그러한가? 바로 이 두 사람으로부터 나머지 모든 인류가 났으므로 그들이 근본적인 기원은 바로 이 두 사람이 된다. 이 세상의 모든 사람들이 첫 사람에게서 그들의 비천한 본질을 이어받는 것처럼 모든 사람들은 보다 더 효과적으로 작용하는 영향을 미치는 둘째 사람으로 말미암아서 자신의 존재가 생겨났다. 이 둘째 사람이 바로 하늘에서 나신 주이시다. 우리는 예레미아서에서 다음과 같은 하나님의 말씀을 듣게 된다. "내가 너를 복 중에 짓기 전에 너를 알았고"[112]라고 말씀하신다. 또한 다윗은 그 자신에 관하여 "주의 손이 나를 만들고 세우셨사오니[113] 나로 깨닫게 하사 주께서 내 장부를 지으시며 나의 모태에서 조직하셨나이다[114] 내가 모태에서 주의 붙드신 바 되었사오니"[115]라고 말하고 있다. 또한 욥은 그 자신에 관하여 "주의 손으로 나를 만드사 백체를 이루었거늘 가죽과 살로 내게 입히시며 뼈와 힘줄로 나를 뭉치시고"[116]라고 말하고 있다. 사도들은 우리 모두에 관하여 "그를 힘입어 살며 기동하며 있느니라"고 말하고 있다.[117] 또한 사도들은 "우리가 신의 소생이 되었으며 그는 우리 각 사람에게서 멀리 떠나계시지 않는다"[118]고 말한다. 하나님은 그 자손과 다른 모든 피조물들의 움직임에 함께 작용하는 분이며 이러한 사실은 분명한 진리로 인정된다(다른 모든 반대자들의 부인에도 아랑곳하지 않는다). 하나님은 그의 자손들과 다른 모든 피조물의 움직임에 함께 하시므로 어떠한 대리자로서도 일하실 수 있는 분이다. 그러

---

111) 고전 15 : 47.
112) 렘 1 : 5.
113) 시 119 : 73.
114) 시 139 : 13.
115) 시 71 : 6.
116) 욥 10 : 8, 11.
117) 행 17 : 27, 28, 29.
118) See Bradwardin. de causa Dei, lib. 1. cap. 3. et 4.

므로 "한 사람의 범죄를 인하여 사망이 그 한 사람으로 말미암아 왕노릇 하였으므로 더욱 은혜와 의의 선물을 넘치게 받는 자들이 한 분 예수 그리스도로 말미암아 생명 안에서 왕 노릇을 하게 될"[119] 것이다. 이 둘째 사람이 바로 우리의 모든 존재의 우주적인 원리로서 뿐만 아니라 첫 사람이 그러하였던 것처럼 그도 또한 우리가 가진 보편적인 성품을 가지고 있다. 그는 보편적인 성품이라는 점에서 더욱 중요한 대리자이시다. 그는 첫 사람처럼 우리들로부터 많은 후손들을 떨어져 나가게 하지 않고 우리들 뿐만 아니라 우리의 다음 후손들에게까지 더욱 가까워지신 분이다. 바로 그러한 점에서 그는 우리의 가까운 친족이시며 또한 후손들 앞에서도 가까운 친족이 되시는 분이다.

그러나 이것만으로는 충분하지 않다. 다른 출생이 필요하다. 왜냐 하면 우리는 둘째 사람 곧 하늘에서 난 주를, 우리를 값으로 사신 구속에 관심을 가지기 위해서는, 바라보아야만 하기 때문이다. 육체적인 출생으로 첫 사람의 범죄의 죄책이 우리에게 전해진 바대로 둘째 사람의 순종의 유익 또한 영적인 중생에 의하여 우리들에게 전해져야만 한다. 더욱이 우리는 "사람이 거듭나지 아니하면 하나님 나라를 볼 수 없다"[120]는 것을 결코 의심할 수 없는 분명한 진리로서 깊이 명심해야만 한다. 다시 말해서 우리는 사람이 거듭나지 아니하면 하나님 나라를 볼 수 없으며 거듭나지 아니한 모든 사람은 거듭나야 하며 "혈통으로나 육정으로나 사람의 뜻으로 나는 것이 아니라 하나님께로서 나야 한다"[121]는 것을 항상 주장해야만 한다. 우리의 중재자는 우리들을 위하여 양자되게 하신 분으로서 우리들을 형제라고[122] 부르시기를 부끄러워 아니하시는 분이다. 또한 그는 우리에게 영적이고 영원한 생명을 얻게 해주시는 분으로서 새로운 거듭남으로 말미암아 우리가 그의 자녀가 되었을 때에 우리를 그의 자녀로 인정하는 것을 조금도 부끄러워하지 않는 분이시다. 선지자 이사야는 "그 영혼을 속전 제물로 드리기에 이르면 그 씨를 보게

---

119) 롬 5 : 17.
120) 요 3 : 3.
121) 요 1 : 13.
122) 히 2 : 11.

되며"[123]라고 말하고 있다. 다윗은 후손이 그를 봉사할 것이요 대대에 주를 전할 것이라고[124] 말하고 있다. 다윗은 그의 족보상으로 그 분의 아버지이었으며 그와 같은 성정을 지니었다. 그는 그 자체로 볼찌어다 나와 및 하나님께서 내게 주신 자녀라고[125]하였다. 그러므로 사도는 우리에게 다음과 같은 결론을 내려주고 있다. 자녀들은 혈육에 함께 속하였으매 그도 또한 한 모양으로 혈육에 함께 속하신다.[126] 그 분 자신은, 다시 말하자면, 하나님이셨던 그 분은 아버지와 동등한 자이시다. 새로운 피조물을[127] 창조할 수 있는 자가 바로 무에서 만물을 창조하시는 창조주인[128] 하나님이 아니라면 과연 어느 누가 새로운 피조물을 만들 수 있겠는가? 최초에 무에서 만물을 창조했던 것처럼 바로 그러한 그의 능력이 갓난 아이들을[129] 성령으로 낳게 하지 않는다면[130] 과연 어느 누가 그렇게 할 수 있겠는가? 어느 누가 감히 성령을 보낼 수 있는 능력을 가질 수 있고 그들을 나게 할 능력을 가질 수 있겠는가? 오직 그 아버지와 아버지가 보내신 그 아들 이외에는 어느 누구도 성령을 보낼 능력이 없다. 바로 그 거룩한 성령이 동정녀의 모태 안에 우리 주의 육신을 만드셨고 그의 모양에 따라 그의 신비로운 육신의 모든 부분을 새로운 모습과 형태가 되게 하셨다. 우리는 그 신비(이스라엘의 선생이었던 니고데모가 [131] 의심하면서 이해하지 못했던 신비)에 대하여 더 많이 알기 위하여 모든 완전한 출생 안에서 난 피조물은 그로 말미암아 생명과 모양이라는 두 가지를 받게 된다는 것을 깊이 생각해야 한다. 그 분은 생명과 모양을 낳으신 분이다. 호기심 많은 리머(Limmer)라는 자는 자기 아들의 초상화를 그렸다. 그러나 그 초상화 안에는 참된 생명이 없고 오직 모양만

---

123) 사 53 : 10.
124) 시 22 : 30.
125) 히 2 : 13.
126) 히 2 : 14.
127) 고후 5 : 17 ; 엡 2 : 10 ; 갈 6 : 15.
128) 요 1 : 13 ; 약 1 : 18 ; 벧전 1 : 13 ; 요일 5 : 1.
129) 벧전 2 : 2 with 1 : 22.
130) 요 3 : 5, 6, 8.
131) 요 3 : 4, 9, 10.

있었기 때문에 그는 자신이 그 아들의 아버지이면서도 자기가 그린 아들의 초상화에 대해서 자신이 그 그림을 낳았다는 말을 들을 수가 없다. 피조물 중에는 진흙 가운데에서 난 피조물도 있으며 썩은 물질 안에서 난 피조물도 있을 수 있다. 그러나, 이러한 피조물들이 생명을 가지고 있을지라도 아직 그들은 자신을 낳게 한 곳의 원리와는 조금도 모양이 닮지 아니하였기 때문에 우연히 발생한 출생일 뿐이다. 반면에 올바르고 합당한 출생이 전해지는 과정에서는(다른 피조물들은 그 법칙으로부터 벗어나는 더러운 탄생일 뿐이라고 판단된다) 모든 피조물이 그의 생명을 낳게 된다.

사나운 독수리가 양순한 비둘기를 낳지 못한다
(⋯ nec imbellen feroces Progenerant aquilae columbam)

이제 우리는 영적인 죽음과 생명에 관하여 논의하기로 하자. 사도는 이러한 주제에 관하여 다음과 같이 언급하고 있다. "우리가 생각컨대 한 사람이 모든 사람을 대신하여 죽었은 즉 모든 사람이 죽은 것이라 저가 모든 사람을 대신하여 죽으심은 산 자들로 하여금 다시는 저희 자신을 위하여 살지 않고 오직 저희를 대신하여 죽었다가 다시 사신 자를 위하여 살게 하려 함이라"[132] 하나님은 우리를 사랑하신 그 큰 사랑을 인하여 허물로 죽은 우리를 그리스도와 함께 살리셨다"[133] 또한, "너희의 범죄와 육체의 무할례로 죽었던 너희를 하나님이 그와 함께 살리시고 우리에게 모든 죄를 사하셨다[134] 내가 그리스도와 함께 십자가에 못박혔나니 그런즉 이제는 내가 산 것이 아니요 오직 내 안에 그리스도께서 사신 것이라 이제 내가 육체 가운데 사는 것은 나를 사랑하사 나를 위하여 자기 몸을 버리신 하나님의 아들을 믿는 믿음 안에서 사는 것이라"[135] 우리가 쉽게 찾아볼 수 있는 이러한 모든 말씀들로부터 우리는 한 벌거벗은 자의 순종과 수난이 우리의 상처를 치료하는데 가장 중요한 약을 마련할

---

132) 고후 5 : 14, 15.
133) 엡 2 : 4, 5.
134) 골 2 : 13.
135) 갈 2 : 20.

수 있었다는 것을 깨달을 수 있다. 그러나 이러한 치료약도 우리가 죽은 존재라고 판단되었을 때에는 우리들에게 아무 소용도 없으며 효력을 나타내고자 하여도 그 효력은 아무 쓸모가 없게 될 뿐이다.

그러므로 우리의 의사이신 그 분은 우리에게 건강을 회복시켜 줄 수 있을 뿐만 아니라 우리에게 생명 그 자체를 회복시켜 주실 수 있는 분이다. 오직 성부, 성자, 성령 곧 한 분 하나님만이 곧 우리에게 생명을 주시는 일을 하실 수 있다. "아버지께서 자기 속에 생명이 있음같이 아들에게도 생명을 주어 그 속에 있게 하셨고"[136] 살아계신 아버지께서 나를 보내시매 내가 아버지로 인하여 사는 것같이 나를 먹는 그 사람도 나를 인하여 살리라",[137] "나는 하늘로서 내려온 산 떡이니 사람이 이 떡을 먹으면 영생하리라 나의 줄 떡은 곧 세상의 생명을 위한 내 살이로다"[138]라고 하셨다. "첫 사람 아담은 산 영이 되었다 함과 같이 마지막 아담은 살려주는 영이 되었다"[139]라는 사도의 말에서 그 실체는 분명하게 드러난다. 그러므로 그 분은 아담으로서 완전한 사람이 되셔야만 한다. 십자가 위에서 우리를 위하여 베풀어 주신 그의 육신은 이 세상 사람들에게 생명을 전하기 위하여 이루어진 행위이었다. 그 분이 하나님이 아니라면 그 육신은 거룩한 성령의 사역으로 말미암아 생명을 주는 효과적인 도구가 되지 못하였을 것이다. 그러므로 그 분이 이르신대로 살리는 것은 영이니 영이 없으면 육은 무익한 것이다.[140]

모양에 대하여서는 우리가 아담이 그의 타락 후에 자기 모양 곧 자기 형상과 같은 아들을 낳았다는[141]것을 읽게 된다. 우리의 구주는 우리에게 영적인 출생과 육적인 출생을 다루는 일에 대하여 다음과 같은 교훈을 가르쳐 준다. 육으로 난 것은 육이요 영으로 난 것은 영이다.[142] 사도는 흙에 속한 자인 첫 사람에게 난 자들과 하늘에서 난 주이신 둘째 사

---

136) 요 5 : 26.
137) 요 6 : 57.
138) 요 6 : 51.
139) 고전 15 : 45.
140) 요 6 : 63.
141) 창 5 : 3.
142) 요 3 : 6.

제 6 장 그리스도/제임스 어서 **157**

람에게 난 자들 사이에 다음과 같은 비교를 하고 있다. "무릇 흙에 속한 자는 저 흙에 속한 자들과 같으니 우리가 흙에 속한 자의 형상을 입은 것같이 또한 하늘에 속한 자의 형상을 입으리라"[143] "주 예수 그리스도는 만물을 자기에게 복종케 하실 수 있는 자의 역사로 우리의 낮은 몸을 자기 영광된 몸의 형체와 같이 변케 하신다. 또한 그 가운데에서 우리는 하늘에 속한 자에게서 그의 영광된 몸의 형체와 우리의 몸이 같게 되어야 한다".[144] "오직 우리의 시민권은 하늘에 있는지라[145] 거기로서 구원하는 자 곧 주 예수 그리스도를 기다리노니 우리의 유혹의 욕심을 따라 썩어져가는 구습을 좇는 옛 사람을 벗어버리고 오직 심령으로 새롭게 되어 하나님을 따라 의와 진리의 거룩함으로서 지으심을 받은 새 사람을 입어야 한다".[146] 가정의 권위라는 특수한 면에서 살펴 볼 때 남자는 하나님의 형상과 영광으로[147] 일컬어지고 여자는[148] 남자의 영광이라고 말해지고 있다. 그와 마찬가지로 일반적인 태도로서 말한다면, 그리스도는 하나님의 형상이며 하나님의 영광의 광채이시며[149] 그의 본체의 형상이므로 우리는 그의 형상을 입어야만 한다. 그 아들의 형상을 본받게 하기 위하여 미리 정하셨으니 이는 그로 많은 형제 중에서 맏아들이 되게 하려 하심이라.[150] 바로 이러한 점에서 그들은 그리스도의 영광으로[151] 인정되어야만 한다.

우리는 성경에서 하나님이 모세에게 말씀하시고 그에게 임한 신을 칠십 장로에게도 임하게 하신 것을[152] 읽을 수 있다. 다시 말하면 하나님은 칠십 장로들에게 모세의 짐을 담당하게 하였으므로 모세는 그 전에 혼

---

143) 고전 15 : 48, 49.
144) 빌 3 : 21.
145) 빌 3 : 20.
146) 엡 4 : 22, 23, 24.
147) 고전 11 : 7.
148) 고후 4 : 4.
149) 히 1 : 3.
150) 롬 8 : 29.
151) 고후 8 : 23.
152) 민 11 : 17, 25.

자서 져야만 했던 때처럼 그 짐을 전부 담당하지 않아도 되었던 것이다. 모세의 짐은 가벼워지게 되었으며 모세로 하여금 백성들을 다스리도록 주신 능력은 그가 그 이전에 혼자서 일할 때보다도 훨씬 더 적은 능력으로도 충분했다. 그의 짐을 그의 보조자에게 나누어 줌으로써 가벼워지게 되었던 것이다. 그러나 이제 우리가 언급하고자 하는 사람에게는 그와는 다른 경우가 있었음을 알 수 있다. "하나님이 보내신 이는 하나님의 말씀을 하나니 이는 하나님이 성령을 한량없이 주심이니라"[153]라고 하였다. 그러므로 비록 수 많은 신도들이 끊임없이 이러한 예수 그리스도의 성령의 도우심을[154] 받게 되더라도 그 샘물은 결코 마르는 일이 없으며 은혜의 무한한 원천의 풍성함은 티끌 만큼도 줄어들거나 손상당하는 일이 없다. 그것은 바로 하나님의 기쁨이시다. "아버지께서는 모든 충만으로 예수 안에 거하게 하신다".[155] 우리가 "그 충만한 데서 받으니 은혜 위에 은혜"[156]가 되는 것이다. 하나님의 기쁨은 바로 "그 분 안에 모든 충만으로 거하게 하시고 그 충만한 데서" 우리 모두에게 "은혜 위에 은혜를 받게 하시는 것이다". 자연적인 출생에 있어서 낳은 자와 난 어린 아이 사이에는 모든 부분에 있어 같은 모양을 띤다. 그래서 아버지 안에는 비록 적게나마 같은 모양이 보이지 아니하는 자녀가 없으며 비록 낮은 정도이나마 아버지와 같은 모양이 분명하게 나타나게 된다. 그와 마찬가지로 그리스도 안에서는, 모든 은혜가 영적인 충만함으로 지극히 분명하게 쏟아져 나온다. 이와 같은 그리스도의 은혜는 논리학자들이 정의한대로, 양적인 면이 아니라 질적인 면에서 비교되는 모양과 모습으로, 하나님의 자녀들 안에서 나타나게 될 것이다.

우리는 더 나아가서 그리스도의 형상에 따라 우리를 만드시고 살아있게 하신 목적에 대해 깊이 생각해 보아야만 한다. 그리스도의 목적은 흐트러지고 서로 떨어져 있는 모습으로 그에게 한 씨로 세우고자 하는 것이 아니라 그 목적은 바로 "흩어진 하나님의 자녀를 모아 하나가 되기

---

153) 요 3 : 34.
154) 빌 1 : 19.
155) 골 1 : 19.
156) 요 1 : 16.

위하여", 157) "또한 하늘에 있는 것이나 땅에 있는 것이 다 그 안에서 통일되게 하려 하는데"158) 있다는 것을 깊이 생각해야만 한다. 장막 안에서 그 휘장이 성소와 지성소 사이를 나누고 있었으나159) 성소와 지성소를 둘 다 가리고 있었던 휘장은 홍색실과 가늘게 꼰 베실로 수놓아 짜서 갈고리로 양장을 연합하였던 것이며 한 성막을¹⁶⁰⁾ 이루게 되는 것이다. 그와 마찬가지로 전투하는 교회와 승리한 교회는 비록 땅과 하늘이 서로 떨어져 있는 것 만큼이나 서로 멀리 떨어져 있으나 예수 그리스도로 말미암아 이 둘은 서로 연결되어 예수 그리스도 안에서 한 성막이 되는 것이다. "그의 안에서 건물마다 서로 연결하여 주 안에서 성전이 되어가고 우리도 성령 안에서 하나님이 거하실 처소가 되기 위하여161) 예수 안에서 함께 지어져 가야만 하는" 것이다.

그리스도와 우리 사이에 있는 신비한 연합의 끈은(다른 곳162) 에서도 완전하게 선포되고 있다) 살리는 영163) 이라는 사역 위에 있다. 그 분 안에서 머리로서 있는 존재인 살리는 영은 그의 모든 지체들이 영적인 활력으로 충만케 한다. 또한 이 신비한 연합의 끈은 우리의 믿음164) 위에 있다. 우리의 믿음은 살리는 영으로 말미암아 이해할 능력이 있는 사람들 안에서 이루어지는 지극히 중요한 생명의 행위이다. 우리는 살리는 영이신 그리스도와 그에 대한 우리의 믿음을 둘 다 지극히 고귀한 본질로서 인정하여야만 한다. 어느 누구도 그리스도와 같이 찬양할만한 몸에게로 맺어줄 능력이 없다. 오직 그 만이 전능하신 하나님이다. 그러므로 비록 우리를 위해 율법대로 행하고 우리의 죄 때문에 죽음을 당하시고 부활하신 분에 대해 생각한다 하더라도 그 분의 순종과 수난이야말로 세상을 구속하는데 충분하였다는 것을 생각지 않을 수 없다. 그렇다.

---

157) 요 11 : 52.
158) 엡 1 : 10.
159) 출 26 : 33.
160) 출 26 : 6, 11.
161) 엡 2 : 21, 22.
162) Sermon to the Commons house of Parliament, *anno* 1620.
163) 요 6 : 63 ; 고전 6 : 17 ; 15 : 45 ; 빌 2 : 1 ; 롬 8 : 9 ; 요일 3 : 24 ; 4 : 13.
164) 갈 2 : 20 ; 5 : 5 ; 3 : 11 ; 엡 3 : 17.

그 분이 우리들을 같은 모양으로 만들기 위하여 하나님의 성령을 보내시지 못한다면 어떻게 우리가 믿음으로써 살아나는 데 그만한 효력을 발휘할 수 있겠는가.[165] 사도 바울이 우리에게 가르친 바대로 믿음은[163] 하나님의[164] 역사이며 그 분의 능력의 역사이었다. 또한 그리스도 자신이 죽은 자들 가운데서 일어나게 한 힘의 역사이기도 하다.[166] 그의 기도의 근본은 바로 믿음이었다. 우리는 믿음으로 말미암아 이해의 눈을 뜨게 되고 교화될 수 있으며 다음과 같은 사실을 알 수 있게 된다. "즉, 그의 힘의 강력으로 역사하심을 믿는 우리에게 베푸신 능력의 지극히 크심이 어떤 것을 너희로 알게 하시기를 구하느니라 그 능력이 그리스도 안에서 역사하사 죽은 자들 가운데서 다시 살리시고 하늘에서 자기의 오른편에 앉히사 모든 정사와 권세와 능력과 주관하는 자와 이 세상 뿐만 아니라 모든 세상에 일컫는 모든 이름 위에 뛰어나게 하시고 또 만물을 그 발 아래 복종하게 하시고 만물을 충만케 하시는 그를 만물 위에 교회의 머리로 주셨느니라 교회는 그의 몸이니 만물 안에서 만물을 충만케 하시는 자의 충만이니라"라고 하였다.

그러나 그것은 또한 교회의 머리가 그와 연합되어 있는 몸과 더불어 같은 본질임을 알려 준다. 그러므로, 그는 우리의 육체와 함께 하는 자이면서 하나님이어야만 한다. 사도는 우리가 "그 몸의 지체이라"고 말하였으며 "그 육체와 그의 뼈의 지체이기도[167] 하다"고 하였다. 우리의 구주께서는 "인자의 살을 먹지 아니하고 인자의 피를 마시지 아니하면 너희 속에 생명이 없느니라"[168]고 말씀하였다. 또한 우리의 구주께서는 스스로, "내 살을 먹고 내 피를 마시는 자는 내 안에 거하고 나도 그 안에 거할 것"[169]이라고 말씀하였다. 이렇게 선포하심으로써 우리가 첫째로는 신비하고 초자연적인 연합으로 말미암아 진정으로 그의 살과 피가 우리속에 있는 바와 같이 진정으로 그와 함께 연합되었다는 것을 말

---

165) 골 2 : 12 ; 살후 1 : 11.
166) 엡 1 : 19, 20, & c.
167) 엡 5 : 30.
168) 요 6 : 53.
169) 요 6 : 56.

씀하신 것이다. 그의 본성의 사역으로 말미암아 그의 살과 피는 우리 자신의 살과 피로 바뀌게 된다. 그 다음으로 이러한 연합은 즉시 그 분의 인성과 함께 이루어지게 된다. 세 번째로, 죽임을 다하신 어린양[170] 다시 말하면 십자가에 못박히신[171] 그리스도는 십자가 위에서의 죽음으로 말미암아 육신이 부서지게 되었으며, 우리를 위하여 그의 피를 십자가 위에 흘리셨고 그의 피가 우리 영혼의 영적인 풍족을 위하여 적당한 음식이 되었을 뿐만 아니라 무한히 넘쳐 흐르는 샘물이 되고 그의 신성의 능력으로 말미암아 모든 생명과 은혜를 전해준다는 것이다.

이와 같은 근거에 따라 사도는 우리에게 "그러므로 우리가 예수의 피를 힘입어 성소에 들어갈 담력을 얻었나니, 그 길은 우리를 위하여 휘장 가운데에 열어 놓으신 새롭고 산 길이요 휘장은 곧 저희 육체니라"[172]고 분명하게 알려준다. 장막 안의 성소에서 지성소까지는 아무런 통로가 없었으며 오직 휘장으로 연결되어 있었던 것처럼 전투하는 교회에서 승리한 교회까지는 아무런 통로도 찾아볼 수 없었으나 그 분의 육체로 말미암아 전투하는 교회와 승리한 교회가 연결될 수 있었다. 그는 "내가 곧 길이요 진리요 생명이니 나로 말미암지 않고는 아버지께로 올 자가 없느니라"[173]고 말하였다. 야곱이 그의 꿈에서 본 즉 "사닥다리가 땅 위에 섰는데 그 꼭대기가 하늘에 닿았고 또 본 즉 하나님의 사자가 위에서 오르락 내리락하고"[174] 주께서 그 위에 서 있었다. 오직 그 분만이 이러한 광경에 대하여 어느 누구보다도 잘 설명해 주실 수 있다. 그는 나다나엘에게 이르기를 "너는 하늘이 열리고 하나님의 사자들이 인자 위에 오르락 내리락 하는 것을 보리라"[175]고 말씀하였다. 바로 여기에서 우리는 어떻게 하여 위에 선 하나님과 아래에 누운 그의 백성 이스라엘이 연결될 수 있었으며 연결하는 유일한 수단이 무엇이었는가를 깨달을 수

---

170) 계 5 : 12 ; 13 : 8.
171) 고전 1 : 23 ; 2 : 2.
172) 히 10 : 19, 20.
173) 요 14 : 6.
174) 창 28 : 12, 13.
175) 요 1 : 51.

있다. 다시 말하면 오직 인자만이 우리를 연결해 주시는 유일한 사다리가 됨을 깨달을 수 있다. 그래서 그의 육체의 형태인 휘장은 그룹으로 만들어지도록[176] 명령되었으며, 천만 천사에게 나아가는[177] 것을 보도록 우리에게 명령되었던 것이다. 우리가 예수에게로, 곧 신약 성경의 중재자에게로 나아갈 때, 그는 교회의 머리로서 "모든 천사들을 부리는 영으로서 구원얻을 후사들을 위하여 섬기라고 보내실 권세를 가진"[178] 분이 되신다.

마지막으로 우리는, 우리 구주의 중요한 직책이 하나님에 관련된 일에 있어서는 대제사장의 직책을 가지었듯이[179] 사람에 관련된 일에 있어서는 선지자적인 직책과(바로 이 직책에서 그는 그의 아버지의 뜻을 우리에게 알려주신다) 그의 왕으로서의 직책(바로 이 직책에서 그는 우리를 다스리시고 보호하신다)을 수행하는 일이라는 것을 깊이 생각해 보아야 한다. 그는 구약 성경에서 나타나는 바대로,[180] 사람들을 하나님의 율법 안에서 교화하기 위하여 대제사장으로서의 직책을 수행하였다. 그러나, 구약 시대의 선지자와 대제사장들은 그 분이 수행하는 직책과는 분명하게 구별되는 직책을 수행하였다. 또한, 신약 성경에서도 그 분은 여러 목사와 선생들과는 아주 다른 분이었으며 사도이자 선지자로서의[181] 직책을 수행하였다. 보통 목사들이나 교사들은 하늘로부터 직접 받은 영감으로 말미암은 교리를 받지 못하였으나 그 분은, 하나님의 거룩한 사람들[182] 즉, 성령의 감동하심을 입은 사람들이 하나님께 받아 행하였던 것과 같이 행하셨다. 그래서 사도 바울은 히브리 사람들에게 "옛적에 선지자들로 여러 부분과 여러 모양으로 우리 조상들에게 말씀하신 하나님이 이 모든 날 마지막에 아들로 말씀하셨다"[183]고 일러주었다. 그러므로,

---

176) 출 26 : 31 ; 36 : 35.
177) 히 12 : 22, 24.
178) 히 1 : 14.
179) 신 33 : 10 ; 학 2 : 11 ; 말 2 : 7.
180) 사 28 : 7 ; 렘 6 : 13 ; 8 : 10 ; 14 : 18 ; 23 : 11, 33, 34 ; 애 2 : 10.
181) 엡 4 : 11.
182) 벧후 1 : 21.
183) 히 1 : 1.

"그는 사도시며 대제사장이신 예수를 깊이 생각하라 저가 자기를 세우신 이에게 충성하기를 모세가 하나님의 온 집에서 한 것과 같다"[184]고 말하였던 것이다.

　우리가 알고 있는 바대로 모세는 다른 선지자들과 다르게 하나님이 그에게 주시는 많은 일을 증거하기 위해 다른 선지자들이 가지지 못한 탁월함을 지니고 있었다. 그래서 하나님은 "너희중에 선지자가 있으면 나 여호와가 이상으로 나를 그에게 알리기도 하고 꿈으로 그와 말하기도 하거니와 내 종 모세와는 그렇지 아니하니 그는 나의 온 집에 충성됨이라 그와는 내가 대면하여 명백히 말하고 은밀한 말로 아니하며 그는 또한 여호와의 형상을 보겠다"[185]고 이르셨다. 그러므로 우리는 우리 중 재자께서 그의 선지자적 직책을 수행함에 있어 모세가 지닌 탁월함보다도 더 특별한 태도로 그의 직책을 수행하셨음을 알게 된다. 그래서 모세는 다음과 같이 예언하였다. "네 하나님 여호와께서 너희 중 내 형제 중에서 나와 같은 선지자 하나를 너를 위하여 일으키시리니 너희는 그를 들을찌니라 이것이 곧 내가 총회의 날에 호렙산에서 너의 하나님 여호와께 구한 것이라 곧 네가 말하기를 나로 다시는 나의 하나님 여호와의 음성을 듣지 않게 하시고 다시는 이 큰 불을 보지 않게 하소서 두렵건대 내가 죽을까 하나이다 하매 여호와께서 내게 이르시되 그들의 말이 옳도다 내가 너희 형제 중에 너와 같은 선지자 하나를 그들을 위하여 일으키고 내 말을 그의 입에 두리니 내가 그에게 고하는 내 말을 듣지 아니하는 자는 내게 벌을 받을것이요 누구든지 그 선지자의 말을 듣지 아니하는 자는 백성 중에서 멸망받으리라"[186] 그러므로 우리의 선지자는 그의 형제인 이스라엘 사람들 중에서 일으킴을 받으신 사람이 되며(육신으로 하면 그리스도가 저희에게서[187] 나셨다) 조상들이 모세에게 "당신이 우리에게 말씀하소서 우리가 들으리이다. 하나님이 우리에게 말씀하시지 말게 하소서 우리가 죽을까 하나이다"[188]고 구하였던 것을 이행하

---

184) 히 3 : 1, 2.
185) 민 12 : 6, 7, 8.
186) 신 18 : 15, 16, & c.; Acts 3 : 22, 23.
187) 롬 9 : 5.

기로 약속된 분이었다(이 점만을 보아도 우리는 우리 중재자가 얼마나 특별한 탁월함을 지니고 있었는가를 알 수 있다). 아론과 온 이스라엘 자손은[188] 시내산에서 하나님이 모세와 함께 말씀하시는 모든 것을 모세의 입으로부터 받아들였을 때에 모세의 얼굴 꺼풀에 광채가 나는 것을 보고 "그에게 가까이 하기를 두려워 하였다". 그래서 모세는 하나님의 명하신 일을 아론과 이스라엘 자손에게 고할 때에는 수건으로 자신의 얼굴을 가리었다. 그러나, 잠시 동안도 그들이 모세의 얼굴의 영광을 인하여 그 얼굴을 주목하지 못하였거든 영광되었던 것이 더 큰 영광을 인하여 더 영광될 것도 없으냐[190] 없어질 것도 영광으로 말미암은즉 영원히 있을 것은 더욱 영광 가운데 있는 것이다. 우리는 모세가 이스라엘 자손들로 장차 없어질 것이 결국을 주목치 못하게 하려고 수건을 그 얼굴에 쓴 것같이 아니하노라고 한 것처럼 이러한 영광과 그것을 덮었고 그 수건은 둘 다 그리스도 안에서 없어질 것이다. 그 육체의 수건은 그 아래에서 이제 그 영광의 빛남을[191] 가리울 수 있으나 "우리가 그 영광을 보니 아버지 독생자의 영광이요 또한 우리가 수건을 벗은 얼굴로 거울을 보는 것 같이 주의 영광을 보매 저와 같은 형상으로 화하여 영광으로 영광에 이르니 곧 주의 영으로 말미암음이다"[192]

그리고 이러한 영광은 복음의 사역의 능력으로 말미암아 이루어지며 권위에 의해 세워지며 우리의 위대한 선지자의 능력에 의해 뒷받침된다. 우리의 위대한 선지자는 탁월한 모세(그는 선지자로서의 사역을 수행함에 있어 다른 선지자들과는 다른 점이 있었다)를 넘어서는 초월적인 탁월성을 지니고 있었다. 사도는 다음과 같이 언급하고 있다. "저는 모세보다 더욱 영광을 받을 만한 것이 마치 집 지은 자가 그 집보다 더욱 존귀함 같으니라 집마다 지은 이가 있으니 만물을 지으신 이는 하나님이시라"[193] 또한 모세는 "장래에 말할 것을 증거하기 위하여 하나님의

---

188) 출 20 : 19 ; 신 5 : 25, 27.
189) 출 34 : 30, 32, 33.
190) 고후 3 : 7, 10, 11, 13.
191) 히 1 : 3.
192) 요 1 : 14.
193) 고후 3 : 11.

온 집에서 사환으로 충성하였고 그리스도는 그의 집 맡은 아들이다"[194] 이 하나님의 집은 살아계신 하나님의 교회요,[195] 이 교회에서 그가 하나 뿐인 주인일 뿐만 아니라 하나 뿐인 집 지으신 자[196] 이시다. 그러므로 그리스도는 그의 교회의 주일 뿐만 아니라 집 지으신 자이며 사람일 뿐만 아니라 하나님이어야 한다. 이것은 그리스도가 사람이자 하나님이요, 주이자 교회의 집 지으신 자이기 때문에 이 큰 집의[197] 여러 모든 부분들을 하나님의 교회이자[198] 그리스도의 교회라고[199] 구별짓지 아니하고 이름붙일 수 있었던 것이다. 사역을 통하여 집 짓는데 돕는 자들이 많다 할지라도 그리스도께서 그들을 고용하였으며, 그들의 직책은 그리스도께서 승리하시고 하늘에 올라가셨을 때에 사람들에게 베풀었던 선물이었다. 그 선물은 바로 "목사와 교사와 사도와 선지자와 복음전하는 자로[200] 은사를 주셨으니 이는 성도를 온전케하며 봉사의 일을 하게 하며 그리스도의 몸을 세우기 위함"이었다. 이러한 일을 함에 있어 얼마나 큰 능력이 필요하였는가 오직 그 분만이 그의 사도들에게 대사명을 위임함에 있어서 다음과 같이 완전하게 말씀하시었다. "예수께서 나아와 일러 가라사대 하늘과 땅의 모든 권세를 내게 주셨으니 그러므로 너희는 가서 모든 족속으로 제자를 삼아 아버지와 아들과 성령의 이름으로 세례를 주고 내가 너희에게 분부한 모든 것을 가르쳐 지키게 하라 볼찌어다 내가 세상 끝날 때까지 너희와 함께 있으리라 하시니라 아멘"[201] 사도 바울은 자신에게 "내게 주신 하나님의 은혜를 따라[202] 내가 지혜로운 건축자와 같이 터를 닦아 두매 다른 이가 그 위에 세우나 그러나 이 닦아둔 것 외에 능히 다른 터를 닦아 둘 자가 없느니라"[203]고 말하였다. 그러므로

---

194) 히 3 : 3, 4, 5, 6.
195) 딤전 3 : 15.
196) 마 16 : 18.
197) 딤후 2 : 20.
198) 고전 11 : 16.
199) 롬 16 : 16.
200) 엡 4 : 11, 12.
201) 마 28 : 18, 19, 20.
202) 고전 15 : 10.
203) 고전 3 : 9, 10.

그는 "아볼로는 무엇이며 바울은 무엇이뇨 저희는 주께서 각각 주신대로 너희에게 믿게 한 사역자이니라 나는 심었고 아볼로는 물을 주었으되 오직 하나님은 자라나게 하셨나니 그런즉 심는 이나 물주는 이는 아무 것도 아니로되 오직 자라나게 하시는 하나님 뿐이라"고 하였다.[204] 그러므로 우리는 우리의 위대한 선지자에게서 다음의 두 가지를 발견하게 된다. 그는 보통 인간의 능력을 초월하며 예로부터의 모든 거룩한 선지자들과[205] 구별되시는 분이었다. 첫째로 우리는 "아버지 외에는 아들을 아는 자가 없고 아들과 또 아들의 소원대로 계시를 받은 자 외에는 아버지를 아는 자가 없다"[206]는 것을 배웠다. 또한 "본래 하나님을 본 사람이 없으되 아버지 품 속에 있는 독생하신 하나님이 나타내셨음"[207]을 알고 있다. 그의 품 안에 있는 존재인 그 분은 하나님의 비밀을 알고 있으며 자신의 직접적인 지식 가운데서 알고 있는 바대로 아버지의 모든 뜻을 우리에게 알게 하실 수 있는 분이다. 반면에 다른 모든 선지자들과 사도들은 그리스도로 말미암아 그들에게 주어진 은혜에 따라 간접적으로 계시 받는다. 우리는 베드로 사도의 선지자로서의 자리를 보게 된다. 그는 "이 구원에 대해서는 너희에게 임할 은혜를 예언하던 선지자들이 연구하고 부지런히 살펴서 자기 속에 계신 그리스도의 영이 받으실 고난과 후에 얻으실 영광을 미리 증거하여 어느 시 어떠한 때를 지시하시는지 상고하니라"[208]고 예언한 것을 보고 알 수 있다. 사도들에 대하여 우리의 구주 그 분께서 그들 사이에 있는 동안에 언급하신 하늘의 말씀들을 살펴보자. "진리의 성령이 오시면 그가 너희를 모든 진리 가운데로 인도하시리니 그가 자의로 말하지 않고 오직 듣는 것을 말하시며 장래 일을 너희에게 알리시리니라 그가 내 영광을 나타내리니 내 것을 가지고 너희에게 알리겠음이라 그가 무릇 아버지에게 있는 것을 다 내 것이라 그러므로 내가 말하기를 그가 내 것을 가지고 너희에게 알리리라 하였노라"

---

204) 고전 3 : 5, 6, 7.
205) 눅 1 : 70.
206) 마 11 : 27.
207) 요 1 : 18.
208) 벧전 1 : 10, 11.

[209] 그 다음으로 다른 모든 선지자들과 사도들은(이미 말한 바와 같이) 오직 심고 물 주는 일밖에 할 수 없다. 오직 하나님만이 자라나게 하실 수 있다. 선지자들과 사도들이 실제로 가르치고 세례줄 수는 있으나 그리스도가 그의 영이라는 강력한 존재로서 그들과 함께 하지 않는다면 그들의 사역으로는 단 한 사람의 영혼도 구하지 못할 것이다. 우리도 산 돌같이[210] 신령한 집으로 세워진다. 그러나 하나님이신 주께서[211] 이 집을 짓지 않는다면 산 돌들은 아무 쓸모가 없을 것이다. 죽은 돌같은 사람들에게 생명의 영을 불어넣는 분은 오직 한 분이며 다음과 같이 말씀하시는 분이다. "죽은 자들이 하나님의 아들의 음성을 들을 때가 오나니 곧 이 때라 듣는 자는 살아나리라[212] 또한 잠자는 자여 깨어서 죽은 자들 가운데 일어나라 그리스도께서 네게 비취시리라"[213]

주이신 우리의 하나님 외에 어느 누가 이러한 죽음의 잠에서 우리를 깨우고 눈먼 우리의 눈에 빛을 비추실 수 있겠는가? 우리가 기도하는 주, 우리의 하나님만이 사망의 잠을 자지 않도록[214] 눈을 밝혀주시는 분이다. 눈먼 사람들에게 아무리 솜씨좋은 살아있는 사람이 모든 기술을 다 써서 그가 물건을 구별할 수 있는 감각을 찾을 수 있게 가르친다 하더라도 그는 색깔의 차이를 구별하지 못한다. 그와 마찬가지로 "육에 속한 자는 성령 하나님의 일을 받지 못하나니 그들에게는 미련하게 보임이요 또한 깨닫지도 못하나니 이러한 일은 영적으로라야 분변"하기[215] 때문이다. 그래서 사도는 그와 그의 모든 동역자들에게 대하여 다음과 같이 결론을 내렸다. "어두운 데서 빛이 비취리라 하시던 그 하나님께서 예수 그리스도의 얼굴에 있는 하나님의 영광을 아는 빛을 우리 마음에 비취셨느니라 우리가 이 보배를 질그릇에 가졌으니 이는 능력의 심히 큰 것이 하나님에게 있고 우리에게 있지 아니함을 알게 하려 함"이다[216]

---

209) 요 16 : 13, 14, 15.
210) 벧전 2 : 5.
211) 시 127 : 1.
212) 요 5 : 25.
213) 엡 5 : 14.
214) 시 13 : 3.
215) 고전 2 : 14.
216) 고후 4 : 6, 7.

그러므로 우리의 중재자(그는 자기를 힘입어 하나님께 나아가는 자들을 온전히 구원하실 수 있다[217])는 능력의 탁월을 바라지 않으시나 능력이 탁월하기에 우리에게 하나님의 일에 대해 이 높은 지식을 가르치실 수 있다. 또한 그의 종들의 사역으로 말미암아 우리에게 문제를 제시하며 궁극적으로 이러한 요구안에서 그는 사람일 뿐만 아니라 하나님이 되신다.

우리의 구속자의 왕국이 있다. 그래서 예언자 이사야는 "그 정사와 평강의 더함이 무궁하며 또 다윗의 위에 앉아서 그 나라를 굳게 세우고 지금 이후 영원토록 공평과 정의로 그것을 보존하실 것이라"[218]고 설명하고 있다. 또한 다니엘은 "내가 또 밤 이상 중에 보았는데 인자같은 이가 하늘 구름을 타고 와서 옛적부터 항상 계신 자에게 나아와 그 앞에 인도되매 그에게 권세와 영광과 나라를 주고 모든 백성과 나라들과 각 방언하는 자로 그를 섬기게 하였으니 그 권세는 영원한 권세라 옮기지 아니할 것이요 그 나라는 폐하지 아니할 것이라"[219]고 말하고 있다. 천사 가브리엘이 복받은 동정녀에게 하나님의 보내심을 받들어 가로되 "보라 네가 수태하여 아들을 낳으리니 그 이름을 예수라 하라 저가 큰 자가 되고 지극히 높으신 이의 아들이라 일컬을 것이요 주 하나님께서 그 조상 다윗의 위를 저에게 주시리니 영원히 야곱의 집에 왕노릇 하실 것이며 그 나라가 무궁하리라"[220]고 말하였다. 그가 바로 하나님이 그의 백성 이스라엘에게[221] 일으켰던 새로운 다윗,[222] 곧 우리의 왕이시다.[223] 진리 안에 있는 자인 사람의 아들 곧 지고한 자의 아들이시다. 이것은 어떤 면에서는 우리가 그에게 구약 시대의 이스라엘 지파들이 그들의 다윗에게 나아와 말하여 가로되 "보소서 우리는 왕의 골육이니이다"[224]라고 말한

---

217) 히 7 : 25.
218) 사 9 : 7.
219) 단 7 : 13, 14.
220) 눅 1 : 31, 32, 33.
221) 렘 30 : 9; 호 3 : 5; 겔 34 : 23; 37 : 24.
222) 갈 6 : 16.
223) 엡 5 : 30.
224) 삼하 5 : 1.

바를 보면 짐작할 수 있다. 또한 다른 면에 있어서는 다윗 자신이 "여호와께서 내 주에게 말씀하시기를 내가 네 원수로 네 발등상 되게 하기까지 너는 내 우편에 앉으라 하셨도다"[225]라고 노래한 것처럼 우리도 그와 같이 노래할 수 있다. 그래서 우리의 첫 부모에게[226] 주셨던 약속, 곧 "여자의 후손은 네 머리를 상하게 할 것이라"[227]는 말씀은 사도 바울이 "평강의 하나님께서[228] 속히 사단을 너희 발 아래서 상하게 하시리라"[229]는 말로 나타나게 된다. 또한 "나는 곧 여호와라 나 외에 구원자가 없느니라[230] 네 하나님 여호와라 나 밖에 네가 다른 신을 알지 말 것이라 나 밖에 구원자가 없느니라".[231] 고 한 하나님의 기초는 여전히 조금도 흔들리지 않을 것이다.

우리의 주이자 구주이신 분의 왕국에는 두 가지의 특별한 부분이 있다. 그 하나는 은혜이다. 은혜로 인하여 그 은혜는 땅 위에서 전투하는 교회의 부분이 된다. 다른 하나는 영광이다. 영광으로 인하여 승리한 교회의 한 부분이 된다. 땅 위에서 그는 선지자적 직책으로 우리의 정신에 사역하실 뿐만 아니라 왕의 직책으로 우리의 뜻과 감정을 다스리신다. 모든 이론을 파하여 하나님 아는 것을 대적하여 높아진 것을 다 파하고 모든 생각을 사로잡아 그리스도에게 복종하는[232] 것이다. 우리는 우리 안에서 "행하시는 이는 하나님이시며 자기의 기쁘신 뜻을 위하여 우리로 소원을 두고 행하게 하신다"[233]는 사실을 인정해야 한다. 뿐만 아니라, "거룩하게 하시는 자와 거룩하게 함을 입은 자들이 다 하나에게 났으므로",[234] 다시 말하면 하나로 같은 본질을 지니고 있으므로 거룩하게 하시는 자가 그에 의하여 거룩하게 함을 입은 자들에게 형제라고 부르

---

225) 시 110 : 1 ; 마 22 : 43 ; 행 2 : 34, 35.
226) 창 3 : 15.
227) 롬 16 : 20.
228) 요일 3 : 8.
229) 딤전 3 : 16.
230) 사 43 : 11.
231) 호 13 : 4.
232) 고후 10 : 5.
233) 빌 2 : 13.
234) 살후 5 : 23.

시기를 조금도 부끄러워하지 않으신다는 사실을 믿고 인정해야만 한다. 거룩하게 함을 입은 자들의 본성이 첫 아담 안에서[235] 타락하고 그들의 피가 더러워졌으나 그들은 둘째 아담 안에서는 다시 회복될 수 있다. 첫 사람으로부터 타락한 본성이 전해졌으나 둘째 사람으로부터는 순결하고 더럽혀지지 않은 본성이 구원의 유전으로 전해질 수 있다. 은혜를 주시는 하나님은[236] 또한 영광도 주시는 분이다. 그러나 은혜와 영광의 흐름은 우리 구주의 인격이라는 황금 통로를 통해 우리에게 흘러들어야만 한다. "사망이 사람으로 말미암았으니 죽은 자의 부활도 사람으로 말미암는 것"[237]이 마땅하다. 바로 이 사람은 "심지어 내 살을 먹고 내 피를 마시는 자는 영생을 가졌고 마지막 날에 내가 그를 다시 살리리라"[238]고까지 말씀하신 분이다. 그래서 그는 "그 날에 강림하사 그의 성도들에게서 영광을 얻으시고 모든 믿는 자에게서 기이히 여김을 받으신다",[239] "그가 만물을 자기에게 복종케 하실 수 있는자의 역사로 우리의 낮은 몸을 자기 영광의 몸의 형체와 같이 변케 하실 것"[240]이다. "그러므로 그에게 우리를 사랑하사 그의 피로 우리 죄에서 그 아버지 하나님을 위하여 우리를 나라와 제사장으로 삼으신 그에게 영광과 능력이 세세도록 있기를 원한다. 아멘"

---

235) 히 2 : 11.
236) 시 84 : 11.
237) 고전 15 : 21.
238) 요 6 : 54.
239) 살후 1 : 10.
240) 빌 3 : 21.
241) 계 1 : 5, 6.

William Perkins
1558-1602

제7장

구 원 : 서 론

☐ 윌리암 퍼킨스 ☐

윌리암 퍼킨스(William Perkins)는 탁월한 설교자로 그의 짧은 인생에도 불구하고 청교도 운동에 큰 공헌을 하였다. 그는 위릭샤이어(Warwicshire)에서 태어나 케임브릿지(Cambridge)의 기독교 대학(Christ's college)에서 교육을 받았다. 어린 시절에는 학자다운 능력이 두드러졌으나 사생활은 광폭하고 죄가 많았다. 개종한 후에는 칼빈주의의 뛰어난 대표자가 되었으며, 언제나 영적 도움을 구하는 사람들을 가엾게 여겼다. 그는 1584년 대학에서 특별연구원이 되었다.

퍼킨스는 후에 성직을 부여받고 케임브릿지 감옥에 수감된 죄인들에게 설교를 하기 시작했다. 그는 임박한 하나님의 심판보다는 오히려 죽음을 두려워하는 한 젊은 사형수를 만나서 이야기 했다. 이 청교도 설교자는 그 곁에 무릎을 꿇고서 "당신에게 힘을 주기 위해서 하나님의 은혜로 무엇을 할 수 있는지를 보라"고 기도했다. 그는 그 사형수에게 하나님의 은혜로 말미암아 그리스도께서 구원의 방법이 되신다는 것을 보여 주었으며, 눈물을 흘리면서 그에게 주님을 믿고 죄사함을 체험하라고 전했다. 그 젊은 사형수는 그렇게 했으므로 침착하게 자신의 사형집행, 곧 하나님의 탁월한 은혜의 영광스러운 빛을 맞이할 수 있었다. 퍼킨스의 선택과 유기의 도표를 연구하는 데 있어서는 이 사건을 명심해야 한다. 이 사건은 신학의 도움으로 그가 구세주를 필요로 하는 죄인들을 다루는데 있어서 냉담하고 무정하지 않았음을 보여준다.

1585년경에 퍼킨스는 케임브릿지의 성 앤드류의 교구목사로 임명되었으며, 1602년 죽을 때까지 계속 그 일을 맡았다. 그의 저작은 주로 사도

신경과 주기도문에 관한 논문과 갈라디아서 1장에서 5장, 마태복음 5장에서 7장, 히브리서 11장에 대한 설명으로 이루어졌다. 그는 실제적인 『양심의 사례연구』(*Cases of Conscience*)를 저술했다.

그의 저작들은 널리 인정을 받아서 라틴어와 불어, 독일어, 스페인어로 번역되었다. 이런 저작들은 『윌리암 퍼킨스 전집』(*The Works of Willian Perkins*, 1616 ~ 1618)이란 3권의 책으로 편집되었다.

1. 서론

퍼킨스의 『금사슬 이론』(*Golden Chain*)은 청교도의 신학의 설교의 기본적인 지침이다. 비록 청교도 설교자들이 모두 다 퍼킨스의 사슬의 세세한 부분까지 각자 다 일치하지는 않지만, 청교도들이 일반적으로 해석하는 개혁의 신조라고 말한다. 구원론에 대한 그의 분석과 체계화는, 특히 선택받은 신자에게 그리스도께서 하신 일과 관련해 볼 때, 놀랄만하다. 퍼킨스는 믿음은 죄많은 인간의 자유의지의 결과라기보다는 오히려 하나님의 효과적인 부르심의 결과라고 생각한다. 그는 또한 진정한 회개는 죄를 깨끗이 씻음으로부터 생겨나며 완전한 복종에 이르게 한다고 생각한다.

아마도 『금사슬 이론』의 가장 흥미있는 특징은 다만 일시적으로 죄많은 마음에서 우러난 참회를 하는 신앙의 열광자에 대한 것이다. 20세기에 살고있는 우리는 각자 개인이 아직도 회심하지 못하고「교제 밖에」(out of fellowship)있다는 것을 이전보다도 더 많이 깨달아야 할 필요가 있다. 퍼킨스의 개념은 리챠드 박스터(Richard Baxter)의 교회론 선집에서도 나타난다. 청교도들은 결코 교회에 속한 사람들이 다만 세례와 사도신경의 신앙고백과 제단의 부르심에 대한 응답과 같은 외적인 필요조건을 충족시켰다고 해서 그것만으로 구원을 받는다고 생각하지 않는다. 그들은 진정한 귀의의 결과로 복종과 선행을 하는 진정한 신자들의 유종의 은혜를 설교했다. 그들은 사람들에게 잘못된 자신감을 주지 않도록 세심한 주의를 기울였다. 오늘날 우리 교회의 세속적인 가장 큰 문제는 바로 이런 식의 설교로만 풀 수 있다. 그러므로 사울이나 유다의 회개와 같은, 감동적이기는 하나 거짓된 회개는 진정한 귀의의 표시로 받아들여서는 안된다.

　청교도들은 대체로 또한 지나치게 신앙의 「열심」(zeal)을 보여주려고 하는 「회심자」(converts)를 경계했다. 그들은 영적 열심을 반대해서가 아니라 그런 열심이 깊이 감춰진 회개하지 않은 죄를 「은폐」(cover - up)할수도 있다고 생각했던 것이다. 현대의 심리학자들은 지나치게 종교적으로 또는 사회적으로 열심인 많은 사람들이 죄와 걱정을 승화시키려고 노력하고 있다는 것을 입증해준다. 또한 오늘날의 성직자들은 그들의 신도들에게 그들이 지금 무엇을 하고 있는가에 대해서 만큼 그들의 신분이 무엇인가에 대해서도 관심을 가져야 한다고 권고해야만 한다. 오늘날 교회에서 우리는 많은 활동을 보지만 참된 영적 성장과 경건한 삶은 거의 찾아볼 수가 없다.

독자에게

- 회색선은 처음부터 끝까지 구원의 원인들의 순서를 밝히고 있다.
- 검정색은 저주의 원인들의 순서를 밝히고 있다.
- 선 A. A. A는 그리스도와 그의 은총들을 믿음으로 어떻게 얻는가와, 모든 신자가 칭의와 성화되는 방법을 밝히고 있다.
- 선 B. B. B는 경건한 자들이 받는 시험과 치료를 밝히고 있다.
- 선 C. C. C는 성부로부터 성자에게, 그리고 성부와 성자로부터 성령에게 베풀어지는 교통을 밝히고 있다.

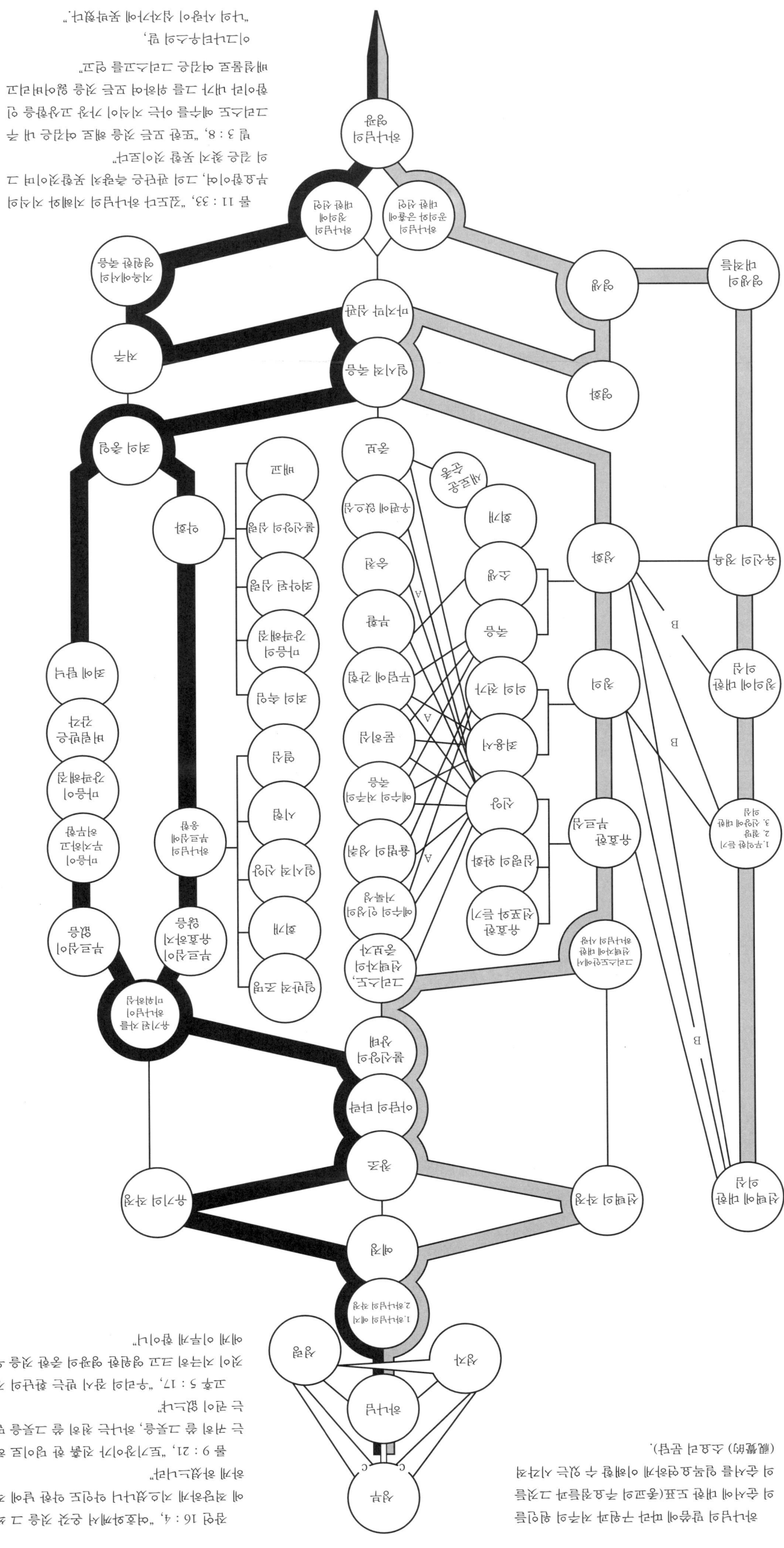

John Owen
1616-1683

제8장

구 속

□ 존 오웬 □

　존 오웬(John Owen)은 의심할 나위없이 가장 위대한 청교도의 한 사람이었다. 그는 옥스포드샤이어(Oxfordshire)의 스태드햄프톤(Stadhampton)에서 교구목사의 아들로 태어나, 스무 살에 옥스포드 대학의 퀸즈 대학에 입학하여, 1632년에는 문학사(B. A.)를, 1635년에는 문학석사(M. A.)학위를 취득하였다. 그는 옥스포드 재학시절 영국 국교회에서 안수를 받았으나, 훗날 윌리암 라우드(William Laud)가 이끄는 고교회(High Church)의 규율에 복종하기를 거부했다. 그는 1637년 옥스포드 대학을 졸업하고, 그후 5년간 개인목회를 했다.

　1643년 그가 아직 장로교파에 소속되었을 때 그는 에섹스(Essex)의 포드햄(Fordham)으로 갔으며(이에 대해서는 그가 쓴『목회자의 임무와 성도구별』(Duty of Pastors and People Distinguished)(1644)을 보라.) 에섹스(Essex)의 코게셀(Coggeshall)에서 열린 장로교 집회에 참석한 뒤 곧바로 조합교회 노선에 동조하여 가입하게 된다. 바로 이 무렵(1646), 그는 장기의회에 참석하여 그의 조합교회파적이고 의회파적인 견해를 피력하는 연설을 했다. 그는 의회의 요청을 받고 1649년에 계속 의회연설을 했으며, 차알스 1세(Charles Ⅰ)가 교수형당한 뒤 결국 크롬웰(Cromwell)의 개인목사가 되었다.

　그 격동의 세월 동안, 오웬은 정치활동에 능동적으로 개입하였고, 보호령이 내려진 동안 옥스포드 대학의 학장으로 있었으며, 1651년에는 그리스도 교회의 수석목사로, 1652년에는 대학의 부학장으로 재직했으며, 1653년에는 옥스포드에서 신학박사 학위를 받았다. 그러나 1657년, 전제

정치를 실시하려는 크롬웰의 욕망에 반대하여, 오웬은 크롬웰과 결별하고는 옥스포드를 떠나 사보이 회합(Savoy Assembly)의 주도적 역할을 하게 된다. 그는 옥스포드에 있을 때 장학제도를 개선하고 연구분야를 증진시켰다. 이것이 대학에서 그가 남긴 업적이다.

또, 오웬은 옥스포드 시절 여러 권의 설교집과 강의서, 논쟁 팜플렛, 주석, 교리연구서 등을 남겼는데, 그의 저작이 지니는 가치와 중요성은 실로 막대한 것이다. 1660년 왕정복고 이후 그는 왕실에 의해 극진한 존경을 받았으며 의회파의 지도적 위치를 차지하게 된다. 하버드 대학의 총장직 제안과 더불어 매사츄세츠주(Massachusetts) 보스톤(Boston)에 있는 교회의 목사청빙에 응한 그는, 1673년 리덴홀 스트리트 채플(Leadenhall Street Chapel)이라는 대교회의 목사로 부임하여 그가 1683년 죽기까지 그곳에 머물렀다.

오웬의 주요저서 가운데는 『알미니안주의 표명』(*Display of Arminianism* , 1643), 『그리스도의 죽음과 죽음의 종식』(*The Death of Death in the Death of Christ* , 1647), 『성도의 견인 교리』(*The Doctrine of the Saints Perseverance* , 1654), 『복음의 변증』(*Vindiciae Evangelicae* , 1655), 『죄의 치욕』(*On the Mortification of Sin* , 1656), 『어린이 독본』(*A Primer for Children* , 1660), 『히브리서 주해』(*Exercitations on the Epistle to the Hebrews* , 4권임, 1668 ~ 1684), 『비국교도와 대화』(*Discouse on the Holy the Nonconformists* , 1680), 『복음교회의 본질』(*True Nature of a Gospel Church* , 1689) 등이 있다. 오웬의 저서들은 모두 토마스 러셀(Thomas Russell)의 편집으로 1826년 23권의 책으로 발행되었다. 또 윌리엄 구우드(William Goold)에 의해서 1850 ~ 1852년에 편집된 24권짜리 전집도 1965 ~ 1968년에 런던 The Banner of Truth Trust 출판사에서 다시 발행되었다.

다음에 수록된 글은 오웬이 토마스 모어(Thomas More)의 저서 『하나님의 자유 은총의 보편성』(*The Universality of God's Free Grace*) 제 20장에 대해 논평한 것이다. 이 글은 제한된 구속의 교리에 대한 가장 훌륭한 저술 가운데 하나로서 그는 여기서 그 교리에 대해 있음직한 모든 반대의견을 열거하고는 성경을 통해 그것들을 반박한다. 그가 다루는 반대의견에는 그리스도는 모든 사람들을 위해 죽으셨다고 말하는 성경구절이 있다는 것, 구원은 모든 사람에게 선포되어야 한다는 것, 모든 사람이 그리스도를 주로 고백하게 되리라는 것, 하나님은 아무도 멸망치 않기를 원하신다는 것, 하나님은 모든 사람에게 은혜를 베푸신다는 것 등이다. 이에 대한 오웬의 대답은, 제한된 구속이란 불공평하다고 반대를 표명하는 보수적인 비(非)칼빈주의자들에게나 구속은 보편적인 것이며 모든 인류가 그리스도를 받아들이게 될 것이므로 구원도 보편적인 것이라고 가르치는 비정통파 신학자들에게 모두 중요한 것이다.

오웬은 많은 사람들이 성경에 나타난 일부 명확하지 않은 표현들을 보편적인 것으로 생각한다는 것과 구원에의 보편적인 부르심(召命)이 반드시 보편적인 구속을 필요로 함을 논증할 수는 없음을 강력하게 주장한다. 진실한 학자인 그는 기독교인 독자들로 하여금 제한된 구속의 교리에 동의하는 주장과 반대하는 주장, 양자를 다 고려해보도록 함으로써 이 작업을 한다. 그러기에 그 누구도 감히 오웬이 그 시대의 다수의 주장을 반박한 것처럼 오웬을 반박할 수 없음에 주의해야 한다.

1. 서론

토마스 모어(Tomos More)가 쓴 책의 제목은[1] 자기의 이유를 합리화시키는 자들에게는 흡족하게 여겨질 것이며, 내가 보기에도 그럴싸한 약속이다. 그러나 그것이 실현되기란 "아무리 수고해도 단지 말에 지나지 않을 뿐이다". 어떠한 기독교적 논증도 하나님의 말씀에 의해 바르게 뒷받침되는데도 불구하고, 말씀으로부터 그토록 차이가 나며, 자체에 모순을 담고 있어 스스로의 원칙에도 위배되는 교리와 복합된다면 그것은 참으로 경악할 만한 일이다. 그러므로, 내가 생각하는 바로는 다음과 같은 주장을 펴는 사람은 비록 어떻게 논증을 펴야 하는가에 대해서도 잘 알고 어둠을 빛보다 더 사랑하지 않을 은혜를 충만히 받고 있다 해도 자기의 의도한 바대로 논증에 성공할 수는 없다. 그럼에도 불구하고 그가

---

[1] The title here referred to is *The Universolity of God's Free Grace* ···, a book written by Thomas More and Published in 1643. — Ed.

자기가 진술한 주장과 그를 위해 인용한 성경구절을 논증이 된다고 말하는 유일한 이유는, 그가 그 속에다 논리적이고 논쟁적인 형식을 부여했기 때문이다. 나는 그의 논증이라는 것들에 대해, 간략하게 고찰해 볼 것이다. 그리고, 독자들은 여기서 그가 아주 그럴싸하게 나타내고 있는 일정한 논쟁형식에 드러난 그의 재주에 속지 않도록 주의하기 바란다. 그의 첫번째 주장은 다음과 같다.

A. "성경이 종종 명확하고 평이한 말로 나타내고 있는 바는 분명히 진실이므로 꼭 믿어야 한다. 예를 들어 잠언 22장 20 ~ 21절, 이사야 8장 20절, 베드로후서 1장 19 ~ 20절 등이 이점을 가르치고 있다."

"그런데, 그리스도께서 그 자신을 대속물로 내어주시고, 하나님의 은혜를 통하여 모든 사람의 죽음을 대신 맛보셨다는 것은, 앞에서 7 ~ 13장에 걸쳐 말했다시피 성경 가운데 종종 분명하게 확증되어 있다".

"그러므로, 이 또한 진리로 믿어야 한다. 요한복음 20장 31절과 사도행전 26장 27절을 보라".

a) 이 논증에 나타난 명제들은 모든 신자들에게 잘 알려지고 인정받은 것들이다. 그러나 성경이 어떤 것을 분명하게 확증하므로 그것을 믿어야 한다고 할 때, 이는 그 구절의 해석에 대한 것임을 미리 염두해 두고 주의해야 한다. 우리가 믿어야 할 것은 표상에 불과한 문자가 아니라 그 속에 담긴 의미이다. 명확한 의미야말로 우리가 추구해야 할 바이며, 성경에 분명하게 나타난 말씀을 믿는다고 할 때 가리키는 바이다. 그런데, 만약 분명한 말씀을 믿는다고 해서 그 뜻이 비유적일 수도 있고, 다양한 뜻을 지닐 수도 있으며, 해석 가운데서 그 의미가 확대되거나 축소될 수도 있는 것을 문자 그대로 이해한다면, 그러한 믿음보다 더 거짓된 것도 없을 것이며, 어린 아이들조차 그러지 않을 것임에도 불구하고 성경에 분명히 나타난 말씀이라 하여 하나님에게도 실제로 눈이나 손, 발 따위가 있다고 믿는 것과 다름 없을 것이다. 또 문자 그대로 믿는다고 해서, 성만찬의 빵과 포도주가 실제로 예수의 살과 피로 변한다든지 그 속에 예수의 살과 피가 들어있다고 믿을 수는 없는 일 아닌가? 이러한 한계가 있기에 우리는 그것을 증명하기 위해 성경구절까지 끌어낸 모어의 주장을 극복할 수가 있는 것이다. 모어가 내세운 주장이란 그가 본래

의도했던 바에 하나도 들어맞지 않는, 서로 아무런 관련도 없는 것들 뿐이다. 어쨌든 판단은 독자들에게 맡긴다.

b) 덜 중요한 것으로서 그의 주장 가운데 일부는 전면적으로 부정되어야 한다. 예를 들어 그리스도는 모든 사람을 위해 대속물로 자신을 내어 주셨다는 주장의 경우, 이는 성경 가운데 단 한 번도 명확하게나 모호하게 확증된 적이 없는 것이고 심지어는 모어 자신도 확실하게 논증해내지 못한 것으로서, 단지 공허한 미사여구에 불과하다. 물론, "만민을 대신하여 죽음을 맛보셨다"는 말이 히브리서 2장 9절에 나오기는 한다. 그러나, 여기 만민이라는 표현이 지구상의 모든 사람 하나 하나를 다 가리킨다고 볼 수는 없다. 골로새서 1장 28절을 보면 "각 사람을 권하고 각 사람을 가르침"이라는 말이 나오는데 이를 헬라어로 표기하면 다음과 같다. $Νουθετοῦντες\ πάντα\ ἄνθρωπον\ καὶ\ διδάσκοντες\ πάντα\ ἄνθρωπον$.

여기 각 사람이라는 말은 지구상의 모든 사람을 가리키지 않는다. 우리는 바울이 모든 사람을 훈계하고 가르쳤다고 믿을 수 없다. 그것은 있을 수 없는 일이다. 그러므로 성경에 만민이라고 한 것은 지구상의 인류 전체를 가리키는 것이 아니요, 그 일부이거나 어느 특정 집단을 가리키는 것이다. 사도 바울의 경우에는 그가 복음을 전했던 사람들이 이에 해당될 것이다. 또 헬라어 원문에는 휘페르 판토스($ὑπὲρ\ παντός$)라고 하는 표현이 있는데 이는 영어의 for every 에 해당하는 것으로 man 의 뜻은 빠져 있다. 그러므로 이 표현은 모든 선택받은 자 내지는 모든 믿는 자라는 뜻일 수도 있다.

c) 그러므로 만민이란 전에 말한 것처럼 그리스도에 의해 영광으로 옮기어진 모든 신자들에 제한된다. 때문에 우리가 폐기한 가정을 확증하고자 애쓰는 것은 무익한 일이며, 그것은 확증할 그 어떤 뚜렷하거나 그럴듯한 증거도 없는 것이 분명하다.

그런데 모어는 그의 삼단논법을 결론으로 이끌고 가면서 자기의 논증 기술을 과시하고자 몇 가지 증거를 덧붙이고 있다. 그는 자기의 논증이 거의 설득력이 없어 거기에 새로운 보충설명을 하려는 듯하다. 그러나 누구라도 그 예들이 쓰인 자리를 살펴보고 그 논증을 고려해 보면 쉽게 알 수 있듯이, 그가 거둔 성공은 오히려 해로운 것이다. 그렇긴 해도, 결론에다가 논증에는 적합치 않은 증거들을 덧붙이고 전체로부터 이끌어내지 않은 증거들을 더함으로써 설득력을 강화시키려 했던 그의 논증은, 박식한 저술가들의 시대에 사는 우리가 경계해서 볼 필요도 있는 것이다. 왜냐하면 세상에는 긍정적인 의미에서 평가받을 것도 있지만 부정적인 의미에서 평가받을 것도 있기 때문이다.

B. "예수 그리스도와 그의 사도들이 예외나 제한을 두지 않고 그리스도는 구원하러 오셨으며, 그 목적을 위해 죽으셨고, 자신을 대속물로 내어주셨으며, 그들의 죄를 위한 중재자가 되셨노라고 확증해 준 사람들에게는 그는 실제로 구원하러 오셨고, 그 목적을 위해 죽으셨으며, 자신을 대속물로 내어주셨고, 그들의 죄를 위한 중재자가 되셨다는 것은 분명하다"(마 26 : 24 ; 요 6 : 38 ; 고전 15 : 3~4 ; 히 10 : 7 ; 요 8 : 38, 45 ; 벧후 1 : 16 ; 히 2 : 3, 4).

"그런데 예수와 그의 사도들은 분명히 '그리스도는 죄인을 위해서(딤전 1 : 15), 세상을 위해서(요 3 : 17) 오신 것과 불의한 자와(벧전 3 : 18), 경건치 않은 자와(롬 5 : 6), 모든 사람을(히 2 : 9) 위해 죽으신 것, 그리고 만민을 위해 자신을 대속물로 내어주신 것과(딤전 2 : 6), 온 세상의 죄를 위한 중보가 되심(요일 2 : 2)'을 말했으니 여기에는 불의한 자나, 경건치 않은 자, 죄인 등 모든 사람들에게 예외나 제한이 없이 적용되는 것이다"(롬 3 : 10, 19, 20, 23 ; 엡 2 : 1~3 ; 딛 3 : 3 ; 요 1 : 29).

"그러므로 예수 그리스도는 모든 사람을 구원하기 위해 오셔서 그들을 위해 죽으시고 자신을 대속물로 내어주셨으며 그들 죄를 위한 중보가 되셨다"(요 1 : 29).

이 논제에 대해서는 함부로 단언할 수가 없다. 왜냐하면 우리는 성경 어디에서도 그리스도께서 위하여 죽으신 사람들의 범위에 제한이나 예외를 두고 있노라고 확언할 수는 없기 때문이다. 어떤 곳에서는 그가 모든 사람을 대신하여 죽었다고 확증하는 게 틀림없지만, 다른 곳에서는 마치 만민 중의 일부는 제외되는 것처럼 예외를 두고 있어, 하나님의 말씀 가운데 서로 모순이 있는 것처럼 느껴진다. 그런데 성경은 한 부분은 다른 부분을 해석하여 전에는 모호하고 의심스러웠던 의미를 밝혀준다. 예를 들어 성경이 그리스도는 모두를 위한 대속물이라고 했을 때, 다른 구절에 의해서 그것은 그의 '모든 교회요 택한 백성이며 양무리로서, 땅 위의 온갖 종족과 백성과 방언들로부터 불려나온' 사람들임을 알게 된다. 물론 그렇다고 해서 전에 모든 이라고 한 말에 어떤 예외나 제한을 두려는 것은 아니고, 다만 그리스도가 위하여 대속물이 되셨다는 모두란, 모든 인류의 일부인 그의 교회며 택한 백성이며 양무리임을 말하려는 것이다. 바로 이런 의미에서 우리는 그가 모두를 위해 죽으셨다고 믿는다. 이제 모어가 내세운 명제와 더불어 그 속에 담긴 뜻도 파헤쳐 보았으니, 그의 논증이라는 것과 또한 실상은 그의 논증을 뒷받침하지도 못하는 성경구절 인용이 잔뜩 달린 그의 미사여구는 기각시킬 수 있으리라. 내가 생각하기에 그는 성경본문을 제대로 한 번 들춰보지도 않고, 아무도 그의 미사여구를 파헤쳐보지 않으리라는 확신도 없는 상태에서, 사람들이 그의 풍부한 인용에 경탄하리라고만 생각했던 것 같다. 만약 독자들이 그의 글을 살펴봐서 어느 것 하나라도 그가 계획한 목적에 부합되는 것이 있다면, 언젠가는 그의 확신이 옳았음이 증명될 것이다. 그러나, 우리는 그 많은 사람들처럼 하나님의 말씀을 변질시키지 말아야 한다. 그러나 그의 경우 성구 인용상에 있어서 더러 실수한 것이 아닌가 싶은 것이 몇 개 있다. 그리스도가 많은 사람을 위해 피를 흘리셨다는 것은 마태복음 26장 24절이 아니라 28절을 뜻했던 것이었을 터이고, 주님께서 그의 오신 목적이 구원을 위함이며 택함받은 자는 아무도 잃어버리지 않을 것임을 확증하신 것은 요한복음 6장 38절이 아닌 39절이었을 것이고, 고린도전서 15장 3, 4절의 경우 비록 덜한 실수이긴 하나 그는 사도 바울이 한데 묶어 말하는 그리스도의 죽음과 부활이 우리 모두를 위한 것이라고 말하고 있는데, 다행히도 그의 그릇된 논증이 이미 우리 손에서 다루어질 수 있었다. 또 히브리서 10장 7절의 경우 10절을 잘못 말한 것으로 보이는데 여기에는 그리스도께서 행하러 오신 하나님의 뜻에 의해 우리가 정결케 되는 것을 확증하고 있으며, 우리의 정결케 됨은 그의 죽음으로 말미암음을 말하고 있다. 그런데, 그의 죽음이 모든 사람에게 효력을 발생하는 것은 아니다. 비록 우리들 가운데 누구가 영어 번역판 성경에 "once for all"이라고 쓰인 표현을 보고서 자기를 위한 것이기도 하리라고 생각한다 해도 말이다. 그러나, 자비한 마음을 지닌 사람은 그런 사람들에게 헬라어 ἐφάπαξ(에파팍스)의 뜻을 알려주어야 하리라. 이와 흡사한 예는 성경 다른 곳에서도 발견하게 되는데, 그 중 어느 것도 모어의 논증에 부합되는 것은 없으며 오히려 그의 주장을 뒤엎을 만한 것들이라고 할 것이다. 결국 그의 논지인즉 "성경에 그리스도께서 그들을 위해 죽으셨다고 한 사람들에 대해서 그리스도는 실제로 죽음을 당하셨다"는 것인데 그 말 자체는 참되며 의심할 여지 없이 받아들일만 한 것이다.

그런데 모어의 가설인즉, 성경에서 그리스도와 그의 사도들이 그리스도께서는 죄인, 불의한 자, 경건치 않은 자, 세상 모든 사람들을 구원하시려고 죽으셨다고 말하는 것이다. 때문에 그에 따른 결론은 "그러므로 그리스도는 죄인, 불의한 자, 경건치 않은 자, 세상 등을 위해 죽으셨다"가 된다. 이에 대해서는 첫째, 이 논증은 몇몇 단어만 바꾸고 겉보기에만 달라 보일 뿐이라 하나의 새로운 논증을 이루고 있는 듯 해도, 실은 앞에 나온 것들이나 이후에 올 것들과 동일하다. 둘째, 이 논증은 그리스도는 죄인을 위해 죽으셨다고 한 것을 모든 죄인을 위해 죽은 것으로, 불의한 자와 경건치 않은 자와 세상을 위해 죽으셨다고 한 것을 모든 불의한 자와 경건치 않은 자와 세상 모든 사람을 위해 죽은 것으로, 모두를 위해 죽으셨다고 한 것을 지구상의 모든 종족 모든 사람을 위해 죽은 것으로 말하여, 즉 비확정적인 표현을 보편적인 표현으로 바꾸어 놓음으로써 설득력을 얻고 있다. 만약 이것이 훌륭한 논증이라면, 나는 그의 논증 방식을 이용해서 오히려 그를 반박할 수 있는 예를 몇 가지 들겠다. (1) 하나님은 경건치 않은 자를 의롭게 하신다(롬 4 : 5). 그러므로 그는 모든 경건치 않은 자를 의롭게 하신다. 그런데, 그는 의롭게 하신 자를 또한 영화롭게 하신다. 고로 그는 모든 경건치 않은 자를 영화롭게 하신다. (2) 그리스도께서 오셨을 때 사람들은 빛보다 어두움을 더 사랑했다(요 3 : 19). 그런데 모든 사람이 다 그러했다. 고로 모든 사람이 그를 믿지 않았다. (3) 세상은 그리스도를 알지 못했다(요 1 : 10). 고로 아무도 그리스도를 알지 못했다. (4) 온 세상이 악에 속하였다(요일

5 : 19). 고로 세상 모든 사람도 악에 속하였다. 이 밖에도 비확정적인 표현을 보편적인 표현으로 바꾼 논증은 얼마든지 있어, 원하기만 하면 써먹을 수 있을 것이다.

셋째로, 만약 결론 부분을 그 가운데 나타난 성경본문 속에서의 의도 이상으로 뜻을 확대하지 아니하여, 그리스도는 죄인들과 세상을 위하여, 또한 세상 가운데 사는 여러 세대의 죄인들을 위하여 죽으셨다고 믿는다면, 우리는 안심하고 그 논증을 전적으로 인정할 수 있으리라. 그러나 결론 부분에 가서 집단적인 보편성을 의도한다면, 그 논증은 궤변적이고 거짓된 것이 되며, 실상 성경 어느 곳에서도 그런 논증을 확증해주지는 않으며, 오히려 그 범위를 세상 도처에 흩어진 하나님의 자녀인 그의 모든 택하신 백성들로 보는 것이 더욱 타당하다.

d) 어떤 성경구절들의 경우, 예컨대 디모데전서 1장 15절, 베드로전서 3장 18절, 로마서 5장 6절 같은 경우는 논증 서두에 인용되어 있기는 하나 그의 목적에 부합되지 못한다. 이미 고려해 본 요한복음 3장 17절, 히브리서 2장 9절, 요한일서 2장 2절 등의 경우도 마찬가지다. 그리고, 이 논증의 끝에 첨가된 로마서 3장 10, 19, 20, 23절이나 에베소서 2장 1~3절, 디도서 3장 3절, 요한복음 3장 4, 6절 등은 모든 사람이 진노의 자녀임을 드러내 주기는 한다. 그러나, 그리스도께서 모든 죄인 혹은 모든 진노의 자녀들을 위해 죽으셨다는 증거는 없다. 그리고 성경에는 모어가 반대하고자 하는 논증들에 대한 확증이 충분히 명확하게 들어 있다는 것이야말로 그가 내세운 첫번째 두 논증에 대한 해답으로 충분한 것이다.

C. "성경에 그리스도께서 죽으신 목적의 하나이며, 하나님이 그리스도를 높이셔서 만민의 주와 재판관이 되게 하셨고 그의 판단은 공평한 이유의 하나라고 말한 것은 꼭 믿어야 한다"(시 12 : 6 ; 18 : 30 ; 119 : 4).

그런데, 성경에는 그리스도가 죽고 부활하신 이유의 하나를 그가 만민의 주가 되려 하심이라고 쓰여있다(롬 14 : 9 ; 고후 5 : 14). 그리고 하나님이 그를 높이셔서 만민의 주와 재판관이 되게 하시고, 그의 재판은 공평한 이유에 대해서도 성경의 근거가 있다(롬 14 : 9 ; 11, 12 ; 고후

5 : 10 ; 빌 2 : 7 ~ 11 ; 행 17 : 31 ; 롬 2 : 16).

"그러므로 그리스도께서 모두를 위해 죽으시고 부활하셨다는 것은 꼭 믿어야 할 진리이다"(딤전 2 : 6).

a) 이 논증의 무식한 짜임, 의도한 바를 제대로 표현하지 못함, 세부적인 면에서의 오류 등은 별다른 이유가 있어서라기보다는 모어 자신에게 문제가 있다. 이 문제를 가지고는 굳이 길게 생각할 것 없이 간단히 정리해 보기로 하자. 첫째, 그는 인위적으로 소전제인 '그리스도는 만민의 주와 재판관이 되신다'를 대전제로 끌어들임으로써, 이 논증을 전혀 알아볼 수 없게 만들었다. 둘째, 모어가 그리스도의 죽음과 부활을 가리키는 것이라고 해석한 "이 때문에 하나님이 그리스도를 높이셨다"고 한 표현은, 실상은 그리스도가 "능력으로 하나님의 아들로 인정되신"(롬 1 : 4) 그의 부활을 의미할 뿐이며, 이 부활만이 그의 영광인 것이다. 하여튼 그의 논증 도처에서 일어나는 오류와 헛점을 일일이 파헤쳐 드러낸다면 그것은 귀한 시간만 낭비하는 꼴이 될 것이다. 아무리 배움에 뜻이 없고 논증에 관심이 없는 사람도 모어의 허구성을 쉽사리 알아볼 수 있을 것이다. 그렇지 않고 만약 이 모호한 궤변을 추종하는 사람이 있다면, 나는 그들에게 "그 대중들 사이에 인기있는 그 말을 전파하시오." 라는 말대신 "하나님께서 그들에게 지각을 주사 회개하고 진리를 받아들이게 하시기를 바란다." 고 하리라.

b) 우리 앞에 놓인 이 논증 전반에 대해 나는 별다르게 할 말이 없고 다만 모어씨에게 부탁하고 싶은 것이 있으니, 만약 불행하게도 그가 이 시대에 다시 글을 쓰게 된다면, 자기 나름대로의 논법으로 자기 생각을 표현하는 일이 없기를 바란다. 그가 그 많은 항진명제를 통해 표현하는 생각들은 독자를 당혹케 하고 있다. 여기에 볼 수 있는 종류의 논증이란, 논리의 결핍으로 말미암아 자신을 속이고 궤변을 통하여 타인을 속이는, 실로 우스꽝스러운 것이다. 아마 그 누구도 모어가 원래 결론에서 강조하여 언급한 내용에다 설득력을 더하기 위해 전제에는 함축되어 있지도 않던 말들을 집어넣었음을 모를리 없을 것이다. 즉 그의 논증은, 전제에서는 그리스도께서 높임을 받으셔서 만민의 재판관이 되셨다고 함으로써 단지 그리스도의 영광만을 말하면서도, 결론에 가면 그가 모

두를 위해 죽으셨다고 함으로써 필연적으로 만민의 유익에 대해 말한 셈이 되어버렸다. 우리가 가진 지식을 무시하고 논증을 펴는 것은 조금도 고상한 일이 못된다.

c) 이 논증이 결론적으로 강조하는 바는 "그리스도는 모든 사람의 주와 심판관이 되시려 죽으시고 부활하셨다. 그러므로 그리스도는 모두를 위해 죽으신 것이다"라는 내용이다. 만약 그에게 모두를 위해 죽으셨다는 게 무슨 의미냐고 묻는다면, 그는 모두를 위해 자신을 대속물로 내어주심으로써 그들이 구원받게 하신 것이라고 대답할 것이다. 그렇다면, 그리스도께서 위하여 죽지 않으신 천사들까지 다스리시고, 만유를 다스리시며 심판하시는 권력은 어떻게 설명할 것인가? 그 이유에 대해 알고 있노라고 자부하는 사람들도 있는 모양이지만 나는 도무지 종잡을 수가 없다.

d) 그의 논증하는 방법은 무척이나 공허하지만, 그래도 그가 다루는 논제 가운데 무슨 중요한 것이 있는지 잠시 살펴보자. 그의 논증에는 많은 성경본문들이 인용되어 있는데, 그 가운데 시편 12편 6절, 18편 30절, 119편 4절 등에는 하나님의 말씀이 순결하고 완전하다 하여 하나님에 대한 개념이 드러나 있다. 그러나, 그러한 개념이 그가 펼치는 논증에 어떤 직접적인 관련이 있어 보이지는 않는다. 결론에 첨가된 디모데후서 2장 6절의 경우 언제든지 강력한 권면의 말씀으로 인용되긴 하나, 부주의하게 인용되는 일이 많다. 또 소전제와 관련되어 언급된 고린도후서 5장 14, 15절은 내가 이미 언급했듯이 성령의 감화대로 인용한 것도 아니고 그 구절이 보편적인 구속을 말하는 것도 아니다. 마찬가지로 그 구절은 이 논증과 아무런 관련이 없으며, 어느 한 부분도 그리스도의 심판하심과 모든 사람에게 미치는 그의 능력을 언급하지는 않는다. 빌립보서 2장 7~11절, 사도행전 17장 31절, 로마서 2장 16절 등을 실제로 그리스도의 높여지심과 최후의 날 그의 심판하심에 대해 언급한다. 그러나, 그가 마지막 날에 모든 사람을 심판하시게 되므로, 결국 모든 사람을 대신하여 죽은 것이라는 생각은, 이 경우에 있어서 우리가 내세우는 의견보다 증명하기 더 힘들다.

전반적으로 봐서 이 논증의 중요성은 로마서 14장 9, 11, 12절에 달려

있는데, 이 구절만이 이런 논증에 분명한 색깔을 부여해 주어 다소 고려해 볼만하게 해준다. 그 구절들에서, 사도 바울은 신자들에게 그리스도의 만물에 대한 주권과 통치권을 확증해 주고 있는데, 그 권세로 말미암아 신자들은 부끄러움 없이 걸을 수 있도록 고무받으며, 그리스도의 위엄이 어떠함을 알며, 자기의 추함과 악행을 고백한다는 것이 단지 슬픔이 될 그 때에는 심판이 보좌 앞에 나아올 것을 알기에 서로에게 해를 끼치지 않게 된다.

이 사실을 신자들에게 주지시키시는 하나님께서는, 예수께서 어떤 삶을 사셨고 어떻게 심판의 권세와 능력을 갖게 되셨으며 만물을 그 발 아래 두게 되셨는지에 대해 말씀하시며, 더불어 예수께서 "죽음과 부활"로 표현되는 대속의 사역을 감당하실 때 이 특별한 경우에 대해 어떤 의도를 지니고 계셨는지에 대해 말씀하신다. 그리스도는 죽음과 부활을 통하여 그에게 복종하는 모든 자들의 재판관이 되시는데, 부활은 "그 앞에 놓인 영광"의 부분이며, 그 영광은 그로 하여금 "십자가를 참으사 부끄러움을 개의치 않게" 하셨다(히 12 : 2).

그러므로 여기 그리스도의 죽음과 관련된 것은 모두 그의 죽음이 그 자신에게 미치는 영향에 대한 것들 뿐이며 그가 위하여 죽으신 사람들에 대하여 어떤 의도를 갖고 계셨던가 하는 문제는 아니다. 다른 사람들을 위하여 죽는다는 것은 적어도 그들의 유익을 위해 죽는다는 것이며, 성경에 비추어 볼 때 이는 다른 사람들을 대신하여 죽는 것이다. 그리스도 만민을 위하여 죽으셨다면 그런 경우가 되겠으나, 그는 그의 죽음으로 말미암아 만물의 주가 되시는 권능을 누리게 되었고, 만민을 심판하시며 인간의 가장 위대한 것도 그의 의로운 심판으로 지옥에 던져넣게 되셨을 뿐이며, 내가 진실로 고백하거니와 그리스도의 죽음을 만인을 위한 대속의 죽음으로는 볼 수가 없다. 만약 어떤 사람이 그리스도는 죽음과 부활을 통하여 만민을 심판하시기에 그의 죽으심도 만민을 위한 것이었다고 주장한다면, 나는 그런 사람들에게 다음 세 가지 사항만 일러주려 한다. 첫째, 많은 사람들은 그들이 세상에 오신 구세주께로 인도하는 복음을 전혀 듣지 못했다고 해도, 그들 마음가운데 남아 있어 그들을 창조주께로 인도하는 빛을 따라 걷지 않는다면 그리스도의 심판을 받게 될 것이다(롬 2 : 12). 그러므로, 그들에게 그리스도의 죽음이란 아무런 소용도 없는 것이다. 둘째, 그리스도께서 죽음과 부활을 통해 모든 것을 심판하실 권능을 갖게 되셨다고 해서, 모든 것을 위해 죽으시기도 한 것이라고 한다면, 그 모든 것 속에 포함되는 마귀를 위해서도 죽으셨다는 것인가? 그럴 수 없다. 셋째, 그런 주장은 결국 우리가 논의하는 바에 조금도 부합되지 않는다. 우리가 생각하고 있는 것은 주님께서 피흘려 구속하시고자 했던 사람들에 대해서이다. 그러나 주님은 장차 심판받을 자들을 향해서는 "나는 도무지 너희를 알지 못하노라"하실 것이다.

D. "성경이 모든 사람에 대한 진리로서 일반적으로 가르치는 바는, 누구를 막론하고 그리스도를 믿고 그에게 나아와 그를 영접하면 멸망치 않고 영생을 얻으리라는 것이며, 이는 반드시 믿어야 할 진리이다(행 5 : 20)".

"그런데, 하나님은 그의 아들을 세상의 구세주로 보내셨음이 성경에 일반적인 말씀으로 기록되어 있으므로, 누구를 막론하고 그리스도께 나아와 그를 영접하고 믿으면 멸망치 않고 영생을 얻게 된다"(요 3 : 16~18, 36, 1 : 4, 11, 12).

"그러므로, 하나님이 그의 아들을 보내어 세상의 구세주가 되게 하셨음은 분명한 진리이다"(요일 4 : 14).

이 그럴듯한 새로운 논증이 나로 하여금 많은 시간과 노력을 소모하게 들려 하지만, 바라건대 지금 진행 중인 논쟁이 무엇인지를 알고 우리의 의견과 그 반대 의견 사이에 어떤 방향으로 논점이 쏠리고 있는지를 알고 있는 사람이나, 논증의 방법을 익히 알고 있는 사람은 결코 내가 이 형편없는 미사여구며, 공허한 반복, 혼란스런 표현, 비논리적인 추론에 불과한 것에 쓸모없이 많은 말을 하기를 기대해서는 안될 것이다. 나의 경우 이런 것들이 주는 지루함을 견디낼 수 없으며 "참아내기란 무척 끔찍한 노역일 뿐"이다. 그러므로 대충 훑어보기만 해도 알 수 있는 이 논증을 가지고 세세한 부분까지 따져가며 더 이상 독자를 괴롭게 해서는 안되겠다. 즉 모어는 논증하는 방법도 모르고, 그의 생각을 적절하게 표현할 줄도 모르며, 논리정연하게 한 가지에서 다른 한 가지를 추론

해낼 줄도 모른다. 이런 경우 내가 해주고 싶은 말은 첫째, 어떤 것이 되었든 성경에서 믿어야 할 진리라고 제시된 바가 꼭 함축되어 있어야 한다. 둘째, 성경은 복음을 듣는 모든 사람들에게 죄인이 하나님께 가기 위한 충분조건으로서 그리스도의 죽음을 제시하고 있으므로, 누구든지 이 사실을 믿고 그에게 나오는 자는 멸망치 않고 영생을 얻게 된다. 셋째, 오직 그리스도의 죽음만이 그것을 알게 되는 최후의 한 사람까지 구원할 수 있으며 사람이 진정한 믿음으로 그 사실에 관심을 가지고 있는지의 여부는 우리가 알 수 없다. 이 사실에 대해서는 전에 성경의 많은 증거로 확증한 바 있거니와 그리스도의 죽음이 선택받은 사람들에게는 약속의 원천이 된다. 넷째, 만약 누가 어떤 논증을 펴고자 한다면 그 결론에는 적어도 전제 가운데 포함된 주장들이 다 나타나야 한다. 즉, 모어의 논증 같으면 "그리스도께서 세상의 구주로 보내심을 받았고 특별히 택함을 받은 사람은 누구든지 그를 믿는다"라는 식이 되어야 한다. 그렇게 되면 그 논증은 보편적인 구속에 대해서는 전혀 언급하지 않고 오직 그의 대속의 충분함과 온전함에 대해서만 말한 것이 되어 충분히 받아들일 수 있다. 우리는 이미 세상이라는 말의 의미에 대해 충분히 얘기했음을 기억하라.

E. "언젠가는 하나님께서 모든 사람들로 하여금 그의 영광을 고백하게 하실 것이다. 왜냐하면 하나님은 그의 영광을 위해서 거짓말을 하시지 않기 때문이다"(요 3 : 33 ; 롬 3 : 3, 4).

"그런데 하나님은 언젠가는 모든 사람들로 하여금 예수를 주로 고백하고, 그에게 영광을 돌리게 할 것이다"(빌 2 : 7 ~ 11 ; 사 45 : 22, 23 ; 롬 14 : 9, 11, 12 ; 시 86 : 9).

그러므로, 예수 그리스도께서는 자신을 모든 사람을 위한 대속물로 내어주사 만민의 주가 되는 권세를 가지셨다. 누구든 아직 믿지 않으며 그리스도에게 복종하지 않더라도, 충실하게 살며 자신을 속이지 않으면 언젠가는 그 앞에 나아가 그를 주로 고백하며 하나님께 영광을 돌리게 될 것이다. 만약 그리스도께서 누구를 모른다고 하신다면, 그것은 그리스도께서 참고 기다리는 동안 그를 부인했기 때문이다(딤후 2 : 12 ~ 14 ; 마 10 : 32, 33 ; 고후 5 : 10).

답변 만약 이 논증이 전제로부터 설득력을 끌어낼 수 있으려면 결론은 "그러므로 예수 그리스도는 주님이시며 하나님의 영광이시라고 고백되어져야 하는 것은 분명한 진리이다"라는 식으로 되어야 하고 그 외의 다른 결론은 있을 수 없다. 이것만이 이 논증이 지녔어야 할 결론이며, 만약 그렇지 않으면 이것은 삼단논법이 아니라 각 항마다 그 나름의 설득력을 갖는 독립명제가 되어 버릴 것이다. 그리스도가 모두를 위하여 자신을 대속물로 내어주신 것과 그를 믿지도 순종하지도 않는 자들이 받을 정죄가 고린도후서 5장 10절, 디모데후서 2장 12～14절 등을 근거로 삽입되어 제시된 것은 현재 전개하고 있는 논증에 전혀 걸맞지 않는다. 어쨋든 모어는 보편적인 구속에 대해 반대하는 사람들이 그에 대해 의문을 제기할 것을 알면서도 앞에 제시된 바와 같은 결론을 내세웠던 것이다. 나는 그에게 몇 가지 충고하고 싶은데, 첫째, 그리스도의 구속이 열매없고 무익한 것이라고 말하는 것은 아니며 그가 자기 마음을 움직인 사랑으로 모든 사람을 사랑하여 자기 목숨을 내놓았다고 말하는 것은 아니지만 그는 자기의 교회, 즉 택하신 자들을 구속하셨다. 그러나, 그는 또한 복음의 진리를 알지 못하고 믿지도 순종하지도 않는 자들까지 심판하시리니, 우리 모두는 그가 최후 심판날에는 만민의 주가 되심을 확실히 알게 되리라. 모어가 이 사실을 안다면 그런 문제되지도 않을 것들을 증명하느라 공연히 애쓸 필요가 없을 것이다. 둘째, 이 논증의 소전제에 나타난 "그의 죽음과 대속물이 되심으로 말미암아"라는 구절의 경우, 이는 우리를 위한 그의 죽음이 그로 하여금 영광을 얻게 했다는 의미는 아니다. 성경 어디에도 그런 근거는 없다. 그가 영광을 받으신 것은 빌립보서 2장 7～11절에 분명히 드러나 있듯이, 우리를 위한 그의 속죄 때문이 아니라 그가 죽기까지 하나님께 순종하신 때문이다.

F. "성경 안에서 성경에 의해서, 그 안에 담긴 명백한 문장을 통해, 그리고 그에 따른 필연적인 결과로 표현되어, 성경에 대한 아무런 왜곡이나 더함도 뺌도 혹은 변조시킴도 없이 표현된 바는 우리가 믿어야 할 진리이다"(마 22：29, 32；롬 11：2, 5, 6).

"그런데, 예수 그리스도께서 모두를 위해 자신을 대속물로 내어주셨고, 하나님의 은총을 통하여 모든 사람을 대신하여 죽음을 맛보셨다는 것은, 이미 7장과 13장에서 말했었고 이제 거기에다 여러가지 증거들을 덧붙일 수 있는 것처럼, 성경 안에서 성경에 의해서, 그안에 담긴 명백한 문장을 통해, 그리고 그에 따른 필연적인 결과로 표현되어, 성경에 대한 아무런 왜곡이나 더함도 삭제 혹은 변조시킴도 없이 표현된 바이다"

"그러므로, 예수 그리스도께서 모두를 위해 자신을 대속물로 내어주시고, 하나님의 은혜를 통하여 모든 사람을 대신해서 죽음을 맛보셨다는 것은 우리가 믿어야 할 진리이다"(막 1 : 15 ; 16 : 15, 18 ; 요일 4 : 14).

답변 1)이 논증의 의미인즉 보편적인 구속은 성경에 의해 증명될 수 있다는 것인데, 바로 여기에 문제가 있으며 이 가설이 과연 논증될 수 있는지를 다시 생각해 봐야 한다. 내가 보기에 이는 쓸모없이 말만 늘어 놓은 것으로서 굳이 답변해 줄 가치도 없겠지만 이런 논증을 하려는게 어떤 사람들인지는 고려해 봐야 할 것이다.

2) 이 논증 자체를 놓고 볼 때 말하고 싶은 것은 (1) 첫번째 명제의 경우 불필요한 표현을 하고 있는데, 본래의 의미인즉 "성경에 확증되어 있거나, 성령이 우리를 인도하여 진리를 깨닫게 하셔서 우리가 성경의 뜻을 해석하여 알게 된 바는 분명히 믿어야 한다"라는 것이었으리라. 물론 이 말 자체는 누구나 다 인정하는 바이지만, 그가 인용한 마태복음 22장 29, 32절이나 로마서 11장 2, 5, 6절 등에 의해서는 논증되지 못하며, 오히려 반박의 구실만 될 뿐이다. (2) 두번째 명제에 쓰인 바, 그리스도께서 모두를 위해(휘페르 판톤 : ὑπὲρ πάντων) 자신을 대속물로 내어 주셨다는 것과, 모두를 위해(휘페르 판토스 : ὑπὲρ παντός) 죽음을 맛보셨다는 것은 바로 성경에 나타난 말씀으로서 아무도 부인할 수 없는 것이다. 그러나 여기 모두라는 말을 모든 사람으로 바꾸어 읽는다면 그것은 모어 임의로 한 일이며 성경에 나타난 것이 아니다. 그러므로, 모어가 그리스도는 모두를 위해 자신을 대속물로 내어주었고, 모두를 위해 죽음을 맛보셨다고 한다면, 그것은 온당한 고백으로서 아무도 부인할 수가 없다. 그러나, 모어가 모두라는 말을 신, 불신을 막론하고 모

든 시대, 모든 종족의 만민을 가리키는 말로 바꿈으로써, 하나님의 자녀 모두만을 가리키는 뜻으로 사용하지 않는다면 나는 기꺼이 모어와 논쟁을 벌이겠다. 우리 믿음의 분량을 헤아려보고, 구속의 교리의 본질을 생각해보며, 내세우는 성경구절들을 성경의 다른 곳과 비교하면서 하나님의 약속을 따라 그의 뜻을 알기 위해 겸허한 마음으로 온갖 노력을 다할 것이다. 그리고 비록 내가 연약하며 실패할 수 있어도 하나님의 은혜로 말미암아 그러한 노력이 결실을 거둘 것을 확신한다. 하나님의 선하심으로 말미암아 나는 힘을 얻어, 그것이 루터파이건 알미니안파이건 보편구원에 대해 말하는 바를 속속들이 파헤칠 수 있을 것이다. 우선 당면한 문제에 전념하여 독자들이 먼저 주목해야 할 것은 "그리스도께서 하나님의 뜻과 그 자신의 계획대로, 죽음을 통하여 그 자신을 대속물로 내어주심으로써 모든 사람을 죄와 죽음과 지옥에서 건지시고 구원과 영생을 얻게 해주셨다. 이는 그의 유업을 상속받을 택한 백성된 교회만을 위함이 아니다"라는 주장이다. 이러한 주장에 대해서는 여러가지 증거들을 들고 나오는데, 우리는 하나님의 도움을 힘입어 그것들을 차례로 검토해 볼 것이다.

[증거] 1. "하나님은 세상을 극진히 사랑하셔서 그의 외아들을 세상의 구주가 되게 하셨고(요일 4:14), 그의 종들을 파송하여 그 아들에 대해 증거하게 하심으로서 모든 사람들로 하여금 믿게 하셨으며(요 1:4, 7), 누구든지 그를 믿는 자마다 영생을 얻게 하셨다(요 3:14, 17). 그리고, 하나님은 만민이 진리를 알게 되기를 원하시며(딤전 2:4), 구원받기를 원하신다(딤전 1:15). 하나님은 사람들이 빛에 비추임을 받아 고통을 무릅쓰고 그의 뜻을 받아들이려 하면 기꺼이 그들을 도우신다(잠 1:23; 8:4, 5). 이는 성경에 명백하게 기록된 바이다".

[답변] 1) 중대한 문제가 되는 것은 전에도 언급했다시피 우리가 성경에서 그리스도의 죽음에 대한 비한정인 표현을 보편적인 표현으로 이해한다는 것으로서, 이 경우 모두라는 표현과 세상이라는 표현이, 실은 그리스도께서 위하여 죽은 사람들을 가리키는데도 불구하고, 세상 모든 사람들을 가리키는 것으로 생각하는 것이다. 만약 이 생각이 사실

이 아니라면 이 증거를 내세움에 있어서 다른 모든 노력은 헛되고 무익한 것이다. 그런데 이 거짓된 논증 가운데는 귀담아 들을 것은 없고 다만 논증에는 아무 도움도 안될 모호하게 반복된 성경구절과 그에 대한 거짓된 설명들 뿐이다.

2) 요한일서 4장 14절에 하나님께서 그의 아들을 보내어 "세상의 구세주"가 되셨다는 구절과 또 그의 종들을 보내어 이를 증거케 하셨다는 것은, 그리스도께서 세상에 있는 그의 택한 백성들의 구세주가 되셨다는 의미이다. 이와 같이 분명하게 해석되는 성경구절들은 모어의 논증에 조금도 도움이 되지 않는다. 다음으로 요한복음 1장 4, 7절을 생각해보자. 먼저 4절에 그리스도는 "사람들의 생명"이라고 했는데, 이는 지극히 참된 말씀으로서 그 누구도 그리스도로 말미암지 않고는 생명을 얻을 수 없는 것이다. 또 7절의 "모든 사람으로 그로 말미암아 믿게하려 함이라"라는 말씀의 경우 완전히 짜집기식으로 성경을 인용한 것이다. 실제는 세례 요한이 보냄을 받았는데도 마치 그리스도가 보냄을 받은 것처럼 되어버렸다. 이것은 아예 문제거리로 삼을 가치도 없다. 비록 겉보기에는 그럴듯하지만 마치 마귀가 예수에게 성전 꼭대기에서 뛰어내리라고 했던 것과 마찬가지의 유혹인 것, 그게 바로 보편구원론이다. 그러나, 만약 당신이 옛 뱀의 유혹을 물리친다면, 이 구절은 그것에 의해 거짓되이 주장되려 하는 가설을 정당화시키는데 악용되지 않을 것이다. 성경 본문에는 "하나님께로서 보내심을 받은 사람이 났으니 이름은 요한이라 저가 증거하러 왔으니 곧 빛에 대하여 증거하고 모든 사람으로 자기를 인하여 믿게하려 함이라"고 했는데, 여기서 "자기를 인하여"(디아 우투 : δι' αὐτοῦ)는 누구를 가리키는 것인가? 몇몇 이단자만을 제외한 거의 모든 주석가들은 그것이 요한이라는데 동의한다. 그래서 시리아 전승에 의하면 "그의 사역으로 말미암아"로 읽히는 것이다. 우리는 그리스도에 의해서 (디아 크리스투 : διὰ Χρίστου) 믿는 것도, 빛에 의해서 (디아 투 포토스 : διὰ τοῦ φωτός) 믿는 것도 아니며, 요한복음 12장 36절에 이른 바와 같이 "빛을"(에이스 토 포스 : εἰς τὸ φῶς) 믿는 것이다. 그리고, 사도행전 9장 42절에도 "주를 믿더라"(에피 톤 퀴리온 : ἐπὶ τὸν Κύριον)라고 되어있고, 마찬가지로 로

마서 9장 33절에도 "저를 믿는자"(카이 파스 호 피스튜온 에프 아우토 : Καὶ πᾶς ὁ πιστεύων ἐπ' αὐτῷ)라고 했다. 그러므로 성경 여러 곳에 나타난 것처럼 **그를**(in him) 믿는 것이지 그로 말미암아(by him) 믿는 것은 아니다. 그로 말미암아라는 말은, 신앙의 대상인 그리스도를 가리키는 것이 아니라, 말씀의 사역이며 신앙의 수단이 되는 것을 가리킨다. 이와 같은 점을 놓고 볼 때, 우리는 요한에 대해 분명하게 알 수 있으니, 곧 그는 "모든 사람으로 자기를 인하여 믿게"하려고 보내심을 받은 것이다. 여기 "모든"이라는 말을 모어는 자기 나름대로 해석하여, 그것은 인류집단 전체에 대한 보편적인 표현이라느니, 하나님이 그렇게 말씀하셨다느니 등의 소리를 늘어놓고 있다. 그런데, 실제로 요한의 사역을 통해 믿게 된 모든 사람들이란 누구인가? 요한 당시 세계 도처에 살던 사람들만을 가리키는가, 아니면 오직 유대에 살던 사람들만을 가리키는가, 혹은 그 당대뿐 아니라 모든 시대 모든 지역의 사람들을 다 가리키는 것인가? 이에 대해서는 각자 저마다의 생각에 만족해하며 내가 자기들과 논쟁을 하지 않으리라고 생각할 수도 있겠지만, 나는 분명히 여기서 **모든 사람**이라고 한 표현은 그 말씀이 주어지는 일부 사람들에 **국한됨**을 확언해두고 싶다.

3) 요한복음 3장 16, 17절에 하나님이 그의 아들을 보내사 "저를 믿는 자마다 영생을 얻게 하려하셨다"라고 하신 경우, 그 뜻에 대해서는 신자들 사이에 그 어떤 논쟁도 없는 줄 안다.

4) 디모데전서 2장 4절에서 하나님은 모든 사람이 구원받기를 원하신다고 한 것에 대해, 모어는 모든 사람이라는 말을 보편적인 의미로 해석하는데, 이에 대해 제기하고 싶은 의문은 ⅰ) 하나님께서 진정 하시고자 하는 것은 무엇인가? 모든 사람이 다 구원받는 게 그가 뜻하신 영원한 목적 가운데 포함되어 있는가? 그렇다면, 왜 아직 모든 사람이 다 구원받지 못하고 있는가? 대체 "누가 하나님의 뜻을 거역할 수 있단 말인가?" 비록 하나님은 원하셨더라도 결국 그의 뜻이 이루어지지 않았다는 말인가? 그렇다면 하나님은 그의 정당하고 거룩한 소원을 성취하지 못하신 지극히 불행한 분이 될 것이다. 혹은, 하나님은 사람들에게 선포하신 바를 일시적으로만 행하신다는 것인가라고 질문할 수도 있으리라.

그러나, 내가 분명히 말하거니와 구원은 구세주이신 예수 그리스도 안에서만 이루어지며, 하나님께서는 무슨 일을 하시든지 그 자신의 뜻을 모든 시대 모든 지역의 사람들에게 드러내시지는 않았다. ⅱ) 이 명제는 과연 모든이라는 표현을 본래 의도대로 존중하고 있는가? 만약 그렇다면 어째서 모든 사람에게 구원이 임하지 않는가? 또, 그렇지 않다면 어떤 면에서 그렇지 않은가? 무엇보다도 본문 자체에 그런 주장에 대한 증거가 전혀 없다. 내가 생각하기에 모든 사람이란 지구상 모든 종족의 일부를 말하며, 이미 요한복음 6장 40절을 통하여 예수 그리스도에 의해 언급된 하나님의 뜻이 무엇인지는 분명히 보여주었다고 믿는다. 그리고, 이 증거 끝 부분에 오는 하나님은, 빛에 비추임을 받아 고통을 무릅쓰고라도 그의 뜻을 받아들이려 하는 자들에게는 기꺼이 은혜를 베푸신다는 말은, 지극히 위험한 사단의 가르침으로서, 펠라기우스파(Peragian)등의 이단들이 퍼뜨리고 다녔으며 아무런 성경상의 증거도 없는 것이다.

그 주장의 의미인즉, 하나님의 풍성한 은혜는 모든 사람에게 주어지는 것이고, 심지어는 각 사람마다 누리고자 하는 만큼 더 누릴 수도 있다는 것이다. 이는 지극히 해로운 가르침이며 성경의 가르침과는 반대되는 것으로서, 하나님의 무한한 은혜에 손상을 입히고 그 은혜의 열매를 파손시키며, 소위 자유의지라는 우상을 하나님 자리에 앉히는 것이다. "성경에 확연하게 드러난" 바에 의하면, 이는 분명 우리에게 주어긴 신약성경의 진리에 어긋난 것이다. 만약 주님의 뜻이라면 나는 이를 드러내 보여줄 수도 있다. 그러나, 지금 당장에 할 일은 아니므로 여기서는 생략하고 넘어간다.

[증   거] 2. "하나님의 아들 예수 그리스도는 세상에 오셔서, 세상을 구원하셨고(요 12 : 47), 죄인들을 구원하셨으며(딤전 1 : 15), 우리의 죄를 없애주심으로 마귀의 일을 멸하셨고(요일 3 : 5, 8), 세상 죄를 지고 가셨으며(요 1 : 29), 모두를 위해 죽으셨으며(고후 5 : 14, 15), 모두를 위해 자신을 대속물로 내어주셨고(딤전 2 : 6), 잃어버린 자를 찾아 구원하셨다(마 18 : 11). 그의 희생은 세상을 위한 것이고(고후 5 : 19), 나아가서는 온 세상을 위한 것이었다(요일 2 : 2). 이 모든 사

실은 성경 가운데 명백하게 그리고 충분히 드러나 있다"

[답　변] 이 증거를 위해 제시된 성경구절들에는 모든이라는 말이나 세상이라는 말이 나오는데(요 12 : 47, 1 : 29; 고후 5 : 14, 15; 딤전 2 : 6; 고후 5 : 19; 요일 2 : 2), 이는 전에 검토했으므로 또 다시 반복함으로써 독자들을 피곤하게 하기 싫다. 만약 당신이 그 제시된 성구들을 검토해 본다면, 그것들이 모어의 주장에 조금이라도 설득력을 더해 주기는 커녕, 오히려 그의 주장을 뒤엎는 것들 임을 알게 될 것이다. 그 외에 디모데전서 1장 15절, 마태복음 18장 11절, 요한일서 3장 5, 8절 등의 경우에도 내가 보기에는 보편구원론을 입증하는데 조금도 도움이 안 되며, 오히려 그 반대의 사실을 말하고 있다. 이제 두번째 증거에 대한 답변은 이쯤 접어두고 다음으로 넘어가기로 하자.

[증　거] 3. "하나님은 그리스도 안에서 약속하신 방법을 따라 만민에게 그리스도로 말미암은 그의 은혜와 선하심을 증거하셨다(시 19 : 4; 롬 10 : 18; 행 14 : 17). 그리고, 때로 성령의 감화를 통해 사람들의 마음을 감동시키시어 그들로 하여금 회개하고 하나님을 찾아 그들에게 주어진 구원의 은혜를 붙들게 하신다. 이는 결코 가식적인 것이 아니요 참되고 복된 것으로서, 사람들에게 기꺼이 베푸시고자 하시는 것이다. 그리고 이것은 성경에서 충분히 증명되는 사실이다"(창 6 : 3; 사 45 : 22; 행 17 : 30, 31; 요 1 : 19).

[답　변] 1) "Parvas habet spes Troja, si tales habet"(트로이가 희망을 가졌더라도 조금밖에 안 가졌다.) 만약, 구원의 보편성이라는 것이 이와 같은 증거를 필요로 한다면, 그것은 진실로 증명되어야 할 절실한 필요는 있으되 증명할 희망은 없는 것이다. "Manus manum ficat"(고장난명, 즉 한 손으로는 손뼉을 칠 수 없다는 뜻)라든지 그렇지 않으면 오히려 "Muli se mutuo scabiunt"(당나귀가 당나귀끼리 서로 비빈다.)인 경우이다. 즉 보편적인 소명은 여기에 주장된 바와 같이 보편적인 구속을 요구한다는 것이다. 이 둘은 서로가 나머지 하나를 뒷받침하면서, 인간을 숭배하는 이른바 자유의지설의 두 기둥이 된다. 보편적인 소명에 관해서는 지금은 다루지 않겠다. 그러나, 일단 하나님께서는 창세 이후로 어느 때에든지 사람들에게 자신을 창조주로 알려오셨으며, 그것도

눈에 보이는 피조물들을 통하여 "그의 영원하신 능력과 하나님 되심"을 나타내셨던 것이다(롬 1 : 19, 20 ; 시 19 : 1, 2 ; 행 14 : 17).

2) 그리스도께서 그의 죽음 이후에 복음의 광범위한 전파를 통해 하시는 일은, 세계 도처에 흩어져 있는 그의 자녀들을 그 자신에게로 불러 모으는 것이다. 과거에는 하나님의 백성이 이스라엘 한 나라에만 국한되어 있었으나 이제는 만방에 복음이 전파되었다(막 16 : 15 ; 롬 10 : 18 ; 사 45 : 22 ; 행 17 : 30). 셋째, 구세주 되신 예수 그리스도께 나아와 그의 은혜와 선하심에 동참하기 위한 어떠한 방법도 하나님이 인정하시며 성령의 감화로 말미암아 그의 부르심에 응하게 하신다는 생각은 과장되고 근거없는 생각이며, 하나님께서 분명히 보여주신 은혜에도 반대되고 성경 말씀이나 모든 세대에 걸친 신자들의 경험에도 어긋난다. 그래서, 내 생각엔 아무도 감히 이것을 사실이라 주장할 수 없을 것이다. 만약 내가 지금 이 논쟁에 전념하기로 결심하지 않았다면, 나는 이 공상을 뒤엎기 위해 몇 가지 이유를 제시하려 들지 않을 것이다. 그러나, 주님께서 막지만 않으신다면 나중에 몇 가지 이유를 제시하리라. 독자들은 그 이유에 대해 다음의 성구들을 찾아보기 바란다. 시편 147편 19절, 20절 ; 마태복음 11장 25절과 22장 4절 ; 사도행전 14장 16절과 16장 7절 ; 로마서 10장 14, 15절 등을 보기 바란다.

[증   거] 4. "아버지와 아들로부터 오시는 성령은 세상의 죄를(자기네들이 죄인임을 부정하는 것까지 포함해서) 책망하신다. 그 이유인즉, 그들이 그리스도를 믿지 않았으며 그것이 곧 그들의 죄가 되기 때문이다. 그런데, 만약 어떤 사람들의 경우 그리스도의 구속의 대상이 되지 못하고, 그들에게 하나님의 진리를 알 수 있는 은혜가 주어지지 않으며, 성령의 감화를 충만히 받지 못해서 믿을 기회가 주어지지 않았다면, 어떻게 그들이 죄인이 될 수 있겠는가라고 물을지도 모른다. 그러나, 성경에는 그들의 큰 죄가 무엇이며, 어떻게 그 죄로 말미암아 그들이 다른 죄들을 범하지 않더라도 범한 것과 같이 되는가에 대해 분명히 제시되어 있다"(요 3 : 18, 19 ; 8 : 24 ; 12 : 48 ; 15 : 22, 24 ; 16 : 7 ~ 11).

[답   변] 이 증거의 의도는 모든 사람이 그리스도를 믿지 않음으로써 정죄받았음을 보여주려는 것이다. 그리고, 모어는 이 증거가 성립하

려면 다음 세 가지를 인정해야 한다고 말한다. ⅰ) 그리스도의 구속은 그들을 위해 충분한 것이다. ⅱ) 하나님은 그들에게 참으로 은혜를 베푸시고자 한다. ⅲ) 성령께서는 그들에게 신앙에의 의지와 능력을 주신다. 이제, 나는 비록 그 누구도 이 증거로부터 보편구원론에 대한 결론을 이끌어낼 수 없음을 믿지만, 몇 가지 더 생각해 보고자 한다. 1) 만약 당신이 "그들에 대한 구속에 있어서의 충분함"이라는 말을 그들을 위해 이루어진 구속이 충분한 것이라고 이해한다면 우리는 그런 견해를 부인할 것이다. 그 이유는 구속이 그 자체로 충분하지 않아서가 아니라 그들을 위한 것이 아니기 때문이다. 만약 당신이, 그들이 신자라면 그리스도의 구원의 공로가 충분한 것이라고 생각한다면 우리는 그것을 인정할 것이고, 그러한 충분함이야말로 그들에게 구속의 은혜를 제시할 수 있는 주된 근거가 됨을 확증해 두는 바이다. 2) 다른 모든 하나님의 말씀과 방법에서처럼, 하나님께서 누구에게 은혜를 주고자 하시는 데에도 진리가 있다. 만약, 우리가 그리하면 영생을 주겠다고 한 믿음에의 명령을 은혜 베푸심으로 생각한다면 거기에는 진리가 담겨 있는 것이다. 그것은 하나님께서는 모든 신자들에게 생명과 구원을 주신다는 것이며, 그 즉시로 우리에게 의무가 생김을 주장하신다. 또 믿음에는 생명이 따른다는 문제에 대해서는, 그것이 각 개인의 경우 믿게 될지 어떨지를 모르는 것이므로 "누가 주님의 마음을 알아 그의 모사가 되었느냐?"라고 말하는 수 밖에는 없다. 3) 성령의 의지 혹은 권능에 대해서는 ⅰ) 의지를 능력보다 앞세움으로써 본래의 말을 전도시켰음을 지적하고 싶으며, ⅱ) 만약 누가 믿음에 대해 고려해 보도록 요구받았지만 그에게는 아담 이후로 상실되었기에 그럴 의지나 능력이 없다고 하면, 그런 사람에게도 신앙에의 책임을 묻기 위해서는 그에게 먼저 내적인 도움이 주어져야 한다. ⅲ) 사람이 어떻게 해야 아직 불신자인 그에게 신앙에의 의지를 갖게할 수 있는가의 문제는 다음에 논하게 될 것이다. 그런데, 이 문제에 대해서는 다음과 같은 논증형식을 가지고 그 나름대로의 설득력을 내세우는 증거를 제시하는 경우도 있다. "만약 성령께서 복음을 듣고도 믿지 않은 모든 죄인들의 마음을 감화시키려 하신다면, 그리스도는 복음을 들은 사람이나 듣지 않은 사람 모두를 위해 죽으신 것이다. 그런데 첫번째 내세운 명제는 참되니 사람들의 불신은 커다란 죄이다. 고로 예수 그리스도는 모두를 위해 죽으셨다"이것이 전혀 성립되지 않는 논증이다. 여러 성경구절들(요 3 : 18, 19 ; 8 : 24 ; 12 : 48 ; 15 : 22, 24)은 불신앙이 영혼을 정죄 당하게 하는 것이며, 그들이 복음을 들었는데 그럼에도 불구하고 불신한다면 그들은 개별적으로 정죄를 받으리라고 가르친다.

성경구절 가운데는 더욱 강권적이라서 그 결과로 더욱 오용되는 것이 있어 우리가 그 의미를 옳게 식별해야 한다. 그 구절은 요한복음 16장 7~11절이다. 먼저 그 구절은 다음과 같다. "그러하나 내가 떠나가는 것이 너희에게는 유익이라 내가 떠나가지 아니하면 보혜사가 너희에게로 오시지 아니할 것이요, 가면 내가 그를 너희에게로 보내리니, 저가 와서 죄에 대하여 의에 대하여 심판에 대하여 세상을 책망하시리라. 죄에 대하여라 함은 저희가 나를 믿지 아니함이요, 의에 대하여라 함은 내가 아버지께로 가니 너희가 다시 나를 보지 못함이요, 심판에 대하여라 함은 이 세상 임금이 심판을 받았음이라". ⅰ) 모어가 그리스도와 함께 그 안에 거하시는 성령의 말씀의 사역을 종말론적인 차원에서 이해하고 있는지 아니면 현재 복음전파와 관련시켜 이해하고 있는지부터가 불분명하다. 만약 전자를 의미했다면 그는 철저한 실수를 저지른 것이며, 후자를 의미했다면 여기에 확증된 바는 오로지 복음을 들은 사람들에게만 국한되어 그리스도의 죽음 이전과 이후 모든 사람을 포괄하는 보편구원론은 그 효력을 잃게된다. 그러나 ⅱ) 성령의 이와 같은 확증이 오직 복음을 듣는 사람들에게만 해당되는지 아니면 복음을 듣지 못하더라도 그들 마음 속에서 일어나는 모든 갈등과 감화까지를 말하는지의 여부도 불확실하다. 만약 후자를 의미한다면 그는 마땅히 증거를 대야 하리라. ⅲ) 사람들이 회심하고 믿게되는 것이 은혜의 결과인지 아닌지의 여부는 불분명하다.

그러나, 제기되고 주장된 본문인 이 구절에 대해 이것이 제기될 이유가 없음을 보여주기는 해도, 나는 내나름으로 이 구절의 의미를 설명하고자 한다. 우리 구세주 예수 그리스도께서 그의 마지막 설교 가운데 하시고자 했던 말씀은, 자기가 그들을 떠나 아버지께로 간다고 말함으로써 슬픔가운데 놓이게 된 제자들을 위로하려는 것이었다. 게다가 그들의 주요 스승되신 분이 비참한 죽음을 당할 것이고 모진 박해를 받고 그들에게서 뺏기울 것임을 생각하면 그들의 슬픔은 더했을 것이다. 그런 상황에 놓인 제자들에게 주님은 그럼에도 불구하고 근심하거나 슬퍼하지 말라고 하신다. 이러한 온갖 수치와 손실은 그가 육신으로는 그들을 떠나 계실 때 그들을 위해 해 주실 사역에 의해 충분히 보상될 것이라고 확신시켜 주시는 것이다. 그리고, 그들의 머리되신 주님이 박해를 당하고 거짓 교사로 몰려 죽임을 당할 때, 주님은 그들에게 또다른 보혜사를 보내시어 그를 대신하게 하고, 그의 부재로 말미암아 불안에 쌓인 그들을 위로하게 하시리라고 말씀하신다. 그리고, 지금까지 그들과 함께 하면서 당해왔던 것보다 더 큰 일들 가운데서도 그들과 함께 하리라고 약속하신다(이에 대해서 주님은 요한복음 16장 7절에서 제자들에게 다시 한 번 상기시킨다). 약속된 그 보혜사는 능력있는 "변호자"로서 죄인으로 몰려 고소당한 사람을 위해 변호하신다(계 12 : 10; 요일 2 : 1). 그리스도는 자신이 하나님 옆에서 그들을 위해 변호하시는 분이시듯, 신자들에게 세상 앞에서 그를 증거할 변호자를 보내시겠다고 약속하셨다. 세상에 속한 사람들은 그리스도를 유혹하는 자로 몰아 잔혹하게 핍박하고 정죄하였으며, 그로 말미암아 그의 제자들에게도 압박을 가하고 있는 것이다. 성령의 강림은 물론 모든 시대의 선교사역에서 벌어지는 일이기도 하지만, 특히 구세주되신 그리스도의 승천 이후 오순절에 모인 사도들에게 이루어진 성령강림을 가리킨다. 성령강림에 대해서는 그리스도께서 그에 대해 확증해 주신 바를 심사숙고해 보면 더욱 분명하게 알 수 있다. ⅰ) 성령은 "죄에 대하여 세상을 책망하시리니" "죄에 대하여라 함은 저희가 그리스도를 믿지 아니함"이다. 이는 사도행전 2장에 기록된 베드로의 설교 가운데도 잘 드러나 있는데, 그 당시 사람들은 자기들의 죄를 절실하게 느끼고 있었던 바 베드로의 설교를 듣고서는 "형제들아, 우리가 어찌하여야 구원을 얻을꼬?"라고 부르짖었던 것이다. 그 당시 세상 사람들은 자기들이 그리스도를 죽인 죄인들이었음을 기꺼이 고백했던 것이다. ⅱ) 또한 성령은 "의에 대하여 세상을 책망하시리니" "의에 대하여라 함은 그리스도가 하나님께로 가니 제자들이 다시 그리스도를 보지 못할 것"을 가리킨다. 즉 세상 자체가 의롭다는 게 아니라, 오히려 세상이 의롭지 못하기에 이를 책망한다는 것이다. 성령은 세상에 대해 그리스도를 정죄한 책임을 물으시고 그는 의로운 분이셨음을 증거하며, 세상은 그를 하나님을 모독한 자로 매도했으나 그는 자신이 증거한대로 하나님의 아들이심을 말씀하신다. 세상 사람들은, 사도들에게 성령이 부어짐으로써 그리스도가 죽음에서 살아나 하나님께 올라가신 것이 확실하게 증거되었을 때, 이 진리를 인정하지 않을 수 없었다.
ⅲ) 성령은 오셔서 "심판에 대하여 세상을 책망하시리니" "이는 이 세상 임금이 심판을 받았음"이다. 이는 그리스도께서 세상 사람들이라고 지칭한 모두를 가리키는 것으로서, 그들은 그리스도를 목수의 아들이라고 하여 경멸하였고, 할 수만 있거든 십자가 위에서 내려와 보라고 했던 것이다. 그러나, 그리스도는 이제 하나님 보좌 우편에 계시며, 전에 자기를 정죄하고 죽였던 자들과 그의 십자가형을 선동했으며 죽음을 손에 쥔 원수 마귀를 심판하실 것이다. 이상이 내가 생각하는 이 성구(요 16 : 7 ~ 11)의 의미로서 말씀의 능력을 통해, 세상 끝까지 한 가지 목적을 위해 다양한 방법으로 역사하시는 성령의 능력을 온전히 인정하는 것이다. 그러나, 보편구원론의 경우 이 진리를 설명할 수 없으며 다른 사람들에게 이해시킬 수도 없을 것이다.

증 거 5. "하나님은 그의 말씀과 맹세하신 바를 통하여, 그의 아들로 하여금 모든 사람을 위한 구속의 사역을 담당케 하실 것을 말씀하셨고, 마찬가지로 모든 사람들에게 진리를 알게 하사 구속함을 얻게 하겠노라고 말씀하셨다(딤전 2 : 4 ; 요 3 : 17). 그러므로, 하나님은 비록 악인이라도 사람의 멸망을 원치 않으시며 그가 돌이켜 살기를 원하신다 (겔 18 : 23, 32 ; 33 : 11). 우리가운데 누구도 하나님께 마음에도 없는 바를 말한다고 할 수는 없으리라. 그런데, 그런 사람이 있으니 이 어찌 하나님을 모독 하는 일이라 아니할 수 있을까?"

답 변 1) "하나님은 그의 말씀과 맹세를 통해 그리스도는 모두를 구원할 사역을 담당케 됨을 말씀하셨다"라는 주장은 대담하게도 하나님께 결코 확증한 적도 마음에 두신 적도 없는 바를 말하게 하는 셈이다. 왜냐하면 하나님이 드러내 보이신 뜻은, 그리스도께서는 그에게 오시는 자를 모두 구원하시며 무차별적으로 모두 구원하시는 것이 아니다. 우리는 하나님의 뜻을 거역함으로써 스스로 혼란에 빠져서는 안되겠다. 하나님은 사람의 거짓말을 증거해 주시지 않는다. 2) "그리스도는 모든 사람으로 하여금 진리를 알게 하사 구속함을 얻게 하신다"라는 말은 하나님의 말씀을 변질시킨 것이며 하나님의 이름을 팔아 거짓된 증거를 하는 것이다. 그런데도 당신이 사람을 기만하는 것으로 만족하지 못하여 하나님까지 기만하려 드는가? 3) 몇몇 성경구절들은 그 뜻이 왜곡되어 있다. 요한복음 3장 17절의 경우 "그 아들을 보내어 세상이 구원을 얻게 하셨다"라는 것은, 세상 그 자체를 그대로 두고 구원한다는 것이 아니라 세상을 죄로부터 구원한다는 뜻이며(마 1 : 21), 히브리서 7장 25절의 경우 "온전히" 구원하신다는 것은 이미 증명한 바와 같이 택함받은 자들에게만 국한된 것이다. 그리고, 디모데전서 2장 4절에는 이미 말한 바와 같이 모든 종류의 사람을 구원하시려는 하나님의 뜻이 약간 언급되어 있긴 해도, 모어가 주장하는 것처럼 대담한 말을 하지는 않는다. 4) 여기에다 에스겔 18장 23절의 악인이 죽는 것을 하나님은 원치 않으신다는 말씀과 32절의 역시 같은 내용의 말씀을 더해보자. 그러면, 이 구절들이 지금 진행 중인 논의에는 아주 쓸모가 없고, 혹시 보편적인 소명에 대해서는 어느 정도 뒷받침할지 몰라도, 보편구원론에 대한 언급은 전혀 아니며, 그 구절 자체로 그리스도의 죽음을 말하지도 않는다. 우리의 의견에 반대하여 모어의 입장을 따르는 사람들은 종종 이 구절들을 이용하지만, 그런 수고는 무익한 것일 뿐이다. 우리는 이 구절들 안의 본래 의미가 무엇인지 명쾌하게 밝혀서, 모어의 주장에 조금도 도움이 안됨을 보여줄 것이다. ⅰ) 이 말씀들이 누구에게 주어진 것인지 생각해보자. 모든 사람들에게 하신 말씀인가, 아니면 이스라엘에게만 하신 말씀인가? 그것은 의심할 나위 없이 오직 이스라엘에게만 하신 말씀이다. 25절에 보면 "들으라, 이스라엘 집이여"라고 되어 있다. 그런데, 그렇다고 해서 하나님은 그가 자기의 뜻을 계시하고자 회개토록 하신 이스라엘의 멸망을 원치 않기 때문에, 그가 자기 뜻을 알리지도 회개토록 촉구하지도 않은 사람들에게도 이 말씀을 하신다고 볼 수 있을까? 그렇다면 전체 결론의 기반이 흔들리게 된다. ⅱ) "하나님은 죄인이 죽는 것을 원치 않으신다"라는 말은 "하나님은 죄인이 죽도록 버려두지 않기로 하셨다"라는 뜻도 될 수 있고 "하나님은 죄인으로 하여금 살기 위해 무언가 하라고 명하셨다"라는 뜻도 될 수 있다. 만약 첫번째 의미라면, 그의 뜻은 변함이 없을텐데도, 어째서 모든 죄인들이 구원받지 못하고 죽어가는가? 또, 만약 두 번째 의미라면, 하나님께서 죄인들에게 마땅히 행할 바를 하라고 명하셨고 그러지 않으면 멸망하리라고 말씀하신 것이라는 뜻이 된다. 그러나, 이것도 보편구원론을 뒷받침할 수는 없다. ⅲ) 우리의 견해에 반대하는 사람들은 본래 이 말씀 가운데 예언자가 의도했던 바에 임의로 뜻을 덧붙임으로써, 성경본문의 뜻을 아주 왜곡시켜 버렸다. 이 말씀은 본래 하나님께서 "아버지가 신 포도를 먹으면 아들의 이가 시리다"라는 왜곡된 속담을 말하던 이스라엘에게 했던 대답의 일부이다. 그러면 그들은 무엇에 대해 이런 속담을 지어냈던가? 이것은, 아들 세대와는 전혀 무관하게 아버지 세대에 의해 황폐해진 "이스라엘의 땅"(2절)에 대한 것이었다. 그래서, 결국 이 속담은 그들의 땅을 황폐케한 하나님의 일시적인 심판에 대한 것이 된다. 하나님은 그 심판에 있어서 그들이 죄를 범하였기에 심판하시는 하나님은 의로우시며, 그들의 죄가 어찌나 극심했던지 그 땅이 그들을 집어삼켜 쓸어버릴 정도가 되었고, 그들은 죽어 마땅하며, 그들이 흘리게 한 피가 그들 머리 위로 돌아가야 마땅함을 선언하신다(13절). 그들은 칼에 죽임을 당할 것이고 그들이 받아 마땅한 심판에 의해 잘려나가게 될 것이다. 그것은 그들이 피를 흘리며 잔혹한 짓을 저질렀던 것이 하나님 보시기에 합당하지 못했던 까닭이다. 그들의 종국을 지켜보노라면 결코 지속적인 평안을 누리지 못할 것임을 알 수 있다. 이상이 이 구절의 명확한 의미로서 편견이 없는 사람이라면 누구나 다 인정할 것이다. 그러나, 놀랍게도 종종 보편적인 소명과 구속을 내세우려는 목적으로 이상한 결론들이 나와 이 말씀의 의미를 왜곡시켰고, 모어가 그의 다섯번째 증거라고 내세운 것과 같은 신성모독적인 주장들이 쏟아져 나오게 되었다.

[증　　거] 6. "성경에 그리스도의 죽음과 대속물 되심에 대해 말씀하신 바를 성령께서 듣게하실 때, 그 누구라도 믿기만 하면 생명을 얻게된다. 예를 들어 마태복음 28장 19, 20절에는 "모든 족속"이라고 했고, 이사야 45장 22절과 49장 6절에는 "땅끝"이라고 했으며, 마가복음 16장 15

절 "만민", 고린도후서 5장 14, 15절에는 "모두", 디모데전서 2장 9절에는 "세상", 마태복음 9장 13절에는 "죄인들", 베드로전서 3장 18절에는 "불의한 자들", 로마서 5장 6절에는 "경건치 않은 자들"이라고 하여, 누구나 회개하고 그리스도를 믿기만 하면 구원의 은혜를 누릴 수 있음을 말하고 있다(요 3 : 16, 18 ; 행 10 : 43). 그러므로, 성경에 모든 사람을 위해 충만하게 제시된 의미를 제한하려는 것은 교만이요 잘못이다".

답변 1) 성경에 그리스도께서 누구를 위해 죽으셨나가 나타난 구절들을 잔뜩 인용하여 만든 이 논증은 성구들이 수없이 반복되고 강조되어서 책 한 장을 채우고도 남을 것이다. 그러나 실상 이것은 설득력 있는 논증이 아니며, 다만 하나의 논쟁거리만을 반복해놓은 것에 지나지 않고, 자기 나름대로 결론을 내려버린 것에 불과한 것이다. 지금 우리에게 문제가 되는 것은 모든이라는 말과 세상이라는 말이 보편적인 의미로 쓰였는가의 여부이다. 모어는 그렇다고 대답한다. 하지만 그는 정작 왜 그런지 증명은 하지 않고 했던 말만 자꾸 되풀이 하고 있다. 2) 누가복음 19장 10절, 마태복음 9장 13절, 베드로전서 3장 18절, 로마서 5장 6절 등에 그리스도께서 "죄인들"과 "경건치 않은 자들"과 "잃어버린 자들"을 위해 죽으셨다고 했던 것은, 전에도 이미 말한 바와 같이 보편 구원론에는 전혀 적합치 않은 것이다. 3) "모두", "모든 사람", "세상" 등의 표현이 쓰인 성구들의 경우 우리는 이미 여러 차례 심사숙고 했었다. 4) 마태복음 28장 19, 20절의 "모든 족속"이라든가 마가복음 16장 15절의 "만민"같은 표현들은 복음을 들은 사람들에 국한된 것이다. 그리고, 내가 하고 싶은 말은 ⅰ) 그런 표현들은 모든 족속, 모든 시대의 모든 사람들을 포함하고 있지는 않다. 비록 복음이 모든 사람에게 전파되어야 하겠지만 실제로 만민에게 복음이 만민에게 증거되는 것은 아니었으니까. ⅱ) 만민에게 복음을 전파하라는 명령이 있다고 해서 그것이 그리스도께서 만민을 구속하신다는 의미는 아니다. 오히려, 이미 밝히 말한 것처럼 그 명령은 다른 목적을 지니는 것이다. ⅲ) 그리스도의 대속물 되심이 그 사실을 듣는 모든 사람을 위함이라는 생각에 대해 나는 반대한다. 모든 이에게 복음이 전파되는 목적은 따로 있으며, 그리스도는 복음을 들었던 자들 가운데 어떤 이들은 전혀 모른다고 하실 것이다.

그리스도는 그들을 위해서는 죽지 않으신 것이다. ⅳ) 이사야 45장 22절의 "땅끝의 모든 사람들"은 세상 도처에서 하나님을 앙망하여 구원받은 사람들만을 가리킨다. 그리고 "땅끝의 모든 사람들의 구원"이 되신 (사 49 : 6) 그리스도는 이방인들 중에서 단지 하나님께서 불러 모으시겠다고한 사람들을 구원하실 뿐이다.

그러므로, 모어는 자기의 논증을 위해 온갖 성구들을 끌어 모았지만 오히려 자기의 논증을 부인하는 결과만 낳게 된 것이다. 즉 그가 동원했던 성구들은 다만 택함받은 자들만이 구속함을 얻게 된다고 말하는 것이다. 성경은 성경에 의해서만 해석되는 바, 모든이나 세상이라는 표현은 오직 그들만을 의미한다. 만약 사람들이 "교만과 실수"에 빠지지만 않았다면, 그들의 잘못되고 타락된 견해를 지지하기 위해 스스로를 성경에 분명히 계시된 말씀에 모순되게 하지는 않을 것이다.

증거 7. "그리스도의 피로 인증을 받은 바 신약에 나타난 성령이 주시는 특권 중 일부는 모든 사람에게 속하는 것은 아니며, 하나님께서 부르시고 택하신 성도들에게만 속한다는 말도 있다(마 13 : 11 ; 요 14 : 17 ; 16 : 13～15 ; 17 : 19, 20 ; 행 2 : 38, 39 ; 고전 2 : 9, 14 ; 히 9 : 15 ; 벧전 2 : 2, 9). 그러나, 성령이 주시는 특권 가운데 또 일부는 그리스도의 대속물 되심과 관련되어 모든 사람에게 속하는 것이다. 그런 특권들은 제한되고 배타적인 성질의 것이 아니고 대속의 은혜가 그러하듯 그 또한 모든 사람들에게 적용될 여지가 있어, 그것이 자기들에게 합당하다고 믿는 사람들에게는 제약없이 주어진다. 그리하여 그들은 위로와 특별한 소망을 지니게 되고, 다른 사람들에게도 대속물되신 그리스도께 나아올 수 있는 문을 열어 그들도 은혜에 동참할 수 있게 해준다. 이는 그리스도의 "양들"과 그외 "많은 사람들"을 위해 주어진 말씀으로, 양들만이 아니라 많은 사람들을 위한 것으로서, 그의 모든 사람을 위한 대속물되심의 강력한 증거가 된다"(이에 대해서는 3장과 10장을 보라).

답변 이 증거는 지금 진행중인 논증에 대해 조금도 설득력을 지니지 못한다. 도무지 이런 것이 어떻게 하나의 논증을 뒷받침할 증거가 되는지 모르겠다. 이 증거가 지니는 설득력이란 기껏해야 참되지 못한 말에 근거한 것일 뿐이다. 그 이유인즉, 1) 오직 하나님의 부르심을 받은 성도들에게만 속하는 특권이 있다는 것을 증명할 필요도 없는 것이다. 이 가운데는 그리스도가 아직 성도가 아닌 택함받은 자들을 위해 죽으신 것이 포함되는데, 이 죽음으로 말미암아 그들은 하나님의 거룩한 자들로 간주되는 것이다. 왜냐하면, "주께서는 자기 피로 그의 교회를 사셨고"(행 20 : 28), "교회를 사랑하시고 위하여 자신을 주셨으며"(엡 5 : 25), "우리까지" 구속하셨다(딛 2 : 14). 한 마디로 온갖 귀중한 구원의 은혜는 예수 그리스도의 보혈로 사신 바 된 하나님의 택한 백성들에게만 속한 것이다(엡 1 : 3, 4). 2) 그 말의 다른 부분에 대해서는 그것이 대속물되심과 관련된 경우 여전히 그가 모두를 위한 대속물이 된다고 말할 수 있는 여지가 있다고 하는데, 이에 대한 나의 대답은, ⅰ) 이는 단 한번도 증명이 시도된 적이 없다. 이 중요한 문제에 있어서 우리가 모어의 말을 믿을 이유란 전혀 없다. ⅱ) "적용을 위한 여지를 남겨둔다"는 문제에 대해 만약 그렇게 하지 못한다면, 성경의 본 뜻을 왜곡하면서까지 그럴 것이 아니냐고 묻고싶다. ⅲ) 그리스도의 대속물되심은 이미 언급한 바대로 "많은"이라는 말이나 "모든"이라는 말이 쓰인 곳에서 뿐만 아니라 "양들"이라는 말이 쓰인 곳에서도 언급되므로, 그것들 사이에는 최소한의 차이도 없다. ⅳ) 그리스도의 대속물되심이 언급되는 여러 성경구절들 가운데서는 그 결과인 여러 특권들이 아주 밀접한 관계로 언급되어, 그외의 특권들은 일부 사람들에게 한정시키고 그리스도의 대속물되심을 모두에게 적용하기란 불가능하다. 모든 성령의 특권은 구원받은 자들에게만 해당되는 것이다(계 5 : 9, 10). 그리스도께서 그의 피로 자기 백성을 구속하신 것과 그들을 왕과 제사장이 되게 하신 것은 하나이므로, 구속의 은혜를 모두에게 적용시킬 여지는 없다. 그것은 오직 모든 족속과 방언 가운데서 그리스도의 피로 구속함을 받은 자들에게만 해당된다. ⅴ) 하나님의 "양들에게, 그리고 오직 양들에게만" 성령의 특권은 충만하게 주어지는 것이다.

[증　　거] 8. "그리스도께서 그의 몸으로 인간을 위해 이루신 회복은 성경에 이른 바와 같이 모든 사람을 위해 충분한 것이며, 첫째 아담의 타락만큼이나 강력한 능력으로 온 인류를 위하여 몸소 그 일을 이루신 것이다. 이런 관점에서 첫째 아담은 둘째 아담인 그리스도의 모형이 된

다"(롬 3 : 22～25, 5 : 12, 14, 18;고전 15 : 21, 22, 45～47, 그리고 이에 대해서는 8장을 참조하라).

   답   변 1) 로마서 5장 12, 18절 등에서처럼 그리스도와 아담이 같이 비교되고 있음은 사실이다. 그러나, 분명히 그 비교는 그리스도의 의로우심과 아담의 불순종 사이에 집중적으로 이루어지는 것이 아니요, 그 둘이 각자가 끼치는 영향이라는 측면에서 이루어진다. 즉 그리스도의 의는 우리를 의롭게 하시며, 이에 반해 아담의 범죄는 우리를 정죄하는 바, 아담 한 사람의 범죄가 그의 모든 후예들을 죄 아래 놓이게 했던 것처럼, 그리스도의 의는 그의 택한 모든 백성들에게 은혜를 주어 의에 이르게 하고 하나님의 자녀가 되게 하는 것이다. 2) 고린도전서 15장 21, 22절에 나오는 죽은 자의 부활에 대한 언급은 오직 신자들의 경우에만 해당되는 것으로서, 22절에 분명히 "그리스도 안에서 잠자는 모든 자들"이라 말하며, 23절에서는 모두라는 말이 그리스도에 속한 사람임을 밝혀주고 있다. 물론 다른 사람들도 부활하기야 하겠지만, 기독교인들의 부활만은 그리스도의 부활로 말미암아 영광에 이르는 부활이며, 다른 사람들의 부활과는 다른 것이다. 3) 45절에 나타난 아담과 그리스도 사이의 비교는 오직 그들이 지닌 원칙의 견지에서만 이루어지며, 다른 사람들과의 관계 가운데서 고찰되어야 할 것이다. "아담은 산 영"으로서 그에게는 자연적인 생명이라는 원칙이 있고, 그는 그의 후손들과 연결되어 있다. "그리스도는 살리는 영"으로서 생명과 은혜의 영을 그의 택한 자들에게 주신다. 여기서 나는 그리스도와 아담 사이의 비교는 오직 한 가지 목적을 지향하고 있음을 말해야겠다. 즉, 그들은 두개의 공통된 근원이 되어 그들로부터 파생된 자들과 연관되어 있는데(아담은 육적으로, 그리스도는 영적으로) 아담은 죄와 불순종의 근원이 되었고 그리스도는 의와 평강의 근원이 되었다. 그렇다고 해서 각자 얼마나 많은 사람들과 연관되었는가 하고 그 수를 헤아리려 한다면, 그것은 우리의 논의에도 벗어나고 사도적 전승에도 어긋나는 것이다.

   4) 로마서 3장 23절에 "모든 사람이 죄를 범하였으매, 하나님의 영광에 이르지 못하더니"라고 되어있고 이것이 그리스도 없이는 구원이 없다는 것을 선언함이 사실이기는 하다. 그러나, 만약 당신이 그리스도의

의로움과 그 보혈로 말미암은 것이 누구를 위한 것인가고 묻는다면, 모어는 "모든 사람과 모든 신자"이며 유대인이건 이방인이건 "차별이 없다"라고 대답할 것이다.

증거 9. "주 예수 그리스도께서는 그의 종들을 모든 민족, 만민에게 보내어 누구든지 믿고 세례를 받으면 구원받을 것임을 전하게 하셨고(마 28 : 19, 20 ; 막 16 : 15, 16), 그의 종들은 그대로 실행하여 만민에게 복음을 증거했다(고후 5 : 19 ; 롬 10 : 13, 18). 그리고, 언젠가 우리 주님께서는 그의 종들에게 결코 헛된 일을 시키지 않으셨으며, 그들 입에 단 한 마디의 거짓도 담아주지 않으셨고, 오직 진리만을 말하도록 하셨음이 드러날 것이다(사 44 : 26 ; 61 : 8 ; 딤전 1 : 12).

답변 이 증거는 그 어느 부분에서도 설득력을 지닌 것으로 보이지 않는다. 그 이유는 ⅰ) 우리 주님께서 제자들에게 "온 천하에 두루 다니며 만민에게 복음을 전하라"고 하시면서 "믿고 세례를 받는 사람은 구원을 얻으리라"(마 28 : 19, 20 ; 16 : 15, 16)고 하신 것과, 여기에는 종족 등의 차별이 없고, 모든 사람이 회개하고 믿을 것을 촉구하면서, 그들에게 성령의 지도에 따르도록 요구한다는 것은 사실이다. ⅱ) 제자들이 그리스도의 명령에 순종하여 모든 종족들에게 차별을 두지 않고 회개하고 복음을 믿어 하나님과 화목할 것을 가르쳤던 것도 사실이다. 그러나, 제자들이 세상 끝 어디까지에나 가는 것은 허락되지 않았다(고후 5 : 19, 20 ; 10 : 18). 주 예수 그리스도께서는 제자들로 하여금 거짓말을 하게 하시지 않고, 증명할 필요도 없을 진리를 말하게 하셨다. 그런데, 제자들의 증거로부터는 보편구원론을 이끌어 내기가 아주 어렵다.

혹 어떤 사람들은 그리스도는 복음을 듣는 모든 사람을 위해 죽은 것은 아니라고 하는데, 그렇다면 제자들이 그리스도를 모두에게 전할 수 있었을까? 그런 사람들의 말은 성립하지 않는다. 그 이유는 ⅰ) 이 모든 사람에게 전파된 것은 아니다. 성경에 비추어 봐서 그렇게 볼 수 있는 근거가 없다. 그리고, 그리스도께서 복음을 들은 사람이나 듣지 못한 사람, 모두를 위해 죽으셨다는 증거도 없다. ⅱ) 전도자들이 복음을 듣는 사람들에게 전했던 바는 무엇인가? 그것은 회개하고 믿는 자에게 그리스도를 통해 주어지는 생명과 구원이다. 그리고, 이 진리를 믿는 사람은 모두 구원을 얻으며, 그리스도는 그에게 오는 자들을 온전히 구원하실 수 있고, 하나님은 복음의 사역자들에게 그의 의도와 목적과 명령과 약속을 알려주셨다. 비록 그리스도께서 모든 사람을 위해 죽지는 않으셨지만, 그를 믿는 자는 반드시 구원을 얻을 것이다. 이와 같은 증거들은 잘 증명되어져야 하며, 그렇지 못하면 의도했던 결론을 제대로 강조할 수 없다.

 증거 10. "주님께서는 모든 신자들이 불의한 자들과 핍박자들을 위해서(마 5 : 44, 48;눅 6 : 28), 모든 사람을 위해서, 비록 그들이 기독교를 싫어하더라도 왕과 권세잡은 자들을 위해서 기도할 것을 원하신다. 이를 근거로 생각컨대, "모든 사람이 구원을 얻어 진리를 알게 되기를 원하시는" 하나님이 보시기에는 일부 권세잡은 자들만이 아니라, '모든 권세잡은 자들'을 위해 기도하는 것이 좋은 일이다(딤전 2 : 1). 분명히 생명의 문은 모든 사람들에게 열려있다(딤후 1 : 10). 왜냐하면, 하나님은 이스라엘 후손들에게 "너희가 나를 찾아도 만나지 못하리라"(사 44 : 19)고 말씀하시지 않았기 때문이다. 하나님은 그의 자녀들이 헛된 기도를 하게 하시지 않는다."

 답변 이 증거는 추측을 통해서 설득력을 얻고 있을 뿐이다. ⅰ) 비확정적인 주장이 보편적인 것으로 해석되고 있는 것부터가 오류이다. ⅱ) 디모데전서 2장 1절의 "모든"이라는 표현의 경우 세상 모든 사람 하나 하나를 의미하지는 않는다. ⅲ) 우리가 모든 사람 하나 하나에 대해 그가 구원받도록 기도해야 한다는 말에 대해 몇 가지 문제점을 지적할 수가 있다. ⅰ) 반드시 그래야 한다는 규칙도, 개념도, 예증도 없다. ⅱ) 그것은 초대교회의 전통과도 반대된다. ⅲ) 우리 주님의 모범에도 어긋난다(요 17 : 9). ⅳ) 하나님의 목적에도 어긋나는 것으로서(롬 9 : 11, 12, 15;11 : 17), 하나님의 목적은 우리가 인류 집단 전체를 위해, 그리고 복음을 믿어 영생을 얻게 될 사람들을 위해 기도하는 것이다. ⅴ) 그 증거에 의하면 우리는 다른 것에 대해 기도할 필요도 없고 사람들이 그리스도로 말미암아 구원받기만을 기도해야 한다는 것인데 이는 명백한 오류이다(렘 29 : 7). ⅵ) 우리가 누구를 위해 기도할 수 있는 것은 그리스도께서 그들을 위해 죽으셨기 때문이라는 것인데 이는 사실이 아니다(행 8 : 22, 24). ⅶ) 이 증거는 우리의 의무가 하나님의 은밀한 계획과 목적에 따라 결정됨을 아주 당연하게 여긴다. "우리는 모두를 위해 기도해야 한다. 하나님은 그리스도의 죽음을 통해 모든 사람 하나 하나를 구원하기로 작정하셨다"라는 주장은 아무런 설득력도 없는 궤변임에 분명하다. 우리의 의무로부터 하나님의 목적을 끄집어낼 수는 없다. 그 반대야 분명한 결론이 있지만⋯. 뜻에 정면으로 어긋나기도 한 까닭에, 나의 글이 과연 논증이 될 수 있을지는 그에 대해 답할 기독교인 독자들에게 맡기기로 한다.

註) 여기에 언급된 책의 제목은 『하나님의 은총의 보편성』(*The Universality of God's Grace*)로서 토마스 모어에 의해 쓰여지고 1643년에 출판되었다.

― 편집자.

Samuel Hopkins
1721-1803

제9장

중생과 회심

□ 사무엘 홉킨스 □

　사무엘 홉킨스(Samuel Hopkins)는 1721년 9월 17일 코네티컷(connecticut)의 워터베리(Waterbury)에서 출생하였으며, 성직의 길을 걷기위해 그의 아버지와 떨어져 살았다. 그는 1737년 예일대학에 입학하였는데, 그 때 뉴 하벤(New Haven)은 조오지 휫필드(George Whitefield)와 길버트 테넌트(Gilbert Tennent)의 칼빈주의파의 설교에 감동하고 있었던 때였다. 그리고 홉킨스는 그들의 설교를 듣고 회심하였다. 졸업 직후에 그는 요나단 에드워드(Jonathan Edwards) 아래에서 신학을 공부하기 시작하였으며 그에게서 큰 영향을 받았다. 2년 후에 그는 오직 다섯 명의 신도만이 있었던 호우사타닉(Housatanick)에 있는 새로운 교회의 목사로 임명받았다. 그는 그 이후 두 번의 커다란 전쟁을 겪으면서도 교회의 신도가 116명에 이르기까지 25년을 그곳에 머물러 있었다. 그 지역에는 1744년부터 1763년에 이르기까지 불란서와 인디아 간의 전쟁이 발발하였으며, 그래서 홉킨스는 그의 가족을 이끌고 자주 피신하여야 했다.
　그의 성직기간 동안에 홉킨스는 여러 면에서 많은 비난을 받았다. 그 이유는 그가 주일의 예배시간에 설교할 때에 덧붙여 성경을 읽는 일로 인해서, 원고없이 설교하는 일로 인해서, 인디안들에게 복음을 전하는 일로 인해서, 칼빈주의의 교리를 강력히 주장하는 일로 인해서, 그리고 비그리스도인에게 성찬을 금하는 일로 인해서 비난을 받았다. 그는 또한 애국심을 발휘하여 식민지 운동에 대해서 토리당(Torie)을 멀리하였다. 그러나 그의 교구민들 중의 몇 명은 그가 성경에 충실했음에도 불구하고 그를 지원해 주지 않았다. 그는 1769년 극심한 가난 속에서 그 교회를 떠나 그 당시 뉴욕의 교회에 맞설만한 로드 아일랜드의 뉴포트 (Newport)에 있는 교회로 가게 되었다. 뉴포트에서의 첫 해 동안에 홉킨스는 휫필드의 방문을 맞았다. 1776년에 그 도시는 영연방에 들어가게 되어 영국은 3년에 걸쳐 그 도시에 대한 통치권을 행사하게 되었다. 그래서 홉킨스는 그의 친구 사무엘 스프링(Samuel Spring)을 도울 목적으로 뉴베리포트(Newburyport)로 피하였다.

1779년, 홉킨스는 뉴포트로 다시 돌아왔으나 그의 회중은 그에게 정기적인 보수를 지불할 능력이 없었다. 그럼에도 불구하고 그는 회중에게 설교하였다. 이때에 뉴포트는 뉴 잉글랜드 노예시장이 열리던 도시였는데, 그는 당시 노예제도에 반대하는 유명한 설교를 하였으며 널리 읽혔던 『아프리카인들의 노예제도에 관한 문답』(*Dialogue Concerning the Slavery of thd Africans*)『노예 소유자들에 대한 경고』(*Address to Slaveholders*)를 썼다. 그는 미국 내에서 노예 폐지론자로서의 첫번째 목사가 되었던 것이다.

홉킨스는 특별히 신학자로서 유명하였다. 그는 "홉킨스주의"라고도 할 수 있을 만한 칼빈주의의 변형된 형태를 발전시켜 나갔다. 그는 칼빈주의를 부흥운동과 접목시키려는 시도를 하였으며, 그렇게 함으로써 그는 모든 죄를 똑같이 이기적인 것으로 보았다. 즉 그는 죄에 관한 오명의 교리를 수정하였으며, 회개는 믿음의 필수불가결한 것으로 보았다.

다음의 발췌문은 중생에 대한 유력한 논점을 포함하고 있으며 또한 이 주제에 관한 미국 청교도의 가르침을 예증하고 있다. 홉킨스의 주요 논제는, 성령은 주로 불신자들을 중생시킨다는 것이다. 그는 인간은 구원과 성화에 있어서 하나님과 협력한다는 가톨릭의 신인협력설의 개념을 공격하고 있다. 홉킨스는 중생을, 성령을 통해서 하나님이 사역하시는 것으로 규정하고 있다.

또한 이 발췌문에는 중생의 과정 중에서의 성경의 역할에 관한 흥미있는 논쟁이 포함되어 있다. 홉킨스는 성경의 역할에 관해서 가톨릭과 루터교에서의 개념을 부인하고 있다. 즉 그의 입장은 다음과 같다. "실제적인 중생의 과정에 있어서, 하나님께서는 성령을 통하여 직접적으로 역사하시며, 성경은 그 과정 중에서 촉매제로서의 역할을 하게 되는데 그것은 아주 중요한 것이다".

홉킨스는 말씀으로 인한 교화와 성령으로 말미암은 중생 간에 구별을 두었다. 그는 또한 죄인이 신성한 "수단"을(이를테면 성경) 사용함으로써 하나님을 "구하는" 일에 관해 논하였으며, 만톤(Manton)과 같이 "구하는" 일은 중생의 과정에 있어 준비단계라고 말하고 있다.

1. 서론

요한복음 1장 13절 ─ 이는 혈통으로나 육정으로나 사람의 뜻으로 나지 아니하고 오직 하나님께로서 난 자들이니라.

이 글에 앞서서 우리는 사람들이 어떤 식으로 하나님의 자녀들이 되는지에 대해, 즉 그리스도를 받아들이거나 그 분의 이름을 믿음으로 말미암아 하나님의 자녀가 되는 것에 대해 이야기하였다. 그것은 하나님의 영원한 아들이신 그리스도와 마음을 연합하게 됨으로써 이루어진다. 즉 그 분께 매달리고 그 분을 신뢰하는 것이다. 그렇게 함으로써 그들은 하나님과 인간 사이에 중보자가 되시는 그리스도 안에서 하나님의 자손들이 되며 예수 그리스도와 함께 상속받는 자가 되는 것이다.

이 본문 속에서 우리는 하나님의 자녀들이 되려는 자들은 예수 그리스도와 연합하여 그 가운데 계속 머물러 있어야 하며, 또한 그리스도를 받아들이고 그 분을 믿음으로 말미암아 거듭나야 한다는 것을 알게 되었다. 이 세상에 한 아기가 태어나게 될 때, 그 곳에는 그 아기가 살아있는 온전한 존재가 되는 대의가 분명 있게 마련이다. 마찬가지로 어떤 사람이 새로운 피조물이 되고자 할 때는 새로운 세상인 하나님의 왕국으로 들어가기 위해서 예수 그리스도의 이름을 믿어야 한다는 대의가 있게 마련인 것이다.

"인류의 모든 족속을 한 혈통으로 만드사"(행 17 : 26). 다시 말하자면, 그 분께서는 모든 족속을 한 자손으로부터 생겨나게 하셨다. 여기서 복음 전도자는 우리에게 그가 이야기하는 출생은 이 세상에서의 출생과는 다르다는 것을 말해주고 있다. 즉 그것은 아버지로부터 아들에게로 전해지는 자연적인 세대로 말미암은 것이 아니며, 그리고 혈통으로 이어지는 것이 아니며 다음 세대로 계승되어지는 것과 같은 것이 아닌 것이다. 인간들은 그들의 자연의 부모들로부터 이어받은 어떤 것으로 말미암아, 또는 그들로부터 전해오는 어떤 것으로 말미암아, 또 그들과의 친밀한 관계로 말미암아, 또 부모의 혈통을 이어받음으로 해서는 하나님의 자녀들이 되지 못하며, 중생하지 못하며, 그리스도를 믿는 자가 되지 못한다. 부모들의 경건함과 거룩함은 이러한 하나님과의 관계에 아무런 영향조차 끼칠 수가 없다. 그들이 아이들을 중생시킬 수도, 또한 아이들에게 믿음이 생겨나게 할 수도 없다. 지극히 거룩한 부모의 자녀들이라 할지라도 그들 자녀들은 태어날 때부터 타락한 인류의 자손들로 어떤 다른 영향력이 없는 한, 그들의 자녀들은 불경건한 자의 자녀들이다.

　이와 같은 주장 속에는 유대인들 사이에 있는 지배적인 개념을 거스르고 반대하려는 특별한 의도가 내재되어 있는 것처럼 보인다. 왜냐하면 유대인들은 아브라함의 자손들로서 혈통으로는 하나님의 자녀들이기 때문이다. 그러므로 이 주장에 대해서 그들은 자신들이 아브라함의 자손이므로 하나님은 그들의 아버지이며 구세주라고 자랑하고 있다. 그래서 마치 아브라함의 자손이 됨으로 해서 하나님의 자녀들이 되는듯이 말하고 있다(요 8 : 33, 41 ; 롬 8 : 1 ~ 9 ; 갈 5 : 17). 그들의 이러한 생각에 반대해서, 세례 요한은 그들에게 다음과 같이 말하였다. "속으로 아브라함이 우리 조상이라 말하지 말라 내가 너희에게 이르노니 하나님이 능히 이 돌들로도 아브라함의 자손이 되게 하시리라"(눅 3 : 8 ; 고전 2 : 14, 15)

　'육정으로 나지 아니하고'. 육정으로라고 하는 말은 중생이 선행되어야 할 우매한 상태에 있는 자연인을 의미한다. 이 육정의 의미는 성경의 여러 곳에서 사용되고 있다. 그 의미는 다른 어떤 경우에서보다도 성령에 반대되는 의미로 흔히 사용되고 있다. 즉 육 안에 있는 것과 육을 따라 행하는 것, 육욕적인 것, 이것들은 영적으로 되는 것, 그리스도의 영을 가지는 일, 그리고 영을 따르는 일과 반대되어지는 것들이다(요 3 : 1, 6). 그렇다면 여기서 강조하고자 하는 것은, 사람들이 중생하지 않은 상태에 있는 한 그들이 어떤 한 선택이나 수고를 하건간에 중생되지 않는다는 것이다. 그들이 자신의 의지를 행사한다 하더라도, 또는 그들 스스로 노력을 아끼지 않는다 하더라도, 또는 거듭 태어나기 위한 어떤 일을 행한다 하더라도 중생하지 못한다. 뿐만 아니라, 그들의 모든 성향과 그들의 뜻과 그들의 수고함은 성령의 일과 항상 반대되는 육의 일인 것이다.

　더군다나 그들의 가장 큰 모순은, 그들의 부패하고 악덕한 마음이 거룩해지기 위해서 어떠한 일을 하고 있을 때나, 혹은 적어도 그러한 경향을 가지고자 할 때도 결국은 그들이 하나님의 뜻이 아닌 자신의 뜻을 택한다는 점이다. 그것은 스스로는 완전한 이기심에 사로잡혀 있으면서도 그것이 자비라고 생각하고 있거나, 혹은 그들의 마음이 욕정과 사악함에 물들어 있으면서도 그들의 마음이 더욱 거룩해지고 있다고 생각하고 있는 것과 같다. 그러나 부패하고 중생하지 않은 마음이 행하는 모든 일과 의지는 분명 죄를 행하게 되는 것이다. 그럼에도 불구하고 복음 전도자는 이러한 일들을 특별히 관찰하고 있어야 할 중요한 의무를 가져야 한다. 즉 사람들의 행동이 성령의 일과는 반대되는 것들이라 할지라도, 적어도 그들은 육정으로 거듭 태어날 수 있다고 생각하고 있으며, 적어도 그들 나름대로 거듭 태어나기 위해 그들의 의지대로 수고를 아끼지 않고 있을 수 있기 때문이다. 내가 생각하는 바로는 어떤 인간도 그가 하나님을 알게 되고 그분에 대해 진정으로 배우게 될 때까지는 결코 그의 이러한 어리석은 행위를 그만두지 않을 것이라는 것이다. 그리고 신앙을 고백한 대다수 그리스도인들 역시도 이 글에서 강조한 여러가지 일에 반대되는 행동을 할 수 있다는 것이다. 이것에 관해서는 이전에도 거듭 많은 논의가 있어 왔다.

　'사람의 뜻으로 나지 아니하고'. 이 말은 다시 말하면 다른 이들의 능력과 영향으로 말미암은 것이 아니라는 뜻이다. 다른 이들의 뜻과 수고로 인해서는 어떠한 사람도 거듭 태어나지 못한다. 그들이 아무리 경건한 자들이고 현명한 자들이라 해도, 그리고 그들이 다른 이들을 거룩하게 하기위해 아무리 힘쓴다 해도, 그들은 만족할만한 결과를 얻지 못한다. 천상에 있는 모든 천사들과 성도들, 그리고 지상에 있는 경건한 자들이 한 죄인을 중생시키기 위해 그들의 뜻과 힘을 합한다 해도, 그들 역시 만족할만한 결과를 얻지 못한다. 뿐만 아니라 근접조차 할 수가 없다. 그 일은 무한한 지혜와 능력을 넘어서는 영역의 일인 것이다. "나는 심었고 아볼로는 물을 주었으되 오직 하나님은 자라나게 하셨나니, 그런즉 심는 이나 물주는 이는 아무것도 아니로되 오직 자라나게 하시는 하나님 뿐이라"(고전 3 : 6, 7).

  신생(新生)의 원인이 되지 않는 것에 관해 밝혔던 사도 요한은 계속해서 오직 하나님께로서라는 말을 사용하였다. 중생에 관한 한, 가장 유력한 대리자이며 충분한 원인이 되시는 분은 오로지 하나님 한 분 뿐이시다. 중생은 전적으로 그 분께 기인하는 것이다.

  지금 내가 말하고자 하는 특별한 이 변화는 거듭 태어나는 것이다. 그것의 본질을 생각해 볼 때나, 또는 그것을 이루는 구성요소, 그리고 특별히 그 방법과 의미를 살펴 볼 때에, 그것은 하나님의 권한이다.

  이 문제를 좀더 분명하고 명백하게 처리하기 위해서, 나는 이 변화 속에는 그것을 주관하는 자이며 대의가 되시는 하나님과 이 변화를 갖게 되는 인간의 행위가 있게 됨을 살펴보고자 한다. 하나님은 그분의 영으로 말미암아 이러한 일을 행하신다. 즉 그의 힘과 영향력으로 말미암아 변화가 생겨나게 되는 것이다. 이 일에 있어서 인간의 행위는 하나님의 행위와 영향력 아래에 있게 되며, 또한 그 결과와 열매로서 나타나게 된다. 또한 인간의 행위는 하나님께로 향하여 회심하는 가운데 예수 그리스도를 믿으며 진정한 그리스도인의 거룩함을 지니며 새로운 피조물이 되는 일들로 이루어지게 된다. 하나님의 행위와 섭리, 그리고 변화의 주체가 되는 인간의 모든 생각과 행동의 변화, 이것을 중생이라고 부르게 되는 것이다. 그리스도를 받아들이거나 또는 그의 이름을 믿는 변화의 주체자의 거룩한 생각과 행위들을 일컬어 회심이라 부른다. 그리고 때로는 능동적인 회심과 구별되어지는 이것은 하나님의 영으로 말미암은 변화로, 여기서 하나님은 유일한 대리자로서 그 주체가 되는 인간은 행위하지 않고 완전히 수동적으로 있게 되는 것을 말한다.

  내가 생각하는 바로는, 이 문제는 적절히 설명할 길이 없는 것 같다. 이 문제에 관해서는 중생과 회심, 이 두 가지의 본질과 상호관련도에 관해 분명하고 명백한 설명이 없게 되는 한 이해하기가 힘드리라 생각한다. 그러므로 지금부터 나는 이 두 가지에 관해 설명하고자 한다.

2. 중생

우선 사람들이 중생하고 하나님께로서 난 자들이 되는 것과, 사람들의 회심과 거룩한 행위의 근거가 되시는 하나님의 능력과 하나님의 영의 사역에 관해 생각해 보기로 하자.

이것에 관해서 우리는 다음과 같은 일들을 살펴보아야 할 것이다.

A. 인간들이 회심하고 복음을 받아들이기 위해 중생해야 하는 근거와 이유. 하나님의 영의 영향을 받아 인간들이 중생해야 할 필요성은 타락한 상태에 있는 자연인의 비행과 마음의 부패 때문이다.

내가 의미하는 마음의 부패란 것은, 거룩한 행위의 기초를 이루게 되는 의로운 성향 또는 의로운 원칙을 갖고 있지 않은 상태로 마음이 불의한 성향과 원칙을 따르는 것이다. 그러므로 부패한 마음 속에는 사악하고, 부패하고, 죄있는 모든 생각들이 들어있을 뿐 그 마음은 의를 행하지 못하는 것이다. 만일 인간의 마음이 부패해 있지 않다면, 그는 구원받기 위해서 새로운 삶을 시작해야 할 필요성도, 또한 새롭게 태어나 새로운 피조물이 되어야 할 필요성도 없을 것이다. 다시 말하면 예수 그리스도를 믿기 위해서 지금 내가 말하고 있는 중생의 사역이 그에게는 필요없을 것이다. 부패한 마음을 지닌 인간이 그리스도를 믿지 않고 하나님의 영으로 말미암아 진심으로 새롭게 태어나지 않거나, 그의 구원을 위해서 그의 마음을 굳건히 해주는 의로운 성향과 원칙들을 마음 속에 두지 않는다면 어떻게 되겠는가. 만일 이러한 일이 어떤 사람에게 일어난다면, 또한 만일 그가 선한 것과는 반대되는 일들을 마음에 두고 있다면, 그때에는 그를 의롭게 이끌 가능한 수단들과 방법들은 아무 소용도 없게 될 것이다. 중생은 만물을 창조해 내시고 그가 처음으로 만든 인간 안에 의로운 성향을 심어놓으신 하나님의 능력과 성령으로 말미암아서만 오로지 이루어질 수 있는 것이다. 하나님의 영의 만물을 창조하시는 능력이 없이는 의로운 성향과 의로운 행위를 상상할 수가 없다. 그것은 마치 온 세상이 창조주의 능력이 개입되지 않는 한, 존재할 수 없었던 것과 같은 것이다.

  그러므로, 하나님의 영의 중생케 하시는 능력의 필요성의 근거는 인간의 마음의 완전한 부패와 사악함 때문이다. 그러기에 인간은 계속해서 중생하지 않는 마음에 대해 책망을 받게 되는 것이다. 만일 인류가 하나님의 법 아래에 있다면, 그들은 그들의 마음을 다하여 하나님을 사랑하고 그들의 이웃을 그들과 같이 사랑하도록 해야 한다. 만일 이와 같이 하지 못한다면, 그들은 모두 책망을 받아 마땅하다. 왜냐하면, 이러한 마음을 가진 자들은 중생에 반대하려는 경향을 가진 자들이기 때문이다. 그러므로, 하나님의 법이 요구하고 있는 것에 온전히 부응하지 않고 그것에 반대하려는 성향을 보인다는 것은 결코 용서할 수는 없는 일인 것이다. 그러므로 인간은 이 모든 것에 관해 책망을 받게 될 것이며, 만일 이 우주에 그러한 죄 되는 일을 하는 자가 있다면, 그는 그 죄에 응당한 벌을 받아 마땅한 일이다. 이것은 우리가 특별히 잘 주목하고 마음에 새겨둘 일이다. 왜냐하면 내가 생각하는 바로는 많은 이들이 여기서 실수를 저지르게 되기 때문이다. 그래서 이 문제가 더욱 잘못된 방향으로 흐르게 되는 경향이 있는 것이다. 구원받기 위해서 거듭 태어나야만 한다고 믿는 사람들조차, 그들 스스로 그들의 마음이 거룩하지 못하다는 이유로 책망받을 일이 없다고 생각하며, 또한 "우리는 우리의 마음을 변화시킬 수가 없다. 이것은 하나님이 하시는 일이다"라고 흔히들 말하고 있다. 구원받기위해 거듭 나야한다고 믿는 그들이 그들의 거룩하지 못함에 대해서는 책망받을 일이 없다고 하는 이러한 일관성없는 생각에 비추어 볼 때, 또한 그들이 그리스도를 믿지 않는 것에 대해 책망받을 일이 없다는 그들의 생각에 비추어 볼 때, 그것은 인간의 비행과 도덕적인 무력함을 나타낸다고 할 수 있다. 결과적으로, 그들은 중생에 선행되어야 할 의무를 이행하지 않으며, 하나님의 법에 부응하지 않고 진정한 거룩함을 지니지 못하고 있는 것이다.

  이런 모순성에 대해서는 이미 분명히 밝혀진 바 더 이상 그것에 관해 설명할 필요가 없는 것처럼 보인다. 이것은 실로 형세가 역전되어지는 것으로, 즉 하나님의 법에 완전히 복종하는데 인간의 의무가 있는 것이 아니라 하나님의 법을 따르지 않는데 인간의 의무가 있는 것처럼 보인다. 이것은 하나님을 사랑하기를 원하는 마음에서가 아니라 오히려 그분에 반대하기 위한 것처럼 보여진다. 그런데 이와 같은 모순성이 있음에도 불구하고, 인간은 진정한 거룩함이 없이 실제로 하나님의 법을 따르지 않음에도 불구하고 간혹 그의 의무를 다하고 있는 것처럼 보여 죄 없는 인간으로 보여질 수도 있다는 것이다.

이 글을 읽는 모든 독자들에게 내가 경고해 두고자 하는 것은, 하나님이 보시기에 책망하실 모든 일들을 깨우치고 인간의 마음으로부터 제거해 버리지 않는 한, 또한 그 마음 속에 언제든지 하나님에 대한 의무를 다할 수 있는 생명과 거룩함의 원칙들을 새겨두지 않는 한 결코 중생하지 못한다는 것이다. 그러나 한편 내가 관찰하는 바로는, 인간이 하나님의 영으로 말미암아 중생해야 할 필요성을 느끼게 되면 될수록 그들의 죄가 얼마나 큰 것이며 또 그것으로 인해 그들이 책망받을 일이 얼마나 많게 될 것인가를 알게 된다는 것이다.

B. 내가 지금 말하고있는 중생은 의지와 마음의 변화인 것이다. 이 생각은 앞에서도 진술한 바와 같이 중생으로 인해 나타나는 분명한 결과로 보아 알 수 있다. 만일 인간이 마음의 비행과 부패가 중생을 필요로 하게 되는 유일한 근거가 된다면, 그때에 중생은 이 비행을 제거하고 그 반대의 원칙들을 받아들임으로써 거룩한 행위의 근거를 이루게 하는 데 있다. 그러나 비행과 죄는 전적으로 마음 안에 있는 것이지 지력이나 이해능력 가운데에 있게 되는 것이 아니므로 의지와는 분명히 구별되는 것이기에 그것을 포함하고 있지는 않다. 의지가 새로와진다거나 혹은 바로 잡아지게 되는 한, 마음은 옳은 상태에 있는 것이다. 왜냐하면 죄와 거룩함은 전적으로 마음 안에 있기 때문이다. 만일 도덕적인 비행이 그 마음안에 있지 않다거나, 혹은 그 마음에 완전히 속해 있는 것이라면, 의지와 마음과 구별되어지는 이해능력과 지력은 하나님의 영이 사역케 되는 장이다. 모든 점을 참작해 보건대, 내가 생각하는 바로는 중생은 영혼 안에 새로운 자연의 능력을 생겨나게 하지는 않는다. 왜냐하면 그들이 자연인들인 한, 그들은 이전과 마찬가지로 중생 후에도 같은 상태로 있게된다. 생겨나는 변화는 도덕적인 변화로, 그러므로 의지와 마음은 이 변화에 따른 즉각적인 주체가 되어야 하며, 또한 이 변화로

인한 행위의 주체가 되는 것이다. 왜냐하면 도덕적인 본질을 품게 되는 모든 것들은 의지나 마음에 속하게 되기 때문이다.

비행이나 죄가 의지로부터 시작되고 또 그것들이 의지의 불법과 부패로 인해 생겨나는 것처럼 마음을 혁신하게 되는 중생과 죄로부터의 회복은 이곳에서부터 시작되어야 하며, 또한 그런 일들은 의지의 변화와 갱생에 달려있다. 타락된 마음을 온전히 혁신시키고 완전한 거룩함을 지니게 하기 위해서는 다른 변화는 필요하지 않다. 그러므로, 내가 강조해야 할 가장 큰 근거는, 중생에 있어서 의지와 마음은 하나님의 사역에 있어 직접적인 주체가 되는 것으로 도덕적인 변화는 바로 이 곳에서부터 시작되어야 한다는 것이다. 중생을 통하여 하나님의 영은 새 마음과 정직하고 선한 마음을 주신다. 그는 의롭고 선한 심미안, 기질, 또는 성향이 인간의 마음속에 생겨나도록 하여 마음으로부터 우러나는 거룩한 행위들의 근거를 이루게 한다.

이제 세번째의 것을 살펴보자.

C. 내가 지금 이야기하고 있는 이 변화에 있어서, 하나님의 영은 유일한 집행자이며 완전히 수동적인 주체인 인간은 행위하지는 않으나 반향한다.

회심에 있어서 인간은 능동적이 되며, 그러기에 회심은 완전히 그의 행위 가운데 이루어진다. 그러나 중생에 있어서 오직 능동자가 되는 것은 하나님의 영이시다. 이 견해에 관해서는 앞에서 분명히 밝힌 바가 있다. 마음으로부터 우러나오는 의로운 생각들과 행위들의 유일한 근거는 바로 이 변화이다. 그러므로 이 변화는 모든 것에 선행되어져야 하는 것이다. 이 변화를 위해 적극적이지 않은 사람이 있다면, 우선적으로 행위가 시작되기전에 그를 능동적이게 만들 필요가 있게 된다. 사실상 이 변화의 주체가 되는 자는 변화에 앞서 능동적이 되어야 한다. 이런 변화가 생겨나기전에 인간의 마음은 완고하고 반역적이며 죄로 가득차 있으며, 그런 마음에서 비롯된 모든 행위들은 하나님과 그의 영, 그리고 하나님의 법에 반역하는 행위들이다. 그러므로 이러한 변화는 모든 악덕들과 성향, 그리고 모든 사악한 노력에 반대하는 가운데 하나님의 영으로 말미암아 마음 속에서 일어나야한다. 그렇게해서 그러한 악덕들이 어느 정도 파괴되고 없어지게 되며, 새로운 성향과 새로운 원칙들이 마음 속에 생겨나게 되는 것이다. 그러므로 인간은 이 변화를 일으키는 일에 있어 능동적인 것과는 거리가 멀고, 또한 자발적으로 개입하거나, 하나님의 섭리에 복종하거나, 혹은 하나님의 영과 협조하는 일과는 거리가 멀다. 오히려 인간의 마음은 실제로 변화가 일어나게 되는 순간까지 온 힘을 다하여 그것에 반대한다. 이런 점으로 보아 인간은 완전히 수동체로 남아있는 것이다. 아담이 창조되고 그의 마음이 의롭고 거룩한 행위를 나타내도록 형성되었을 당시, 그가 자신의 존재가 형성된 이후 첫번째 행위를 시작할 때까지는 완전히 수동적인 존재였다는 것을 쉽게 이해할 수 있다. 왜냐하면 그의 행위의 근거는 그의 창조 안에서 비롯되었기 때문이다. 지금 우리의 경우도 그것과 유사하다. 오직 차이점을 발견할 수 있다는 점은 중생을 통해 마음 속에서 일어나게 되는 일들은 이전에 마음속에 있었던 것들에 반대하는 것인 반면에 아담의 마음이 의로운 행위를 하도록 형성되는 동안에는 반대하거나 역행할 일이 아무것도 없었다는 점이다.

D. 이 변화는 하나님의 영으로 말미암아 직접적으로 행해진다. 다시 말하자면, 그것은 어떤 매개체나 수단들에 의해 영향을 입게 되는 것은 아니라는 것이다.

이 경우에 하나님의 영의 사역은 아담의 마음의 처음 형성되던 때처럼 어떤 수단도 필요없는 직접적인 것이다. 그곳에는 의로운 행위를 나타내고 형성하게 되는 마음을 생겨나게 하는데 어떠한 수단이나 방법이 사용되지 않는다. 하나님께서는 "그대로 두라"고 말씀하셨으며 또한 그렇게 되었다. 전능하신 하나님께서는 태초에 어떤 수단을 사용하지 않으시고 즉시로 변화가 생겨나도록 하셨다. 중생과 같은 변화에 있어서도 그것은 마찬가지이다. 즉 이 변화에 있어서 무(無)에서 유(有)를 창조해 낸 것 이상으로 변화를 일으키는 있을 법한 어떤 매개체가 없다는 것이다. 죄인들의 생각과 행위, 그리고 그들의 수고함 같은 것들이 이 변화를 일으키는 수단들이 될 수 없다. 왜냐하면 그들은 모두 이 변화를 직접적으로 역행한 자들이기 때문이다.

여기서 특별히 내가 말하고자 하는 것은, 빛과 진리 또는 하나님의 말쏨이 이 변화에 영향을 끼치게 되는 수단들이 충분히 되지 못한다는 것이다. 그것은 빛으로 말미암아 영향을 받게 되지는 않는다.

이 변화는 분명히 빛의 영향을 받지는 않는다. 왜냐하면 마음이 밝혀지게 되는 것은 이 변화로 말미암은 것이기 때문이다. 즉 이 변화로 말미암아 빛을 마련하는 길이 생기게 되어 비로소 마음에 접근하게 되어 그 마음은 어떤 효과를 생겨나게 하는 수단이 되는 것이다. 새로운 마음이 생겨나게 됨으로 해서 하나님의 영의 사역은 지성을 계몽시키기 위해 필요하게 되며, 이러한 일이야말로 소경의 눈을 뜨게 하는 것과 같은 하나님의 영의 일이다. 지성을 암흑 속에 가두고 빛을 차단시키는 것은 마음의 비행 또는 부패로 인한 것이다. 그리고 이러한 마음의 부패는 이미 살펴본 바와 같이 중생하지 않은 상태의 마음이다. 그래서 지성 역시 영적인 암흑 속에서 영적으로 눈멀어 있다. 지성을 교화시키기 위해서는 눈을 멀게 하는 요소를 제거시켜야 하거나 또는 지성의 빛을 차단하는 요소를 없애야 한다. 그러나 중생하지 않음이 지성을 눈멀게 하거나 빛을 가린 것으로 인해서라기 보다는 눈멀음과 무지 그 자체이다. 그러므로 인간은 반드시 중생하여야 하며, 그리고 그들 마음의 부패는 그들의 지성을 가리고 있는 암흑을 제거하고 그 지성을 계몽시키기 위해서 사라져야 한다. 왜냐하면 그들의 눈을 뜨게할 수 있는 방법은 이외에는 없으며 더 이상의 가능한 방법이 있을 수 없기 때문이다. 따라서 인간들은 중생하기 전에는 빛을 받을 수 없다. 그들은 마음에 빛을 비추기 위해서 우선적으로 중생되어야 한다. 그러므로 그들은 아직 빛과 하나님의 말씀의 진리로 말미암아 중생되어지지 않은 상태에 있는 것이다.

E. 우리가 지금 살펴보고 있는 이 변화는 점진적인 것이 아니라 즉각적인 것이다.

중생이 이루어지기 전에는 마음은 선한 경향을 점점 더 증대시키지는 않는다. 마음은 하나님께서 그 마음을 떠맡으시어 강력히 말씀하시게 됨으로 해서 즉시로 새롭고도 중생한 마음을 지니게 될 때까지는 부패해 있고 반역적인 채로 있다. 이 두 가지 양극단의 마음, 즉 중생한 마음과 중생하지 않은 마음 사이에는 죽음과 삶, 또는 존재하지 않음과 존재하는 것 사이에 어떤 것이 존재하지 못하듯이 어떤 가능한 매개체가 없다. 그러므로 중생하지 않은 마음은 중생이 이루어질 때까지 의로운 성향과는 거리가 먼 것이다. 하나님께서 아담을 창조하셨을 때 아담의 지성이 생겨난 것처럼 새로운 마음 역시 즉시로 나타나게된다. 단지 중생에 선행되는 것은 최소한 거룩함으로 나아가기 위해서 마음의 성향과 편견을 고쳐나가려는 일을 하는 것이다. 그러나 마음은 새로운 마음을 갖게되기까지 중생을 가져오게 되는 모든 일에 계속적으로 반대한다. 사실상 이 변화는 처음에는 불완전하며, 마음은 부분적으로 새로와진다. 그러나 이후에 개선이 시작되면, 마음은 성화의 사역 가운데 온전히 새롭게 될 때까지 큰 속도로 진행된다. 그러나 이 새로운 삶은 처음에는 즉시로 시작된다.

F. 인간이 중생함으로 말미암아 하나님의 영의 사역은 결국에는 인지할 수 없는 것이 된다.

이 변화의 주체들은 그들의 마음 속에 어떤 일이 행하여졌으며 또한 그들 마음에 행해진 일이 무엇인가를 알지 못한다. 그리고 그들은 중생의 효과와 결과 이외에는 그들 안에 어떠한 사역이 행하여졌으며 어떤 변화가 일어나게 되었는지 감지하지 못한다. 우리는 우리의 지성으로는 아무것도 의식하거나 감지하지 못하며, 다만 우리자신의 생각과 행위만을 느끼고 인지할 뿐이다. 그러나 이미 살펴온 바대로 이 가운데에는 능동적인 변화와 회심이 있게 되는데, 그것들은 중생의 열매이자 효과이며 지금 우리가 말하고 있는 하나님의 영의 사역인 것이다. 우리가 지니게되는 견해와 행위에 앞서서 우리가 지성에 일어나게 되는 일들은 그러한 것들의 근거와 대의를 이루는 것으로 추측하건대 온전히 중생하지 않은 상태의 것들이다. 그러나 이 점은 우리가 지금 살펴보고 있는 사역과 변화에 있어서도 마찬가지이다. 우리가 이 사역과 변화를 용인할 수 있는 모든 사실들, 그리고 우리의 지성이 그것에 종속되어 있다고 할 수 있는 모든 증거는 우리의 생각들과 행위들로 미루어보건대 그것의 열매와 결과로 인해 인식하게 되는 것이다. 그리고 우리는 하나님의 영의 사역, 또는 성령의 열매로 인해 우리가 새로운 피조물이 됨으로 해서 추론해 낼 수 있는 근거를 발견하게 된다.

아담이 생명을 가진 영혼으로 창조되었을 때, 그는 직접적인 하나님의 섭리를 인식하지 못하였다. 왜냐하면 그가 실제로 살아나가게 되고 그 분의 창조의 사역이 완성되어지기 전까지는 아담은 아무것도 인식하지 못했기 때문이다. 아담은 창조의 사역이 끝날 때까지 아무것도 인식하지 못하였으며, 창조의 사역이 끝났을 당시, 그는 단지 하나님의 섭리의 열매와 그 결과만을 인식할 수 있을 뿐이었다. 새로운 피조물이 되는 일에 있어서도 마찬가지로 인간은 하나님의 영으로 말미암아 거듭나게 되는 것이다.

나는 이 점에 대해 특별히 그들의 마음 속에 하나님의 영의 움직임을 느낀다고 생각하는 자들의 망상을 깨우쳐 주고자 한다. 그들은 다른 어떤 것에 다소 감명을 받았던 일로 해서, 그들 자신의 모든 행위와 스스로에게 깊은 편견을 가지게 되는데, 그로 말미암아 그들의 신앙은 어떠한 느낌이나 충동에 사로잡히게 한다. 그리고는 그것을 하나님의 영이 사역한 것으로 간주하여 거짓된 진리와 의무를 내세우며 또한 그들의 성령의 인도를 받았다고 생각한다. 우리는 우리의 마음이 하나님의 영으로 말미암아 감화를 받건 또는 사악한 영으로 해서 어떤 영향을 입건 간에 우리 마음의 대의를 결정할 수는 없다. 단지 우리는 그것이 성경에서 우리에게 말하는대로 그러한 것들이 성령의 열매인지 아닌지에 대해 그 본질과 성향을 살필 수 있을 뿐이다.

G. 중생의 사역을 통해서 인간은 성령으로 태어나게 되며, 하나님께서는 주권자로서 행위하신다.

내가 하나님의 행위하심에 대해서 주권자적이라고 이야기하는 경우에, 나는 그 분이 정당한 이유나 동기도 없이 행위하시거나 또는 단순히 그 분의 뜻에 의해 행위하신다는 것을 의미하지 않는다. 왜냐하면 하나님께서는 어떤 경우에서든지 결코 그런 식으로 행위하시기 않기 때문이다. 그러한 주권이나 전제권은 어떤 경우에나 항상 하나님께 기인하는 것이 아니다. 왜냐하면 이것은 지혜나 거룩함을 지니지 않을채 행동하는 것처럼 되어 그 분을 불명예스럽게 만들 우려가 있기 때문이다. 하나님의 주권은 그의 피조물에 대한 모든 책임 위에 있으며, 그가 하시는 모든 일에 있어 그의 피조물을 지도하고, 또한 영향을 미치며 통제하는 가운데 있는 것이다. 이런 의미에서 하나님은 무한한 주권자이시다. 그는 그가 기뻐하는 일만을 행하시며, 그가 스스로 약속하신 일에 대해 기꺼이 책임을 지시는 일 이외에는 어느 누구에 대해 책임을 지도록 영향을 받으시는 분이 아니다.

그러므로 주권이란 특별한 방식으로서 모든 은혜의 행위에 있어 필수적인 것이며, 또한 모든 경우에 은혜는 주권자의 은혜로 주권자의 은혜가 아니라면 어떤 것도 은혜가 되지 못한다. 어떤 종류의 선이 부여되든지간에, 만일 그가 그것을 당연한 책임으로 생각하고, 그렇게 하는 것이 마땅하다고 받아들이며, 또한 그가 그것을 받을 의무가 있다고 생각한다면, 그 때에는 그것은 단지 칭의의 행위나 빚을 청산하는 행위가 될 뿐이며 그 가운데에서는 은혜를 전혀 찾아볼 수가 없게 되는 것이다. 왜냐하면 은혜는 값없는 것이며, 책임을 떠나서 있게 되는 것이며, 받을 가치를 따지는 것이 아니기 때문이다. 그러기에 그렇지 않는 은혜란 전혀 은혜라고 볼 수가 없는 것이다.

우리들의 경우에 있어서, 하나님께서는 주권자로서의 지고한 의미에서 행위하신다. 그 분께서는 은혜를 베푸시는 일에 있어 어떠한 의무감 아래에서 행하시는 것이 아니며, 또한 은혜를 받을만한 가치를 지니지 못한 죄인들에게조차도 은혜를 베푸신다. 그러므로 하나님께서 죄인의 마음을 변화시키고 중생시키실 때마다, 그 분께서는 죄인에게 마땅히 그렇게 해야한다는 일종의 의무감에서 그렇게 행하시는 것이 아니라 죄인이 그의 죄 속에 빠져 영원히 멸망하지 않도록 하기위해 죄인이 자신의 마음의 완고함을 떨쳐버리도록 하시는 것이다. 죄인이 중생하기 전에 행한 것들에 대해서 하나님께서는 어떠한 책임도 지우지 않으신다. 죄인은 하나님으로부터 오는 자비를 기꺼이 받으려하지 않고 그의 궁극적인 관심사를 염려하면서도 단지 전심전력으로 하나님과 그 분의 은혜에 반대한다. 또한 그는 기도하며 자비를 구하면서도 그의 마음이 새롭게되는 때까지 하나님과 그의 구세주를 완전한 원수로 적대시한다. 그러나 하나님의 영의 영향을 받아 중생하게 됨으로 해서 그의 증오는 사라져버리게 된다.

이제 나는 이 변화를 사람이 하나님께로서 난 자라는 견지에서, 또 그들이 그들 자신의 마음에서 비롯된 생각과 행위들에 있어 능동적이라는 견지에서 계속해서 살펴보고자 한다. 왜냐하면 내가 지금까지 말해왔던 사실들에 그 주장의 근거를 두고 있기 때문이다. 다음의 문답은 지금까지 말해왔던 사실들을 더욱 적절히 설명해 주는데 도움이 되는 것으로 잘 살펴두기 바란다.

[질 문] 만일 다음의 사실들, 즉 중생에 있어 인간이 능동적이지 못하고 완전히 수동적이며, 중생은 어떤 수단을 사용치 않은 채 하나님의 영으로 말미암아 행해지는 것이며, 그리고 이 행위가 이루어지는 동안에 하나님은 주권자로서 계시며, 죄인의 상태가 어떻든간에 혹은 어떤 수단들을 사용하시건간에, 그리고 죄인이 그 자신의 구원을 위해 모든 고통들을 감수하고 있음에도 불구하고 그 분이 자비를 베풀 자에게만 자비를 베푸시고, 또한 그 분이 멸망시킬 자를 그대로 방치한다고 하면, 그 때에 죄인이 어떤 수단들을 사용하는 것에 대해서 어떻게 용기를 얻을 수가 있으며, 사람들이 어떤 고통이라도 받아들일 이유가 어디 있겠으며 자신의 구원을 위해 어떤 이유로 수단들을 사용할 수 있겠는가?

[답 변] 만일 지금 말한 내용이 사실이라고 한다면, 하나님께서 죄인들을 중생시키고 구원해야 할 책임을 지게 된다는 견해로 미루어보아 어떤 수단들을 사용할 합당한 이유가 분명 없다. 그러나 하나님께서는 그런 것과는 다른 견해를 가지고 계신다.

뿐만 아니라 그들이 어느정도 변화를 초래하게 될지도 모른다는 생각을 지니고 또는 그것들이 그들의 마음을 변화시키게 되는 적절한 수단들이라고 생각할 합당한 이유가 없게 되는데, 그 이유는 이 변화가 즉시로 일어나게 되는 것이기 때문이다.

더군다나 만일 그가 결국은 죄 속에 멸망하게 된다고 할 때, 중생이 이루어지기 전에 죄인의 마음이 더욱 나은 상태에 있도록 하기 위하여 또는 그가 덜 비참해 질 수 있도록 하기위해 수단들을 사용한다고 할 때는 더욱더 합당한 이유가 되지 못한다. 분명한 것은 만일 죄인이 계속 회개하지 않고 그의 죄 가운데 죽는다고 할 때는, 그의 구원을 위해 사용되었던 수단들이 그에게 유익한 것이 될 것이라는 것을 어느 누구도 상상할 수 없는 일이라는 것이다. 오히려 그러한 수단들은 반대의 효과를 일으키게 될 것이다. 왜냐하면 모든 경우에 있어서와 마찬가지로 이 경우에 있어서도 이것은 그를 거역하게 될 것이기 때문이다. 죄인에게 더 많은 수단이 사용되어지면 사용되어 질수록, 그가 누리게 되는 유익이 많아지면 많아질수록, 그가 더 많은 가르침을 받게 되면 받을수록, 또한 그의 마음 속에 더 많은 빛과 신념이 가득 차면 가득 찰수록, 또한 그가 눈에 보이지 않는 것들을 인식하고 그 중요성을 깨우치면 깨우칠수록, 또한 그의 영혼의 가치와 영원한 행복, 그리고 영원한 정죄의 두려움을 인식하면 인식할수록, 만일 그가 계속해서 회개하지 않고 결국에는 멸망한다고 할 때는, 그가 사용한 모든 수단들은 그를 더욱더 비참하게 할 것이다. 왜냐하면 이러한 모든 것들은 그가 계속해서 죄 속에 빠져 있으면서 죄를 더 악화시키게 하는 결과를 빚기 때문이다. 그렇기에 만일 그에게 이러한 일들이 발생하지 않았더라면 그가 더 많은 죄책을 지지않도록 만들게 되었을 지경에 그를 이르게 하는 것이다. 복음의 설교와 구원의 모든 수단들은 그들을 멸망하게 하는 죽음으로 이끄는 것이 된다(고후 2 : 17). 그러므로 죄인이 자신은 계속해서 회개하지 않은 채 그의 구원을 위하여 그러한 수단들을 남용한다는 것은 도저히 합당한 일이 될 수가 없다. 왜냐하면 그로 인해서 그들은 전혀 반대의 효과를 보게 될 것이기 때문이다(마 11 : 20～24).

그리고 수단들의 사용은 그들의 마음을 더욱 좋아지게 만들거나, 더욱 복종과 거룩함에 이르도록 한다거나, 또는 덜 완고하게 만든다거나 하는 것과는 거리가 멀다. 만일 그들이 계속해서 회개하지 않거나 중생하지 않는다면, 그들의 경우는 더욱 더 나빠지게 될 것이다. 마음은 수단들의 방해를 받고 빛과 진리를 거스르게 됨으로 말미암아 부드러워지기보다는 오히려 완고해진다. 마음은 계속적으로 회개하지 않고 모든 것에 반대하여 계속 완고한 상태에 있으면서, 더 많은 수단을 사용하고 지성이 그것들에 주목하도록 하면서 더 많은 신념을 품고 있으면 있을수록, 마음은 더욱 완고해지고 뿐만 아니라 죄를 가중시키게 됨으로써 더욱 죄를 짓게 되는 수고를 할 뿐인 것이다. 왜냐하면 완전히 부패한 상태의 지성의 능력은 더욱 깨어나고 더욱 분발될수록 마음에 죄를 짓는 원칙을 더욱 가중시키게 되기 때문이다. 다시 말하면, 지성은 마음이 계속해서 회개하지 않고 저항하도록 더 많은 것을 요구하게 되는 것이다.

바로(Pharaoh)는 자신이 사용했던 수단들로 여호와께 복종하고 그가 마음 속에 품은 신념들을 다른 이들에게 강요하고 그의 행위를 따르게 함으로써, 마음이 더욱 온화해지기보다는 오히려 더욱 완고함을 지니게 되었다. 다시 말해서 그의 마음의 부패는 그 도를 더하여 그가 아무런 수단들도 사용하지 않았더라면 그의 죄가 더욱더 가중되지는 않았을 것이다. 결국 그는 어떠한 빛이나 신념 가운데 있지 못한 것이다. 그러나 바로의 경우는 유죄를 선고받은 죄인들의 경우에도 적용된다. 그들은 회개하지 않은 상태에 계속 머물러 있으면서 그들 나름대로는 하나님께 복종한다는 명목을 내세워 특별한 수단들을 계속 사용해 왔다. 만일 그들이 계속 이런 식으로 모든 일을 진행해 나간다면, 중생하지 않은 죄인들이 사용하게 되는 모든 수단들은 바로의 경우에서처럼 그들에게도 똑같은 결과를 낳게 될 것이다. 그러므로 회개하지 않은 가운데 계속 죄 안에 머무르게 된다면, 그 때에는 회개한다는 명목으로 그에게 유익을 가져올 어떤 수단들을 사용할 생각을 갖는다는 것은 결코 합당한 일이 못되는 것이다. 계속 회개하지 않고 타락해 있는 자들은 어떠한 유익도 얻게 되지 못할 것이다. 즉 그들의 온갖 즐거움과 이점들, 그들의 선을 위해 사용된 모든 수단들, 그들의 마음 속에 품고 있는 모든 빛과 신념들, 이 모든 것들은 그들을 향해 등을 돌리게 될 것이며, 그들을 큰 파멸로 이끌게 될 것이다.

그렇다면 수단들이 사용되어지는 이유는 무엇인가? 수단들이 사용되어야 하는 이유와 또한 그것으로 인한 이점은 무엇인가? 이 점에 대해서 우리는 계속적으로 생각해 볼 필요가 있다.

A. 죄인들이 수단들을 사용하는 것은, 그들이 계속적으로 회개하지 않은 상태에서 비록 그러한 수단들을 사용하지 않은 때 보다도 더 많은 고통을 겪게 된다고 할지라도, 매우 중요한 목적을 갖게 된다. 하나님께서는 계속 회개하지 않은 채 바로가 사용했던 수단들을 통하여 친히 그 분의 현명하고도 영광스러운 목적을 드러내고 계신다. 그러나, —

B. 수단들은 인간을 회심시키고 구원하기 위하여 절대적으로 필요한

것이며 그 수단들은 많은 영향을 끼치게 된다. 그 이유들로는 다음과 같다.

 a) 수단들은 사람들이 중생하는 것을 준비시키기 위해서 필수적으로 사용되어지는 것들이다. 앞에서는 계속해서 말한 바와 같이, 준비하는 행위는 어떤 일에 있어서건 중요한 일이며 필요한 일이다. 그러나 사실상 하나님께서는 각 사람을 쉽게 중생시킬 수 있으시다. 그 분은 이 땅 위의 가장 어리석은 자, 미개한 이교도, 또는 가장 무지한 자, 또는 망상에 사로잡힌 자, 잘못된 생각을 지니고 있는 신도들을 그 분이 원하시는대로 아무런 수단들도 사용하지 않고 중생시킬 수 있으시다. 그러나 이와 같은 것이 가장 좋은 방법이 될 수는 없다. 그러기에 하나님께서는 결코 그런 일을 행하지 않으신다. 그런 일이 현명하지 않고 또한 그러한 상황에서 어떤 수단들도 사용하지 않고 어떤 사람에게 새로운 마음을 갖게 하는 것이 적당치 않은 이유는, 그러한 경우에서는 혹시나 새로운 마음이 생겨난다 해도 어떠한 근거나 준비, 또는 의로운 생각과 행위를 할 수 있는 기회를 갖지 못하게 되기 때문이다. 그러므로 그러한 경우, 어떤 선한 목적을 찾을 수가 없는 것이다. 이것은 마치 적절한 방법으로 살아가고 행위할 수 있는 능력을 지니지 못한 괴물을 만들어내는 것과 같으며 결국에는 스스로 파멸하게 되는 결과를 초래하게 되는 것이다. 또한 그것은 마치 손과 발이 없으며 자신의 생명을 유지하기 위해 필요한 음식을 취할 입이 없는 인간을 만들어내는 것과 같다. 또한 그것은 마치 짐승이 자신의 생존을 위해 무엇이 필요한지를 알지 못하는 그러한 상황에 처해있는 것과 같다.

 하나님께서 어떤 인간 안에 이 도덕적 변화를 일으키실 때, 그것은 새로운 생명을 갖게 하고 새로운 행위를 할 수 있도록 하기 위함이다. 그러므로 그는 이 새로운 삶을 뒷받침하고 또한 그러한 삶을 살게 하는 기회와 수단들이 없는 곳에서는 이러한 일을 행하지 않으신다. 그 이유는 비록 인간들이 수단을 통해 중생하지는 않는다 하더라도, 수단들은 사람이 중생할 때 적절하게 행위하도록 하기 위하여 선행적으로 사용되어져야 한다. 가령 모든 사람들, 교화되지 않은 자들, 그리고 심지어는 모든 죄인들 안에 있는 모든 잘못과 망상들은 적어도 그것들이 어느 정도 선한 것들이라 하더라도 제거되어져야만 한다. 그리고 그들 마음 속에는 새로운 피조물이 되어 거룩함을 실행하기 위하여 신앙에 관한 올바른 지식이 들어있어야 한다. 그리고 그들 안에는 그들이 이전에 어떤 가르침을 받았건, 또는 신앙에 관한 일에 대해 아무리 많이 알고 있다해도 세속적인 죄인들이 이미 획득한 지식 이상의 더 많은 지식들이 있어야 한다. 그리스도인의 거룩함을 적절히 실행하기 위해서 그들이 알아야 할 필요가 있는 모든 일들은, 그들이 계속적으로 중생하지 않은 죄인의 상태로 남아있게 될 때에는 어떤 수단을 사용한다해도 결코 이해하지 못하게 된다. 그러나 중생한 죄인들은 매우 짧은 시간내에도 그들이 알아야 할 필요가 있는 많은 진리를 더욱 잘 배우게 될 것이다.

b) 수단들의 사용은 언제 어느 때에라도 새로운 마음으로 행위를 실행하고 그리스도인의 거룩함을 실행하기 위하여 절대적으로 필요한 것이다. 만일 우리가 준비의 행위에 대해 생각하지 않고 또한 중생에 있어서의 그것의 필요성에 대해 생각해보지 않는다면, 우리는 구원을 위한 수단들의 사용과 그것들의 필요성에 대해서 또 생각해 보아야 할 이유가 있게 될 것이다. 만일 지성을 객관성있게 제시할 만한 사실이 부재하다거나, 또는 어떤 수단들이 사용되든지간에 그것들이 지성과 연결되지 않는다면, 그 때에 마음은 동면하고 있는 것임에 틀림이 없다. 만일 그러한 일이 있다면 그 곳에는 어떤 일조차 가능할 수가 없는 것이다. 왜냐하면 성경에 "믿음은 하나님의 말씀을 듣는 것에서부터 온다"고 기록되어있기 때문이다. 그러므로 수단들은 회심하기 위하여, 또한 믿음과 거룩함을 실행하기 위하여 필요한 것이다. 그렇지않고서는 인간은 구원받을 수가 없다. 그러므로 수단들의 사용을 무시한 채 살고 죽는 자들은 멸망받을 것임이 분명하다. 그러므로 수단들의 사용은 인간들에게 있어서 그들의 구원만큼이나 커다란 중요성을 지닌 것으로 그것들에 관해 꾸준한 관심을 기울이는 것은 구원에 비등할 만한 중요성과 가치를 지니게되는 것이다

3. 회심

이제 우리는 두번째 일에 관해 생각해 보고자 한다. 그것은 하나님으

로 거듭 태어나는 것을 포함하게 되는 변화이다. 그런데 그 변화를 통해서 인간은 능동적이 되며 새로운 마음의 생각들과 행위들을 알게되는데, 그것은 지금까지 내가 이야기해 왔던 하나님의 섭리를 통한 변화의 진정한 열매이며 결과이다. 그것은 바로 능동적인 회심이라고 부른다.

우리는 앞서서 그것에 관해 설명하였기에 여기서는 간단히 설명하면서 총체적으로 살펴보고자 한다.

지성이 중생하고 새로운 마음이 생겨날 때, 하나님의 일들은 새로운 빛 가운데 드러나게 되며 마음은 새로운 방법으로 움직이기 시작하게 될 것이다. 이제 지성에 첫번째로 생겨나게 되는 일은, 모든 존재 위에 탁월함을 보이시는 동시에 어디든지 존재하시는 하나님의 존재이다. 이제 마음은 전에는 결코 가져보지 못했던 확신을 품고 하나님이 실제로 계심을 보고 느끼게 되며, 하나님의 위대하심과 엄위, 지혜, 공의, 선함, 탁월함, 영광에 주목하게 되며, 그의 마음은 넋을 빼앗기게 된다. 이제 그는 신성한 것들 사이에 둘러쌓여 있는 자신을 발견하게 되며, 하나님께서 어느 곳에서든지 만물 안에서 자신을 친히 드러내시고 계심을 보게된다. 태양과 달, 별들, 구름들, 모든 산과 나무들, 들판과 초원, 그리고 모든 피조물과 모든 일이 침묵 속에서 그러나, 분명하고도 힘있게 놀라운 목소리로 그에게 하나님의 현존과 그 분의 완전함, 그 분의 영광을 서로 협력하며 말해주고 있다. 이제 그는 전에는 하나님이 계시다는 것을 그가 진정으로 믿지 않았던 것을 깨닫게 된다. 그는 이전에는 결코 그러한 존재를 느끼지 못했으며, 그러한 생각조차 할 수 없었으며, 더우기 그 분의 존재와 완전함을 확신시켜 볼만한 충분한 증거를 보지도 못했다.

이런 견해로 보건대, 사실상 그는 이 위대하고 영광스러운 존재 앞에 무(無) 속으로 침잠해 들어가며, 그의 마음은 하나님의 영광스러운 위대함과 탁월함에 대한 생각으로 가득차게 되며 또한 그 분이 모든 피조물들에 의해 사랑받고 존중받게 되는 무한한 가치를 지닌 존재임을 깨닫게 된다. 그러므로 이제 그는 그의 마음을 다하여 모두를 사랑하도록 요구하는 하나님의 법의 타당성과 탁월함을 이해하기 시작함으로써 공의와 선함과 영광 가운데서 하나님의 법을 이해하게 된다. 또한 그의 마음은 영원한 정죄를 조건으로 온전하고 인내하는 사랑과 복종을 요구하는 것이 합당한 일임을 입증하게 된다. 그러므로 그는 이제 죄로 인한 무한한 악과 죄의 가증스러움, 죄로 인한 형벌을 이해하게 되며, 이러한 식으로 그는 죄책속에서 자신의 죄성과 악덕함, 그리고 자신의 몰락을 이해하게 되는 것이다. 그리고는 자신의 죄책속에서 스스로를 미워하고 심판하며 정죄하며 자신의 정죄받음을 진정으로 깨닫고는 자신의 영원히 비참해지는 것이 당연한 일임을 깨닫게 되는 것이다.

그리고 그가 지금까지 행한 일들을 돌이켜 볼 때, 또한 그가 어떻게 하나님의 법을 깨뜨리고 불경스럽게 하였으며, 하나님을 경멸하고 그의 성스러운 권위를 짓밟았는지를 알게될 때, 또한 그가 하나님의 일에 얼마나 합당치 못했으며 유해한 존재였는가를 알게될 때, 그는 온 마음을 다하여 그가 이전에 행한 일이 모두 보충되어지고 하나님과 하나님의 법의 명예가 회복되기를 바라고 원하게 된다. 또한 그는 진심으로 하나님의 영광스러운 속성에 그가 남겨놓은 오점이 씻겨지기를 바라며 완전한 보상과 속죄가 이루어지기를 바란다. 그는 또한 그가 용서를 받고 다른 방식으로 하나님의 은혜를 받을 수 있기를 원하며 그러면서도 그는 스스로 그렇게 할 수 있는 존재가 아님을 이해하고 느낀다. 그는 자신의 무한한 악덕과 무가치함, 그리고 죄책을 깨닫고는 그것만으로도 하나님으로부터 형벌을 받게될 수 있다는 것을 이해하게 되며, 또한 그가 아무리 진지하게 회개를 한다고해도 그것이 그의 죄를 속죄시켜줄 수 없다는 것을 이해하게 된다. 그러므로 그는 그 자신이 어떠한 일을 시도하려는 생각과 의향을 가지고 있다해도, 그의 죄를 용서받고 하나님의 은혜를 구하는 일이 더욱 중요하고 바람직한 일이라는 것을 알게 된다. 그렇게해서 하나님의 법이 그에게 드러나게 되어, 그는 죄로부터 소생하게 되며, 죽어서 거듭 나게 되는 것이다.

이제 그는 복음에 나타나 있는대로, "세상의 죄를 지고 가는 하나님의 어린 양을 보라!"고 하는 복음을 받아들일 준비가 된 것이다. 이것은 그에게는 "커다란 기쁨의 소식"이다. 하나님과 대등하시며 이 세상을 만드신 하나님의 아들이 인간이 되시어 이 세상에 내려오사 죽음에 이르는 고통과 순종으로 말미암아 죄를 속하시고는 죽은 자들 가운데서 부활하여 지극히 높으신 자의 오른편에 앉으심을 생각해 보라. 그 분께서는 아무리 사악한 죄를 지은 자일지라도 그 분께 나아오는 모든 이를 값없이 용서하고 구원해 주실 준비를 하고 계신다. 이제 예수 그리스도 앞에서 하나님의 영광에 대한 지식의 빛이 그의 마음 속에 빛나게 되며, 그리고 이제 그에게는 중보자의 속성이 온전함과 영광 속에 환히 드러나게 되는 것이다. 그리고 그리스도로 말미암은 구원의 길이 그의 마음 속에 지혜롭게 탁월하게, 또한 영광스럽게, 기쁘게 드러나 그의 마음을 사로잡게 된다. 그는 자신의 무가치함, 악덕함, 그리고 죄책을 깨닫고는 용서와 구원, 죄책과 죄의 능력, 죄의 불결함으로부터 구속되기 위하여 그리스도를 완전히 신뢰하며, "그 자신의 의 가운데에서가 아니라 그리스도를 믿음으로 말미암아 또한 믿음으로 말미암은 하나님의 의로 말미암아 그 자신을 발견하게 되기를 원하게 된다"

그리고 그가 그리스도의 인격의 엄위와 탁월함을 보게 되고, 그가 이제까지 행한 일들을 생각하고 하나님의 법에 복종하고 그 법을 존중하기를 힘쓰며 죄를 속죄받으려 할 때, 그리고 그가 이러한 구속을 통하여 드러나게 되는 구속자 하나님의 놀라운 선하심을 이해하고 경험하는 동안에, 그는 하나님의 법의 중요성과 자신의 죄에 대한 혐오감이 더욱더 증대하게 된다. 그래서 그의 마음은 하나님과 구속자에 대한 사랑으로 더욱 뜨거워지게 되며 또한 그의 마음은 죄에 대한 증오와 혐오감으로 가득차게 된다. 그리고 특별히 그의 마음은 이러한 구원의 방식을 무시하고 또 그것에 반대함으로써 자신의 배은망덕을 행한 결과로 회개와 자기혐오를 갖게 되며, 또한 그의 구세주를 경멸하고 거절한 이유로 그의 마음은 스스로 고통을 받게 된다.

그리고 이제 그는 온 마음을 다하여 죄와의 관계를 끊고 기쁜 마음으로 예수 그리스도를 통하여 하나님께 기꺼이 자신을 바치며 영원토록 그 분을 섬기고 그 분께 복종하기를 원하며, 또한 그것이 세상에서 가장 행복한 일이라고 생각하며, 그가 누릴 수 있는 가장 큰 특권이라고 생각하면서 그는 진정한 신앙과 거룩한 복종 가운데서 하나님께 전적으로 헌신하게 되는 것이다.

이렇게 새로운 마음의 생각들과 행위들을 통하여 하나님께로 향한 죄로부터의 능동적인 회심이 이루어지게 되는데, 이 모든 것은 예수 그리스도를 믿음으로써, 또한 그를 받아들임으로써, 그리고 그의 이름을 믿음으로써 이루어진다. 그리고 마음에 이러한 일들이 일어나지 않는 자들이 있다면, 그들은 회심한 자들이거나 하나님으로 거듭 난 자들이라고 볼 수가 없는 것이다. 비록 내가 회심한 모든 이들의 생각과 행위들이 내가 지금까지 설명해 왔던대로 순서대로 일어나야 한다고 말하지는 않는다 해도, 그럼에도 불구하고 회심한 자는 그의 마음 속에 일어난 일들과 그의 주변에 발생한 일들을 감지할 수 있어야 한다. 그리고 또한 그 일들이 어떤 특별한 순서대로 일어났음을 인식하지 못한 채 빠르게 진행되었다 하더라도 그 일들이 관련된 순서대로 실제로 일어났었다는 것을 입증해낼 수도 있는 것이다.

계속해서 살펴보건대, 내가 지금 이야기하고 있는 회심한 자는 이제 그 자신의 미천함, 무가치함, 죄책, 그리고 능력과 의의 하나님에 대한 완전한 신뢰를 갖고 있다는 의미에서 진정으로 겸손한 자가 된다. 또한 그 자신의 하찮음, 연약함, 그리고 자신의 불충분함과 그 안에서 자신의 뜻을 행하시는 하나님에 대한 완전하고 계속적이며 무한한 의존에 비추어 볼 때, 이제 그는 하나님 앞에 겸손한 존재로 두려움을 안고 자신의 구원을 위해 노력하게 되는 것이다. 또한 그는 자신의 다른 어떤 것들보다도 자신의 악덕함과 비참함을 더욱 분명히 알게 되고 자신의 마음을 겸손되이 하여야 하며 다른 이들 가운데서도 온유하고 겸손한 행동을 해야함을 깨닫게 된다.

그리고 이제 그는 하나님의 말씀의 진리와 신성함, 탁월함, 그리고 그 향기를 느끼고 생각하게 되며, 성경을 즐기며 밤낮으로 성경을 묵상하게 된다. 하나님의 말씀은 값진 금보다도 그에게 더욱 소중한 것이 되며 꿀보다도 더욱 감미로운 것이 된다. 이제 그는 하나님을 더욱 경건히 예배하는 자가 되며 기쁜 마음으로 매일 기도와 찬송을 드리며 세상이 그의 이러한 특권을 빼앗지 않도록 주의한다. 그는 다른 그리스도인들과 함께 기도하고 신앙에 대한 대화를 즐겨 나누며, 공공 예배를 드리기 위해 열심히 꾸준하게 뛰어다닌다. 그리고 공공 예배를 통해 그는 경건하게 기도하고 찬송하며 설교되는 복음을 주의깊게 듣고, 그 가르침을 받아들이며, 그로 인해 그의 신앙은 빨리 성장하게 된다.

그리고 그가 진심으로 망설이지 않고 하나님께 그 자신을 드리기로 할 때, 그 때로부터 그는 그리스도의 제자들과 추종자들이 세상을 향해 나섰듯이, 하나님의 대의를 지지함으로 해서, 그의 신앙을 공적으로 고백하기를 원하게 된다. 그에게 있어서는 하나님의 백성들 사이에 있게 된다는 것, 또한 그들과 연합하여 있다는 것, 그리고 그리스도인의 격려와 보살핌을 받게 된다는 것은 커다란 특권처럼 보여진다. 그리고 그는 지체없이 그들과 함께 하여 그리스도의 거룩한 제사에 참예하게되는 것이다.

그리고 이 변화를 통하여 그는 모든 인류의 친구가 되며, 그의 마음은 그들에 대한 사랑으로 가득 채워지게 된다. 이것은 실제로 그의 이웃들에 대한 그의 관심과 그들을 대하는 태도에 있어 그의 불성실함과 불공정함, 그리고 신앙을 고백한 그리스도인들 사이에서도 흔히 찾아볼 수 있는 증상을 즉시로 고쳐나가게 한다. 그리고 그는 즉시로 진정한 그리스도인에게 특별히 나타나게 되는 마음의 순수함, 정직, 진실함, 솔직함, 신실함을 소유하게 된다. 그는 의롭고 올바를 뿐만 아니라 그의 마음은 그가 모든 이에게 선을 행할 수 있는 기회를 가질 때마다 선함과 사랑, 온유함, 그리고 자비로 가득차게 되어 그들의 영혼을 풍성하게 하며 그들을 영원한 구원으로 이끌게 한다.

한 마디로 말해서, 그는 어떤 일에 있어서든지 하나님과 그의 동료 그리스도인들을 섬기는 일에 자신을 헌신하고 있으며, 이 목적을 위해서 그는 "자신의 일에 나태하지 않고 영적인 일과 주를 섬기는 일에 열심하면서" 자신의 위치에서 신실하고 부지런하게 행위하게 되는 것이다. 그리고 이러한 일들을 통해서 그는 인내하고 앞으로 나아가게 된다. 왜냐하면 회심이란 단지 좀 더 완전한 거룩함으로 나아가기 위한 시작일 뿐이기 때문이다.

이제까지의 내용들은 진정한 회심자, 새로운 사람, 그리고 하나님의 영으로 거듭 난 자에 대한 짤막하고도 불완전한 설명에 불과하다고 볼 수 있다. 이제 나는 전체적으로 두 세 가지 사항을 들어 이 내용들을 결론짓고자 한다.

A. 이 문제에 관해 지금까지 우리가 생각해 보았던 견해는, 모든 그리스도인들에게 공통되는 특권인 하나님의 영으로 말미암아 인도받게 된다는 것을 우리에게 가르치고 있다(롬 8 : 14 ; 갈 5 : 18). 그것은 충동적인 생각도 아니며, 또는 하나님의 계시 속에 나타나 있지 않은 것을 즉시로 생각해 낸 어떤 새로운 진리도 아니며, 성경의 어떤 특별한 본문이나 구절을 염두에 둔 것도 아니다. 그러나 그리스도인은 하나님의 영으로 말미암아 또 그 안에 새로운 삶과 행위의 원칙이 되시는 성령의 내주하심으로 말미암아 인도받게 된다. 그래서 그리스도인들은 마음이 의롭게 되기 시작하며 더욱 그 의로움이 증대하게 되어 하나님의 말씀 속에 계시된 진리를 분별하게 되며 그로 인해서 현명하고 거룩한 방식으로 그 의로움을 실행하게 되는 것이다. 이것은 바로 하나님의 영으로부터 그리스도인이 얻기를 원하는 역할이며 영향인 것이다. 만일 그가 마음의 의로운 성향을 충분히 가지고 있다고 한다면, 그는 모든 진리에 이르고 또한 그의 의무를 알고 또 그 의무를 행하기 위해서 하나님의 영의 직접적인 영향 이상의 것을 더 원하지는 않을 것이다.

B. 그러므로 우리는 어떤 사람들이 자신들이 하나님으로 난 자들인지 그렇지 않은지를 알아보기 위하여 구하게 되는지를 배울 수 있다. 다시 말하자면, 그들 자신의 마음의 생각들과 행위들과 이러한 것들이 실제로 그들에게 미치는 영향과 그 효과를 알아보려 하는 것이다. 이러한 식으로 이 글을 읽는 독자들은 자신의 회심을 통해 갖게 되는 식별력과 새로운 행위들을 생각해 보고 찾아냄으로써, 또한 자신이 처음으로 죄로부터 등을 돌리고 하나님께로 향하게 됨으로 말미암아 예수 그리스도의 이름을 믿고, 또 그것으로 인해 성경에서 성령의 열매라고 부르는 거룩한 생활을 해나가게 됨으로 말미암은 거룩한 모든 행위들을 통해 자신이 하나님의 영으로 난 자인지를 분별할 수 있다.

그러므로, 지금까지 회심에 대한 설명을 통해 말해진 모든 사실들은 자신의 현 상태를 알기 원하는 많은 자들, 그들이 하나님으로 난 자들인지를 알고자 하는 많은 이들에게 하나의 시험으로써 적용되어질 수가 있다. 어느 정도 이 문제에 관해 많은 관심을 기울이는 자들은 이미 이러한 관점으로 자신에게 모든 문제를 적용해 보았을지도 모른다. 또한 내가 여러분에게 진지하게 권고하는 바, 지금까지 말해진 사실들이 하나님의 말씀과 일치하는 것이라고 생각하면 자신을 성찰해 본다는 의미에서 그것들을 자신에게 적용시켜보기 바란다. 내가 더욱 바라는 것은 주께서 우리가 이 중요한 문제를 진리에 따라 분별할 수 있는 식별력과 이해력을 우리에게 주시기를 바라는 것이다.

그리고 만일 여러분이 하나님께로 난 자라고 할 만한 충분하고도 선한 증거를 가지고 있다면, 그 모든 영광을 여러분의 주권자에게 돌리고, 또한 이것은 단지 매우 중요하고 영광스러운 어떤 일의 시작에 불과한 것임을 상기하기를 바란다. "이미 도달하고 얻은 일에 대해서, 또한 이미 완전함에 이를 것에 대해서 생각하지 말고 단지 여러분이 예수 그리스도를 이해하게 되기를 추구하도록 하라. 뒤에 있는 모든 일들은 그대로 남겨두고 그리스도 예수 안에서 하나님의 높은 부르심의 상을 받기 위해 앞으로 나아가도록 하라" "새로이 태어난 자는 말씀을 진지하게 취하게 됨으로써 성장하게 될 것이다".

C. 자신이 중생하지 않았다는 것을 깨달은 자들은 정말로 그들 자신에 대해 생각해 볼 이유가 충분히 있는 것이다. 그들은 지금 매우 비참한 지경에 처해있는 것이다. 만일 당신이 그러한 경우라면, 그것은 굉장히 무서운 일이다. 당신의 마음 속에서 선한 것과 의로운 것이 아무것도 들어있지 않음으로 해서 단지 있는 것은 부패함과 사악함 뿐으로 그것들은 당신을 파멸로 이끌고 있다. 그리고 당신은 이것들 때문에 비난을 받게 될 것이며, 하나님이 보시기에 그것들은 죄책있는 것들로 그 분으로부터 최소한의 동정과 자비조차 받을 가치가 없게 되는 것이다. 만약에 하나님께서 당신이 항상 거부하고 반대해 왔던 일들을 새롭게 분별할 수 있는 주권자의 은혜를 내리시지 않는 한, 또한 그 분께서 그러한 은혜를 내리시기를 거절하시는 한, 당신은 영원히 파멸하게 된다.

그렇다고 "우리에게는 우리 자신을 도울만한 능력이 전혀 없다. 우리는 우리의 구원을 위해서 아무것도 할 일이 없다. 하나님께서 그 모든 일을 마땅히 하셔야 한다. 그런데 어째서 우리를 비난하는가? 우리가 그런 문제로 해서 고통을 당하게 되는 것이 아무런 의미가 없다. 만일 하나님께서 우리를 기꺼이 중생시키고 구원하려 하신다면, 그 분께서는 때가 이를 때에 그 일을 하실 것이다. 그런데 어째서 그런 문제를 들추어냄으로써 우리로 하여금 고민하게 하는가?"라고 말하지 말라. 하나님의 주권에 반항하여 그것으로 말미암아 자신을 파멸로 이끌게 되고, 극심한 고통과 죽음에 이르게 되는 정죄를 받고, 매 순간 그러한 고통과 죽음에 가까이 이르고 있는 자가, 동시에 그가 모독하고 해를 끼친 군주가 만일 기꺼이 그의 친구나 종이 되고자 하여 이 문제를 처리할 자를 그에게 보내주기만하려 한다면, 그를 가장 행복한 상태로 이끌 수 있을 것이라 생각하며, 비록 자신의 반역 속에서도 자신의 구속받지 못하게 되는 이유는 군주가 기꺼이 하지 않으려는 것이라고 생각한다. 그러면서 단지 "나는 어떻게 할 도리가 없다. 군주가 내게 새로운 마음을 주지 않고 내가 그의 제안을 받아들이도록 하게 하지 않는 한, 그의 제안은 내게 아무런 소용이 없게 될 것이다"하고 말한다. 이러한 말을 하는 사람은 자신의 집에 불을 지르는 자와 같으며, 자신의 머리가 타고 있음에도 불구하고 가만히 앉아있는 자와 같다. 또한 그는 그 불꽃 속으로 기름을 던져 넣어 더 큰 불이 일어나게 하며 결국에는 자신의 목숨을 구하려 하면서도 그 불 속에서 목숨을 잃어가는 자와 같다.

 오늘날 당신이 지극한 관심을 갖고 먼저 행하여야 할 진정한 일은, 즉시로 회개하고 주 예수 그리스도의 이름을 믿으며 당신 자신을 하나님께 드리는 일이다. 당신은 한 순간이라도 지체할 이유가 없는 것이다. 당신은 지금 당신이 바라는 만큼의 많은 기회와 이점들을 안고있다. 지금 당신은 충분한 동기를 가지고 있다. 만일 당신의 마음이 계속 완고한 상태로 있으면서 하나님께 반역하고 있다면, 하나님의 영원하신 형벌이 당신 위에 즉시 떨어지는 것은 당연한 일이며 그것으로 인해 당신은 영원히 비참하게 될 것이다. 그러나 당신은 이러한 일이 얼마나 빨리 당신에게 닥칠지 알지 못하고 있는 것 같다.

 당신이 계속해서 깨어나지 않고 유일한 피난처인 하나님께로 나아가지 않는 한 이러한 일은 당신에게 곧 닥치게 될 것이다. "죄인들아 손을 깨끗이 하라. 두 마음을 품은 자들아 마음을 성결케 하라" "슬퍼하며 애통하며 울지어다 너희 웃음은 애통으로 너희 즐거움을 근심으로 바꿀지어다. 주 앞에서 낮추라. 그리하면 주께서 너희를 높이시리라" "그러므로 너희가 회개하고 돌이켜 너희 죄 없이함을 받으라" "주 예수 그리스도의 이름을 믿으라 그리하면 너희가 구원을 얻을 것이라"

George Downame
1560?-1634

제10장

칭 의

☐ 죠지 다우넴 ☐

죠지 다우넴(George Downame)(일명 다운햄)은 체스터에서 주교의 아들로 태어났다. 그는 케임브릿지에서 공부하였고 1585년에는 기독교대학(Christ College)의 평의원에 선출되었다. 후에 그는 논리학 교수가 되었고 신학박사 학위를 받았다. 1616에는 대리(Derry)의 주교가 되었다. 몇몇 청교도 신학자들처럼 유명하지는 않았지만 그의 작품들은 다른 신학자들의 그것 만큼 그 중요성이 인정되고 있다. 그의 『칭의에 대한 소고』(*A Treatise of Justificatiam*)는 1633년에 발간되었는데 그의 가장 뛰어난 작품 중의 하나이다. 그는 오랫동안 성실하게 설교의 사역을 감당하고 1634년에 작고하였다.

다우넴의 그밖의 작품들로는 다음과 같은 것들이 있다. 『반 그리스도에 관한 소고』(*A Treatise Concerning Anti-Chirst* , 1603), 『하나님의 땅에서의 죄의 금지와 의무 내용 』(*An Absaract of the Duties Commanded and sinnes Forbidden in the land of God* , 1635), 『크리스챤의 자유』(*The Chritian's Freedom* , 1609), 『경건한 기도와 훈련』(*A Godly and Learned Treatise of Prayer* , 1640).

이 글은 『칭의에 대한 소고』에서 발췌한 것이며 로버트 벨라민(Robert Bellarmine)이 주장한 자기의 의에 의한 칭의에 대한 가톨릭의 교리에 대해 논박한 것이다. 그 글은 대단히 탁월한 내용이다. 인간은 그의 고유한 죄 때문이 아니라 그에게 전가된 죄 때문에 부패하였으며 그래서 그리스도의 의의 전가에 의해서 인간은 의로워진다고 다우넴은 주장하고 있다. 다우넴은 아담의 "대표의 원리"를 받아들이고 있는데, 불행하게도 오늘날의 많은 복음주의자들은 이 원리의 중요성을 깨닫지 못하고 있다. 이것은 죄가 인간 본인의 부패에 의해 인류에게 들어온 것이므로 구원은 자기의 의, 즉 선행과 노력에 의하여 이루어진다는 로마 가톨릭의 교리와는 정반대되는 개념이다. 다우넘은 성경에 근거하여 죄인들의 전적부패를 주장하고 있으며 자기의 의에 대한 개념을 논박하고 있다.

1. 서론

A. 이제 벨라민의 주장을 살펴보기로 하자.[1]

증 거 1. 그는 로마서 5 : 17, 18, 19의 말씀을 근거로 하여 그의 주장을 펴고 있다. 거기에서 그는 그리스도에 의해서 의롭게 되는 것은 간주되어지는 의이거나 선언된 의가 아니라 의에 의해서 조성되어지는 의라고 주장한다. 그리고 그 의는 불완전한 의가 아니라 절대적이고 완전한 의라는 것이다. 그 이유는 의롭게 된다는 것은 의를 조성한다는 것이지 선언되거나 나타나는 것이 아니기 때문이라고, 그는 19절을 중심으로 설명한다. 많은 사람이 의를 조성할 것이라고 한 그의 주장에 대하여 그 말의 중요성과 관련한 그의 입장[2]에 대하여 칼빈과 켐니티우스 (Calvin and Chemnitius)[3]의 참고로 하여 답해볼까 한다. 그의 두번째 주장은 아담은 그리스도와는 정반대라는 것이다. 그것은 아담의 불순종으로 우리가 불의한 자가 된 것같이 그리스도의 순종으로 우리가 의롭게 된다고 사도가 기록하고 있다고 주장한다.

그러나 아담의 불순종으로 우리가 불의하게 된 것은 우리 자신이 불의한 것이지 전가된 것이 아니며[4] 그리스도의 순종으로 우리가 의롭게 되는 것은 그의 의가 전가된 것이 아니라 우리 자신이 의롭게 된다는 것이다.

답 변 첫 아담으로부터 우리의 육적 출생은 그 고유한 부패를 물려받는다. 그와 같이 둘째 아담에게서 우리의 영적 출생은 은혜를 물려

---

1) *De iustif, lib.* 2. *cap.* 3.
2) *Lib.* 2. c. 5. §. 1.
3) *Ibid.* §. 2. 3, & c.
4) *Non in iustitia Adami nobis imputata.*

받게 된다. 그러나 이것은 우리의 의가 아니라 성화인 것이다. 그러므로 사도가 여기에서 주장하는 것은 아담의 전가된 불의가 아닌 본래의 불의로 말미암아 우리가 불의하게된 것은 아니라는 것이다. 나는 본래의 불의로 말미암아 죄인이 되었다는 주장에 동의할 수 없다. 이것이 적의 주장으로 돌아가는 것이 되기 때문이다.

우리는 아담의 불순종과 범죄로 말미암아 죄책과 저주를 받는 죄인이 된 것이다. 그와 마찬가지로 그리스도의 순종으로 말미암아 죄책과 저주에서 해방되며, 또한 구원에 이르는 의를 입게 되는 것이다.

우리는 아담의 불순종과 범죄가 우리에게 전가되어서 죄책과 저주를 받는 죄인이 된 것이다.

그러므로 우리가 의롭게 되는 것도 그리스도의 순종이 전가되어 죄책으로부터 해방되고 의롭게 되는 것이다.

죄인은 죄에 대해 책임을 져야하며 정죄를 받아야 한다. 크리소스톰(Chrysost)[5]은 그것을 다음과 같이 증거하고 있다. $\tau i\ o\hat{v}v\ \dot{\epsilon}v\tau a\hat{v}\theta a\ \dot{a}\mu a\rho\tau\omega\lambda o i\ \tau o\hat{v}\tau\acute{\epsilon}\sigma\tau\iota v\ \dot{v}\pi\epsilon \acute{v}\theta v\nu o\iota\ \theta a\nu \acute{a}\tau\omega\ \kappa a i\ \kappa o\lambda \acute{a}\sigma\epsilon\iota,\ \kappa o\lambda \acute{a}\sigma\epsilon\iota,\ \kappa a i\ \kappa a\tau a\delta\epsilon-\delta\iota\kappa a\sigma\mu \acute{\epsilon}\nu o\iota\ \theta a\nu \acute{a}\tau\omega$ (그렇다면 죄인이란 무엇을 의미하는 말인가? 죄인은 형벌을 받아야하고 사형에 처해져야할 자이다). 오에쿠메니우스와 데오빌락트(Theophylact)는 이렇게 말한다. $\tau \grave{o}\ \dot{a}\mu a\rho\tau\omega\lambda o i,\ \dot{\epsilon}\mu o i\ \delta o\kappa\epsilon\hat{\iota},\ \tau \grave{o}\ \dot{v}\pi\epsilon \acute{v}\theta v\nu o\iota$ (죄인이란 사형선고를 받은 자이다). 이것은 앞의 구절에서 분명하게 확언하고 있는 바와 같다. 이것은 아담의 죄가 그의 후손들에게 넘어와서 정죄된 것을 가리키는 16~18절의 내용과 같다.

B. 이 주장에 대해 벨라민(Bellarmine)은 반박하고 있지만 벨라민의 주장을 반박하는 다른 로마교 학자들은 이 주장을 옹호하고 있고 또 다른 곳에서는 벨라민 자신도 이 주장을 옹호하기도 한다. 두란두스(Durandus)나 피기우스(Pighius)[6] 카타리누스(Catharinus)[7]는 아담의 타락의 죄책이, 또는 아담의 불순종이 우리에게 전가되었다고 주장하고 있으며 오캄도 같은 견해를 피력하고 있다. 피터 롬바드(Peter Lombard)

---

[5] *In locum.*
[6] *Controv. a. de orig. peccat.*
[7] *In Rom.* 5. *in opusc. de lapsu hominis & orig. peccat. c.* 6

⁸⁾와 같은 고대 학자들도 같은 견해를 지지한다고 벨라민⁹⁾은 말하고 있다.¹⁰⁾ 이 주장을 논박하면서 벨라민은 그 학자들의 잘 못된 주장을 잘 지적해 주고 있다.¹⁰⁾ 즉 그들이 원죄는 별것 아닌데 아담의 죄가 전가된 것만을 말하고 있으나 우리의 본성이 원죄로 말미암아 부패한 것이 사실이 아닌가 하고 잘 지적하고 있다. 그러나¹¹⁾ 그들은 원죄란 결국 아담의 불순종이 우리에게 전가된 것일 뿐이라고 논박한다. 그 이유는 아담은 자의적으로 범죄하였으나 우리는 출생에 의해 그 죄가 전가된 것이다. 그리하여 후손에게 죄가 물려졌다. 그 전가에 의해 후손은 죄를 알게 된 것이다. 그 죄는 아담에게서 출생한 모든 사람들에게 전가된다. 우리는 모두 아담의 허리에서 나왔기 때문에 아담이 죄를 범할 때 우리도 그 안에서 그에 의해서 죄를 지은 것이 된다. 그의 논박은 옳다.¹²⁾ 아담의 죄가 우리에게 전가되지 않았다면, 우리에게는 죄책도 없고 부패도 뒤따르지 않았을 것이다. 벨라민의 주장은 우리의 주장과는 다르다. 그는 전가에 의해서가 아니라 아담의 불의한 행동으로 인한 불순종으로 우리가 죄인된 것이라고 주장하고 있다. 그가 아담의 죄가 후손에게 전가되어 모든 사람이 같은 죄를 범한 것이 된다고 주장하는 것처럼 보일 때라 할지라도¹³⁾ 그는 버나드(Bernard)¹⁴⁾의 주장을 답습하고 있을 뿐이다. 우리의 주장은 아담의 범죄는 그 양상은 다르다 할지라도 우리가 범죄한 것이 되며 그것이 우리에게 전가된 것은 일종의 심판이다. 또한 죄가 퍼져나가는 것은 영혼에 죄의 만연됨이 없어도 가능한 것이다. 아담의 후손에게 죄가 만연되기 위해서는 아무런 외적 요인이 없어도 된다.¹⁵⁾

---

8) *De amiss. gratiae & stat peccat. l.* 5. c. 16.
9) 2 *Sent. dist.* 30.
10) *De amiss. gratiae & stati. peccat. l.* 5. c. 17.
11) *Ibid.* §. *itaque.*
12) *Ibid. c.* 18. Reatus cum sit relatio consequens actionem, qua ratione sieri potist, ut existat in eo, qui non est particeps actionis? iaversio habituals, nisi precesserit actualis, ne intelligi qu dem potest.
13) *De amissi. gratiae & statu peccat. l.* 4. c. 10.
14) *Serm. de Dominica. I. post octavas Epihaniae.*
15) *De amis. gr. & stat. pec. l.* 4. c. 12. § *est aliaex Anselm de conceptu. c.* 7. *Virg. &* 10. *& ex Th. in I.* 2. q. 81 art. 1. *& ex Scote Durando, & c. in* 2. *Sent. dist.* 51.

또한 출생은 부분적으로가 아니라 전인격으로[16] 출생되는 것이므로 아담에게서 난 자는(비록 그의 영혼은 하나님에게서 온 것이라 할지라도) 그가 아담의 허리에서 난 자이므로, 즉 뿌리를 아담에게 두고있으므로 그는 아담과 함께 범죄한 것이 된다. 아담의 범죄는 전가에 의해 그에게 전달된 것이다.

어거스틴(Angustine)은 그것을 이미 형이 확정되었다(definita est sententia)라고 하였는데, 이것은 사도바울이 우리가 모두 아담 안에서 범죄하였다는 말을 그렇게 해석한 것이다.

C. 아담이 그의 범죄로 말미암아 지니게 된 그 고유의 부패에 대해서는 어떻게 보아야 하는가? 이 주장에 따르면 그것 자체는 비방의 대상이 아니고 단지 그의 실제적인 불순종의 결과로 보아야 한다. 이것은 피기우스(Pighius)와 카타리누스(Catharinus)의 주장이기도 하다. 아담의 첫 범죄가 모든 인류의 죄가 되었기 때문에 죽음의 형벌을 받게 되었을 뿐 아니라 그의 본질이 부패하게 된 것이다. 그리하여 본래의 의는 사라져 버리고 악한 기질과 모든 형태의 죄가 나타나게 된다. 즉 그 범죄행위로 말미암아 죄인에게는 죄의 오염(macula peccati)이 남게 되는 것이다. 그러므로 우리가 아담 안에서 범죄함으로 우리에게는 죽음의 형벌이 있게 되었고 본래의 의는 사라져 버렸고 모든 형태의 죄가 습관적으로 나타나게끔 오염된 것이다. 그러므로 이것은 죄가 출생에 의해 본질적으로 전달된 것이 아니라, 아담의 불순종으로 말미암아 전가에 의해 전달된다는 것을 지지하는 주장이 된다. 죽음의 형벌과 고유한 부패는 아담에게서 유래된 것이라기보다는 우리가 아담 안에서 함께 범죄함으로 말미암아 생기게 된 것이다. 여기에서 우리는 벨라민이 말하고 있는 죄에 대한 구분을 적용시켜 볼 수 있다.[17] 즉, 죄란 자발적인 범죄이거나 그렇지 않으면 영혼 속에 남아있는 오염으로 말미암아 범죄하지 않을 수 없게 되는 것이거나 둘중의 하나이다. 전자의 경우라면 아담의 자발적인 범죄가 우리에게 전가된 것이다. 그래서 모든 사람이 아담의 범죄에 참여한 것이 된다. 실제로 죄를 범한 것은 아담 혼자이지만 그것이

---

16) *Ibid.* §. *porro vere.*
17) *De amiss. gra. & statu. pec.* 1 . 5 . c. 17 .

전가에 의해 전달되어 모든 사람들이 죄를 알게 된다. 후자인 경우는 아담이 그의 개인적인 범죄로 부패하게 되듯이 우리도 아담 안에서 범죄함으로 말미암아 부패하게 되고 그로 말미암아 죄는 모든 사람이 각자 범하는 것이 된다.

D. 그러나 원죄는 출생에 의하여 아담으로부터 우리에게로 전달된다고 할지라도 아담의 첫번째 범죄 또는 그의 실제적 불순종으로 인한 본성의 부패다. 그 후에 계속되어지는 부패와는 구분되어져야만 한다. 비록 우리가 아담의 범죄에 참여하는 자가 되었다 할지라도 꼭 같은 형태로 부패하는 것은 아니기 때문이다. 우리는 "전가"로 말미암아 범죄하게 된다. 그러나 아담의 범죄는 실제적 행동이었다. 그런데 그 행동이 후손에게 실제로 전달된 것은 아니다. 그러나 부패는 습관적인 것이고 전파되는 성향이 있다. 사도는 로마서 5장에서 아담의 실제적 불순종이 단번에 우리에게 전달되어 우리가 죄인이 되었다고 말하고 있다. 즉 그의 죄는 전가에 의해서 우리에게 전달된 것이지 그 후에 계속되어진 부패에 의하여 전달된 것이 아니다. 그러므로 우리는 같은 맥락에서 그리스도의 순종으로 말미암아 의롭게 되어지는 것이다. 즉 그가 육체에 있을 동안에 순종한 일이 우리에게 전가되어지는 것이다.

|반　　론| 우리는 아담의 불순종으로 말미암아 실제로 죄인이 되었고 그리스도의 순종으로 말미암아 실제로 의롭게 되었다.

|답　　변| 아담의 불순종이 전가됨으로 인해 우리가 죄인이 되었고 그리스도의 순종이 전가됨으로 의인이 된 것이다.

|질　　문| 그러나 아담의 불순종으로 말미암아 우리 자신의 불의로 죄인이 되고 그리스도의 순종으로 말미암아 우리 자신이 의롭게 된 것이 아닌가. 아담의 형식적 불순종이 우리가 의인이었는데 죄인으로 변화하게 한 것은 아니다.

|답　　변| 우리는 벨라민이 주장하는[18]바와 같이 아담의 불순종이 우리 자신의 의를 죄인으로 변하게 한 것은 아니다. 죄는 우리에게 전가된 것이다. 그러나 그 다음에 오는 부패에 의하여 우리는 범죄하게 되는데 이 모든 것이 아담에게서 우리에게 전가된 것이다. 마찬가지로 그리스

---

18) *De iustif. l. 2. c. 9. §. Quartum.*

도의 순종이 우리의 본래적인 불의를 의로 바꾸는 것이 아니고 그리스도의 의가 우리에게 전가되는 것이다. 즉, 그리스도께서 행한 순종의 공로가 성령의 은혜로 우리에게 전가되는 것이다.

    E. 이제 첫째 아담과 둘째 아담을 비교해보자. 첫째 아담의 실제적 불순종과 범죄로 죄에 대한 형벌과 죽음이 그 후손에게 전해지게 되었고 그 후손들이 실제로 불순종하지 아니하였을지라도 그의 불순종이 그 후손들에게로 전가되어 그들 자신이 불순종한 것과 같이 되었다. 그 이유는 그들이 본래 아담 안에 있었기 때문이다. 이와 마찬가지로 둘째 아담의 순종으로 그의 후손들은[19] 죄에서 의롭게 되고 생명을 얻게 된다. 그의 순종이 그의 후손들에 본래적으로 있는 것은 아니로되 전가에 의하여 그들의 것이 된 것이다. 이것은 그들이 믿음으로 둘째 아담 안에서 있기 때문이다. 즉 그리스도의 의가 우리에게 전가됨으로 우리가 의인이 된 것이다. 한 걸음 더 나아가 아담의 타락으로 그의 모든 후손들이 부패하게 되어 하나님의 형상이 일그러졌고 자연적 출생에 의한 모든 자들이 다 그렇게 되었다. 그러나 그리스도의 순종의 공로로 모든 믿는 자들에게는 하나님의 형상이 회복되었으며 성령으로 출생한 모든 자를 의롭다고 하는 것이다. 이것을 그리스도의 영에 의한 "성화"라고 한다. 사도는 그 다음 장에 들어가서 우리의 "칭의"는 항상 "성화"를 수반한다고 가르친다. 한 마디로 말해서 우리는 이 두 사람의 아담으로부터 서로 정반대되는 것을 물려받게 된다. 첫째 아담으로부터는 그의 불순종이 전가에 의해 우리에게 전달되어 우리는 죄인이 되고 죄책과 저주를 받게 된다. 죄는 이와는 정반대 되는 것으로 부패를 초래하며 육체적 출생에 의해 우리에게 전달되고 그 부패는 성화와는 정반대의 상태이다. 둘째 아담으로부터는 그의 순종이 전가에 의해 우리에게 전달된다. 우리는 의롭게 되고 죄의 형벌과 저주에서 해방된다. 칭의의 모든 유익이 우리의 것이 되고 그가 무한히 누린 성령의 은혜가 어느 정도까지 성령으로 중생한 우리에게 전달되는 것이다.

    F. 그러나 그는 이와는 반대 입장을 취한다. 즉 칭의로 말미암아 우리는 본래의 의를 소유하게 된다고 한다.

---

19) 히2 : 13.

답변 1) 아담의 불순종으로 죄인이 된 자는 죄의 형벌과 죽음과 저주를 받게된다. 그러나 그리스도의 순종으로 의롭게 된 자는 죄의 형벌과 저주에서 해방되고 생명을 얻게 된다. 2) 아담의 개인적 범죄로 말미암아 우리가 죄짓지 아니하였을지라도 단번에 그리고 영원히 그 죄가 우리에게 전해진다. 그러나 그리스도의 개인적 순종으로 우리는 자신이 순종하지 아니하였을지라도 영원히 의롭게 된다. 3) 우리가 범죄하지 아니하였을지라도 아담의 범죄가 전가되어 우리가 죄인된 것 같이 우리가 순종치 아니하였을지라도 그리스도의 순종으로 우리가 의롭게 된다. 4) 첫째 아담의 불순종이 그의 모든 후손에게 전가되는데 그것은 그들이 본래 아담 안에 있었기 때문이다. 그들은 아담 안에서 범죄하였고 타락하였다. 이와 마찬가지로 그리스도의 순종이 하나님의 모든 아들들에게 전가되는데 그것은 그들이 믿음으로 그리스도 안에 있기 때문이며 그리스도는 머리가 되고 그들은 지체가 되어 한 몸을 이루고 있기 때문이다. 이것은 벨라민의 주장과는 정반대이다. 그는 그리스도의 완전하고 절대적이고 풍성한 의가 우리에게 전달된 것 외에 성령의 처음 익은 열매로서의 우리 자신에게 불완전한 고유의 의를 첨가시키고 있다. 그러나 그리스도의 절대적이고 지극히 완전한 의가 전가에 의해서 우리에게 전달된 것이다. 벨라민은 그의 주장을 뒷받침하려고 우리 자신의 의가 있음을 주장하지만 그리스도의 의가 전가됨으로써 우리가 의롭게 되었다는 것에 대해 얼마든지 증거를 댈 수가 있으므로 이에 대해서는 뒤에 가서 더 자세히 다루기로 한다.

G. 증거 2. 그가 주장하는 두번째 증거는 로마서 3 : 24인데 이에 대해서는 제 3권 3장과 4장에서 충분히 논박한 바 있다.

증거 3. 고린도전서 6 : 11인데 그에 대해서도 전에 답변한 바 있다.[20] 거기에서 그가 크리소스톰(Chrysost), 암브로스(Ambrose), 데오빌락트(Theophylact) 그리고 그 밖에 다른 저자들의 주장을 따라서 말한 세례의 유익에 대해 나는 인정한 바 있다. 거기에서는 "씻다" "거룩하게 되다" "의롭게 하다"라는 말에 유의할 필요가 있다. "씻다"는 말은 죄의

---
20) *Lib.* 2 . c. 3 . §. 3 .

오염으로부터 영혼은 씻는다는 의미이다. 그리고 "거룩하게 되다", "의롭게 하다"라는 단어는 죄의 형벌을 씻는다는 의미다. 전자는 하나님의 성령의 역사로 나타나며 후자는 주 예수의 이름을 믿음으로 나타난다. 이 두가지 유익을 성경에서 세례라고 말하고 있다. 즉 죄인에 대한 용서가 그것이다. 그러므로 성령께서 구분하고 있는 이 두 가지 유익을 무식하게 또는 궤변적으로 혼동하는 일이 없어야 한다. 그런데 벨라민은 이 유익들을 그리스도의 이름으로 기도함으로써, 그리고 성령의 능력에 의해 이루어지는 것이지, 전가나 선언에 의한 칭의는 불필요하다고 말한다. 그러나 칭의는 세례로 승인되고 인쳐져야 하는 것이기 때문에 전가와 선언이 다 필요하며 성화에 있어서도 그것은 마찬가지이다. 죄인의 용서를 받는것은 사도행전 22 : 16에 나타나 있는 바와 같이 세례의 인침과 하나님의 이름으로 간구하는 것이 필요하다. 그리고 그것은 양자의 영을 받는 것인데 세례의 인침으로 우리의 죄가 용서되는 표이기도 하다.

H. 증 거 4. 디도서 3 : 1, 6, 7인데, 거기에서 그는 이 효과에 대하여 주장한다.

"중생은 어떤 고유한 은사에 의해 나타난다. 여기에서 사도가 말하는 칭의는 중생을 말하는 것이다. 그러므로 칭의는 어떤 고유한 은사의 작용이다".

그는 아무도 부인하지 못하도록 삼단논법을 써서 간략하게 설명하고 있으나 우리는 성화가 우리의 고유한 것임을 부인한다는 사실을 알았어야 했다. 그는 5절과 6절에서 자신의 권위를 내세워 그 주장을 입증하려 한다. 즉 칭의는 세례와 성령에 의한 하나님의 풍성한 은혜로 우리안에서 이루어진 중생과 혁신을 말한다고 사도가 주장한다는 것이다(사도가 그렇게 말한 것은 아니다). 우리는 이것을 부인한다. 첫째로 "의롭게 하다"라는 단어는 성경 전체에서 그런 의미로 쓰여진 적이 없다. 둘째로, 사도가 여기에서 사용하는 용어는 우리가 공로로 의롭게 되어지고 구원받은 것이 아니라는 것, 즉 우리 자신의 모든 의를 배제하고 오직 하나님의 은혜로 되어지는 것임을 명백하게 밝히고 있다. 그런데 그가 주장하는 바는 어떠한가? 7절에서 하나님의 은혜로 의롭게 되어 영생의 희망을 가진 상속자가 되었는데 세례와 성령으로 하나님께서 우리를 중생시켰다는 것은 무엇을 의미하는 말인가. 그리고 믿음은 또 무엇인가. 그것은 우리가 하늘의 상속자가 되고 영생을 받을만한 가치가 있기 때문에 우리가 중생되고 의롭게 된 것이라고 그는 주장한다.[21] 그에 대한 대답은 이렇다. 이 해석은 사도가 주장하는 내용과는 다르며 로마교의 공덕을 주장하는 것은 다른 것이다. 그것은 병행구인 고린도전서 6 : 11을 왜곡시킨 것이다. 거기에서는 이방인이 그리스도인이 되는 것은 그리스도인의 수고에 의해서 된다는 것을 가르치고 있다. 그들이 이방인이고 수 많은 죄를 범하였을 지라도 그들이 하나님께 부름을 받은 것이지(하나님의 은혜가 풍성하게 나타났고 그의 겸손하심이 드러났다고, 즉 복음전도에 의해서 그렇게 되었다고 사도는 설명한다) 그들이 가치가 있어서가 아니며 오직 은혜로 말미암아 세례에 의해 구원받은 것이다(베드로도 같은 것을 말한다).[22] 즉 그들이 의롭게 된 것이다. 그들이 구원받은 것은 은혜로 의롭게 된 것이며, 무한한 은혜를 따라 상속자가 된 것이고 영생의 소망을 가지게 된 것이다. 하나님께서는 우리를 부르신 후에 세례로 우리를 의롭게 하셨는데 이것은 그의 은혜로 말미암은 것이며 우리는 소망 가운데 구원받게 된 것이다. 여기에서 세례의 의미가 부연 설명되어지고 있다. 즉 세례는 믿음으로 말미암아 의롭게 된 것을 인치는 표이다.[23] 다시말하면 하나님께서는 세례를 통하여 우리를 의롭다 하시고 구원하시는 것이다. 그래서 그는 그것은 하나님께서 우리에게 풍성하게 부어주신 성령으로 말미암은 중생의 세례수 또는 혁신의 세례수라 부른다. 그러므로 이 단어들은 벨라민이 생각하는 것과 같이 칭의에 대한 설명이 아니고 세례에 대한 설명인 것이다. 그리고 이 단어들은 그리스도인들의 의무에 대해 설명하기 위하여 사도가 여기에서 덧붙인 말이다. 왜 그러한가? 그 이유는 세례가 의롭게 된 것을 인치는 것일 뿐 아니라 그들의 중생을 입증하는 성례이기 때문이다. 하나님께서는 신실한 자들에게 성령을 풍성하게 부어 주신다. 그래서 세례를 받

---

21) *Effici mereamur*.
22) 벧전 3 : 21.
23) 롬 4 : 11.

은 신실한 자들은 세례가 그들이 의롭게 되고 구 원받았다는 것을 확증하는 것이 될 뿐 아니라 그들에게 풍성하게 부어주신 성령으로 말미암은 중생 또는 혁신에 대한 표로서 기념의 의미를 갖는 성례인 것이다(이것을 설명하기 위하여 사도는 로마서를 기록하였으며[24] 그리스도와 함께 세례를 받는자들은 그의 죽으심과 부활에 동참하여 세례를 받는 것이 된다). 사도는 8절에서 그것을 설명하고 있으며 하나님을 믿는 자들은 선한 일에 대한 신중한 관례로서 이 일을 행해야 한다. 사도는 우리가 중생이나 혁신에 의해 또는 우리의 공로에 의해 우리가 의롭게 되고, 구원받고, 구원의 후사가 된 것이 아니며 하나님께서 세례로 우리를 의롭게 하시고 구원하실 것을 인치는 것이며 성령으로 말미암아 중생하고 혁신된 것을 나타내는 의식이다. 즉 우리는 하나님의 은혜로 의롭게 되고 소망을 갖게 되었으며 영생의 후사가 된 것이다. 우리는 우리 자신의 거룩함에 따라 의롭게 되거나 구원받거나 영생의 상속자가 된 것은 아니다. 성화는 의롭게 된 자가 영화에의 길로 나아가는 과정이다.[25] 데살로니가후서 2 : 13에서는 성령의 거룩케 하심으로 하나님께서 우리를 구원하셨다고 말씀하고 있다. 그러므로 성화는 우리가 의롭게 된 것의 필연적인 결과이며 영화에로가는 과정이고[26] 우리가 의롭게 되고 구원받았다는 표가 된다. 우리 구주께서 말씀하신 바와 같이[27] 우리가 그를 믿어 죄사함을 받고 거룩하게 된 무리들 가운데서 기업을 얻게 된 것이다. 사도도 사도행전 20 : 32에서 그것을 말하고 있다.

I. 증　거 5. 다섯번째의 증거를 히브리서 11장과 그 밖의 다른 성구에서 찾고있다. 즉 어떤 자들은 그들이 완전한 의인이 된 것은 전가된 의에 의해서가 아니라 자신의 고유한 의에 의해 그렇게 된 것이라는 주장이다. 그는 만일 그들이 절대적으로 의로운 자들이 아니었다면 성경이 그들을 의롭다고 칭했을리가 없다고 주장한다.

답　변 한마디로 말해서 절대적인 의인으로 부르신 것과 또 절

---

24) 롬 6 : 4, 6.
25) 엡 2 : 10.
26) 히 12 : 14.
27) 행 26 : 18.

대적이고 완전한 의인이 되는 것으로 볼 수 있다. 즉 신실한 자들에 대하여 성경이 의롭다고 한 것은 이중적인 의미가 있다. 즉 전가에 의한 것과 자신의 고유한 의에 의해 그들은 의인이 된 것이다. 전자는 칭의에 의한 의를 말하고 후자는 성화에 의한 의를 이른다. 전자는 절대적이고 완전한 의요, 후자는 미완성이고 불완전한 의다. 전자에 의하여 그들은 하나님 앞에서 의롭게 되는 것이요, 후자에 관한 한 그들이 비록 의인으로 불리워진다 할지라도 그것으로 말미암아 의롭게 되는 것은 아니다. 즉 그들은 그것으로 과거의 죄가 사함받는 것이 아니고 또 하늘나라의 백성의 자격을 얻는 것도 아니다. 이것은 지금까지 내가 제시한 바와 같이 자신의 의에 의하여 의롭게 될 수 없다는 논지와 같은 것이다. 그는 히브리서 11장(믿음장) 4절에서는 아벨을, 그리고 7절에서는 노아를, 그리고 그 밖의 사람들을 예로 들고 있으나 그들은 믿음의 의로 말미암아 의롭게 된 자들이다(특히 7절의 노아가 그러하다). 즉 그들은 믿음으로 깨달은 그리스도의 의로, 그리고 믿음으로 그들에게 전가된 의로 의롭게 된 자들이다. 믿음으로 의인이 된 자들에게는 의가 전가된 것이라고 로마서 4:5에서는 말씀하고 있다. 믿음이 없이는 하나님을 기쁘게 할 수 없다는 말은[28] 믿음으로 하나님을 기쁘시게 할 수 있다는 의미를 함축하고 있다. 그리고 그들은 믿음으로 의롭게 되며 하나님이 받으실만한 믿음의 열매를 산출하고 이것으로 그들의 믿음이 입증됨을 암시하고 있다. 그들이 전가에 의하여 의롭게 된 것과 같이 주입에 의하여 그들은 거룩하게 되는 것이다. 의롭게 하는 믿음은 살아있고 효과적인 믿음으로 마음을 깨끗하게 하고[29] 사랑으로 역사하며[30] 선행으로 나타난다.[31] 그러나 자신의 의가 믿음으로 화합하지 않는다면 의롭게 하는 의는 전혀 나타나지 않는다. 성화가 항상 칭의를 수반하는 일이라 할지라도 성화의 의에 의하여 우리가 의인이 되는 것은 아니다. 그 이유는 그 의는 불완전한 것이고 우리는 오직 부분적으로만 거룩하게 되는 것이기 때문

---

28) 히 11:6.
29) 행 15:9.
30) 갈 5:6.
31) 약 2:18.

이다. 또 우리는 아직 육이고 죄의 몸을 지니고 있기 때문이다. 즉 인간이 타락한 이후 오직 그리스도 외에는 그 누구도 완전하고 절대적인 의를 소유한 자가 없는 것이 그 이유이기도 하다.

J. 그러나 벨라민은 완전하고, 순결하며 하나님 앞에서 의로운 자들이 었음을 성경이 승인하고 있다고 창세기 6 : 9 ; 시편 119 : 1 ; 누가복음 1 : 6을 예로 들어 제시하고 있다.

답변 여기에서 말하는 완전함은 의의 완전한 규칙인 율법에 완전히 일치하는 법적인 의미가 아니다. 그것은 완전한 수행에 의해 측정되어지는 것이 아니라 마음이 진지하고 올바른 목적과 소원을 가지고 수행되어지는 우리의 새로운 순종의 속성들 중의 하나를 지칭하는 복음적 의미의 완전함을 가리킨다. 즉, 바로 이 올바름을 완전함이라고 하는 것이며, 올바른 마음으로 행해지는 일을 완전한 마음, 온전한 마음, 기울어짐이 없는 마음으로 행해진 것이라고 본다. 그리고 이와 같이 올바른 사람들을 완전한 자라고 이른다. 그리고 그러한 사람들에 대하여 성경에서는 완전한 자 또는 하나님 앞에서 완전한 마음으로 행한 자라고 부른다. 그리하여 노아나 야곱, 욥, 다윗, 히스기야 등은 그들의 불완전함에도 불구하고 완전한 자라고 불리워지게 된 것이다. 히스기야는 완전한 자요 완전한 마음으로 하나님을 섬긴 자로 불리워진다. 그럼에도 불구하고 역대하 32 : 25, 31에 보면 그가 자기 결점을 볼 수 있도록 하기 위하여 하나님께서 잠시 그를 떠나심을 알 수 있다. 역대하 15 : 17에는 아사가 그의 평생 마음이 온전하였다고 기록되어 있는데 그 다음 장에 보면[32] 그에게 세 가지 실수가 있다고 기록되어 있다. 사가랴는 하나님 앞에 의인이요 흠없이 하나님의 계명과 의식을 지킨 자라고 기록되어 있으나 바로 그 장에서[33] 그가 의심 많은 자라고 기록되어 있다. 그로인해 그는 10개월동안 귀머거리와 벙어리가 된다. 그러므로 진지하고 올바르며 위선이 없는 자들을 그들의 불완전함에도 불구하고 완전하다고 하였으며, 시편 119 : 1에서는 행위가 완전한 자라고 설명하고 있는 것이다. 즉 그것은 올바르다는 의미이다. 하나님 앞에서 의롭다는 것

---

[32] 대하 16 : 7, 10, 12.
[33] 눅 1 : 20, 62.

도 역시 올바르게 산다는 것을 뜻한다. 이와 같이 성령께서는 그 말을 완전하다고 해석하였다. 즉 올바르다는 것은 하나님 앞에서 행한다는 것이요, 하나님 앞에서 행한다는 것은 완전하다는 뜻이다. 그것이 창세기 17 : 1의 말씀이다. 우리는 시편 25 : 21 ; 37 : 37의 말씀과 같이 완전함과 올바름이 자기를 보호하도록 하여야 할 것이다. 완전한 자를 살피고 정직한 자를 볼지어다. 화평한 자의 결국은 평안이로다.

K. 그러나 벨라민은 성경에서의 의롭다고 말하는 자들은 자신의 고유한 의 때문에 그렇게 불리워야 마땅하다고 주장한다. 그 이유는 그들은 선행을 하였고 그 선행은 그들의 내적 의의 열매요 결과이기 때문이다. 성경에서도 의를 행하는 자는 의롭다고[34] 기록되었다는 것이다. 우리는 자신의 의로 의롭다고 불리워지고 있는 자들을 부인하지는 않는다. 그러나 그들이 그 행위로 하나님 앞에서 의롭게 되었다는 사실은 부인한다. 예를 들면 아브라함은 선행을 많이 한 사람이지만 로마서 4 : 2, 3에서는 행한 것이 없이 믿음으로 의롭게 되었다고 기록되어 있으며, 그가 의롭게 된 방법으로 모든 믿는 자들이 의롭게 되어지는 것이다. 로마서 4 : 23, 24에 보면 다윗은 하나님의 마음에 합한 자요 하나님 앞에서 진리 가운데 행한 자요[35] 의롭고 정직한 자라고 기록되어 있다. 그러나 만일 하나님께서 심판하시면 아무도 의로울 수가 없다고 그는 고백한다.[36] 그러므로 그의 행복과 칭의는 그의 선행으로 말미암은 것이 아니요 그에게 죄가 전가되지 않고 로마서 4 : 6 말씀대로 일한 것이 없는데 의가 전가되었기 때문이다. 바울은 자책할 아무 것도 깨닫지 못하였으나 그것으로 말미암아 의롭게 되는 것은 아니라고 그는 고린도전서 4 : 4에서 고백하고 있다. 칭의의 문제에 있어서 그는 자신의 의가 아무 가치가 없다고 빌립보서 3 : 8, 9에서 고백한다. 그러나 자기의 의가 믿는 자들에게 무가치하다는 것은 아니다. 우리가 알건대 전가된 의에 의하여 의롭게 된 자들은 주입된 의, 즉 자신의 의에 의하여 어느 정도까지는 성화되어지는 것이 사실이기 때문이다. 그러므로 그들이 부패로 말미

---

34) 요일 3 : 7.
35) 왕상 3 : 6.
36) 시 143 : 2.

암아 죄를 짓고, 육체 안에 있어 율법으로 말미암아 죄 아래 팔려[37] 죄의 법 아래 매인다 할지라도 그들의 신분은 더 나은 편에 속해 있는 것이다. 금에 찌끼가 섞여 있어 비록 순금은 아닐지라도 금덩어리라 불리워지는 것이며, 곡식에 겨가 섞여 있어 비록 순수한 알곡은 아닐지라도 곡식더미라 불리워지는 것이다. 그러므로 믿는 자가 성령으로 중생된 부분과 함께 죄의 몸을 소유하고 있을지라도 의인이라 불리워지는 것이며 완전하고 순전하지 못하다 할지라도 그 자신의 의를 의로 여겨주게 되는 것이다. 진실로 믿는 모든 자들은 그가 참으로 의롭게 되는 믿음을 소유하고 있는 한, 전가된 의에 의하여 완전하게 의롭게 된다. 비록 그가 부분적으로만 성화된다 할지라도 그는 의인인 것이다.

L. 증 거 6. 여섯번째의 증거를 로마서 8 : 29과 고린도전서 15 : 49에서 취한다. 거기에서는 의인들은 첫째 아담의 형상을 따라 태어났지만 그리스도의 형상을 닮으며 둘째 아담의 형상을 지니게 된다고 되어있다. 거기에서 그는 세 가지 이유를 제시한다.

그리스도께서 의로우신 것과 같이 우리도 의롭다. 그가 의로우시지 않으면 우리도 의롭지 못하다.

그리스도께서는 자신의 고유한 의에 의하여 의인이 된 것이지, 전가에 의하여 의롭게 된 것이 아니다. 그러므로 우리는 자신의 고유한 의에 의하여 의인이 된 것이지 전가에 의하여 된 것이 아니다.

답 변 그는 성경을 인용하여 자기의 주장을 입증하고 있다. 그러나 그가 제시하는 성구는 잘못 이용되고 있는 것이다. 사도가 여기에서 말하고 있는 내용은 칭의로 의롭게 되는 것과는 상관이 없는 내용이다. 그러나 부자관계에 관한한 크리소스톰(Chrysostom)과 다른 저자들은 전자의 내용으로 이해하고 있다. 그 이유는 그리스도께서 하나님의 아들이신 것과 같이 우리도 그러하기 때문이다. 고난의 문제에 있어서는 하나님께서 자기 아들이 영광에 이르는 과정으로 고난을 예정하신 것이기 때문에 신자들도 그의 아들의 형상을 닮아 십자가를 지고 영광에 이르러야 한다. 그가 나타나실 때 우리도 그와 함께 영광을 입게 될 것이다. 이것에 대하여 암브로스(Ambrose), 세두리우스(Sedulius), 그리고 그

---

37) 롬 7 : 14, 23.

밖의 저자들이 로마서 8 : 19과 그 밖의 구절[38]을 그런 맥락에서 이해하고 있는데 이것은 두번째 이유에서 제시하고 있는 내용과 같다. 거룩에 대해서는 오에쿠메니우스(Oecumenius)가 그 구절을 이해하고 있는 바와 같이 그가 거룩하시니 우리도 거룩해야 한다고 이해하는 것이 타당하다. 하나님의 형상을 따라 우리가 새롭게 되는데 이것은 성화의 의를 가리키는 것이다. 우리는 이 성화의 의로 참된 의와 거룩함에서 그리스도의 형상을 닮는 것이다. 그러나 칭의의 의는 그리스도 자신의 의이지, 그의 형상을 닮는 것이 아니다.

M. 그 주장을 다룸에 있어서 우리는 그 내용과 방법을 구분해서 생각할 필요가 있다. 그 내용이 그리스도가 의로우심으로 그 모든 지체들이 의롭다는 것은 사실이다. 그러나 그 방법에 있어서 벨라민이 이해한 것은 보편적이지 못하고 타당하지 못하다. 그는 ·그것을 부정적인 측면에서 잘못 이해하고 있다. 그는 우리가 그리스도의 형상을 지닌다고 말하는 것을 다른 의미에서 닮는다고 이해함으로써 모든 내용을 달리 생각하고 있다. 첫째로, 부자의 관계에 있어서 그러하다. 그리스도께서 하나님의 아들인 것과 같이 우리도 그러하다는 내용은 맞지만 그 방법이 우리가 이해하는 것과는 다르다. 그리스도께서는 본질상 그리고 영원한 출생에 의해 하나님의 아들이지만 우리는 그리스도 안에서 중생과 양자됨의 은혜로 하나님의 아들이 되는 것이다. 둘째로, 그리스도께서 십자가를 지신 것과 같이 우리도 십자가를 진다는 내용은 맞지만 그 방법에 있어서도 우리와 견해가 다르다. 그리스도께서 십자가를 지신 것은 우리의 구속자로서 속전을 치루신 것이다. 그러나 우리는 구속자로서 고난을 당하는 것이 아니며 속전을 치루는 것도 아니다. 우리는 죄에 대한 징계를 받는 것이며[39] 우리의 유익을 위해 시련을 당하는 것이지,[40] 그리스도를 위하여 고난받는 것이 아니다.[41] 하나님께서 자신의 영광을 위하여 그의 자녀들을 징계하고 교정하시는 것이다. 셋째로, 그리스도께서

---

38) 고전 15 : 49.
39) 고전 11 : 32.
40) 신 8 : 16.
41) 빌 1 : 29.

영광을 받으신 것처럼 그의 형상을 지닌 우리도 영광을 받는다는 것도 내용은 맞으나 그 방법은 우리가 이해하는 것과는 다르다. 그는 머리로서 영광을 받는 것이고 우리는 지체로서 우리의 몫을 받는 것이다. 넷째로, 거룩함과 성화에 있어서도 그러하다.42) 그리스도께서 거룩하신 것과 같이 우리도 거룩하다. 즉 누구든지 그리스도 안에 있으면 새로운 피조물이고43) 그의 참 거룩함의 형상을 따라 새롭게 되어진다. 그 내용은 맞지만 방법은 우리가 이해하는 것과는 다르다. 그리스도는 본래부터 거룩한 자이지만 우리는 그러하지 못하다. 그리스도께서는 완전히 의로우시고 흠없이 거룩하지만 우리는 그렇지 않다.

N. 칭의에 있어서 우리는 그리스도의 형상을 지니지 않는다. 그리스도께서는 우리처럼 의롭게 되시는 것이 아니며 칭의는 죄인에게 해당되는 말이다. 그것은 죄의 용서를 포함한다. 그런데 칭의에 있어서 우리가 그리스도의 형상을 지닌다면 벨라민의 주장과 같이 우리는 다음과 같은 결론을 내릴 수 있게 된다. 그리스도께서 의롭지 않은 것과 같이 우리도 의롭지 않다. 또한 그리스도께서 의롭지 않고 칭의의 혜택을 따라 의롭게 될 수 없는것과 같이 우리도 의롭지 않고 칭의로 말미암아 의롭게 될 수 없다. 이러한 견해는 분명히 잘못된 견해인 것이다. 칭의에 관해서 우리는 고린도후서 5 : 21에서 말한 사도의 견해를 따라야 한다. 그리스도께서 우리를 위하여 죄를 담당하시고 죄인이 되셨으므로 우리는 그리스도 안에서 하나님의 의를 따라 의롭게 된다. 그리스도께서 우리를 위하여 죄인이 되신 것은 자신의 죄 때문이 아니라 우리의 죄가 전가되었기 때문이다. 그러므로 우리는 칭의에 의하여 의롭게 되는데 자신의 의로 말미암아서가 아니라 그리스도의 의가 전가되어서 그렇게 되는 것이다.

O. 둘째로, 그는 다음과 같이 주장한다. 만일 우리가 자신의 의에 의하여 의롭게 되지 못하고 오직 전가에 의하여서만 의롭게 된다면, 우리는 실제로 그렇지 않으나 불의하다고 보면 그리스도의 형상을 지녔다기보다는 마귀의 형상을 지닌 것이 된다고 궤변을 늘어 놓는다. 그것이 바

---

42) 삼하 12 : 14.
43) 고후 5 : 17.

로 우리 스스로 생각하고 있는 것보다 더 정당한 우리 자신의 위치라고 그는 주장한다. 나는 다음과 같이 답변한다. 첫째로, 전가에 의해서 의롭게 되는 것이다. 비록 그가 죄인이라 할지라도 그는 의인인 것이다. 사도는 그리스도 안에 있는 하나님의 의에 대하여 고린도후서 4：21에서 그렇게 말하고 있다. 둘째로, 믿는 자는 의롭다. 그는 전가된 의에 의하여, 즉 칭의에 의하여 의롭게 될 뿐 아니라 자신의 의에 의하여 의롭게 된다. 이것은 성화의 의를 가리키는 말로써, 로마서 1：7과 기타 구절에서만 믿는 자를 성도라 부름과 같다.[44] 셋째로, 믿는 자들이 그들 속에 죄가 있다고 할지라도 중생과 성화에 의하여 그들의 신분은 높아졌고 완전하고 순전한 의에는 도달하진 못했을지라도 그들은 의인으로 불리운다. 이에 대해서는 앞에서 언급한 바 있다.

P. 그의 세번째 논증은 다음과 같다. 죄인인 아담으로부터 우리는 그의 진정한 형상을 이어받아 태어나는데 그것은 우리가 추측으로 죄인인 것이 아니라 실제로 죄인이기 때문이다. 마찬가지로 우리 속에 고유의 의가 실제로 있다면 그리스도의 참 형상을 지니는 것이 될 것이다.

답변 우리는 첫 아담으로부터 두 가지 것을 물려받는다. 즉 전가에 의하여 죄의 탓으로 죄인이 되고 그에 따른 죄의 형벌을 물려받아 죽음과 저주에 처해지게 된다. 이것은 칭의와는 정반대의 상태이다. 둘째로, 그의 본성의 부패가 육적 출생에 의하여 퍼져나가게 되는데 이것은 성화와는 정반대의 상태이다. 그러나 성화로 그 부패가 어느정도 사라지게 된다. 이와 마찬가지로 둘째 아담에게서도 두 가지 것을 물려받게 되는데 그의 수단과 순종의 공로가 전가에 의하여 우리에게 전달됨으로써 우리는 진정한 의인이 되고 영생의 상속자가 된다. 그리고 그의 죽음과 부활의 공로가 영적 중생에 의하여 우리에게 전달된다. 그것으로 말미암아 이 세상에서는 비록 완전하지 못할지라도 둘째 아담의 형상을 지니게 된다. 이것은 육체적 출생으로 말미암아 우리가 첫 아담의 형상을 지니게 된 것과 같은 이치이다. 또한 첫 아담의 부패함이 출생으로 말미암아 우리에게 전해지는데, 우리가 그 범죄에 직접 가담하지 아니하였을지라도 그러하다. 그것은 우리가 아담 안에서 그와 함께 같은

---

44) 롬 16：15; 고전 1：2; 고후 1：1; 빌 1：1; 4：22; 딤전 5：10.

범죄를 저지른 것이 되기 때문이며 그 죄는 전가에 의하여 우리에게 전해지게 된다. 뿐만 아니라 우리가 둘째 아담의 형상을 지니게 되는 것도 중생으로 말미암아 그의 거룩함과 의로움이 우리에게 전해지는데 그로 말미암아 그의 참된 의와 거룩함을 따라 우리는 새롭게 되어지며 우리의 의로 인하여 새롭게 되어지는 것이 아니다. 그리하여 그가 육체 안에 있을 동안에 이루신 거룩함과 순종이 전가에 의하여 우리에게 전해지며 하나님께서는 그것을 우리가 스스로 행한 것과 똑같이 여겨 받아주시는 것이다. 결론적으로 말하자면, 우리가 의롭게 되어지는 것은 그리스도의 의요 순종의 형상을 따라 된 것이 아니고 그리스도 자신의 의로우심과 순종으로 말미암아 된 것이다.

Q. 그가 로마서 6 : 4, 6을 근거로 말하고 있는 그의 일곱번째 주장은 답변할 가치조차 없다. 경건한 자들은 세례를 통하여 그리스도의 죽음과 부활에 실제로 동참한 것과 같이 실제로 죄에 대하여 죽고 의에 대하여 살아나게 된다고 입증하고 있다. 이 사실을 부인하는 자는 아무도 없다.

그 이유는 죄에 대하여 죽고 의에 대하여 사는 것은 성화의 두 측면이기 때문이다. 이것이 자신의 고유한 일면임에 대하여 부인하는 자는 없다. 그러나 지금까지 설명한 바와 같이 칭의와 성화를 혼동해서 안되는 것이다.[45] 만일 그가 이 둘을 혼동해서 설명하고 있는 것이라면, 다시 말해서 칭의가 우리의 고행이나 소생의 힘으로 되어지는 것이라고 안다면, 우리는 전가에 의하여 의롭게 되어지는 것이 아니고 자신의 의로 말미암아 의롭게 되는 것이라고 결론짓게 되는 셈이다. 우리 자신에게 성화의 의가 있다고 하는 것에 대하여 이해가 되는 것은 사실이나, 그것마저도 사실은 우리 안에 역사하시는 성령에 의해서 전가되는 것이지, 자신의 의가 작용하는 것으로 보아서는 안된다. 7절에서 죽은 자가 죄로부터 의롭게 된다는 것은 전에 설명한 바와 같이[46] 죄에서 벗어난다는 의미이며 크리소스톰과 오메쿠메니우스도 그와 같이 설명하고 있다. 여기에서 벗어난다는 뜻은 죄의 저주와 형벌에서 벗어난다는 뜻이다. 사도

---

45) *Lib.* 2.
46) *Lib.* 2. c. 2. §. 8.

행전 13 : 38, 39의 말씀도 같은 의미로 보아야 한다. 죽은 자가 죄에서 벗어났다는 것에 대하여 벨라민은 베드로전서 4 : 1을 병행구로 생각하여 육체의 고난을 받은 자는 죄를 그친 것이라고 생각하고 있다.

 R. 그의 여덟번째 주장은 성경의 여러 곳에서 짜 맞추고 있는 내용인데, 여기에서는 아무런 결론도 얻어 낼 수 없다. 또한 로마교도들도 거기에서는 자신의 의로 말미암는 칭의에 대하여 입증할만한 존재를 찾지 못하고 있다. 그가 말하고 있는 구절로 로마서 8 : 15을 들 수 있다. "이제 우리가 그리스도로 말미암아 하나님의 양자의 영을 받았으므로 몸은 죄로 말미암아 죽은 것이나 영은 의로 말미암아 살았다(8 : 10)". 그러나 잠시 후(23절에서) 우리는 성령의 처음 익은 열매를 받았으나 속으로 탄식하여 양자될 것 곧 우리 몸의 구속을 기다린다고 하고 있다. 또 빌립보서 3 : 20, 21에서 우리의 낮은 몸을 자기 영광의 몸의 형체와 같이 변케하실 구원하는 자를 기다린다고 되어있다. 그러나 양자가 되는 것, 즉 몸의 구속을 기다린다는 것은 우리의 몸이 불멸의 몸으로 될 것을 기다리는 것을 말한다. 그러므로 우리가 의로 말미암아 양자될 것을 기다리는 것은 막연한 추측이 아닌 사실인 것이며 이와 같이 우리의 영도 구속을 기다리고 있는 것이다".

 답변 이것은 마치 고대 궤변가들이 사람들을 속이는 속임수와 같다. 우리가 의롭게 됨으로 양자된 것은 상상이 아니라 실제이며 우리의 신앙고백이기도 하다. 우리가 양자된 것이 사실이며 칭의로 말미암아 그렇게 된 것을 부인할 자가 있겠는가? 그러나 자신의 의로 말미암아 우리가 의롭게 된다고 주장하는 자들은 그것을 부인한다. 그러한 전제로부터 확신을 얻는 자들은 자신의 노력을 가치있게 여기는 훌륭한 논거를 가지고 그러한 결론에 도달하는 것이다. 이 문제에 대한 최상의 논리는 다음과 같다. 은혜로우신 하나님께서는 성령으로 우리를 중생시키시고 우리에게 믿음이 생기도록 역사하신다. 믿음이 역사하는 순간 우리는 그리스도에게로 접붙임을 받게된다. 즉, 우리는 그리스도 안에 있게 되는 것이다. 여호와께서는 자기 아들의 공로를 전가에 의하여 우리에게 전달시키시고 우리를 의롭다 하시며 죄를 용서하시고 우리를 양자로 받아들일 뿐 아니라 우리를 그의 아들들이 되게하사 영생의 상속자가 되게하시는 것이다.

S. 우리의 양자됨과 칭의는 같은 맥락에서 이해해야 한다는데 어떤 일치점을 발견할 수 있겠는가에 대해 살펴보자. 벨라민은 우리의 양자됨은 전가에 의해서가 아니라고 주장하면서 그것은 단지 추정일 뿐이지 전가가 아니라고 주장한다. 아담의 범죄가 전가되어 죄인이 된 자는 그의 부패가 주입되어 진짜 죄인이 된다. 만일 아담의 범죄가 전가하여 진짜 죄인이 되지 않았다고 한다면 그는 결코 형벌을 받지 않게 될 것이며 부패나 죽음이 그에게 오지 않을 것이며 그 범죄로 말미암아 속박 당하지도 않을 것이다. 그리스도의 의가 전가되어 의롭게 된 자는 하나님 앞에서도 진실로 의인이다. 그는 자신의 의가 주입된 것 이상으로 참 의인이 된 것이다. 그 의는 완전하다. 그러나 자신의 의를 주장하는 자는 그 의가 육체로 말미암아 오염된 의이며 하나님 앞에 설 수도 없고 하나님의 율법에 의하여 사형선고를 받아야 할 의인 것을 알아야 한다. 그러나 벨라민은"우리가 양자된 것은 전가에 의해서가 아니며 우리의 고유한 의 때문이다. 그러므로 우리의 칭의도 전가에 의한 것이 아니며 자신의 의 때문에 그렇게 된 것"이라고 주장한다. 벨라민은 사도가 로마서 8：15에서 우리가 그리스도에 의해서 하나님의 양자가 되었다고 한 말씀과 10절에서 몸은 죄로 말미암아 죽은 것이나 영은 산 것이라고 하였다는 말씀을 인용하여 자기의 주장을 입증하려고 노력하고 있지만 이것은 전적으로 잘못된 인용이다. 또 여기에서 벨라민은 하나님께서 우리 자신의 의를 은혜롭게 여기신다고 한다. 즉 사랑을 베푸시는 것이라고 주장한다. 그리하여 우리는 그 사랑 때문에 아바 아버지라 부르짖는다는 것이다. 또한 몸은 죄로 말미암아 죽은 것이지만 영은 의로 말미암아 살았기 때문에 우리가 양자된 것이라고 주장하며 자신의 의를 강조하고 있다. 이에 대해서는 이미 답변한 바 있다.[47]

T. 여기에서 벨라민은 이중적인 의미의 양자됨을 설명하고 있다. 하나는 영이 양자됨인데 이것은 로마서 8：10, 15절에 근거하여 그렇게 설명하고 있으며, 하나는 몸의 양자됨에 대하여서인데 로마서 8：23과 빌립보서 3：20, 21에 근거하여 그렇게 주장한다. 그것은 한 인간이 양

---

47) *Lib.* 3. c. 5. §. 5. 6.

자될 때 그의 일부만이 양자가 될 수 없고 그의 전 인격이 양자되는 것이기 때문이라는 것이다. 그러나 사도가 여기에서 말하는 것은 영의 양자됨과 몸의 양자됨을 각각 따로 말하고 있는 것이 아니다. 사도가 여기에서 말하고 있는 것은 죄의 노예가 된 몸을 하나님의 아들의 영광스러운 자유에로 구속한다는 뜻이다. 이것은 몸의 양자됨이 아니고 전 인격이 양자됨의 결과인 것이다. 즉 여기에서는 양자됨의 내용을 그렇게 부연해서 설명하고 있는 것에 불과하다. 또한 그는 이 양자됨을 전가에 의해서가 아니라 자기의 의로 되어진다고 설명하고 있다. 우리가 양자될 것, 즉 몸의 구속을 기다리는 것은 어떤 추정이 아니고 불멸의 존재가 되는 것을 기다리는 것인데 이것은 자신의 의에 의하여 가능한 것이다. 그러므로 의의 영으로 말미암아 양자되는 것도 실제의 사실이며 이것은 전가에 의해 그렇게 되는 것이 아니고 자신의 의에 의하여 실제로 그렇게 되는 것이다.

답변 우리의 몸의 구속을 기다리는 양자됨은 재림시에 이루어질 일인데 우리가 양자됨으로 누리게 되는 영원한 기업이다. 이것은 참되고 영광스러운 기업이다. 그것은 우리의 의로 이루어지는 것이 아니고 그리스도와 연합된 자가 누리게 될 복이다. 또한 의의 영으로 지금 우리가 양자되는 것은 우리가 누리게 될 기업에 대한 칭호인데, 이것은 우리의 의로 말미암은 것이 아니고 그리스도의 공로가 우리에게 전가됨으로 부여되는 것이다. 그런데 그가 말하는대로 몸의 양자됨이 우리의 의로 말미암은 것이라면 영의 양자됨도 우리의 의로 되어져야 하는 것이 아니겠는가? 그는 우리의 몸의 구속을 기다리는 것과 같이 우리의 영의 구속을 기다려야 한다고 말하고 있다(로마교에서는 영혼들은 연옥에 있다가 마지막 날에 구원하는 자에 의해 구원된다고 주장한다). 그러나 전가에 의하여 양자됨은 참으로 양자됨이다. 우리는 거기에 아무것도 첨가할 필요가 없다. 그것은 완전한 구속이다. 우리의 양자됨에 있어 자신의 의가 필요하다고 하는 것은 단지 환상일 뿐이다.

U. 이제 벨라민의 주장과 우리의 견해사이에 어떤 일치점이 있을 수 있을까를 살펴보기로 하자. 우리의 양자됨과 칭의는 같은 조건에 의해서 이루어진다. 즉 양자됨은 전가의 의해서 되어지는 것이지 우리의 의

로 되어지는 것이 아니다. 앞에서 설명한 바와 같이 화해와 구속과 칭의와 양자의 네 가지 은혜는[48]서로 상관적이며 전가에 의해서 되어지는 것이다. 하나님께서 그의 아들의 공로를 믿는 자들에게 전가시킬 때, 그들의 죄를 용서하신다. 이 죄는 하나님과 원수가 되게 하고 죄인을 사탄의 노예가 되게 하며 저주의 형벌을 받게 하며 마귀의 자녀가 되게 한다. 또한 죄인에게 하나님의 호의를 받아들이게 하여 그를 그리스도의 자유인이 되게하며 의인으로 인정하고 하나님의 아들로 인정하신다. 그리고 그는 그의 자발적인 변화에 의해서가 아니라 그리스도와의 관계 때문에 하나님과 화해하게 되며 구속되고 의롭게 되며 양자가 되는 것이다. 아버지가 되고 아들이 되는 것은 그의 자발적인 변화에 의해서가 아니라 전에 없었던 새로운 관계 때문에 그렇게 된 것이다. 어떤 사람이 다른 사람의 양자가 되는 것은 어떤 변화 때문이 아니라 새로운 관계 때문에 그렇게 되는 것이다. 진정한 변화에 의하여 하나님의 양자가 되는 것이라면 하나님이 변해야 하는데 이것은 불가능하다. 왜냐하면 하나님은 변하실 수 없기 때문이다. 전에는 그러하지 못하다가 양자가 됨으로써 하나님의 자녀가 된 것과 같이 하나님께서도 전에는 그러하지 못하다가 어떤 사람을 양자 삼으심으로 그의 아버지가 되는 것이다. 하나님께서 양자를 삼으시는 일이나 우리가 양자되는 일에 어떤 변화가 전제되어야 한다는 주장은 잘못된 것이다. 그 이유는 변화되어지는 일은 하나님 편에서나 우리 편에서 있을 수 없기 때문이다. 오직 관계가 바뀌어져야만 가능한 것이다. 우리가 양자되는 것이나 의롭게 되는 것은 우리 자신의 의에 의하여 이루어지는 절대적인 변화가 아니고 우리 자신의 공로가 없이 그리스도의 의가 전가됨으로써 이루어지는 상대적인 변화인 것이다.

---

48) *Lib.* 1. c. 1. and *lib.* 2. c. 6.

John Bunyan
1628-1688

제11장

성 화

□ 존 번연 □

    존 번연(John Bunyan)은 영국 엘스토우(Elstow)(베드포드 가까이에 있는)에서 가난하고 무지한 부모 아래서 태어났다. 16살 경에 군대에 입대한 그는 그 이후 방탕한 삶을 살기 시작하였으며, 제대한 후 고향 엘스토우로 돌아와 그의 아버지가 하던 땜장이일을 이어받았다. 1649년 경, 그는 그를 그리스도께로 이끈 한 가난한 그리스도인 처녀와 결혼하여 1653년에 베드포드 독립교회에 입회하였으나, 1658년 그의 아내는 네 명의 어린아이들만을 남긴 채 세상을 떠났다. 1655년에 집사가 된 번연은 그 이후로 설교활동을 시작하였다. 그의 설교는 많은 대중을 이끌었으며 많은 사람들을 회개시켜 하나님께로 이끌었다.

    1695년, 존 번연은 앞을 보지 못하는 아이를 포함한 그의 네 명의 자녀들을 양육할 엘리자베스란 여인과 재혼하였다. 1660년 종교개혁시기 동안에, 번연은 로우어 샘셀(Lower Samsell)에 있는 농가에서 설교하는 중에 체포되었다. 번연이 체포될 당시는 복음서의 메세지를 설교하는 일이 불법적인 일이긴 하였으나 그러한 이유로 그때에 그는 12년 간이나 감옥에 있었다. 그렇게 해서 침례교도이자 청교도인 그는 국교 불신봉자로서 고통받게 된 첫번째 사람이 되었다.

    베드포드의 감옥에 갇혀있는 동안에, 번연은 그의 유명한 저서인『천로역정』(Pilgrim's Progress)을 집필하였는데, 그 책은 후에 복음인 성경 다음으로 가장 영향력있고 대중적인 책이 되었다. 그의 투옥기간을 통해서 번연은 다른 열두 권의 책을 펴냈다. 그 책들로는『유익한 묵상록』(Profitable Meditations , 1661),『기도』(Prayer , 1664),『그리스도인의 행동』

(*Christian Behaviour*, 1663), 『필요한 한 가지 일』(*One Thing Needful*, 1665), 『거룩한 성』(*The Holy City*, 1665), 『죽은 자의 부활』(*Resurrection of the Dead*, 1665), 『죄인들에 대한 풍성한 은혜』(*Grace Abounding to the Chief of Sinners*, 1666)가 있다.

1672년 베드포드의 회중은 번연이 아직 감옥에 있을 동안에 그를 그들의 목사로 임명하였으며, 그 후 몇 달 뒤 국왕의 신교자유령에 따라 번연의 석방이 이루어지게 되었다. 그의 성직생활 초기에 번연은 런던의 침례교도와의 논쟁에 관한 논문을 썼다. 그러나 1674년 번연은 선서 조례(Test Act)에 따라 다시 감옥으로 되돌아갔으며, 이 기간에 그는 『좁은문』(*The Strait Gate*)과 『은혜로 말미암은 구원』(*Saved by Grace*)을 썼다. 또한 이 기간동안에 그는 『천로역정』을 다시 쓰기 시작하였으며, 그러는 동안에 존 오웬(John Owen)은 번연의 석방을 위해 활동하기 시작하였다. 후에 자유로운 몸이 된 번연은 오웬에게 그의 『천로역정』의 원고를 보여주었으며, 오웬은 번연이 그 책을 출판하도록 종용하였다. 1678년에 이르러 비로소 『천로역정』은 출판되었으며 같은 해에 재판이 또 나왔다. 그리고 그 후 10년만에 10만 부가 다시 출판되었다. 하나님께서는 두 명의 위대한 청교도 설교자들을 사용하셔서 그들 중 한 사람의 "꿈"이 현실로 나타나도록 하셨다. 그리고 특별히 그 책의 생생하면서도 실제적인 특성으로 인해서 그 책은 일반사람들 사이에 널리 대중화되어 퍼져 나갔다.

1680년에 이 침례교 목사는 『악한 자의 삶과 죽음』(*The Life and Death of Mr. Badman*)을 썼으며, 1682년에 그는 그의 두 번째 위대한 우화인 『거룩한 전쟁』(*The Holy War*)을 창작하였다. 1685년, 그는 『그리스도인의 여로』(*Christian's Progress*)를 세상에 나오게 하였으며, 그의 말년에는 『와서 그리스도를 영접하라』(*Come and Welcome to Christ*) 『대언자로서의 예수 그리스도의 사역』(*The Work of Jesus Christ as an Advocate*), 『받을만한 제사』(*The Acceptable Sacrifice*)를 썼다. 번연은 1688년 런던으로 여행하는 도중 독감에 걸려 사망하였으며, 번힐(Bunhill)에 매장되었다.

다음의 내용은 그리스도인의 실천적인 거룩함에 관한 글이다. 이 글을 통해서 번연은 그리스도에 대한 신앙을 고백한 자들이 왜 죄로부터 멀어져야 하는지에 관한 몇 가지 이유들을 설명하고 있다. 오늘날과 같이 "진보적인 태도"와 "안이한 믿음"이 신앙을 고백한 그리스도인들 대부분을 사로잡고 있는 이때에, 이러한 가르침에 대한 필요성은 새삼스레 지적할 필요조차 없다. 거룩한 생활이란 청교도 시대로부터 전해져 오는 잔재가 아니라 모든 시대의 진정한 그리스도인들에게 필요한 것이다. 그런데 그것은 그들의 마음 속에 내주하시는 하나님의 영의 사역으로부터 비롯되는 것이다.

1. 서론

… 이제 나는 당신들에게 유익을 줄 수 있는 또 한 가지 사실을 제시하고자 하는데, 그것은 즉, "그리스도의 이름을 믿으며 신앙을 고백하는 모든 이들은 죄악으로부터 멀어져야 한다"는 것이다. 이 진리는 좀더 실천적인 것이 되어야 한다. 이 실천적인 진리에는 어떤 다른 이유가 부연될 수가 없다.

지금 우리가 설명하고 주장할 필요를 가지고 있는 이러한 진리에 있어서 어떤 불분명한 점은 없다. 왜냐하면,

죄악이 어떤 것인지에 대해 모르는 사람은 아무도 없기 때문이다.

가장 선한 것이 어떤 것인지에 대해 모르는 사람은 없기 때문이다.

죄 가운데 있으면서 신앙을 고백한다는 것이 불명예스러운 일이 된다는 것은 누구나 잘 알고 있다. 그러므로 우리가 죄악으로부터 멀어져야 한다는 것을 모르는 자는 아무도 없다.

그러나 사람들이 그들 나름의 동기를 갖지 못하기 때문에, 그리고 사단이 우리가 거룩하게 되지 못하도록 하고 죄악을 저지르도록 우리를 시험하고 있기 때문에, 이 점에 대해서 나는 그리스도의 이름을 믿으며 신앙을 고백하는 자들이 죄악을 멀리하며 그러한 사실을 마음 속에 새기고 외적으로 실천하도록 몇 가지 생각을 말하고자 한다. 그러한 생각들은 대강 네 가지 관점에서 다루게 되는데, 즉 그리스도와 그의 아버지, 그리고 우리 자신들과 관련시켜 설명된다.

2. 그리스도와의 관계

A. 우리가 신앙을 고백하게 됨으로 말미암아 그 분을 따르는 제자가 되기를 소망하게 되는 그리스도는 거룩하시다. "내가 거룩하니 너희도 거룩할지어다"(벧전 1 : 16). 이것은 당연한 가르침이다. 왜냐하면 만일 그리스도께서 거룩하신 분이시며 또한 우리가 그분에 대한 신앙을 고백하는 중에 우리가 그 분의 제자들임을 언명한다면, 우리는 마땅히 죄악을 멀리하여야 하며 그렇게 됨으로써 세상에 우리가 신앙을 고백하였음을 밝힐 수 있기 때문이다.

B. 그리스도의 이름으로 신앙을 고백한 자들은 마땅히 죄악을 멀리하여야 하는데, 이는 우리가 신앙을 고백한 그리스도께서는 사랑이시기 때문이다. 그의 종에게까지 그의 사랑을 나타내 보여주시는 사랑이신 주를 섬기는 자들은 그분의 뜻을 행하는 일에 마땅히 앞장서게 됨으로 말미암아 그들이 주의 사랑을 받고 있음을 보여줄 수 있어야 한다. 왜냐하면 그 분의 뜻은 "범사에 헤아려 좋은 것을 취하고 악은 모든 모양이라도 버려야하는"것이기 때문이다(살전 5 : 22).

C. 그리스도의 이름으로 신앙을 고백한 자들은 마땅히 죄악을 멀리하여야하는데, 이는 주 되시는 분의 영예와 명성 때문이다. 그분의 이름으로 신앙을 고백한 자들이 한 편으로는 그분을 섬기면서 계속 죄악을 범한다면, 그것은 그리스도를 모독하게 되는 것이다. "아들은 그 아비를, 종은 그 주인을 공경하나니 내가 아비일찐대 나를 공경함이 어디 있느냐 내가 주인일찐대 나를 두려워함이 어디있느냐 하나 너희는 이르기를 우리가 어떻게 주의 이름을 멸시하였나이까 하는도다"(말 1 : 6).

D. 그리스도의 이름으로 신앙을 고백한 자들은 마땅히 죄악을 멀리하여야 하는데, 이는 그분의 이름은 인간들에 의해 악이라고 말해질 수 없기 때문이다. 그 이유는 우리의 거룩함은 그리스도의 이름 위에 영광과 아름다움을 놓게 되고 우리의 죄악은 그리스도의 이름을 덮게 되기 때문이다. 그러므로 우리는 마땅히 죄악을 멀리하여 주 예수의 이름이 영광받으실 수 있도록 하며 또한 우리를 통하여 그 분이 비난받으시지 않도록 해야 한다.

E. 그리스도의 이름으로 신앙을 고백한 자들은 마땅히 죄악을 멀리하여야 하는데, 이는 주 예수 그리스도의 복음 때문이다. 그들이 신앙을 고백하게 되는 우리 주 예수 그리스도의 복음은 우리의 이웃들이 악이라고 말할 수 없는 것이다. "의의 도를 안 후에 받은 거룩한 명령을 저버리는 것보다 알지 못하는 것이 도리어 저희에게 나으리라"(벧후 2 : 21). 만일 그들이 죄악을 멀리하지 않는다면, 그들은 결코 그리스도의 이름으로 신앙을 고백하였다고 할 수가 없다. 인간들은 복음에 계시된 모든 일들과 더불어 자신들의 세속적이고 육에 관한 모든 일들을 만족시킬 수는 없다. 그러나 그리스도의 이름으로 신앙을 고백한 자들은 적어도 복음에 주의하도록 하여야 하며 세상에서 선한 의미에서의 훌륭한 평가를 받아야 한다. 그러나 그런 일도 그들이 죄악을 멀리하지 않는 한 아무런 소용이 없다.

F. 그리스도의 이름으로 신앙을 고백한 자들은 마땅히 죄악을 멀리하여야 하는데, 이는 그 이름으로 신앙을 고백하는 그 일 자체가 매우 거룩한 일이기 때문이다. "오직 선행으로 하기를 원하라. 이것이 하나님을 공경한다 하는 자들에게 마땅한 것이니라" 그러므로 우리는 모든 죄악을 멀리하고 하늘의 부르심을 입은 거룩한 형제들처럼 "우리의 믿는 도리의 사도시며 대제사장이신 예수를 깊이 생각하여야"한다(딤전 2 : 10 ; 히 3 : 1). 그리고 자신의 신앙을 고백하는 일에 있어 서투르거나 나태한 자는 비난을 받아 마땅하며, 반면에 신앙을 고백하는 일에 있어 탁월한 자는 그 영예를 받아 마땅하다. 그리스도인들은 그들의 신앙을 고백하는 일에 있어 마땅히 탁월함을 보여야 하며, 그것이 그 자체로서 교회와 세상에 대해 선이 되도록 하여야 한다.

G. 그리스도의 이름으로 신앙을 고백한 자들은 마땅히 죄악을 멀리하여야 하는데, 이는 그리스도의 교회가 거룩하기 때문이다. 그리스도의 이름으로 신앙을 고백한 자는 그리스도의 교회에 속하게 된다. 그래서 이제 그는 거룩해져야 한다. "하나님의 성전과 우상이 어찌 일치가 되리요 우리는 살아계신 하나님의 성전이라"(고후 6 : 16). 검은 양 한마리는 백 마리의 흰 양들 속에서 쉽게 발견되며, 그 한 마리는 머지않아 다른 양들에게 영향을 끼치게 될 것이다. 마찬가지로 성도들 중에서 한 성

도가 깨끗하지 못하면, 그 성도는 나머지 다른 성도들에게 오점이 되며, 솔로몬이 말한대로 "한 죄인이 많은 선을 패궤케 하게"될 것이다(전 9 : 18).

H. 그리스도의 이름으로 신앙을 고백한 자들은 마땅히 죄악을 멀리하여야 하는데, 이는 그리스도의 법령들이 거룩하기 때문이다. 모세의 시대에 아론과 그 아들들은 그들이 회막에 들어가기 전에 두멍에서 수족을 씻었다(출 30 : 17 ~ 21). 오늘날에 있어서도 그리스도의 이름으로 신앙을 고백한 자들은 반드시 몸을 씻고 깨끗이 하여야 한다. 하나님께서 당신이 죄악을 멀리하지 않음으로 해서 당신을 내어쫓지 않토록 하기 위하여, 그리스도와 함께 하기 위해서는 그 분이 명하신대로 당신의 손을 깨끗이 씻어야 하는 것이다.

I. 그리스도의 이름으로 신앙을 고백한 자들은 마땅히 죄악을 멀리하여야 하는데, 이는 그리스도에 대하여 말을 하기를 좋아하는 자들 때문이다. 많은 이들이 그리스도를 주시하면서 그에게 반기를 들 기회를 엿보고 있으며 그런 일은 그들의 주위에 신앙을 고백하는 자들이 많음에도 불구하고 여전히 발생하고 있다. "보라, 이 아이는 이스라엘 중 많은 사람의 패하고 흥함을 위하여 비방을 받는 표적되기 위하여 세움을 입었느니라"(눅 2 : 34). 어떤 이들은 그 분의 태생이 비천하다는 이유로 그를 반대할 틈을 노리며, 어떤 이들은 그의 가르침이 단순하다는 이유로 틈틈이 그를 반대할 기회를 노린다. 또한 어떤 이들은 그를 따르는 자들이 비천하다는 이유로, 또 어떤 이들은 그의 이름으로 신앙을 고백한 자들이 악을 행한다는 이유를 들어 틈틈이 그에게 반기를 들 기회를 엿보고 있다. 성도들에게 반대할 기회를 노리고 있는 자가 있다면, 그는 그의 목에 돌을 매달고 스스로 바다에 빠지는 편이 훨씬 낫다. 당신은 만일 어떤 자가 사악한 삶을 살면서 그리스도의 이름을 신앙고백하고 다른 이들로 하여금 그리스도에 대하여 반대하는 말을 하도록 시험하고 또한 그들을 선동한다고 한다면, 그를 어떻게 심판해야 할 것이라고 생각하는가?

3. 아버지 하나님의 관계

이제 나는 아버지 하나님과의 관계에 대해 살펴보고자 한다.

A. 그리스도의 이름으로 신앙을 고백하는 자들이 마땅히 죄악을 멀리해야 하는 이유는 아버지 하나님으로 난 자들이기 때문이다. 왜냐하면 아버지 하나님은, 하나님께로서 나신 그리스도 안에 우리를 있게 하시고, 그 분의 제자가 되게 하시기 때문이다. "아들을 공경치 아니하는 자는 그를 보내신 아버지를 공경치 아니하느니라"(고전 1 : 30 ; 요 5 : 23 ; 15 : 8). 뿐만 아니라 아버지께서는 우리가 죄악을 멀리함으로 말미암아 우리로부터 공경을 받으실 수 있다. 만일 우리가 거룩한 회심에 합당한 자가 되지 못한다면, 우리의 왕이시고 제사장이시며, 선지자이신 그리스도에 대한 신앙고백은 그의 아버지에게 아무런 영광이 되지 못할 것이다. 그러므로 만일 우리가 그리스도의 이름을 신앙고백하고, 그 분의 말씀을 새긴다면, 우리는 그 분을 믿고 죄악을 멀리하여야 한다. 이는 그가 이 세상에 보내진 것은 모두 그 아버지를 위함이기 때문이다.

B. 아버지께서는 그리스도 안에 우리를 있게 하신 것과 같이, 우리를 불러 그의 아들 예수 그리스도 우리 주와 더불어 교제케 하셨다. "우리가 시작할 때에 확실한 것을 끝까지 견고히 잡으면 그리스도와 함께 참예한 자가 되리라"(고전 1 : 9 ; 히 3 : 14). 그 분께서는 우리를 불러 그의 아들 예수 그리스도와 더불어 교제케 하셨다. 다시 말해서 중보자이신 그의 아들 안에 있는 선한 모든 것과 교제하게 하시며 그를 믿는 가운데 그로 말미암아 모든 일을 행하도록 하셨다. 뿐만 아니라 저주받고 정죄받은 상태로부터 생명과 축복을 얻기위해 그리스도께로 나아오게 되는 것은 아버지의 부르심으로 말미암게 된다. 왜냐하면 "하나님의 뜻이 행위로 말미암지 않고 오직 부르시는 이에게로 말미암아 서게 되기" 때문이다(롬 9 : 11). 그러므로 그가 우리를 부르시어 이 특권을 가지게 하고 다른 이들은 그들의 죄 속에서 그의 심판을 받아 멸망받도록 하시기 때문에, 우리는 마땅히 죄악을 멀리하여야 한다. 특별히 우리는 함께 하늘의 부르심을 입은 거룩한 형제들로서, 아버지께서는 자기의 영광과 덕으로 그 부르신 자를 알게 하신다(히 3 : 1 ; 벧후 1 : 2, 3).

C. 그리스도의 이름을 신앙고백한 우리는 마땅히 죄악을 멀리하여야 하는데, 이는 우리 주 예수 그리스도의 아버지 하나님께서 우리에게 그렇게 하도록 명하셨기 때문이다. 그러므로 우리 마음의 허리를 동이고 근신하여 예수 그리스도가 나타나실 때에 우리에게 가져올 은혜를 온전히 바라야 한다. 우리는 순종하는 자식처럼 이전에 알지 못할 때에 좇던 우리의 사욕을 좇지 말고 오직 우리를 부르신 거룩한 자처럼 우리도 모든 행실에 거룩한 자가 되어야 한다. 왜냐하면 성경에 "내가 거룩하니 너희도 거룩할지어다"라고 하였기 때문이다(벧전 1 : 13～16).

  D. 그리스도의 이름을 신앙고백한 자들은 마땅히 죄악을 멀리하여야 하며, 그들은 자신들이 그의 이름을 신앙고백하도록 부르심을 받은 목적을 알고 있어야 한다. 그러므로 아버지께서는 그들이 그의 이름을 신앙고백하도록 부르시어 그들의 의의 나무 곧 여호와의 심으신 바 그 영광을 나타내도록 하셨다(사 61 : 3).

  E. 주 예수 그리스도의 이름을 신앙고백하는 자들은 마땅히 죄악을 멀리하여야 하며, 그들은 아버지 하나님께서 그들이 신앙을 고백할 때 그들에게 부여해주신 그러한 은혜의 속성과 능력들을 세상에 보여줄 수 있어야 한다. 만일 그가 그리스도의 이름을 신앙고백하였음에도 불구하고 그렇게 하지 않는다면, 그는 아버지로부터 은혜를 받지 못한다. "저희가 하나님을 시인하나 행위로는 부인하니 가증한 자요 복종치 아니하는 자요 모든 선한 일을 버리는 자니라"(딛 1 : 16).

  F. 그러므로 그리스도의 이름을 신앙고백한 우리는 마땅히 죄악을 멀리하여야 하는데, 이는 "하나님의 성령을 근심하게 하지 말아야"하기 때문이다(엡 4 : 30). 죄악을 묵인하고 또 그것을 멀리하지 않는 것은 우리가 구속받는 날까지 인치심을 받게 될 하나님의 성령을 근심하게 할 것인데, 그것은 인간들이 깨달아야 할 큰 죄인 것이다. 하나님의 성령을 근심하게 하는 자는 지상에서나 지옥에서 그것 때문에 벌을 받게 될 것이다. 그리고 때로는 그들을 교화시키고 가르치며 훈계하는 성령은 침묵하고 있으면서 그들을 암흑 가운데 있게 하고 물러나 있으면서 영혼이 더욱 많은 고통을 당하게 할 수 있다. 성령을 근심시키고 성령을 화나게 하는 자는 성령을 소멸케 하는 자이다(살전 5 : 19). 그러므로

내가 경고하건대, 반역하여 주의 성령을 근심케 하여 그가 돌이켜 그들의 대적이 되어 그들을 친히 치시지 않도록 하고 주의 성령을 시험하지 않도록 하라(사 63 : 10; 행 5 : 9). 자신이 어디로 가야하며 어디에서 멈추어 서야할지 알지 못하는 자는 시험에 들게 된다. 뿐만 아니라 자신이 어디서 되돌아서야 하며 그 앞에 놓인 길 중 어떤 길이 옳은 길인지를 알지 못하는 자는 시험에 들게 된다. 성령을 근심하게 만들기 시작한 자는 그가 성령에 반역한 죄의 댓가를 치룰 때까지 고통받게 될 것이다. 그리고 만일 하나님께서 일단 우리를 포기하시게 된다면, 우리는 철장 속에 갇히게 되어 어떤 구원이나 구속도 받지 못하게 될 것이다. 그러므로 그리스도의 이름을 신앙고백한 모든 이들은 아버지 하나님으로 난 자들로서 죄악을 멀리하여야 한다.

4. 우리 자신들과의 관계

다음으로 나는 우리 자신들과 관련시켜 생각해 보고자 한다.

A. 그리스도의 이름을 신앙고백한 자들은 반드시 죄악을 멀리하여야 하는데, 그렇게 하지 않으면 그에 대한 우리의 신앙고백은 단지 거짓말에 불과하기 때문이다. "만일 우리가 하나님과 사귐이 있다 하고 어두운 가운데 행하면 거짓말을 하고 진리를 행치 아니함이라"(요일 1 : 6). "어두운 가운데 행하면"이라는 말은 죄악을 행하고 이 세상의 가르침에 따라 사는 삶을 버리지 못한다는 것이다. "저를 아노라 하고 그의 계명을 지키지 아니하는 자는 거짓말을 하는 자요 진리가 그 속에 있지 아니하도다"(요일 2 : 4). 그가 아노라 하고 말하는 것은 진리가 그 안에 있지 않은 것이다. 그리스도의 이름을 신앙고백한 모든 이들은 모두가 다 하나님의 사람이 아니며, 그들이 하는 말이 모두 다 진리라고 볼 수 없다(왕상 17 : 24). 그의 입에 있는 말과 그의 삶이 일치하는 가운데 그분에 대하여 말한다면, 그 때에 그것은 진리이다(계 2 : 2, 9 ; 3 : 9). 사람들은 그들이 사도들이라 말하면서 거짓말장이가 될 수 있으며, 또한 그들이 유대인이면서 그리스도인이라고 거짓말을 할 수 있다. 그러나 이것은 최상의 거짓말이므로 분명 가장 비참한 결과를 초래하게 될

다. 인간이 할 수 있는 최악의 일은 거짓말하는 것이다. 그는 자신이 그를 안다고 하며, 그를 따른다고 하며, 유대인이면서 그리스도인이라며 거짓말을 한다. 그의 삶은 거짓된 삶이며 모든 것을 안다고 하는 그는 분명한 거짓말을 하는 자이다. 그러나 그것은 1. 사람에게 거짓말 한 것이 아니요 하나님께 거짓말한 것이다. 그리고 그 분께서는 모든 거짓말 하는 자들은 결코 성 안으로 들어오지 못하리라고 말씀하셨다(행 5 : 4 ; 계 21 : 8, 27 ; 22 : 15). 지금 나는 그리스도의 이름을 신앙고백한 자들이 아직도 죄악을 멀리하지 않고 있음에 대해 이야기 하고 있는 것이다. 2. 그는 사람들에게 거짓말 한 것이다. 모든 사람들은 그 열매를 보고서 나무를 알아보게 된다. 만일 그리스도의 이름을 신앙고백한 자가 죄악을 멀리하지 않는다면, 사람들은 그가 거짓말장이이며 따라서 그의 신앙고백 또한 거짓말임을 알게된다. 그러므로 바울은 그레데인들은 항상 거짓말장이이며, 악한 짐승이며, 배만 위하는 게으름장이라고 불렀다. 왜냐하면 그레데인들은 그리스도의 이름을 신앙고백하였음에도 불구하고 경건한 삶을 살지 않았기 때문이다(딛 1 : 12 ~ 16). 그들은 죄악을 멀리하지 않았다. 또한, 3. 그러한 사람은 그 자신의 영혼에 거짓말하는 자이다. 그가 자신에게 어떤 것을 약속하든지 간에, 그의 영혼은 그것이 거짓말임을 알게 될 것이다. 세상에는 그리스도의 이름을 신앙고백하고 따라서 자신의 영혼에 선한 행위를 약속하는 자들이 많이 있다. 그러나 그들은 곧 잘못을 행함으로 말미암아, "행악하는 모든 자들아, 나는 떠나가라"하는 무서운 선고를 듣고는 두려움에 떨게 된다(눅 13 : 27). 그리스도께서는 게으른 삶을 살고있는 신앙고백자들을 심판 때에 편들지 않으시고 또한 회중내에서 의로운 자들 속에 있는 죄인들을 편들지 않을 결심을 하고 계신다. 그들은 하나님께 거짓말을 하였으며, 사람들에게 또한 자신들에게도 거짓말을 하였다. 그러나 심판 때에 예수께서는 그들에게 거짓말을 하지 않으실 것이다. 그 분께서는 그가 그들을 알지 못한다고 분명하게 말씀하실 것이며 그 때에 그들은 그 분 앞에 서있지 못하게 될 것이다.

    B. 그리스도의 이름을 신앙고백한 자들은 마땅히 죄악을 멀리하여야 하며, 신앙을 고백할 때 거짓을 말하지 않도록 하여 스스로를 기만하지

않도록 하여야 한다. "너희는 도를 행하는 자가 되고 듣기만 하여 자신을 속이는 자가 되지 말라"(약 1 : 22). 사람이 영원한 일에 관해서 다른 이들에게 속이는 자로 판명된다는 것은 유감스러운 일이다. 그러나 또한 사람이 자기 자신을 속이고 그 자신의 영원한 삶에 대한 일에서 자신을 속인다는 것은 무엇보다도 가장 유감스러운 일이다. 그러나 유감스럽게도 사람에게는 그러한 성향이 있는 것이다. 그래서 사도는 "자신을 속이는 자가 되지 말라"고 말한다. 그리고 더불어 "누구든지 스스로 경건하다 생각하며 자기 혀를 재갈먹이지 아니하고 자기 마음을 속이면 이 사람의 경건은 헛것이라"고 말하였다(20절). "자기 마음을 속이면," 이 말에 대해 나는 많은 묵상을 하여왔다. 왜냐하면 이 말은 그리스도의 이름을 신앙고백하면서도 그들이 얼마나 자기 기만속에 빠지게 되는지를 보여주고 있는 것처럼 생각되기 때문이다. 그는 자기 마음을 속이고 있거나 혹은 마음을 설득시키고 있는 것이다. 그러나 또한 여기서 인간은 마음이 그를 속이고 있다고 말하며 마음이 그의 신념을 흐트러뜨리고 있다고 말한다. 그리고 또한 그는 마음을 설득하여 그리스도에 대한 믿음을 신앙고백함으로 인해 복음에서 요구하는대로의 엄격한 삶을 살아나갈 필요가 없다고 생각되도록 만들며, 또한 마음을 향해 그리스도께서는 우리를 위하여 죽으셨고 부활하셨기 때문에, 그래서 우리의 구원은 오로지 그분 손에 달린 것으로 우리는 우리가 어떻게 살아야 하는지에 관한 문제에 대해 생각하거나 또는 그렇게 엄격한 삶을 살아나갈 필요가 없다고 생각하게끔 만든다. 이러한 사람은 자기를 속이는 자이며 또한 그의 마음을 속이는 자이다. 영적인 일과 영원한 일들에 관하여 자기를 속이는 일에 스스로가 앞장선다는 것은, 세상에서 가장 부자연스럽고 부적당하며, 그리고 설명이 불가능한 행위인 것이다. ⅰ) 우선적으로, 그것은 가장 부자연스러운 행위들 중의 하나이다. 왜냐하면 그들이 가만히 엎드림은 자기의 피를 흘릴 뿐이요 숨어 기다림은 자기의 생명을 해할 뿐이기 때문이다(잠 1 : 18). 우리는 모두 자신의 자녀들과 자신의 아내, 또는 자신의 몸을 해치고 죽이는 자에 대해 반항하며 그를 자연의 법칙을 저버린 자라고 정죄한다. 그러나 그러한 생각을 하는 자가 자기 자신을 파멸로 이끌고 자신의 영혼을 속이게되는 일에 대해서는 우리가 어떤 생각을 가져야 할까. ⅱ) 이것은 또한 가장 부적당한 행위이다. 사람들이 자기 자신을 속이고 자기의 영혼의 영원한 생명을 빼앗아야 할 만한 이유나 근거 또는 그 대의란 것은 있을 수가 없다. 그러므로 ⅲ) 그러한 사람들은 종종 두려움과 침묵 가운데 소멸되어지는 것이다. "너 하늘아 이 일을 인하여 놀랄찌어다 심히 떨지어다 두려워할지어다 여호와의 말이니라 내 백성이 두 가지 악을 행하였나니 곧 생수의 근원되는 나를 버린 것과 스스로 웅덩이를 판 것인데 그것은 물을 저축치 못할 터진 웅덩이니라"(예 2 : 12, 13).

그러나 무엇보다도 가장 놀랄 일은 불의를 행한 자는 그 값으로 불의를 당하게 된다는 것이다. "불의의 값으로 불의를 당하도다"(벧후 2 : 13). 확실한 것은 그러한 무지와 부주의함, 분방함 가운데 사는 사람들은 영원토록 그들 자신을 속이게 될 것이라는 사실이다. 그러나 그리스도에 대해 신앙을 고백하고 또한 그럼에도 불구하고 죄악을 멀리하지 않은 자들에게 있어서도 이러한 일은 마찬가지이다. 그러나 하나님으로부터 오는 지혜와 판단력은 그들에게 분별할 수 있는 분별력을 신장시켜주게 되는 것이다.

C. 그리스도의 이름을 신앙고백하는 자들은 마땅히 죄악을 멀리하여야 하는데, 이는 믿음을 가짐으로해서 언제나 치루어야 하는 악평 때문이며 믿음을 가지는 일에 있어 수반되는 그 밖의 많은 일들 때문이다. 앞에서도 말한 바와 같이 오늘날에는 이러한 일이 예전보다도 더욱 심하다. 믿음을 고백한 자들이 세상의 악평과 모독으로부터 자유롭게 될 여지는 극히 적은 것이다. 오늘날 신앙을 고백한 자들 사이에 만연되어 있는 죄악과 그들의 죄악된 삶에 대해서는 성경에 기록된 바대로 "모든 상에는 토한 것 더러운 것이 가득하고 깨끗한 곳이 없도다"라고 말해질 수 있을 것이다(사 28 : 8). 그들의 지성이 자신의 욕정과 교만, 탐욕, 그리고 방탕함 속에 자리잡고 있다면 그들이 서 있을 땅은 어디인가? 오늘날 그러한 신앙 고백자들은 하루살이는 걸러내고 약대를 삼키는 자들과 같지 않겠는가?(마 23 : 24). 신앙 고백자들은 그들의 행위를 악한 이들에게까지 가르치고 있지 않은가?(렘 2 : 33). 주 하나님께서는 이러한 일들로 비탄에 젖어 계신다. 하나님의 교회에 오늘날 번져들게

된 이 엄청난 질병과 신앙고백자들에게 가해지는 악평은 도대체 무엇을 말하고 있는 것인가.

신앙을 고백한 자들 사이에서 발견되어지는 것은 단지 세상의 풍조와 허영심, 사치스러움, 그리고 인색함 뿐이다. 그들은 단지 자신의 자만심과 허영심을 채우기 위하여 가난한 자들에게 고통을 가하고 그들 가난한 자들의 권리를 빼앗고 좌절시킨다. 내가 특별한 예를 들 필요조차 없이 부자로부터 가난한 자에게 이르기까지, 목사로부터 신도에 이르기까지, 여주인과 그녀의 하녀에 이르기까지, 모든 이들은 그들의 삶을 통해 드러나게 되는 죄책을 가지고 있다. 왜냐하면 그들은 그리스도의 이름을 신앙고백하였음에도 불구하고 죄악을 멀리하지 않았기 때문이다.

a) 그러므로 하나님의 이름은 하나님께서 친히 "너희 예물과 너희 우상들로 내 거룩한 이름을 더럽히지 말지니라"하고 소리쳐 외치실 때까지 더럽혀지고 비난받게 된다(겔 20 : 39). 하나님께서는 그에 대한 신앙고백은 그만두고서라도 그의 이름을 더럽히지 말라고 말씀하셨다. 만일 당신이 죄악을 멀리하지 않을 생각이라면, 세상에 대고 그리스도와 당신은 아무런 상관이 없으며 그리스도께서는 죄악을 혐오하시는 분이라고 말하라. 당신이 그리스도의 이름을 신앙고백하였음에도 불구하고 아직 죄악을 멀리하지 않았다면, 당신을 위해서라도 세상의 악평과 비난으로부터 하나님의 이름을 지켜주는 일이 훨씬 좋을 것이다. 그렇다면 적어도 사람들은 당신이 그들에게 당신과 그리스도는 아무런 상관이 없다고 말하게됨으로 해서 당신 때문에 믿음을 헐뜯게되지는 않을 것이다. 그러나 또한,

b) 만일 당신이 그리스도의 이름을 신앙 고백하는 일을 그만두지 않고 뿐만아니라 계속해서 죄악을 멀리하지 않는다면, 당신은 또한 믿음을 진지하게 신앙고백한 자들을 분개시키게 될 것인데, 이 일은 매우 심각한 일이다. 세상에는 그들이 그리스도를 알게 된 이래로 자신의 육과 영의 모든 더러움을 깨끗이 하기를 원하며 하나님을 경외하는 가운데 완전한 거룩함에 이르고자하는 사람들이 많이 있다. 그런데 당신은 그들 속에 섞여 있으면서 그들에게 "점과 흠"이 되고있는 것이다. 그리고

당신은 그들의 선을 오염시키는 악으로써 그들의 거룩한 신앙 고백이 불신을 받도록 만들고 있는 것이다(벧후 2 : 13 ; 유 12). 당신은 그들의 의로운 마음을 슬픔에 잠기게 하며 당신의 형제들을 모독하고 있는 것이다. 결국에는 당신에게 하나님이 정하신 때가 이르게 되면, 당신은 하나님의 진노 가운데 바닷속에 던져져 침수하게 될 것이다.

c) 만일 당신이 그리스도의 이름을 신앙 고백하는 일을 그만두지 않고 뿐만아니라 계속해서 죄악을 멀리하지 않는다면, 당신은 또한 하나님의 말씀과 교훈에 대해서까지 중상하게 되는 결과를 낳게될 것이다. 예수의 이름을 신앙고백한 자들은 세상에서 그 일을 수행하여야 하며 그들은 그들의 구세주되시는 하나님의 교훈을 공경하여야 한다. 그러나 신앙을 고백하였음에도 불구하고 여전히 죄악을 멀리하지 않았다거나 혹은 구세주되시는 분의 이름과 교훈이 이 세상사람들에 의해 비난을 받거나 모독을 당하도록 하는 것은 극히 유감스러운 일로써 그러한 일로 해서 그에게는 무거운 형벌이 내려지게 될 것이다. 또한 하나님께서 그의 눈을 뜨게 하실 때, 그는 자신의 영혼의 비참함을 깨닫고 후회하게 될 것이다(딤전 6 : 1 ; 딛 2 : 5, 10). 그리고 주께서는 자신의 뜻대로 그가 수치심을 깨닫고 회심하도록 그를 이끄시게 된다. 그러나 또한,

d) 만일 당신이 그리스도의 이름을 신앙고백하기를 그만두지 않은 채 계속해서 죄악을 멀리하지 않는다면, 당신은 당신 스스로를 비난하고 경멸하며 모독하게 되는 결과를 낳게 될 것이다. 왜냐하면 "죄는 백성을 욕되게 하기"때문이다(잠 14 : 34). ⅰ) 이러한 일로 해서 하나님께서는 커다란 경멸과 비난을 받게 될 것이다(이사야 1장 참조). ⅱ) 또한 이러한 일은 그 분의 백성들로 하여금 경멸받게 할 것이다. 그러므로 여호와께서는 "너희가 내 말을 듣지 아니하였은즉 그들을 쳐서 진멸하여 그들로 놀램과 치소거리가 되게하리라"하고 말씀하셨다(말 2 : 9 ; 렘 25 : 9, 18). ⅲ) 그러한 자들은 경멸받게 되며 세상에서 사람들의 웃음거리가 될 것이다. 그들은 세상 사람들 사이에서 야유를 받고, 조소의 대상이 되며, 비웃음을 받으며, 비난받게 될 것이다. 하나님께서는 "나를 존중히 여기는 자를 내가 존중히 여기고 나를 멸시하는 자를 내가 경멸히 여기리라"하고 말씀하셨다(삼상 2 : 30). 신앙을 고백하였음에도 불구

하고 계속해서 죄악을 멀리하지 않는 자들은, 그들이 자신들에 대해서는 어떤 생각들을 가지고 있는지는 몰라도, 그들의 참 모습은 다른 사람들 눈에는 바로 보여진다. 정숙한 자들에게 있어서는 다른 사람들에게 자신의 적나라한 나체의 모습을 보여준다는 것은 매우 수치스러운 일로 여겨진다. 더군다나 신앙을 고백한 자로서 계속 죄악을 멀리하지 않은 채 자신의 적나라한 모습을 보여주게 된다는 것은 더욱 수치스러운 일인 것이다.

D. 그리스도의 이름을 신앙고백한 이후에도 계속적으로 죄악을 멀리하지 않는 자들은 "많은 이들을 실족케 하는 자들"이다. 그리스도께서는 "실족케 하는 일들이 있음을 인하여 세상에 화가 있도다"하고 말씀하셨다(마 18 : 7). 그리고는 또 다시 "실족케 하는 일이 없을 수는 없으나 실족케 하는 그 사람에게는 화가 있도다"하고 말씀하셨다. 이러한 말씀은 그들이 많은 이들을 죄에 빠지게 하며 따라서 그들을 지옥에 떨어지게 한다는 의미이다. 혹시나 당신이 하나님이 말씀하고 계시는 그런 자가 아닌지 주의하기 바란다. "너희는 정도에서 떠나 많은 사람으로 하여금 율법에 거치게 하도다"(말 2 : 8). 그리스도의 이름을 신앙 고백하면서 죄악을 멀리하지 않는다면, 사람들은 당신의 죄악 때문에 당황하고 혼란스럽게 될 것이다. 한 죄인은 많은 선을 패궤케 한다. 이들 죄인들은 사람들로 하여금 더욱더 많은 악을 범하게 한다. 이들은 다른 이들의 희망을 도중에서 꺾어버린다. 이들은 무지한 자들이 자신들의 구원에 대하여 더 완고한 마음을 가지도록 한다. 자신의 죄악을 버리지 않는 자는 지독한 아픔을 겪으면서도 격리병원에서 나오는 자와 같다. 이런 자는 독을 지니고 있는 채 그의 주변의 공기를 더럽히는 자와 같다. 그는 자신의 자녀들과 그의 친척들, 그의 친구들, 심지어 그 자신까지도 살해하는 자이다. 그런 자를 어디에 비유하면 좋을까? 그리스도의 이름을 신앙고백하고도 계속해서 죄악을 멀리하지 않는 자를 어디에 비유하면 좋을까? 신앙을 고백하고도 죄악을 범한 바리새인들에 대해서 그리스도께서는 그들을 뱀과 독사에 비유하지 않으셨던가? 그 분께서는 그들을 위선자, 회칠한 묘, 어리석은 자, 소경이라 불렀다. 그리고 그들을 향해 "너희는 교인 하나를 얻기를 위하여 바다와 육지를 두루 다니다

가 생기면 너희보다 배나 더 지옥 자식이 되게 하는도다"라고 말씀하셨다(마 23). "의인의 열매는 생명나무라 지혜로운 자는 사람을 얻느니라"(잠 11 : 30). 그러나 사악한 자의 열매는 무엇인가? 그들은 그들의 죄악 가운데 불사른 바 될 것이다(욥 22 : 20). 이들은 큰 붉은 용과 같이 그 꼬리로 하늘의 별 삼분의 일을 끌어다가 땅에 던지며(계 12 : 4), 이 땅의 많은 신앙고백자들을 그들의 더러운 몸과 같이 지상의 욕정에 물들게 할 것이다.

사도는 형제들에게 말할 때 눈물을 흘리며 말하였는데, 이는 "저희의 마침이 멸망이요 저희의 신은 배요 그 영광은 저희의 부끄러움에 있고 땅의 일을 생각하는 자"였기 때문이었다(행 20 : 30; 빌 3 : 18, 19).

이러한 자들은 사단의 중요한 원동력이 됨으로써 사단은 이들과 함께 놀라운 일을 해내는 것이다. 발람과 여로보암, 그리고 아합과 같은 수많은 이들이 얼마나 사단의 그물에 걸려 들었던가! 이들은 사단이 밀 가운데 씨 뿌리려고 했던 가라지들로서 사단은 그들이 해악의 원인이 될 수 있음을 알았던 것이다.

E. 그리스도의 이름을 신앙고백하고도 죄악을 멀리하지 않은 자들의 종말은 어떻게 될 것이며, 불의한 생각을 가진 그들이 어떻게 그들의 신앙을 고백한 자를 대할 수 있겠는가? 그들이 심판대에 섰을 때, 자신들이 어떤 일을 행하였는지를 모른다고 그들이 말할 수 있을 것인가? 차라리 그들이 신앙을 고백하지 않았던들 그들에게는 더 유익이 되었을 것이며, 차라리 태어나지 않았음이 더 유익이 되었을 것이다. 왜냐하면 그리스도께서는 유다에게 말씀하시기를 그가 태어나지 않았더라면 더 유익했을 것이라고 하셨기 때문이다. 그리스도께서는 의의 도를 안 후에 받은 거룩한 명령을 저버리는 것보다 알지 못하는 것이 도리어 저희에게 낫다고 말씀하셨다(막 14 : 22; 벧후 2 : 20, 21). 다시 말해서 그들은 태어나지 않고 그리스도의 이름을 알지 못하고 그리스도께 신앙고백을 하지 않았음이 더욱 나았을 것이다.

Richard Baxter
1615-1691

제12장

교 회

□ 리챠드 박스터 □

그의 당대에 가장 많은 작품을 남긴 리챠드 박스터(Richard Baxter)는 정식적인 대학 교육을 받지 못했다. 영국 로우턴(Rowton)(스루베리 가까이에 있는)에서 태어난 그는 존 오웬(John Owen)과 리챠드 웍스테드(Richard Wickstead) 아래에서 공부하였다. 초기에 그는 리챠드 십스(Richard Sibbes)의 『상한 갈대』(*Bruised Reed*)와 윌리암 퍼킨스(William Perkins)의 『회개』(*Repentance*)에 큰 영향을 받았다. 1634년 그의 어머니가 돌아가신 후, 박스터는 4년 동안에 걸친 독학을 통해 23살의 나이에 영국 국교의 목사로 임명받았다.

1641년에 박스터는 키더민스터의 교구 목사가 되었으며 14년 동안 매우 신실한 목사로 재직하였다. 그 때에 그는 『개혁된 목사』(*The Reformed Pastor*)란 책을 쓰게 되었다. 왕정 복고가 이루어질 당시, 그는 키더민스터를 떠나 영국으로 갔으며 더스탄(St. Dunstans), 피너스 홀(Pinners Hall), 그리고 페텔 레인(Fetter Lane)에서 설교하였다. 그의 성직 생활은 1662년 영국 국교회의 통일령(the act of uniformity)이 있은 이후에 전성기를 맞게 되었다.

이 때에, 그는 마아가렛 차알톤(Margaret Charlton)과 결혼하였으며, 투옥이 있은 이후 토터릿지(Totteridge)로 도망할 때까지 아크톤(Acton)에서 성직 생활을 계속 하였다. 1685년 제임스 Ⅱ세가 왕위에 올랐을 때, 박스터는 이단으로 몰려 다시 감옥에 들어가게 되었으나 왕의 사면으로 풀려났다. 그는 말년을 수도원의 양로원에서 조용히 보내면서, 그 곳에서 가끔 설교하면서 그의 저작 활동을 마무리져 나갔다.

박스터는 168권의 책을 출판하였다. 그의 『실천적 사역』(*Practical Works*)은 1707년에 4절판으로 출판되었는데 1830년에는 23권의 책으로 재출판 되었다. 그는 또한 라틴어로 된 몇 권의 책들을 썼는데, 그의 중요한 영어 서적들로는 『성도의 영원한 안식』(*The Saints Everlasting Rest* , 1650), 『개혁된 목사』(*Reformed Pastor* , 1650), 『회심하지 않은 자들에 대한 부르심』(*A Call to the Unconverted* , 1658), 『기독교 신앙의 대의들』(*Resons for the Christian Religion* , 1667), 『기독교 예배 규칙서』(*Christian Directory* , 1673), 『자서전』(*Autobiography* , 1696), 『신약부연』(*A Paraphrase on the New Testament* , 1685), 그리고 『죽음의 사색』(*Dying Thoughts* , 1687) 등이 있다.

작가로서의 박스터의 중요성은 교회학과 실천적인 헌신에 있다. 다음의 글을 통해 박스터는 교회의 진정한 본질을 논하며, 진정한 그리스도인을 규정짓고 있다. 그는 교회의 청교도적인 개념과 로마교에서의 교회의 개념, 그리고 재침례교의 "순수 교회"의 개념을 대조시키고 있으면서, 보이는 교회와 보이지 않는 교회는 결코 동일할 수 없으나, 이것들은 언제나 같은 목적을 지니고 있어야 한다는 것을 지적하고 있다. 그러므로 우리는 교회의 모든 신도들이 단순히 교회에 속해있다는 이유로, 또는 세례를 받았다는 이유로, 또는 제단의 부르심에 응답하였다는 이유로 그들이 진정한 그리스도인이라고 결코 생각해서는 안된다.

1. 서론

고린도전서 12 : 12 — 몸은 하나인데 많은 지체가 있고 몸의 지체가 많으나 한 몸임과 같이 그리스도도 그러하니라.

교회의 모든 신도들이 분열을 비난하고 있음에도 오히려 그들에 대해 비난하면서 분열을 조장하고 일으키는 자들이 있다는 것은 그리스도의 교회를 위해서 매우 유감스러운 일이다. 교회의 연합을 소리높여 외치면서도 그 일을 촉진시킬만한 어떤 일을 하는 사람은 소수에 불과하다. 많은 이들은 교회의 연합을 권장하면서 사실은 연합을 파괴시키고 있다. 그리고 교회의 상처를 치유하고 타결할 수 있는 그러한 소수의 사람들도 절박한 생각을 가지고 교회의 연합이 필요한 분명한 이유를 가지고 일을 하지 않는다. 또한, 때로는 그 일을 다른 사람들에게 맡겨두고는 칭찬만 할 뿐 적극적으로 그 일에 나서지 않는다. 당신은 아마도 이것은 그리스도인을 말하고 있기보다는 아수라장을 설명하고 있다는 생각이 들지도 모른다. 그들은 불이 났을 때 그 불을 끄려고 하는 자들을 보고 요란스럽게 욕을 퍼부으며, 동시에 방화범들을 탓하고, 또한 같이 협력하기를 바라면서 분열을 조장하고 자신은 아무런 일도 하지 않으면서 다른 이들을 보고는 무능하다고 외치는 자들과 같다. 그러나 사실상 기독교 신앙 자체를 불명예스럽게 하는 자들은 신앙을 고백한 수 많은 그리스도인들이다. 그들이 속해있는 교회에는 죄와 수치스러운 일이 공공연히 행해지고 있으며, 그들이 어떤 자비의 행위를 한다고 해도 그들의 수치를 가려줄만한 일은 아무 것도 없다. 결국 우리의 불길은 더욱더 달아올라 이슬람교도와 유대인들, 그리고 이교도들은 이러한 일이 행해짐을 보고, "그리스도인들이 이렇게 대립하고 있는 채 서로에게 근심을 끼치고 있다니 어찌된 일인가?"하고 묻게 될 것이다. 우리가 고통받고 있다는 증거가 있는가? 우리가 언제 혈전을 벌였는가? 우리가 언제 집에서 욕을 들었으며 집 밖에서 웃음거리가 된 적이 있던가? 언제 모든 그리스도 왕국이 무장한 채로 싸울 준비를 하고 있었던가? 언제 교회가 그렇게 많은 별명을 가진 적이 있으며 여러 갈래로 갈려나갔던가? 언제 교회가 서로를 비난하고 정죄하였는가? 이러한 사실들 모두에 대해 증거가 필요한가? 교회 내에서 정직하고 진지한 생각을 가진 자들을 파멸시킬만한 이러한 일들은 얼마나 오랫동안 계속 행해져 왔겠는가? 그들은 격렬한 자들, 술주정뱅이 만큼도 지혜롭지 못하며, 그들이 아무리 유력한 수단들을 사용하여 치유하려 노력한다해도 또한 그들이 화해적인 노력과 묵상을 한다해도 그들의 의식이 다시 돌아오지 않는 한 아무런 소용이 없다. 죄는 그 도를 더하게 되며, 분열은 더욱 조장되는 가운데 목사들은 그들을 이끄는 지도자가 되고 있다. 목사들의 경건함은 이런 일을 단지 가장할 뿐이며, 화해하는 일은 조롱을 받게 된다. 한편으로 평화를 추구하는 화해자들은 오히려 이단으로 몰리며 그들을 분열시키는 자라고 부르는 것이다. 나는 어떤 사람(존 두리, John Dury)의 노력에 관한 글을 읽고, 또한 개신교 교회들이 하는 화해의 노력을 보고, 그리스도인들을 이끄는 지도자들이 기꺼이 그들의 가증스러운 죄를 떨쳐버리고 음울함과 비참함을 벗어나려고 하는 것을 보고 마음이 아프다. 우리 모두가 적어도 최소한의 선을 행하여야 함에도 불구하고 여전히 우리는 우리를 소멸시키려 하는 불꽃 속에서 여전히 아무런 일도 하지 않은 채 고통받고 있다. 그러한 가운데 교회는 황폐하고 여러 갈래로 분열되고 있는 것이다. 어떤 이들은 "우리가 보편적 교회이다"라고 하는 반면 또 어떤 이들은 "아니다. 우리가 진정한 보편적인 교회이다"라고 말한다. 그들은 모두 혼란 속에 빠져있다. 그들은 거룩한 보편적 교회를 믿는다고 하면서도 그들이 믿고 있는 것이 어떤 것인지를 말하지 못하며 알지도 못한다. 이러한 혼란 속에서 이루어지는 어떠한 시도에 대해서 그것이 성공되기를 바라는 것이 무리가 된다할지라도, 나는 그리스도께서 교회의 분열자들의 죄를 입증하시게 될 것임을 힘입어 후손들을 위해 기록을 남겨두고자 한다. 이러한 생각들이 어떤 사람들에게는 별다른 흥미를 제공해주지 않을런지도 모르겠으나, 적어도 그들에게 이런 생각들을 알게 됨으로써 이 혼탁한 시대에 모든 이들이 평화를 위한 노력을 게을리하지 않기를 바라는 바이다.

내가 말하고자 하는 내용은 1) 보편적 교회의 연합과 일치에 관한 것이며, 2) 그들 교구내에서의 그리스도인의 연합과 일치에 관하여, 그리고 그들의 개인적인 위치에 관하여 말하고자 한다. 이 글을 통해 다루게 될 중요한 내용은 자연적인 몸이 그 비유로 강조되어지게 된다는 것이다. 1) 다수의 지체들이 있다는 것들과 2) 지체들이 많음에도 불구하고 그리스도의 몸과 교회의 연합이 필요하다는 것이다. 여기서 숫자상으로 많은 지체들이 있다고 하는 것은, 그 지체들이 각기 다른 임무와 용도, 그리고 은사들을 가지고 있음을 암시하는 것이다. 여기서 말하고 있는 교회는 그것이 눈에 보이는 상태로 있건 아니면, 신비스러운 상태에 가려있는 것이건간에, 보편적인 교회를 말한다. 여기서 의미하고 있는 교회는 어떤 특별한 교회가 아니며, 눈에 보이는 신비적인 교회란 단지 보편적인 어떤 특정 교회를 말하고 있는 것이 아니다. 여기서 의미하고 있는 교회란, 신앙을 고백한 자들과 믿는 자들이 있는, 사람을 구성하고 있는 몸과 영혼이 있는, 그리고 의식과 영을 둘 다 가지고 있는 그런 보편적인 교회이다. 보편적인 교회란 명백하다. 1) 보편적인 교회는 성경 본문에 그리스도께서 친히 명하신대로 "또한 그리스도이시다". 그리고 보편적인 교회란 것은 그리스도를 그 머리되시는 분으로 하고 있는 것이다. 성경 본문에서 그리스도를 어떤 특정 회중의 머리되시는 분으로 부르고 있는 일은 없다. 비록 그 분이 그를 따르는 자들의 우두머리가 된다고 말해지기는 하나 그러나 그 분은 보편적 교회의 머리되시는 분으로 불려진다(엡 1 : 22 ; 4 : 15 ; 골 1 : 18 ; 2 : 19 ; 엡 5 : 23). 몸의 머리가 된다고 하는 것은 손이나 발의 머리가 된다고 하는 것보다 더욱 의미를 줄 수 있는 것이다. 2) 보편적 교회는 흔히 "그리스도의 몸"이라고 불려지는데, 이 칭호는 그 몸의 한 부분을 이루는 어떤 특정 교회를 주어진 것이 아니다. 3) 여기서의 보편적 교회는 사도들, 선지자들, 선생들의 구성원이 있는 교회이며, 그 안에서 이적과 치유가 이루어지고 도움이 제공되며, 행정이 이루어지고 설교가 행해지는 곳이다. 그러나 모든 특정 교회들이 이러한 요소들을 다 지니고 있지는 않다. 고린도교인들이 여기서 언급한 이러한 요소들을 다 지니고 있었는지는 자못 의심스럽다. 4) 보편적 교회란 세례를 받은 모든 유대인들과 이방인들을 연합시키고 자유롭게 하는 곳이다. 그러한 일은 오로지 보편적인 교회에서만 이루어지는 일이다. 성령은 사람들이 어느 특정 교회에 처음에 들어가게 하지 않으며 물로 세례받는 것이 언제나 우선적으로 행해져야 하는 것도 아니다. 에베소서 4장의 사도의 가르침은 여기서 이야기하고 있는 보편적 교회를 그 내용으로 하고 있다.

그렇다면 성경 본문을 통하여 말하고자 하는 이것에 관한 교리를 살펴보도록 하자.

[교　　리] 그리스도의 몸인 보편적 교회는 단지 하나이며, 모든 진정한 그리스도인들은 보편적 교회를 이루고 있는 지체들이다.

여기에는 두 가지 명제가 있게 된다.

첫째로, 보편적 교회는 오로지 하나이다.

둘째로, 모든 그리스도인들은 영으로 말미암아 세례를 받음으로써 보편적 교회의 지체들이 된다. 이 점에 관해서는 성경 본문을 통해 분명히 나타나고 있다. 우선 첫번째 명제인, 보편적 교회는 오로지 하나이다라는 것에 대해서 우리는 모두 동의한다. 그러므로 나는 유대 교회와 이방인 교회(또는 엄격히 말하자면 로마 교회), 또는 부르심을 받은 자(진정한 지체들)와 부르심을 받지 못한 자,또는 전투하는 교회와 승리 교회 (the church militant and triumphant)의 차이점으로 야기되는 그러한 질문들에 관해서는 쓸데없이 설명할 필요가 없다고 생각한다.

그리고 두번째 명제는, 보편적 교회는 성경 본문에 의하면 교회의 지체들인 모든 그리스도인들로 이루어져 있다는 것이다. 그 지체들은 "예수를 주"라고 말하며(3절), 그들 모두는 "다 한 성령으로 세례를 받아 한 몸이 되었다"(13절). 그리고 바울이 기록한 바대로 그러한 사람들 중 몇몇 사람은 교회를 분열시키고 교파를 분리시키며, 많은 잘못을 저지르고 죄를 범하고 있는 바, 바울은 그것에 대해 그들을 비난하고 있다. 갈라디아인들은 그들이 자만심과 잘못을 범하고 있었음에도 불구하고, 또한 그들에게 진리를 이야기하는 바울을 원수로 생각하였음에도 불구하고 이 교회의 지체들이었다(갈 3 : 26～29). 이 교회는 "한 성령, 한 믿음, 한 세례, 한 하나님과 만유의 아버지"를 가진 자들로 이루어져 있으며, 그들 모두는 "그리스도를 배워 옛 사람을 벗어버리고 오직 심령으로 새롭게 되어 하나님을 따라 의와 진리의 거룩함으로 지으심을 받은 새 사람들"인 것이다(엡 4 : 4～6 ; 20～24). 이 교회는 "그리스도가 구주"되시고 그리스도께 "복종"하는 자들로 이루어져 있으며, 그들은 "물로 씻어 말씀으로 깨끗하게 되고 거룩하게 된" 자들이다(엡 5 : 23～26). 보편적 교회는 그 지체들이 같은 직분을 가진 것이 아니나 많은 사람들이 그리스도 안에서 한 몸이 되어 서로 지체가 된 자들이 있는 곳이다(롬 12 : 4, 5). 보편적 교회는 "구원 받는 사람을 날마다 더하게 하시는" 주의 지체들이 있는 곳이다(행 2 : 47). 이러한 사실들은 분명한 것들로 논쟁의 여지가 있을 수 없다.

모든 그리스도인들은 보편적 교회의 지체들이라고 말을 하면서, 나는 그리스도인들이라고 불리우는 사람들이 그들이 진정한 그리스도의 제자들이기 때문인지, 아니면 그들이 신앙고백으로 말미암아 단순히 그렇게 보이는지에 대해 부연설명이 있어야 할 것이라고 생각한다. 전자의 그리스도인들은 의롭게 되고 성화된 자들로서 그들은 그리스도의 신비스러운 몸과 보이지 않는 교회를 이루고 있는 자들이다. 진정으로 내적인 기독교 신앙을 고백한 이들은 사람들에게 있어서는 눈에 보이는 교회를 이루는 구성원이다. 기독교 신앙에 관해 단지 일부분만을 신앙고백하고 진정한 기독교 신앙의 본질적인 것에 대해 알지 못하고 부인하는 자들은 진정으로 기독교 신앙을 고백한 자가 아니다. 그러므로 그들은 눈에 보이는 교회의 지체들이 되지 못한다.

그리고 또 한 가지 중요한 문제는, 이교도들이 보편적 교회의 지체들이 될 수 있는가에 관한 것이다. 대답은 간단하다. 만일 당신이 의미하는 이교도들이 기독교 신앙의 본질적인 것들을 부인한다면, 그는 교회의 지체가 되지 못한다. 그러나 만일 당신이 의미하는 이교도란 것이 기독교 신앙의 본질적인 것들을 부인하지 않는 자에게까지 의미가 확장되어진다면, 그 때 그러한 이교도들은 교회의 지체가 될 수 있다. 로마교도들이 나머지 것들로부터 신앙을 구별하려고 하는 우리의 근본적인 견해를 반대하고 나서려하는 것은 단지 논쟁을 통해 격앙된 인간 영혼의 괴팍함 때문이다. 그들도 다른 때에는 이러한 사실을 인정하고 있는 것이다. 우리가 의미하는 그리스도인의 믿음과 기독교 신앙의 근본적인 견해에 대해서, 그들은 기독교 신앙의 본질적인 것들을 가지고 있지 않다고 생각하겠는가? 그들은 분명 그 사실을 부인하지 못할 것이다. 또한 그들은 우리가 믿어야하는 계시된 진리가 우리의 기독교 신앙에 있어서 본질적인 것이라고 생각지 않겠는가? 그들은 분명 그들이 어떤 그리스도인들도 그들이 믿는 것 이상을 믿지 않으려한다는 것을 알고 있고, 또한 그리스도인들은 기독교 신앙의 본질적인 것들을 믿고자 한다는 것을 알고 있고, 또한 기독교 신앙 역시 세상에 있는 많은 지식들과 같이 많은 여러가지 사실들을 가지고 있다는 것을 인정하는 한 부인하지는 못할 것이다. 그러므로 아무런 의미도 없는 이러한 트집과 같은 것으로 말미암아 당신이 그것으로 인해 어두움 속을 헤메이지 않도록 주의하기 바란다. 그러나 만일 당신이 절대 필요한 본질적인 것들을 구별하는데 어떤 어려움을 느끼고 있다면, 그렇다는 사실로 해서 그러한 사실을 부인하지 말고 그것들의 차이점을 발견하는 일에 우리와 함께 힘써 노력하도록 하자.

간단히 말하자면, 성부 성자 성령이신 하나님을 진정으로 믿으며 믿음으로 말미암아 사랑으로 행하는 자는 진정한 그리스도인이다. 또한 하나님을 그의 유일한 하나님이며 그의 창조주이며, 통치자이며, 주님이시며, 그리고 그의 행복이며, 또한 그의 목적되시는 분으로 받아들이고 예수 그리스도를 그의 구속자로 받아들이는 자, 그리고 하나님이며 인자이신 그 분을, 의를 이루시고 우리의 죄를 위하여 십자가 상에서 죽기까지 자신을 희생하시고 우리에게 용서와 은혜와 영원한 삶을 약속하시고 죽은 자 가운데서 부활하여 하늘로 오르시어 그 곳에서 교회의 주가 되시며 아버지에게 중보자되시고, 마지막 날에 세상을 심판하러 다시 내려오사 의로운 자에게는 영원한 삶을, 의롭지 않은 자들에게는 영원한 형벌을 내리시는 자로 믿고 받아들이는 자, 그리고 성령을 그의 거룩하게 하는 자로 받아들이고, 성경이 그의 영감으로 주어진 것임을 믿고 그의 행위로 말미암아 인치심을 받고, 그가 하나님의 분명한 말씀이 되심을 받아들이는 자, 이러한 자는 진정한 그리스도인이며 보편적 교회의 지체가 된다. 더욱이 그가 알고 있는 모든 수단들과 의무로서 거룩하고 엄숙하며 의로운 삶을 살고, 특별히 우선적으로 세례를 받고, 후에 주의 성찬에 참예하고 기도와 신앙고백, 찬양, 묵상, 그리고 하나님의 말씀을 경청하고, 하나님의 일에 대해 더욱 알기를 원하며 순종하는 삶을 살 때에 더욱 진정한 그리스도인이 된다. 또한 그리스도의 제자로서 사는 가운데 성도들과 영적인 교제를 나누고 자기 자신을 부인하며 육의 일과 세상의 일을 멀리하며 다른 이들에게 자비와 의로운 행위를 베풀 때, 그는 진정한 그리스도인이 되어 구원받게 될 것이며 더 나아가 보이지 않는 보편적 교회의 지체가 되는 것이다. 그리고 만일 그가 이 모든 것을 신앙고백하고 스스로 진정한 그리스도인임을 신앙고백할 때, 그리고 그러한 신앙고백이 무익한 것이 아닌 한 그는 보이는 보편적 교회의 지체가 되는 것이다. 이러한 사실들은 분명한 것들이다.

그의 머리와 마음과 또한 그의 삶을 통하여 주의 기도와 십계명, 세례, 주의 성찬을 행하는 자는 분명히 보편적 교회의 한 지체이다. 다시 말하자면, 누가 그리스도인인가를 아는 것보다는 누가 이 교회의 지체인가를 아는 일이 더욱 쉬운 것이다. 기독교 신앙이 어떤 것인지에 관해 내게 묻는 자가 있다면, 나는 그에게 어떻게 교회의 지체들을 알 수 있는지에 대해 알려줄 것이다.

다음으로 나는 교회의 지체들이 많다는 것에 관해서, 그리고 다음에는 그들이 모두 한 몸으로서 어떻게 연합해야 하는지에 관해 이야기하고자 한다.

2. 교회의 다양성

성경 본문대로 지체들은 숫적으로 많으며 그들은 그들 나름대로 다양함을 지니고 있다.

1. 그들은 그리스도 안에서 똑같은 나이와 똑같은 위치에 있지 않다. 어떤 이들은 아이들이며, 어떤 이들은 청년들이며, 또 어떤 이들은 아비들이다(요일 2 : 12 ～ 14). 어떤 이들은 새로 입교하였고 또 어떤 이들은 교만하며, 또 어떤 이들은 정죄에 빠진 자들이다(딤전 3 : 6). 그리고 어떤 이들은 종일 "수고와 더위를 견딘" 자들이기도 하다(마 20 : 12).

2. 각 지체들은 똑같은 정도의 능력을 갖고 있지 않다. 어떤 이들은 거룩한 교훈을 해석하기 어려운 둔한 자로서, 젖이나 먹고 단단한 식물을 못 먹을 자이며 의의 말씀을 경험하지 못한 자들이다. 그들은 하나님의 말씀의 초보자들이다. 그들은 하나님의 말씀의 초보가 무엇인지 누구에게 가르침을 받아야 하며 죽은 행실을 회개하여야 할 것이다(히 5 : 11 ～ 13 ; 6 : 1). 그리고 장성한 어떤 이들은 "단단한 식물"을 먹는 자들이기도 하다(히 5 : 14). 그들은 지각을 사용하므로 연단을 받아 선악을 분별하는 자들이다. 또 어떤 이들은 "겨자씨"로서 믿음과 은혜를 받는 이들이며, 어떤 이들은 같이 모여 합심하여 구하는 이들이다(마 18 : 20 ; 12 : 31). 또 어떤 이들은 은혜와 지식 속에서 자라나 시험에 빠지지 않는 자들이며, 또 어떤 이들은 사랑 가운데서 뿌리가 박히고 터가 굳어진 자들로 범사에 기뻐하고 선한 일에 열매를 맺으며 하나님을 아

는 것으로 자라는 자들이다(엡 3 : 17; 골 1 : 11). 또 어떤 이들은 "믿음에 견고하여져서 하나님께 영광을 돌리며"(롬 4 : 20), 따라서 "큰 안위"를 받는 자들이기도 하다(히 6 : 18). 어떤 이들은 "연약한 믿음"을 가지고 있고, 약하고 더러워진 양심을 가지고 있고, 자신의 지식으로 멸망하는 자들이며, 또 어떤 이들은 약한 자들을 안위하고 힘이 없는 자들을 붙잡아 준다(롬 14 : 1, 2, 21; 15 : 1; 고전 8 : 7, 10~12; 9 : 22; 살전 5 : 14; 행 20 : 35).

3. 게다가 각 지체들은 똑 같은 정도의 은사와 능력을 가지고 있지 않다. 뿐만 아니라 같은 종류의 은사에 있어서도 각기 다르다. 어떤 이는 지식에, 어떤 이는 웅변에 탁월함을 보이고 있다. 또한 그 지식의 정도도 역시 달리 나타나고 있다.

4. 각 지체들은 각기 다른 용모를 지니고 있다. 비록 모든 하나님의 자녀들이 아버지와 같은 모습을 하고 있기는 하나, 그럼에도 그들은 각기 특색을 지니고 있다. 어떤 이는 천성적으로 온순하며, 어떤 이들은 남보다 더욱 열정적이기도 하다. 어떤 이들은 남들에 비해 냉정하거나 또는 침착하며, 그리고 어떤 이들은 다른 이들에 비해 더욱 열심을 내기도 한다. 어떤 이들은 정확한 이해력을 가지고 있으며 또 어떤 이들은 둔한 이해력을 지니고 있다(히 5 : 11).

5. 각 지체들은 그들의 영적인 건강에 있어 그 정도를 달리 하고 있다. 어떤 이들은 다른 이들에 비해 생명의 떡에 대해 더욱 민감하고도 강한 식욕을 보이고 있다. 또 어떤 이들은 그 생명의 떡을 받아들이는 데 있어서 유난히 기쁨에 차 있어 더욱더 달콤하게 받아들이기도 한다. 또 어떤 이들은 건전한 이해력을 보유하고 있는 반면, 어떤 이들은 많은 잘못되고 부패한 생각들로 점철된 자가 있다. 또 어떤 이들은 하나님 앞에서 의인으로서 주의 모든 계명과 규례대로 흠이 없이 행하며, 또 어떤 이들은 하나님의 흠 없는 자녀로 세상에서 그들 가운데 빛으로 나타나기도 한다(눅 1 : 6; 빌 2 : 15). 그리고 어떤 이들은 시험을 이겨내는 한편 어떤 이들은 다른 이들을 모독하고 그들 스스로 상처를 입기도 한다.

6. 또한 각 지체들은 모두 그리스도의 교회와 대의에 있어 유익함과

유용성에 각기 다르다. 어떤 이는 다른 이들을 받쳐주는 기둥과 같으며 (갈 2 : 9; 살전 5 : 14), 그리고 어떤 이는 다른 이들에게 고통이 되어 다른 이들을 결국에는 방해하게 되는 경우도 있다. 어떤 이들은 다른 이들을 돕는 데에 스스로를 바치고 있으며, 그리고 어떤 이들은 병자로서 그들 스스로도 가누지 못하며 불평불만을 터뜨리는 자들도 있다. 어떤 이들은 다른 이들을 가르치는 선생이 되기도 하며, 또한 양떼들을 돌보는 목자가 되기도 하여 주의 백성들이 올바른 삶을 살도록 이끌며 그들에게 양식을 주고 진리의 말씀으로 그들을 밝혀주기도 한다. 또 어떤 이들은 아직도 공부하고 있는 상태로 결코 진리의 지식에 이르지 못하고 일생동안 하나님을 섬기지 못하는 자들이기도 하다. 얼마나 많은 사람들이 그들의 완고함과 무익함으로 해서 그들의 선생들과 형제들을 지치게 하였는가. 또 얼마나 많은 사람들이 그들의 모욕적인 행위로 말미암아 교회와 복음과 세상에 많은 잘못을 범했는가. 또한 얼마나 많은 사람들이 잘못된 이해를 가지고, 자만심과 허영심, 정욕과 욕정을 품고 그리스도의 교회에 심각한 타격을 주고 불화의 원인이 되었던가. 어떤 이는 말하되 나는 바울에게라 하고 다른 이는 나는 아볼로에게라 하고 다른 이는 그리스도에게라 하는 바, 그들은 모두 사역자들이었던 것이다(고전 3 : 1~5). 어떤 이들은 교회가 그들의 삶에 있어 많은 유익이 되기도 하였으며, 또 어떤 이들은 그들의 연약함과 부패함으로 말미암아 교회의 고통거리가 되기도 한다. 그럼에도 이 모든 이들은 진정으로 경건한 자들이 될 수 있으며, 보편적 교회의 살아있는 지체들이기도 하다.

7. 더욱이 각 지체들은 맡은 바 임무에 있어서도 각기 다르다. 어떤 이들은 목사로서, 선생으로서, 장로로서, 감독으로서, 또는 하나님의 청지기로서 지명받게 된다. 그리고 어떤 이들은 양떼들을 먹이는 자로서, 그들을 살피며 주 안에서 그들을 지키며 영적인 일에 있어서 그들의 지도자가 되도록 지명받게 된다(엡 4 : 11; 행 14 : 23; 딛 1 : 5; 고전 4 : 1; 행 20 : 17, 28; 살전 5 : 12; 히 13 : 7, 17). 그리고 어떤 이들은 양떼들을 다스리고 권하며 그들이 순종하고 복종하게 한다(살전 5 : 12; 히 13 : 17; 딤전 5 : 17). 바울은 다음과 같이 말하였다. "만일 온 몸이 눈이면 듣는 곳은 어디며 온 몸이 듣는 곳이면 냄새맡는 곳은 어디

뇨? 다 사도겠느냐? 다 선지자겠느냐? 다 교사겠느냐? 다 능력을 행하는 자겠느냐?"(고전 12 : 17, 29) 각 지체들은 머리되시는 그리스도에게서 각 마디를 통하여 도움을 입음으로 연락하고 상합하여 각 지체의 분량대로 역사하여 그 몸을 자라게 하며 사랑 안에서 스스로를 세우게 된다(엡 4 : 16). 모든 이들이 다 "사도로, 선지자로, 혹은 복음 전하는 자로, 혹은 목사와 교사로 그리스도의 몸을 세우는 자들"이 모두 되는 것은 아니다(엡 4 : 11 ~ 13) …

10. 결론적으로 말해서, 각 지체들은 같은 정도의 영광을 갖게 되지 않으며, 같은 능력과 같은 각오를 가지고 있지 않다. 나사로의 경우와 마찬가지로 모든 이들은 다 아브라함과 관계되어 있지 않다. "너희가 과연 내 잔을 마시려니와 내 좌우편에 앉는 것은 나의 줄 것이 아니라 내 아버지께서 누구를 위하여 예비하셨든지 그들이 얻을 것이니라"(마 20 : 23). 모든 이들은 사도들과 같은 위치에 있을 수가 없다(눅 20 : 23). 그러나 세상에는 먼저 된 자로서 나중 되고 나중 된 자로서 먼저 될 자가 많다(마 19 : 30 ; 20 : 16). 모든 이들이 다 다섯 성의 주인이 될 수 없고 다섯 달란트를 가지고 또 다섯 달란트를 남길 수는 없는 것이다(마 25). 그러므로 이제까지 설명한 바, 각 지체들은 그들 나름대로의 은사를 지니고 있는 것이다.

3. 교회의 연합

두번째로, 이제 나는 그들의 연합, 즉 그들이 구성하고 있는 몸의 연합에 대해 설명하고자 한다. 보편적 교회의 지체들은 다음과 같은 관점에서 연합되어 있다.

1. 그들은 그들의 존재와 행복의 근원이신 하나님 한 분을 가지고 있다. 그리고 그들은 한 아버지의 자녀들로서 그 분과 연관되어 있으며, 또한 그 분께서는 예수 그리스도를 통해서 그들과 화해하시고 그들을 양자로 받아들이신다(요 1 : 12). "너희가 다 믿음으로 말미암아 예수 그리스도 안에서 하나님의 아들이 되었느니라"(갈 3 : 26). "하나님도 하나이시니 곧 만유의 아버지시라"(갈 4 : 5, 6 ; 엡 4 : 6).

2. 교회의 지체들은 한 몸과 한 구속자, 한 구세주, 한 중보자이신 예수 그리스도를 가지고 있다(엡 4 : 5). 한 국가가 그 국가를 통치하는 권력자의 능력으로 인해 연합하게 되듯이 교회는 그것의 머리되시며, 주권자되시며 중심이 되시는 그리스도로부터 연합된다. 그러므로 교회는 흔히 그의 몸이라 불리우며, 그는 교회의 머리가 되신다(엡 4 : 15 ; 1 : 22 ; 골 1 : 18 ; 2 : 19 ; 엡 5 : 23 ; 골 3 : 15 ; 롬 12 : 4, 5 ; 고전 10 : 17 ; 엡 2 : 16). 그는 교회가 세워지게 되는 터이며, "능히 다른 터를 닦아 둘 자가 없다"(고전 3 : 11, 12). 그러므로 "그에게서 온 몸이 각 마디를 통하여 도움을 입음으로 연락하고 상합하여 각 지체의 분량대로 역사하여 그 몸을 자라게 하며 사랑 안에서 스스로 세우게" 되는 것이다(엡 4 : 16). 그러므로 모든 이들은 그리스도의 지체들이 되는 보편적 교회의 지체들이다. "사람에게는 버린 바가 되었으나 하나님께서는 택하심을 입은 보배로운 산 돌이신 예수에게 나아와 너희도 산 돌같이 신령한 집으로 세워지고 예수 그리스도로 말미암아 하나님이 기쁘게 받으실 신령한 제사를 드릴 거룩한 제사장이 될지니라"(벧전 2 : 4 ~ 6). "한 사람이 모든 사람을 대신하여 죽었은즉(고후 5 : 14), 의의 한 행동으로 말미암아 많은 사람이 의롭다 하심을 받아 생명에 이르렀으며, 한 사람의 순종하심으로 많은 사람이 의인이 되었다"(롬 5 : 18, 19). "한 분 예수 그리스도로 말미암아 생명 안에서 우리가 왕노릇하리로다"(롬 5 : 17). 그 분께서는 "둘로 자기의 안에서 한 새 사람을 지어 화평케 하시며"(엡 2 : 14, 15), 우리를 "정결한 처녀로 한 남편인 그리스도께 드리려고 중매하신다"(고후 11 : 2). 그러므로 우리는 "그리스도 예수 안에서 하나"가 된다(갈 3 : 28). 그리고 "우리에게는 한 하나님 곧 아버지가 계시니 만물이 그에게서 났고 우리도 그를 위하여 또한 한 주 예수 그리스도께서 계시니 만물이 그로 말미암고 우리도 그로 말미암게 되는" 것이다(고전 8 : 6).

3. 온전한 보편적 교회(엄격히 말하자면 살아있는 지체들로 구성이 되어있는)는 각 지체들 안에 내주하시는 한 성령, 즉 그들을 교화시키고 거룩하게 하며 인도하시는 한 성령을 가지고 있다. "우리가 유대인이나 헬라인이나 종이나 자유자나 다 한 성령으로 세례를 받아 한 몸이 되었

고 또 다 한 성령을 마시게 하였느니라"(고전 12 : 13). 또한 "누구든지 그리스도의 영이 없으면 그리스도의 사람이 아니다"(롬 8 : 9). 그리고 우리는 "한 성령 안에서 아버지께 나아감을 얻게 된다"(엡 2 : 18). 또한 우리는 "성령 안에서 하나님의 거하실 처소가 되기 위하여 예수 안에서 함께 지어져 간다"(엡 2 : 22). 그러므로 "주와 합하는 자는 한 영이다"(고전 6 : 17). 그리고 그리스도께서는 영으로 난 자로, 거룩하게 하시는 자와 거룩하게 함을 입은 자들이 다 하나에서 난 자들이다(히 2 : 11). 이 점은 바로 이 글을 통해 다루고자 하는 것이다.

4. 교회는 그 원리와 궁극적인 목적에 있어서 하나이다. 같으신 하나님께서는 그들의 목적이 되시는 분이며 또한 그들을 있게 하신 분이다. 그 교회들을 위해서는 하나님과 함께 하는 영원한 영광이 준비되어 있다. 사악한 자들이 목적하는 바는 의로운 자들에 비해 낮으며 심지어는 육에 관한 것으로 이기적이다. 그러나 그리스도의 지체들은 그들의 영원한 영광을 위한 목적으로 연합되어 있다. 그들은 모두 "예수 그리스도 안에서 함께 후사가 되고 함께 지체가 되고 함께 약속에 참예하는 자가 된다"(마 6 : 20, 21 ; 골 1 : 12 ; 갈 4 : 17 ; 롬 8 : 17 ; 벧전 3 : 7 ; 딛 3 : 7 ; 갈 3 : 29 ; 히 1 : 14 ; 엡 3 : 6). 그러므로 모두는 "그리스도와 함께 다시 살리심을 받았기에 위엣 것을 찾는다"(골 3 : 1). 그리고 우리는 하늘로써 "구원하는 자 곧 주 예수 그리스도를 기다리게" 되는 것이다(빌 3 : 20, 21).

5. 보편적 복음 교회의 모든 지체들은 그들에게 그리스도에 관한 지식을 가르치는 하나의 복음을 가지고 있다. 약속의 말씀은 영원한 기업의 약속을 얻게 한다(딤전 4 : 8 ; 히 9 : 15 ; 갈 3 : 22, 29). 그리고 하나의 거룩한 교훈은 그들의 중생의 도구가 되며, 그들 안에 "하나님의 말씀인" 씨가 뿌려지게 된다(벧전 1 : 23, 25 ; 눅 8 : 11). 하나님께서 그들에게 약속하신 바는 그것이 그들을 변화시키는 도구가 되리라는 것이었다.

6. 이 거룩한 교훈으로 인해 그들 영혼 속에서 한 가지 소망이 있게 된다. 비록 그 정도가 다르긴하더라도, 모든 지체들은 신앙에 있어 가장 본질적인 믿음을 갖게 된다. 그리고 교회의 지체들은 그들의 다양성에

도 불구하고 "한 소망"(엡 4 : 5)과 "한 마음"을 갖게 된다(요 17 : 21 ; 행 4 : 32 ; 벧전 3 : 8 ; 고전 15 : 2, 4).

7. 보편적 교회의 모든 지체들에게는 하나님의 영으로 말미암은 하나의 새로운 성향과 거룩한 속성이 생겨나게 된다. 즉 그들은 거룩한 자로서 새 사람을 입고, 하나님의 신성에 참예하며, 하나님의 형상을 좇아 새롭게 된다(벧전 1 : 16 ; 벧후 1 : 4 ; 고후 5 : 17 ; 골 3 : 10). 그러므로 "성령으로 난 것은 영이다"(요 3 : 6).

8. 교회의 모든 지체들이 애정을 품고있는 대상은 하나이다. 죄는 그들 모두가 미워하는 것이며, 그들이 가장 두려워하는 하나님을 불쾌하게 하는 것인 반면에 그리스도 안에 계신 하나님은 그들이 사랑해야하는 첫번째 대상이다. 그들은 모두 그들의 욕구와 소망에 있어서, 그리고 하나님의 은혜에 있어서, 영원한 삶에 있어서 똑같은 대상을 향해 서 있다. 그러기에 그들 모두는 똑같은 소망과 행복을 갖게 된다(빌 1 : 27 ; 2 : 3 ; 엡 4 : 4 ; 마 22 : 37, 38 ; 롬 8 : 28 ; 고전 2 : 9). 그러므로 그들 모두는 같은 하나님 안에 연합되어 있는 한 마음과 한 영혼을 지닌 자들이다.

9. 그들은 또한 믿음의 법과 은혜의 법, 자유의 법, 그리스도의 법이 되는 하나의 규정과 하나의 법을 가지고 있다(롬 3 : 27 ; 8 : 2 ; 약 1 : 25 ; 갈 6 : 2). 그리고 하나의 법이 그들을 위해 지정되었듯이 그 필요한 법을 그들은 지켜야 한다. 왜냐하면 그 법은 "저희 생각에 두고 저희 마음에 기록되었기" 때문이다(렘 31 : 32 ; 히 8 : 10, 16). 비록 지체들이 그리스도의 법을 받아들이고 그것에 순종하는 일에 있어 그 정도를 달리 하더라도, 그들 모두는 그들이 알고 있는 것에 순종해야 하며 또한 그들은 하나님께서 그 법이 그들의 삶에 유익이 되도록 만드셨다는 것을 알아야 한다.

10. 교회의 모든 지체들은 하나의 같은 계약 안에서 하나님께 전념하여야 한다. 그리스도에게 있어서 계약은 그들 모두에게 해당되는 것으로써 그들에게 있어서도 계약은 하나이다. 그들은 모두 세상과 육의 일, 마귀의 일과 관계를 끊고, 그들 자신을 아버지와 아들과 성령에게 바쳤다. 그러므로 우리는 하나님께서 정하신대로 엄숙하게 세례를 받게 되

는데, 이 세례는 우리의 초보이다(히 6 : 1). 그리고 세례도 역시 하나이니(엡 4 : 5). 이것은 우리를 구원하는 표이다. "너희를 구원하는 표니 곧 세례라 육체의 더러운 것을 제하며 버림이 아니요 오직 선한 양심이 하나님을 향하여 찾아가는 것이라"(벧전 3 : 21). 즉 그것은 진지하며 내적인 마음의 계약이며 그리스도께 우리 자신을 내어주는 것이다. 그러므로 교부들이 세례의 중요성에 관해 이야기 할 때, 그들이 의미하고자 하는 바는 세례를 통해서 우리가 그리스도인이 되며 거룩한 계약으로 들어가게 된다는 것이다. 비록 어떤 사람이 이 세례를 뒤로 미룬다거나 또는 잠시동안 그리스도와의 계약을 한다고 했을 때는, 그도 물론 그리스도인이 되거나 교회의 지체가 되지 못하는 것은 아니다. 그러나 그러한 자들은 제대로 무장하지 않은 군사들과 같으며 왕관을 쓰지 않은 왕관과 같다 …

13. 교회의 모든 지체들은 같은 교회의 각기 특별한 지체들에 대해 항상 사랑을 품고 있다. 바울과 바나바의 경우와 같이, 그들 지체들이 때로 연약해지고 잘못을 범한다 할지라도, 또한 그들에 대해서 때로 증오감을 품은 때가 있다 하더라도, 그리고 그들이 하나님의 은혜를 알아보지 못한 때가 있다 하더라도, 그들은 그리스도인으로서 서로를 진심으로 사랑하며 다른 이의 믿음에 대해 더욱 잘 알기를 힘쓰며 각자를 더욱 더 사랑한다. 모든 지체들은 사랑으로 서로 연결되어 있다. 왜냐하면 하나님께서 우리에게 그것을 가르치셨기 때문이다. "너희가 서로 사랑하면 이로써 모든 사람이 너희가 내 제자인 줄 알리라"(벧전 1 : 22 ; 요1 3 : 11, 14, 23 ; 4 : 12, 20, 21, 8 ; 살전 4 : 9 ; 요 13 : 34, 35). …

16. 모든 지체들은 서로를 진정으로 알아보는 가운데 동료되는 지체들과 함께 내적으로 영적 교제를 나눈다. 그리스도인들은 서로간에 깊은 영적 교제를 나누게 됨으로써 함께 기뻐하며, 각 지체 안에 계신 그리스도를 사랑하며, 서로 간의 영적 교제로 말미암아 유익을 얻게 된다. 비록 이러한 영적 교제가 우리 자신의 연약함과 죄악으로 말미암아 방해를 받는다 할지라도. 그러나 그들 안에 있는 형제적인 사랑으로 말미암아 이러한 잘못을 극복하고는 다시 함께 영적 교제를 나눌 수 있는 것이다(행 9 : 32, 33 ; 2 : 42, 44 ; 히 10 : 25 ; 시 16 : 3). …

19. 그리고 모든 지체들은 그들을 파멸시키고, 몸을 파괴시키는 모든 원수들, 즉 1) 일반적인 죄들, 2) 특별한 죄들, 그리고 3) 특별히 교회를 분열시키고 파멸시키며 교회를 점차적으로 소멸시키는 그러한 원수들에 대해 내적인 적대감을 품고 있다. 이러한 일들은 그들이 그들의 마음을 거스려 잘못을 행하고 죄악을 범하게 되는 시험에 빠졌을 때 생겨나게 되는 것이다. 그러나 이러한 일들이 몸에는 치명적인 것이 된다.

20. 마지막으로, 그들은 이 지상에서의 삶이 끝나게 될 즈음, 모두가 다 같은 영광의 왕관을 얻게 될 것이며, 그리고 같은 하나님을 보고 영광받으신 구속자를 만나게 될 것이며, 모두가 다 천상 예루살렘의 지체들이 될 것이며, 영원토록 거룩한 사랑과 기쁨 속에 같이 머무르게 되며, 모두 함께 주를 찬양하고 주를 영광스럽게 하며 주를 기쁘게 하게 될 것이다. 그리고 그들은 그 분 안에서 온전히 하나가 될 것이다(요 17 : 21, 23, 24). "이는 만물이 주에게서 나오고 주로 말미암고 주에게로 돌아감이라. 영광이 그에게 세세에 있으리로다. 아멘"(롬 11 : 36).

이제까지 나는 성도들의 연합에 관해 스무 가지의 항목을 들어 설명했다. 물론 이들 항목들 모두는 진정한 신도들에게 있어서는 필수불가결한 것이 되어야 할 것이다.

그러므로 나는 당신이 불쌍한 자, 불평이 많고 싸움하기 좋아하는 자에게 권하건대, 그들이 당신과 함께 다른 이들과 연합하도록 하라. 당신의 형제들이 당신과 상관없다고 말하지 말고 그들을 욕하지 않도록 하라. 왜냐하면 그들은 생김새나 나이, 능력, 건강상태, 지위에 있어 당신과는 다소 다른 점이 있는 것이다. 또한 교회의 지체들이 각기 다른 은사를 지녔다는 의미에서도 형제들과 당신은 다소의 차이점을 지니고 있다. 하나님께서는 나이에 관계없이, 그가 강한 자이건 약한 자이건간에, 그들의 아버지가 되셔야 하며 병든 자와 건강한 자 역시도 그 분의 가족이 되어야 하는 것이다. 그의 가족으로부터 연약한 자와 병든 자를 내어쫓는 그러한 잔인함이 하나님께서 원하시는 그리스도인에게 어울리는 행동이겠는가? 하나님의 집은 많은 방을 가지고 있다. 하나님의 집에도 부엌과 석탄 창고는 그 집의 일부분을 이루는 것들이다. 마찬가지로 몸은 손과 눈만으로 이루어지지는 않는다. 몸의 다른 부분들 역시 나머지 부분들과 똑같은 영예와 아름다움을 지니고 있게 되는 것이다. 하나님께서는 이 모든 일들에 대해 당신에게 분명하고도 온전하게 말씀해 주셨다. 그럼에도 불구하고 당신은 아직도 이러한 일들을 이해하지 못하고 잘못된 채로 있을 것인가? 이제부터 나는 당신이 보편적 교회는 하나이며, 그 교회는 그 지체들이 되는 진정한 그리스도인들로 이루어져 있다는 것을 상기하게 되기를 바라는 바이다.

Jonathan Edwards
1703-1758

제13장

종말론

□ 죠나단 에드워드 □

 미국의 위대한 청교도 신학자인 죠나단 에드워드(Jonathan Edwards)는 코네티컷의 윈저 농가에서 태어났으며, 그의 아버지는 그곳에서 60년 동안을 회중의 목사로 재직하였다. 또한, 그의 외조부 솔로몬 스타다드 (Solomon Stoddard)는 매사추세츠주 노오드 앰프턴에 있는 교회에서 57년간을 목사로 재직하였다. 이러한 배경을 가진 애드워드는 여섯 살이 되던 해에 그의 아버지와 네 명의 누나의 지도를 받아 라틴어를 배우기 시작하였다. 그가 열 세 살이 되기 바로 전 예일대학에 입학했을 때, 이미 그는 라틴어와 그리스어와 히브리어에 숙달해 있었다. 그는 열 일곱 해가 되는 생일을 맞기 바로 전에 우수한 성적으로 대학을 졸업하였다. 그는 열 일곱에 회심하였으며 그 뒤 2년 후에 뉴욕에 있는 작은 장로교회의 설교자가 되었다.
 1724년에 에드워드는 예일대학의 교수가 되었으나 그뒤 4년 후에 그는 노오드 앰프턴 교회로 임명을 받아 그의 조부를 돕게 되었다. 에드워드의 설교는 결코 강력하다거나 역동적이라고는 볼 수 없었으나 그의 설교 내용은 심오한 생각을 담고 있었으며 강한 감동을 불러 일으켰다. 스타다드가 죽은 후에 에드워드는 그의 뒤를 이어 그 교회의 목사가 되었으며 그의 재직기간 중인 1734년에 중대한 개혁이 시작되었다. 에드워드의 강한 칼빈주의적인 설교는 많은 회심을 이끌었고 청중들로 하여금 그의 영적인 힘에 압도당하게 만들었다. 이와 같은 개혁기간동안 에드워드는 조오지 횟필드(George Whitefield)와 친분을 맺게 되었는데, 그는 칼빈주의적 복음전도자였다. 노오드 앰프턴 시기에 에드워드는 다음과 같은 저작을 남겼다. 『인간의 신뢰 속에 영광받으시는 하나님』(*God Glorified in Man's Depence*, 1731), 『하나님의 영으로 말미암아 영혼에게 비추어지는 신성하고 초자연적인 빛』(*A Divine and Supernatural Light Imparted to the Soul by the Spirit of God*, 1734), 『놀라운 회심의 이야기』(*A Narrative of Surprising Conversions*, 1737), 『진노의 하나님의 손 안에 있는 죄인들』(*Sinners in the Hands of an Angry God*, 1741), 『영국 부흥운동에 관하여』(*Thoughts on the Revival in New England*, 1742), 『종교적인 열정에 관한 고찰』(*A Treatise Concerning Religious Affections*, 1745), 『데이비드 브레이너드 목사의 삶과 일기』(*The Life and Diary of the Rev David Brained*, 1749).

교회에서는 신도들의 입회 자격과 성찬에 관한 문제를 둘러싸고 오랫동안 지속된 논쟁이 다시 일어났다. 에드워드는 도덕적이긴 하나 회심하지 않은 사람에게 성찬을 베푸는 스타다드의 이론에 대해 반대를 했다. 에드워드는 성경에 너무도 신실했던 나머지 1750년 6월에 23년 재직 기간을 끝으로 면직되었다. 그러나, 결과적으로 그의 이론은 미국의 복음교회에 큰 영향을 끼쳤다.

에드워드는 어떤 회중도 또한 그의 대가족을 부양하기 위한 수입도 끊어진 상태에서 메사추세츠주에서 목사로 부임할 때까지 친구의 도움으로 생계를 꾸려 나갔다. 또한 그는 이곳에서 통역관의 힘을 빌어 인디언에게 설교하였다. 이 기간에 그는 황량한 미개환경으로부터 열병을 얻었다. 1754년에 그는 많은 논쟁을 불러일으키게 된 『의지의 자유에 관한 소고』(*Essay on the Freedom of the Will*)를 출간하였다. 이 책은 신성한 계시와 원죄, 그리고 영원한 형벌에 관한 교리를 변증하는 내용으로 이루어졌다.

1757년에 에드워드는 뉴저지에 있는 프린스턴 대학의 학장으로 선출되었으며 1월부터 그의 임무를 수행하기 시작하여 1758년 2월 16일에 정식 취임하였다. 이어 2월 23일에 그는 천연두 접종을 받았으나 3월 22일에 열병으로 사망하였다. 그의 아버지와 사위는 이미 몇 달 전에 죽었고, 그의 부인도 불과 6개월 후에 죽게 되었다. 이리하여 한때 미국사회에 있어 예리하면서도 철학적이고 신학적이었던 사상은 에드워드의 몇 가지 유산을 남겨둔 채로 또다시 침묵에 싸이게 되었다.

에드워드의 제자인 사무엘 홉킨스(Samuel Hopkins)는 1764년에 그의 설교집 18권을 편집하고 출판하였다. 1774년 그는 높은 평가를 받는 작품인 『구속의 역사』(History of Redemption)를 출판하였다. 1809년, 사무엘 오스틴(Samuel Austin)은 그가 출판해 놓은 작품들을 18권으로 출판하였다. 1829년에는 마침내 S. E 드와잇(Dwight)에 의해 열권의 책으로 편집되었다. 에드워드의 위대한 설교집 중 몇몇은 최후의 심판에 관한 주제를 다룬 것이다. 그리고 현재 정선 되어있는 책은 의로운 자와 사악한 자의 운명을 다룬 것이다. 대부분의 내용은 흥미롭게도 의로운 자의 운명과 그리스도안에서 그들의 영원한 영광을 다룬다. 이 논문의 가치는 심판과 축복받은 사람과 저주받은 사람의 영원한 상태에 관한 청교도들의 종말론을 다루고 있다는 데 있다. 사람들은 '최후의 날'에 예견되어지는 사건들이 그대로 실현되리라고 생각하지 않는다. 비록 그리스도의 재림에 관한 가르침이 확실히 타당성이 있고 중요한 것이라 할지라도, 얼마나 빨리 그리스도가 재림할 것인가에 대한 생각은 최후의 심판과 축복에 대해서 청교도가 강조하는 것에 비해볼 때 영적인 소생을 훨씬 적게 낳는다.

1. 서론

로마서 2 : 8~9 — 오직 당을 지어 진리를 좇지 아니하고 불의를 좇는 자에게는 노와 분으로 하시리라. 악을 행하는 각 사람의 영에게 환난과 곤고가 있으리니, 첫째는 유대인에게요, 또한 헬라인에게라.

이 서신의 처음 세 장에서 사도가 말하고자 하는 바는, 바로 유대인이나 이방인 모두가 죄 아래에 있다는 것이고 그러므로 율법을 행함으로 의로움을 얻을 수 없고, 다만 그리스도를 믿음으로 말미암아 의로워진다는 것이다. 그는 첫 장에서 이방인들은 죄 아래 있다는 것을 설명하면서 유대인 역시 그들이 이방인을 혹독하게 비방할 때는 그들도 똑같이 죄 아래 있게 됨을 설명하고 있다. 그래서 이런 이유로 사도는 유대인들을 책망하고 있는 것이다 : "그러므로 남을 판단하는 사람아 무론 누구든지 네가 핑계치 못할 것은 남을 판단하는 것으로 네가 너를 정죄함이니 판단을 하는 네가 같은 일을 행함이니라" 그리고 그는 유대인들이 이방인들을 비난함으로 말미암아 그들이 겪게 될 불행을 예견하고 이방인들보다는 그들에게 하나님의 특별하신 선하심이 더욱 있게 될 것이라는 것을 유대인에게 이해시킴으로써 그들이 그런 행동을 계속 하지 못하도록 권고하고 있다. 유대인들은 그들이 미래의 진노로부터 면제되리라고 생각하였다. 왜냐하면 하나님께서 그들을 특별한 백성으로 선택하셨기 때문이었다. 그러나 사도들은 모든 인간들에게 노와 분과 환난과 곤고가 있으리라고 예언한다. 이는 이방인 뿐만 아니라, 모든 영혼에게 내려질 것인데 특히 유대인들이 악을 행할 때 그들에게 가장 먼저, 그리고 엄히 내려진다. 왜냐하면 그들의 죄가 더욱 더 가중되어지기 때문이다.

성경본문을 통해서 우리는,

1) 사악한 자에 관한 묘사를 찾을 수 있다.

여기서 언급되어있는 사악한 자들의 속성은 논쟁하기 좋아하고, 진리에 순종하지 아니하고 불의에 순종하는 것이다. 논쟁하기 좋아하는 것은 진리에 대항하여 논쟁하기 좋아한다는 것을 의미하고 복음과 다투기 좋아하고 교리와 예배에 관해서 잘못된 점을 찾으려는 것이다. 불신자들은 하나님의 방식 가운데에서 그들이 난처하게 만들 수 있는, 또는 불쾌하게 만들 수 있는 여러가지 일들을 찾아내려 한다. 그들은 매사에 다투기를 좋아하며 잘못된 점을 찾으려고 한다. 그렇게 함으로써 그들은 진리를 믿지 않고 또한 진리를 따르지 않는 것이다. 그들에게 있어서 그리스도는 그들이 쓰러뜨려야 하는 돌이고 상처를 입혀야 하는 바위이다. 그들은 진리에 순종하지 않는다. 즉, 진리를 따르지 아니하고 믿음으로써 그것을 받아 들이지 않는다. 진리를 따르고 신봉함으로써 우리는 구원의 믿음을 얻게 되는데 이것을 성경에서는 순종한다라고 부른다. 로마서 6장 17절에는 "하나님께 감사하리로다. 너희가 본래 죄의 종이더니 너희에게 전하여 준 바 교훈의 본을 마음으로 순종하여", 히브리서 5장 9절에는 "온전하게 되었은즉 자기를 순종하는 모든 자에게 영원한 구원의 근원이 되시고", 또한, 로마서 1장 5절에는 "그로 말미암아 우리가 은혜와 사도의 직분을 받아 그 이름을 위하여 모든 이방인 중에서 믿어 순종케 하나니"라고 기록되어 있다. 그러나, 불신자들은 복음에 순종하는 대신 불의에 순종함으로써 죄의 능력과 지배하에 있게 되며 욕정과 부패에 사로잡혀 있게 되는 것이다.

사악한 자들 속에 내재된 사악함의 속성은 진리에 대한 불신과 반대, 욕정에 사로잡히게 되는 것인데, 이것은 바로 모든 사악함의 근간이 되는 것이다.

사악한 자들의 속성은, 결과적으로 볼 때 그들이 악을 행하게 된다는 데 있다. 즉, 근본적으로 복음에 반항하며 욕정에 사로잡히게 됨으로 말미암아 결국 그들은 악을 행하게 된다. 이와 같은 사악한 생각들이 뿌리를 박음으로 해서 사악한 행동이 생겨나게 되는 것이다. 즉, 그 뿌리가 있음으로 해서 열매가 생겨 나는 것이다.

2) 사악한 자들에 대한 형벌

그 결과, 따르게 되는 형벌은 노와 분이다. 즉 하나님의 노와 분으로 사악한 자들에게 불행을 초래케 하시는 하나님의 노여움이시다. 그들은 하나님의 진노와 함께 그들의 형벌을 받게 될 것이다.

그 결과로 그들에게 따르게 되는 형벌은 또한 환난과 곤고이다. 하나님의 노와 분으로 말미암아 그들에게는 환난과 곤고와 슬픔이 있게 될 것이다.

교　　리 하나님께서 내리시는 노와 분, 불행 그리고 영혼의 곤고는 사악한 자들에게 주어지는 운명이다.

모든 인류는 자신의 운명을 가지고 있다. 하나님께서는 각 사람에게 해당하는 운명을 주셨다. 사악한 자의 운명은 노와 번민과 영혼의 곤고이다. 비록 그들이 이 세상에서는 무익하고 헛된 쾌락과 즐거움을 누릴 수 있다고는 할지라도 만물의 소유자이시며 통치자이신 그 분에 의해 그들에게 허락되는 것들은 단지 노와 분과 환난과 곤고 뿐이다. 이것은 사악한 자들이 선택한 운명이 아니다. 그들이 선택할 수 있는 것은 세상의 행복 뿐이며 하나님께서 이미 그들의 운명을 결정하시고 계신다. 사실상 그들은 스스로 자신의 운명을 선택하는 셈이다. 왜냐하면 그들은 자연스럽게 자신의 운명을 결정하게 되는 일을 스스로 택하고 있기 때문이며, 그 일들을 행해 나가고 있기 때문이다.

잠언 8장 36절에는 "나를 잃는 자는 자기의 영혼을 해하는 자라 무릇 나를 미워하는 자는 사망을 사랑하느니라"라고 기록되어 있다. 그러나 사악한 자들의 선택여부와는 관계없이 사악한 자들을 살리고 죽이는 불멸자는 영원할 것이며 또 그러해야만 한다. 노와 분은 사악한 자들이 이 세상에 살고 있는 동안 끝까지 그들을 좇아 다닐 것이며 다른 세상에서도 계속 그들을 좇아 다닐 것이다. 그리하여 그들에게는 노와 불행이 영원토록 있게 될 것이다.

이 문제를 다루면서 내가 설명하고자 하는 것은 사악한 자들이 어디를 가든지 간에 그들을 따라다니게 될 노와 불행에 대한 것이다.

A. 나는 이승에서 사악한 자들을 자주 괴롭히게 될 진노에 대해 설명하고자 한다. 노와 분은 이승에서부터 그들을 따라다니기 시작한다.

1) 진노의 하나님께서는 흔히 그들을 그대로 내버려 두신다. 그들은 그들의 죄 속에 내버려지고, 스스로 파멸상태에 이르게 되는 것이다. 결국 그들은 그들의 파멸을 자행하고 죄 가운데 홀로 내버려지게 된다. 호세아 4장 17절에는 "에브라임이 우상과 연합하였으니 버려두라"라고 기록되어 있다. 그 분께서는 종종 그들을 오랫동안 죄 가운데 있도록 한다. 그리고는 다른 이들에게 주는 은혜를 그들에게 내리시지 않는다. 그 분께서는 그들을 스스로의 눈 먼 상태로 내버려 둔다. 그리하여 그들이 항상 하나님과 그리스도를 알지 못하고 그들의 평화를 알지 못하도록 한다. 때때로 그들은 마음의 고통상태에 내버려지기도 하고 어리석고 무감각한 상태에 내버려져서 아무것도 깨우치지 못하기도 한다. 그들은 자신의 마음의 욕정속에 버려져서 매일을 사악한 행위속에 지낸다. 어떤 이들은 탐욕과 술취함과 불결함과 오만과 논쟁, 그리고, 시기하는 마음과, 그리고 하나님의 잘못을 찾으려 하고 싸우려는 마음속에 버려진다. 하나님께서는 그들이 스스로 어리석은 것을 하도록 내버려 두고, 때때로 그들의 영혼에 대한 염려를 미뤄두게 하고, 현재를 중요하게 생각하지 않고 항상 긴 인생에 대한 염원만으로 그들이 행한 잘못에 대해서는 생각지 않고 자만에 빠지게 하신다. 불행하게도 어떤 이들은 다른 주변 사람들이 모두 잘못을 깨우치고 자신들의 구원을 위해 무엇을 해야 할 것인가 하고 의문을 품을 때에도 완고한 마음과 무감각함을 지닌 채

있기도 한다.

　때때로 하나님께서는 인간이 그의 영혼을 위해 투쟁하는 일에 있어 퇴보상태에 있도록 내버려 두신다. 때때로 그들은 홀로 남겨지게 되어 영원토록 퇴보하기도 한다. 하나님을 멀리하고 살아가는 사람은 두려움을 안고 살아가게 된다. 우리는 하나님의 거룩한 말씀 가운데서 특별히 사울과 유다의 불행을 보게 된다. 때때로 그런 자들은 그들을 유혹하는 사단의 능력아래에 있게 됨으로 해서 사악한 길을 걷고 그로 말미암아 죄의 불행을 가중시키게 된다.

　2) 노와 분은 흔히 사악한 자들이 이 세상에서 관계하는 모든 일에 저주를 내리게 한다. 사악한 자들은 모든 일에 있어서 그들을 따라다니는 하나님의 저주를 받게 되며 그들이 즐기는 모든 일에 있어 저주를 받게 된다. 그들이 번영을 누리고 있다면 그 번영은 그들에게 화가 되며, 그들이 부를 소유하고 있거나, 혹은 명예를 가지고 있거나 기쁨을 누리거나 간에 그곳에는 항시 그것을 주관하시는 하나님의 저주가 있다. 시편 92편 7절에는 "악인은 풀같이 생장하고 죄악을 행하는 자는 다 흥왕할찌라도 영원히 멸망하리이다"라고 기록되어 있다.

　하나님의 저주는 그들의 일용할 양식에도 있다. 즉, 그들이 먹는 빵 한 덩이와 그들이 마시는 물 한 방울에도 저주가 있게 된다. 시편 69편 22절에는 "저희 앞에 밥상이 올무가 되게 하시며 저희 평안이 덫이 되게 하소서"라고 기록되어 있다. 그들이 어떤 일에 관련되어 있든 간에 또 그들이 하는 모든 일들에 있어 화를 입게 된다. 신명기 28장 16절은 "네가 성읍에서도 저주를 받으며 들에서도 저주를 받을 것이요", 욥기 18장 15절은 "그에게 속하지 않은 자가 그 장막에 거하리니 유황이 그 처소에 뿌려질 것이며"라고 기록되어 있다. 하나님의 저주는 인생들이 당하는 고통 중에 그들에게 임한다. 한편, 선한 사람들이 당하는 고통은 자애로운 채찍이며 하나님의 자비 가운데서 겪게 된다. 그러나 사악한 사람들은 하나님의 진노 가운데서 고통을 겪게 된다. 그것은 그들의 대적자 되시는 하나님으로부터 온 것이며 그들이 장차 당할 영원한 형벌의 맛보기에 불과하다. 그들에게 내려지는 하나님의 저주는 심지어 그들이 영적인 기쁨을 누리는 중에서도 나타나며, 오히려 그들이 빛의 땅에 태어나지 않았던 것이 훨씬 좋았다고 생각하도록 만들게 한다. 그들이 성경을 갖고 있으며 또한 안식일을 지키는 것은 단지 그들의 죄와 불행을 가중시키는 것일 뿐이다. 하나님께서 그들에게 하는 설교의 말씀은 죽음 위에 죽음을 더하는 것으로 만일 그리스도께서 이 세상에 오시지 않으셔서 구원을 제공하지 않으셨더라면, 그들을 위해 유익한 일이 되었을 것이다. 그들에게는 인생 그 자체가 저주인 것이다. 그들은 단지 그들의 죄를 짓기 위해 사는 것에 불과하다. 쾌락과 수고함과 삶에 대한 관심 속에서 그들이 추구하는 것은 그들 스스로에의 행복일지는 모르나 결코 그것을 얻지는 못한다. 그들은 어떤 진정한 위안도 얻지 못하며 그들이 얻게 되는 모든 위안들은 무익하고 그들을 만족시켜주지 못하는 것들이다. 그들이 아무리 오랜 세월을 산다해도 그들의 삶은 공허로 가득차게 된다. 그들이 가지는 모든 것들은 공허한 것 가운데 공허한 것들 뿐이며, 그들의 영혼은 진정한 휴식을 갖지 못하며, 그들은 바람 부는대로 살아갈 뿐이며 결코 진정한 만족을 얻지 못한다. 그들이 외부로부터 기쁨을 얻게 될 수 있을지라도 그들의 영혼은 굶주려 있다. 그들의 양심은 진정 평화를 맛보지 못하여, 결코 하나님의 은혜를 받지 못한다. 그들이 무엇을 하든지 그들의 일은 공허하고 목적이 없다. 즉 그들은 하나님의 피조물 가운데 가장 쓸모없는 자들이며, 그들의 종말에 대해서도 알지 못하고 있다. 그들은 하나님 없이 살아가며, 하나님의 존재를 믿지 않고, 그 분과 교제하지도 않는다. 그러나, 그들이 가지고 있는 모든 것과 그들이 행하는 모든 일들은 결국에는 그들의 불행을 자초할 뿐이고, 그들의 미래를 불투명하게 만들고, 영원토록 두려운 상태에 머물러 있도록 한다. 사악한 자들의 삶은 불행하고 비참한 것이며, 그들이 어떤 부귀영화를 누린다해도 그들의 삶은 바람직하지 못한 것이며, 그들에게는 항시 하나님의 화가 미치게 될 것이다.

3) 그들은 시간이 흐른 뒤에는 죽게 되어 있다. 전도서 9장 3절에는 "그것은 해 아래서 모든 일 중에 악한 것이니 곧 인생의 마음에 악이 가득하여 평생에 미친 마음을 품다가 후에는 죽은 자에게로 돌아가는 것이라"하고 기록되어 있다.

사악한 자의 죽음은 의로운 자의 죽음과는 다르다. 사악한 자들에게 있어 죽음은 율법의 저주와 하나님의 진노로 인한 것이다. 사악한 자가 죽을 때, 하나님은 진노 가운데서 그를 진노의 폭풍 속으로 내던지신다. 그는 그의 사악함으로 인해 내어던지게 되는 것이다. 잠언 14장 32절에는 "악인은 그 환난에 엎드러져도 의인은 그 죽음에도 소망이 있느니라"라고 기록되어 있으며, 욥기 18장 18절에는 "그는 광명 중에서 흑암으로 몰려 들어가며 세상에서 쫓겨날 것이며", 또한 욥기 27장 21절에는 "동풍이 그를 날려보내며 그 처소에서 몰아내리라"라고 기록되어 있다. 비록 사악한 자들이 이 세상에서는 세속적인 번영을 누리며 살지라도 그들은 영원히 살지 못하며, 죽어야만 한다. 그는 이 세상에서 낯선 존재가 되는 것이다.

4) 악한 자들은 그들의 임종 시에 마음의 번민과 곤고를 겪게 된다. 때때로 신체의 고통은 매우 극심하고 무서운 것이다. 그들은 삶의 번뇌와 고통을 참아내야 하며 그들의 몸과 영혼이 떨어져 나갈 때를 알 자는 아무도 없다. 히스기야는 그것을 사자가 그의 뼈를 부러뜨리는 것으로 비교하였다. 이사야 38장 12, 13절에는 "나의 거처는 목자의 장막을 걸음과 같이 나를 떠나 옮겼고 내가 내 생명을 말기를 직공이 베를 걷어 말음같이 하였도다. 주께서 나를 틀에서 끊으시리니 나의 명이 조석 간에 마치리이다. 내가 아침까지 견디었사오나 주께서 사자같이 나의 모든 뼈를 꺾으시오니 나의 명이 조석 간에 마치리이다"라고 기록되어 있다. 이것은 사악한 자들이 임종 시에 겪게되는 영혼의 투쟁에 비하면 아무것도 아니다. 죽음은 때때로 그들에게 무시무시한 모습으로 나타난다. 죽음이 그들에게로 와서 그들을 응시할 때, 그들은 도저히 그것을 쳐다보지 못한다. 만일 사악한 자들이 그들의 죽음이 가까이 왔음을 알게 되거나, 그들의 행동에 이성과 양심을 갖게 될 때에도 마찬가지이며, 그들이 무지하지 않을 때에도 또한 미쳐있지 않은 상태에서도 역시 그러하다. 이 두려움의 왕이 그들에게 자신의 모습을 드러내기 시작하고 그들이 그를 만나기 위해 앞으로 나아올 때, 그들이 겪어내야 하는 갈등은 얼마나 무서운 것인가! 그러나, 그들은 반드시 그를 만나야 한다. "영에게 능력을 행사할 영적인 힘을 가진 자는 없다. 또한 죽음의 나날 속에 힘을 가진 자는 없다. 그런 전쟁속에는 어떤 무기도 없다. 그들은

이미 구제될 수 없다". 죽음은 갑옷으로 무장하고 그들 앞에 다가오며 그들의 영혼에 이루 말로 표현할 수 없는 고통을 가한다. 사람이 임종을 맞기위해 누워 있다는 것은 두려운 일이다. 의사들은 더 이상 치료하기를 포기하고, 그의 침대 주위에 서는 친구들이 흐느끼는 그런 상황에서 아무런 희망도 없이, 그리스도를 알지 못한 채, 그리고 그의 영혼에 대해 죄책을 느끼며 하나님이 주시는 평화를 느끼지 못하며 그의 죄에 대한 호소나 변명조차 할 것 없는 상황에서 거룩한 심판대 앞에 서게 되는 것보다 더 무서운 일은 없다.

B. 나는 이승에서 사악한 자들에게 따르는 진노에 대해 설명하고자 한다.

1) 몸을 떠난 영혼은 지옥으로 던져지게 될 것이다. 죽음에 임해 모든 인간들에게 특별한 심판이 있으리라는 것은 명백하다. 영혼으로 말하면 그것이 몸을 떠나자마자 심판받기 위해 하나님 앞으로 나아간다. 전도서 12장에는 "그러면 먼지는 땅으로 돌아온다. 즉, 그 주신 하나님께로 돌아간다"라고 기록되어 있다. 즉, 그분의 심판을 받게 되는 것이다. 히브리서 9장 27절은 "한번 죽는 것은 사람에게 정하신 것이요, 그 후에는 심판이 있으리니"라고 기록하고 있다. 그러나, 이 특별한 심판은 최후의 날에 있게 될 심판 만큼이나 그처럼 엄숙한 심판은 아닐 것이다. 영혼은 반드시 하나님 앞에 나서야 할 것이나 사악한 자들의 영혼은 이 세상의 끝날 때에 있게 될 심판대에 있게 되지 못한다. 사악한 자들의 영혼은 하나님 앞에 서기위해 천상에 오르지 못하게 될 것이며, 또한 그리스도 역시 천상으로부터 내려와 그 영혼 앞에 나타나지 않을 것이다. 또한 사악한 자의 영혼은 하나님의 임재하심을 상징하고 있는 장소에 심판받기 위해 있을 수조차 없게 될 것이다. 그러나 하나님은 어디서든 존재하시는 분이시므로 영혼은 금방 그의 임재를 알아차릴 수 있을 것이다. 분리된 상태에 있는 영혼들은 하나님의 임재와 사역을 다른 방법으로 알 수 있을 것이다. 분리되어진 모든 영들은 하나님 앞에 나서도록 되어있다. 성도는 그의 영광을 입고 지옥에 있는 사악한 자들은 두려움을 입게 된다. 사악한 자들은 어린 양 앞에서 고통을 받게 된다. 요한계시록 14장 10절에는 "그도 하나님의 진노의 포도주를 마시리니 그 진

노의 잔에 섞인 것이 없이 부은 포도주라 거룩한 천사들 앞과 어린 양 앞에서 불과 유황으로 고난을 받으리니". 그러므로 사악한 자의 영혼은 몸을 떠나자마자 지극히 거룩하시고 두려운 하나님 전에, 그리고 최후의 심판대에 자신이 서야 한다는 것을 알게 될 것이며, 그런 다음 하나님이 얼마나 무서우신 분이며, 얼마나 성스러운 분이며 또한 그분이 얼마나 죄를 미워하고 계시며, 죄에 대한 그분의 진노가 얼마나 큰가를 알게 될 것이다. 그런 다음 그는 하나님의 엄위와 크신 능력을 알게 될 것이며, 그분의 수중에 있다는 것이 얼마나 두려운 일인가를 알게 될 것이다. 그런 다음 그 영혼은 그의 모든 죄책을 드러내게 될 것이며, 불결함과 악덕함을 지닌 혐오스러운 피조물로 드러나게 될 것이다. 또한 그는 하나님의 원수이며 반역자로서 하나님의 명령을 거스리고, 그분의 엄위를 무시하고 영광의 복음을 경시한 자로서, 그의 심판관이신 하나님 앞에 서게 될 것이다. …

2) 악한 자들의 영혼은 부활에 이르기까지 분리되어진 상태에서 지극히 큰 고난을 겪게 될 것이다. 이 고통이 그들에게 있어 마지막 형벌이 되는 것은 아니다. 더욱이 심판의 날이 있기 전부터 성자들이 느꼈던 행복이 그들의 행복이 될 수는 없는 것이다. 그 고통은 마귀들의 경우에서처럼 사악한 자들의 영혼과 함께 있게 된다. 비록 마귀들이 현재 매우 극심한 고통을 당하고 있다할지라도 그들의 형벌이 완전히 끝난 것은 아니다. 그러기에 성경에는 그들이 지옥으로 버려져서 구덩이에 떨어진다고 기록되어 있다. 즉, 베드로후서 2장 4절에 "하나님이 범죄한 천사들을 용서치 아니하시고 지옥에 던져 어두운 구덩이에 두어 심판 때까지 지키게 하셨으며"라고 기록되어 있다. …

그러나, 그 전에도 사악한 자들은 상상조차 할 수 없는 극심한 고통 속에 있으며, 모든 선을 멀리한 채로, 안식도 위로도 없이 하나님의 진노를 받게 된다. 하나님은 그들에게 자비를 베풀지 않으시고 그들에게 형벌을 내리시며, 진노 가운데 그들을 삼켜버리신다. 누가복음 16 : 24절에는 "아버지 아브라함이여 나를 긍휼히 여기사 나사로를 보내시어 그 손가락 끝에 물을 찍어 내 혀를 서늘하게 하소서. 내가 이 불꽃 가운데서 고민하나이다"라고 기록되어 있다. 여기에서 우리가 알 수 있는 것은 부자가 죽을 때, 그는 고통가운데 그의 두 눈을 들어올려 아브라함에게 그가 불꽃 속에서 고통을 받고 있다고 말하는데, 그 불꽃은 그 주변에 있을 뿐만 아니라, 그 안에 있다는 것이다. 그러므로, 그는 그의 혀를 적셔 줄 한 방울의 물을 요구하고 있는 것이다. 이것은 바로 불과 같은 하나님의 진노와 그리고 그들이 마귀와 저주받은 영들 가운데에서 고통받게 될 것이라는 것을 우리에게 시사해준다. 또한, 그들은 스스로 형언할 수 없는 양심의 고통을 받게 된다. 하나님의 진노는 결코 꺼지지 않는 불꽃이며 양심은 결코 죽지 않는다. 이 세상에서 인간이 양심으로 인해 겪는 공포가 얼마나 많은데, 하물며 지옥에서는 얼마나 되랴! …

3) 사악한 자들의 분리된 영혼은, 그들이 현재 겪고 있는 고통을 제외하고도, 심판의 날에 받게 될 더욱더 극심할 형벌의 공포에 사로잡혀 있을 것이다. 비록 분리된 상태에서 그들이 받는 형벌이 매우 무섭기에 그들이 참아 낼 수 없을 지경이라 할지라도, 또한 그 형벌이 그들을 파멸시키고 전멸시킬만한 것일지라도 그것은 아무것도 아니다. 아직도 그들에게는 심판의 날에 내려질 더 크고 무서운 형벌이 남아있으며, 그들이 겪을 고통은 점점 더 증가되고 영원히 계속 있게 될 것이다. 그들의 형벌은 더욱 극심해지게 될 것이다. 그러므로, 분리된 상태에서 그들이 겪는 고통은 단지 형을 집행하기 전의 감금된 상태에 불과하다. 마귀들과 마찬가지로 그들은 큰 심판의 그 날까지 어둠의 구덩이에 갇혀있게 되는 것이다. …

4) 심판의 날이 오면 그들은 파멸되어질 부활을 맞게 될 것이다. 그 날이 오면 지상에서 죽었던 자들, 의로운 자 뿐만 아니라 사악한 자들도 부활하게 될 것이다. 다니엘 12：2절에는 "땅의 티끌 가운데서 자는 자 중에 많이 깨어 영생을 얻는 자도 있겠고 수욕을 받아서 무궁히 부끄러움을 입을 자도 있을 것이며"라고 기록되어 있고, 요한계시록 20장 13절에는 "바다가 그 가운데서 죽은 자들을 내어주고 또 사망과 음부도 그 가운데서 죽은 자들을 내어주매 각 사람이 자기의 행위대로 심판을 받고"라고 기록되어 있다. 지옥에 떨어진 자들은 심판의 날이 언제가 될지 모른다. 그러나, 때가 오면 알게 될 것이다. 그리고 그것은 비참한 세상에서 들었던 가장 두려운 소식이 될 것이다. 지옥에서 그들은 항상

음울한 시간을 보낸다. 흑암의 세상인 지옥은 비명과 음울한 울부짖음으로 가득 차있다. 그러나, 그 소식이 들려지고 정해진 심판의 날이 오면, 지옥은 더 큰 비명소리와 더 음울한 외침으로 가득차게 될 것이다. 그리스도가 하늘로부터 심판하러 내려오신다는 소식은 지상과 지옥을 비탄과 울부짖음으로 가득채우게 될 것이다. 우리는 지상의 모든 종족들과 지옥에 있는 자들이 그로 인해서 울부짖게 될 것이며, 또한 그들의 몸과 합쳐지게 된 사악한 자들의 영혼은 재판관 앞에 서게 됨을 성경으로부터 읽게 된다. 그들이 심판관 앞에 서게 될 때는 죄인이 자신의 처소에서 벌을 받기 위해 끌려오는 것과 마찬가지로 앞으로 끌려 오게 될 것이다. 그들은 죽어 지옥으로 가기 위해 마지못해 이 땅을 떠난다. 그러나, 이제 또 그들이 마지막 판결을 받으러 가기 위해 마지못해 지옥에서부터 나와야 할 것이다.…

5) 그들은 그들의 판관 앞에서 변명의 여지조차 가질 수가 없다. 그들은 그들을 보호해 주고 어린 양의 진노로부터 그들을 숨겨줄 수 있는 어떤 산이나 바위조차 발견하지 못할 것이다. 그때에 그들 대부분은 그들이 전에 알고 있었던 자들을 보게 될 것인데, 그들이 하나님을 영접하기 위해 영광스러운 몸으로 기쁨에 찬 표정과 찬미의 노래를 부르며 나타날 때, 그들은 뒤에 남게 된다. 그들은 예전의 이웃들과 아는 사람들, 그들의 동료들, 그들의 형제와 아내를 보면서도 그들은 떠나게 될 것이다. 비록 그들이 원하지 않더라도 그들은 판관의 자리 앞으로 불려 가서 그리스도의 왼편에, 마귀들의 중간에, 사악한 자들 가운데 서 있어야 한다. 이러한 위치는 그들에게 놀라움을 더해 줄 것이며, 이전보다 더 심한 공포를 가져다 줄 것이다. 그들은 얼마나 큰 공포를 느끼겠는가! 그리고, 그들은 그들의 죄를 설명해야만 할 것이다. 그러면 어둠 속에 감춰진 그들의 죄가 환히 드러나게 될 것이며, 그들의 마음 속의 모든 사악함들이 밝혀지게 되고, 그들의 행한 사악함이 분명히 드러나게 되어 그리하여 세상의 눈을 속여 감춰진 모든 비밀스런 죄들이 나타나게 될 것이다. 그리하여 그들이 한때 변명하고 정당화했던 그런 죄들이 진리의 빛 아래서 명백히 드러나게 될 것이다.…

6) 그들 앞에 있는 판관은 그들을 정죄하게 될 것이다. 마태복음 25장

41절에서의 "저주를 받은 자들아 나를 떠나 마귀와 그 사자들을 위하여 예비된 영영한 불에 들어가라"하는 말이 위엄있게 선포될 것이다. 판관의 무서운 진노를 받고 그의 목소리를 듣게 되는 사악한 자들의 마음은 얼마나 큰 무서움과 놀라움으로 가득차게 될 것인가! 판관의 무서운 말들이 그들에게는 놀라운 천둥과 같을 것이며 그들의 영혼을 격렬한 번개처럼 꿰뚫을 것이다. 판관은 그들을 쫓아내 버리려 할 것이다. 즉, 현재 그가 있는 곳에서부터 그들을 쫓아 보내고 그들에게 저주받을 칭호를 내리시고, 그가 있는 곳에서 떠나라는 명령을 할 뿐만 아니라, 그들을 영원한 불꽃 속에 던져 거기서 살게 할 것이다. 지옥의 불이 무시무시하다는 것은 그것이 마귀와 그 천사들을 위해 준비되어진 것이라는 이유 때문이다. 즉, 그들은 하나님의 큰 원수인 마귀들이 고통당했던 곳과 똑같은 불 속에서 영원히 있게 되리라는 것이다. 그들에게 지옥의 선고가 떨어지게 되면 그들은 이전보다 더 심하게 몸을 떨고 비탄해하고 울부짖고 이를 악물게 될 것이다. 교만하고 거만한 영혼을 가진 사악한 자들이 이 엄청난 선고를 받기도 전에 미리 생각하고 몸을 떤다면, 그것이 실제로 그들에게 선고될 때는 얼마나 많이 떨게 될 것인가! 그들은 또한 오른편에서 "오라, 나의 아버지의 축복받은 자들이여, 지상에 세워진 것으로부터 너희를 위해 왕국을 물려 주셨으니"라는 축복받은 선고를 듣게 될 때 그들의 고통을 얼마나 더할 것인가.…

8) 이러한 상황 속에서(즉, 그들이 영원한 불속에서 형을 받는 것) 그들은 결코 끝이 없는 영원한 시간속에 남게 될 것이다. 그들의 죄에 대한 형벌은 그때에 이르러서야 비로소 완전히 치루어지게 되는 것이며 이러한 상태로 영원히 남게 될 것이다. 이제 그들이 그렇게 오랜 기간 동안 두려움에 떨었던 일들이 그들에게 닥쳐오고, 그들의 영혼은 분리된 상태로 남게 된다. 그들은 결코 꺼지지 않는 불속에 머무르게 될 것이고 여기에서 영원히 생애를 보내야 한다. 여기서 그들은 천 년 또 천 년, 끝없는 생애를 보내야 한다. 수 십 년 혹은 수 백 세기를 셈한다는 것은 불가능하다. 수학적인 모든 사고는 여기에서는 소용이 없다. 모든 곱셈도 여기에선 통하지 않는다. 왜냐하면 그곳에는 끝이 없으며 영원만이 있을 따름이기 때문이다. 영원을 떠날 수 없으며, 단지 고통만을

겪을 뿐이다. 그들에게는 영원한 고통만이 있을 뿐이다. 하나님은 그들을 위해 다른 길을 남겨놓지 않으셨다. 이 길은 그들의 존재가 끝이 날 때 걸어가게 될 길이다. 그리고, 그들에게는 어떤 안식이나 속죄도 없게 될 것이며 그들에게는 극심한 고통만이 있게 될 뿐이다. 그들은 언제나 극심한 고통 속에 살게 되며 그 고통이 덜어지게 되지는 않는다. 그들에게는 시간이 길게만 느껴지고 매 순간이 길게만 느껴진다. 그러나 그들이 겪는 고통은 결코 끝나지 않을 것이다. …

2. 선을 행하는 자들의 운명

로마서 2장 10절 - 선을 행하는 각 사람에게는 영광과 존귀와 평강이 있으리니.

사악한 자들의 운명은 노와 분과 환난과 곤고라고 앞서 사도들이 언급한 것과 마찬가지로 의로운 자들에게 주어진 운명이 무엇인가를 이 성경구절을 통해 살펴보도록 하자.

1) 선한 자, 즉 선을 행하는 자들을 어떻게 묘사하고 있는가.

여기에서 그러한 사람들은 그들이 맺은 열매로 설명되고 있다. 그리스도께서는 우리들에게 나무는 그 열매를 보면 알 수 있다고 가르치셨다. 여기에서 바울은 그들을 가장 뚜렷하게 나타내 주는 것은 그들이 누리는 외적인 우월함이나 그들이 살고 있는 빛이 아니라, 그들이 맺는 열매라고 하셨다. 로마서 2장 13절에는 사도가 다음과 같이 말하였다. "법을 듣는 자가 하나님 앞에 가는 것이 아니라, 그것을 행하는 자를 의롭다 할 지니라"고 선한 자와 악한 자를 구분하는 기준은 그들이 선을 듣거나, 고백하거나 혹은 그것을 행하려 하는 데 있는 것이 아니라 다만 선을 행하는 데 있다. 선한 자란 바로 선을 행하는 자들을 뜻한다.

2) 그런 자들은 "영광과 존귀와 평강"을 얻게 될 것이다. 그들이 얻게 될 세 가지의 선에 대해 살펴보기로 하자. 1. 영광이란 말로 표현되는 그들의 도덕적인 선이다. 영광이 그들에게 주어지게 되며 그들은 훌륭

하고 영광스럽게 될 것이다. 그들은 그러한 멋지고 영광스러운 것들을 부여받아 아름답고 사랑스럽게 될 것이다. 그들은 하나님의 형상을 가지고 성스러움을 물려받게 될 것이다. 영광이란 단어는 사도 바울이 사용했던 단어이다. 고린도후서 3장 18절에는 "저와 같은 형상으로 화하여 영광으로 영광에 이르니"라고 기록되어 있다. 2. 선과 비슷한 것 : 존귀. 그들은 가장 존귀한 환경을 갖게 될 것이다. 그들은 위대하고 존엄한 모습으로 나아가게 되어, 하나님과 관계를 갖게 되고 다시 그리스도와 하늘에 계신 자들과 관계를 맺으며 하나님께서는 그들에게 존귀를 내려 주실 것이다.

3) 그들의 자연스러운 선 : 평화 ; 이것은 성경에서 씌여진 것처럼 행복을 의미한다. 또한 안락과 즐거움과 기쁨을 함축하기도 한다.

본인은 성경 본문을 통하여 하나님께서 선한 자들에게 내려주신 운명인 영광과 존귀와 평강을 살펴보고자 한다. 그들이 얻게 될 행복에 대한 설명은 계속해서 다루게 될 것이다.

A. 우선 본인은 이 세상에서 그들이 얻는 행복을 다루고자 한다. 진정 선한 자들은 철저히 회개하는 자들이다. 그들은 자신의 마음을 죄에서부터 하나님께로 돌리려는 자들이다. 그런 자들은 진정 축복받은 자들이다. 그들은 흔히 하나님께 축복받은 자들로 불리워진다. 하나님께서는 매우 현명하시며 모든 것을 보고 모든 것을 아시는 분이다. 그분께서는 누가 축복받은 자인지, 누가 불행한 자인지를 안다. 그분께서는 "축복받은 자는 불신자의 권고를 따르지 않는 자이다"라고 말씀하셨다. ㅡ "축복 받은 자는 그들의 죄를 용서받은 자들이다" ㅡ "축복 받은 자는 하나님을 믿는 자들이다" ㅡ "축복받은 자는 영이 가난한 자이다" ㅡ "온순한 자"이고 ㅡ "자비로운 자"이며 ㅡ "마음이 순수한 자"이다.…

B. 임종시에 성도들이 느끼게 될 행복에 대해 살펴보도록 하겠다. 임종시에 인간이 행복하리라는 것은 이 세상에서 불가사의한 일로 알려져 있다. 이 세상에서는 그것을 모든 것 중에 가장 무시무시한 것으로 알고 있다. 그러나 그들의 행복은 반석 위에 세워져 있으므로 죽음의 충격을 견뎌 낼 것이다. 죽음의 폭풍우가 무서운 힘으로 밀려 올때, 그들은 확고하게 견뎌내고, 죽음이나 지옥도 그들을 내던지지 못한다. …

C. 다음으로 몸에서 분리된 상태에 있는 성도들이 느끼게 될 행복에 대해 살펴보자.

1) 영이 몸에서 떨어져 나올 때, 축복 받은 천사들이 그들을 맡아서 천상으로 데려간다. 그가 떠나게 되는 날 밤에 임종을 맞는 침상 주변에는 그들을 보호하는 천사들이 있다. 그들을 파멸시키려고 애쓰는 마귀들은 결코 가까이 가지 못할 것이다. 거룩한 사자들은 그 영혼의 파수병이 되어 원수가 가까이 가지 못하도록 한다. 이 곳이야말로 하나님께서 그들에게 베푸시는 곳이다. 시편 34편 7절에는 "여호와의 사자가 주를 경외하는 자를 둘러 진치고 저희를 건지시는도다" 또한 시편 91편 11절에는 "그가 너를 위하여 그 사자들을 명하사 네 모든 길에 너를 지키게 하심이라"라고 기록되어 있다. 어떤 이들은 천상과 같은 곳이 존재하지 않는다고 말한다. 그러나 이것은 확실히 잘못된 생각이다. 왜냐하면 인간 예수 그리스도께서 축복받은 몸으로 들어가신 천상이란 곳이 반드시 있기 때문이다. 그리스도의 몸이 계시는 천상이란 곳이 없다고 가정하는 것은 불합리하다. 그리스도의 몸이 어떤 곳에도 존재하지 않는다고 말하는 것은 그 분께서 몸을 가지고 계시지 않다고 말하는 것과 같은 뜻이다. 그리스도가 계시는 천상은 반드시 존재한다. 왜냐하면 그 분께서 천상으로 올라 가시는 것을 보았고, 다시 내려 오시는 것도 볼 것이기 때문이다. 분리된 성도들의 영이 있는 천상은 그리스도께서 올라가신 곳과 꼭 같은 곳이다. 스데반은 자신의 삶을 마치려 할 때, 하늘문이 열리는 것을 보았고, 사람의 아들이 하나님의 오른 편에 서 있는 것을 보았다고 말하였다. 그는 이제껏 보아왔던 모습을 한 예수께 자신의 영혼을 바치기를 기도하였으며, 바로 거기에서 하나님의 오른 편에 있는 예수님을 보았다. 사도 바울은 그가 생을 마치게 되면 그리스도와 함께 할 것이라고 말하였다. 빌립보서 1장 23절에는 "내가 그 두 사이에 끼였으니 떠나서 그리스도와 함께 있을 욕망을 가진 이것이 더욱 좋으니"라고 기록되어 있으며, 고린도후서 5장 8절에는 "우리가 담대하여 원하는 바는 차라리 몸을 떠나 주와 함께 거하는 그것이라"고 기록되어 있다. 에녹과 엘리야와 같은 몇몇 성도들 또한 그리스도와 함께 한 자들이다.…

3) 의로운 자들은 부활할 때까지 영광스럽고 축복받은 상태로 있게 될

것이다. 그들은 하나님께서 주시는 기쁨 속에 아무런 방해나 거리낌도 받지 않고 편안하게 지내게 된다. 요한계시록 14장 13절에는 "그리고 나는 하늘에서 나에게 말하는 소리를 들었다. 기록하라, 이제부터 주 안에 죽는 자들은 그들의 노동에서부터 휴식을 얻을 것이며, 그들의 행한일이 따르게 될 것이다"라고 기록되어 있다. 그들은 달콤한 기쁨과 즐거움이 충만한 천상에서 살게 될 것이며 그곳에서 영원한 기쁨의 샘물을 마시게 될 것이고 완전한 빛과 사랑속에 살게 될 것이다. 또한 그곳에서 그들은 하나님과 그리스도께서 대화하는 것을 보게 되며, 천사와 은혜 받은 영들이 대화하는 것을 보게 될 것이다. 그곳에서 그들은 또한 독생자를 보내신 하나님의 고귀한 사랑을 알게 될 것이며 또한 그곳에서 그리스도의 아름다우심과 뛰어나심을 보게 된다.…

4) 의로운 자들은 부활할 때 누리게 될 충만한 축복을 즐거운 마음으로 기대하게 될 것이다. 악한 자들이 부활할 때까지 완전한 벌을 받지 못하는 것과 마찬가지로 성도들 역시 완전한 행복을 누리지 못한다. 그들이 비록 그 순간 최상의 영광을 누리고 있다고 느낄지라도 그들이 누리는 것은 최상의 것이 아니다. 왜냐하면 그들에게는 더 최상의 것이 마련되어 있기 때문이다. 성도들은 부활 후에 최상의 보상을 받게 될 것이다. 이는 그리스도께서 약속하신 바이다. 요한복음 6장 40절에는 "아버지의 뜻은 아들을 보고 믿는 자마다 영생을 얻는 이것이니, 마지막 날에 내가 이를 다시 살리리라 하시니라"고 기록되어 있다. 이것이야말로 성도들이 찾고 기다려 왔던 가장 으뜸의 보상이다. 로마서 8장 23절에는 "이 뿐 아니라 또한 우리 곧 성령의 처음 익은 열매를 받은 우리까지도 속으로 탄식하여 양자될 것 곧 우리 몸의 구속을 기다리느니라"고 기록되어 있다. 그러므로 그리스도께서 재림하실 때 주시는 행복이 가장 으뜸가는 행복이라 할 수 있다. 디도서 2장 13절에는 "복스러운 소망과 우리의 크신 하나님 구주 예수 그리스도의 영광이 나타나심을 기다리게 하셨으니"라고 기록되어 있다.

성도들은 천상에서 즐겁게 기다리고 그렇게 되리라는 하나님의 약속대로 편안한 안식을 취하며, 어떤 불안함도 느끼지 않으며 하나님께서 예견하신 시간에 보상을 내리신다는 즐거운 기대감을 만끽한다.

제 13 장 종말론/죠나단 에드워드 **325**

D. 하나님을 믿는 자가 부활의 날과 심판의 날에 받게 될 영광과 존귀와 평강에 대해 살펴 보겠다.

1) 약속된 때가 되면 천상에서는 계시가 있을 것이고, 그것을 듣고 그들은 크게 기뻐할 것이다. 하나님께서는 영원한 권고속에 그 때를 정해놓았다. 그러나 이제 그것은 비밀로 간직되어 있으며, 지상에 있는 어느 누구도 그 때를 알지 못하고, 천상에 있는 성도들이나 천사들 또한 그 때를 알지 못한다. 마태복음 24장 36절에는 "그러나 그 날과 그 때는 아무도 모르나니 하늘의 천사들도 아들도 모르고 오직 아버지만 아시느니라"고 기록되어 있다. 천상에 있는 천사들이나 성도들 또한 그 때를 기쁜 마음으로 기다리고 있기는 하나, 정확한 때는 모른다. 그 때가 되면, 하나님의 영원한 선언문이 알려지고 복음이 천상에 알려져 모두가 주 예수 그리스도의 강림하심을 맞이할 채비를 한다.

2) 선한 자들 또한 그리스도와 함께 천상에서부터 지상으로 강림한다. 천상의 주인이 계시를 선언하면, 그들은 함께 모여 가장 기쁘고 영광스러운 행사에 참가한다. 그때는 영광스러운 하나님의 아들도 강림하실 것이고 성스러운 천사 뿐만 아니라, 성자들의 영혼도 그리스도와 함께 올 것이다. 데살로니가전서 4장 14절에는 "우리가 예수의 죽었다가 다시 사심을 믿을찐대 이와 같이 예수 안에서 자는 자들도 하나님이 저와 함께 데리고 오시리라". 그리스도께서는 아버지의 영광을 갖고 내려오실 것이며, 또한 하나님의 영광과 천상과 지상의 심판관으로서의 영광을 갖고 나타나실 것이다. 이때에는 잠시 천상이 텅비게 되어 영광과 축복을 받은 자들은 세상의 심판관을 받들기 위해 천상을 떠나게 될 것이다.…

4) 그리스도 안에서 죽는 자들은 은혜 받은 몸으로 최후의 나팔 소리를 듣고 일어나며, 살아있는 성자들은 그들을 보게 될 것이다. 천상에서부터 거룩하고 축복받은 성도들의 영혼은 그리스도와 함께 내려와, 무한한 지혜를 가진 거룩하고 축복받은 영혼에 어울리는 몸과 다시 합쳐지게 될 것이다. 그 몸은 예전의 것과는 다르며, 큰 차이가 있다. 고린도전서 15장 42, 43, 44절에는 "썩을 것으로 심고 썩지 아니할 것으로 다시 살며 욕된 것으로 심고 영광스러운 것으로 다시 살며 약한 것으로 심고 강한 것으로 다시 살며, 육의 몸으로 심고 신령한 몸으로 다시 사

나니 육의 몸이 있은즉 또 신령한 몸이 있느니라"고 기록되어 있다. 성자가 다시 태어날 때 갖게 되는 영광스러운 몸은 우리는 도저히 상상할 수 없는 것이다. 그 몸은 지금의 것처럼 무미건조하거나 딱딱하게 만들어진 것이 아니며, 영광스러운 영혼에 적합한 불꽃처럼 활동적이고 정력적인 것이다.…

6) 그 때에 성도들은 그들이 행한 선한 일들로 인해 평화와 영광을 얻게 될 것이다. 모든 인간은 그가 행한 일에 대해 심판을 받게 되어 있다. 그리스도께서는 불신자들의 죄 뿐만 아니라, 성자들의 선한 행동까지도 기억하신다. 성자들이 행한 일이 비록 하찮은 것이나 진실성이 조금 모자란다 할지라도, 하나님께서 보시기에는 모두 소중한 것들이다. 하나님께서는 무한한 영광으로 그 행위들에 대해 반드시 보상을 해주실 것이다. 심판의 날에 그들은 자신이 행한 일에 합당한 보상으로서 칭찬과 영광을 받게 되는데 오른 손이 한 일을 왼 손이 모르도록 한 것같이 세상이 모르도록 비밀스러이 행한 그들의 착한 행동들을 모두 밝히실 것이다. 그 때가 되면 그들은 자신이 치른 노력에 합당한 칭찬과 명예를 얻게 될 것이다. 즉 그들이 욕망을 무릅쓰고 자제한 일이나 그리스도를 위해 고난을 겪은 일, 혹은 세상사람들에게 비난과 멸시를 받으며 행한 선한 일들이 이제 진정한 빛을 발하게 될 것이다. 인간들에게 비난과 멸시를 받은 일들이 그 때에는 천사들과 인간들이 보는 가운데 하나님의 칭찬을 받게 될 것이다.…

7) 성도들은 그리스도와 함께 악한 자와 마귀들을 심판하기 위해 보좌에 앉게 될 것이다. 그날 그리스도께서는 그들에게 명예를 내리시어 그들을 자신의 오른 편에 앉혀서 세상을 심판하실 것이다. 마태복음 19장 28절에는 "예수께서 가라사대 내가 진실로 너희에게 이르노니 세상이 새롭게 되어 인자가 자기 영광의 보좌에 앉아 이스라엘 열두 지파를 심판하리라"고 기록되어 있으며, 고린도전서 6장 2, 3절에는 "성도가 세상을 판단할 것을 너희가 알지 못하느냐, 세상도 너희에게 판단을 받겠거든 지극히 작은 일 판단하기를 감당치 못하겠느냐? 우리가 천사를 판단할 것을 너희가 알지 못하느냐? 그러하거든 하물며 세상일이랴?"고 기록되어 있다. 성자들은 그들을 박해하였던 왕과 왕자들을 심판할

것이고, 그들을 유혹했던 마귀들을 심판할 것이다.

8) 심판을 끝마칠 때에, 예수께서는 그들에게 다음과 같이 축복의 선언문을 언명하실 것이다. "오라, 나의 아버지의 축복받은 자들이여, 세상에 세운 것들로부터 너희를 위해 준비해둔 천국을 유업으로 받으라".

예수께서는 이루 표현할 수 없는 은혜와 사랑으로 언명하실 것이다. 그분이 말씀하시는 한 마디 한 마디가 그들을 황홀하게 할 것이며, 기쁨을 줄 것이다. 영광의 그리스도께서는 악한 자들을 물리치기 위해서는 그처럼 진노를 보이실지라도, 의로운 자들에게는 친절히 그들을 불러, "너희 아버지의 축복받은 자들아"라고 말씀하시면서 그들을 환대하실 것이다. 그리스도께서는 인간과 천사들이 보는 가운데 그들에게 축복을 내리시는 선언문을 언명하실 것이다. 이 선언문 속에는 그들을 향한 그리스도의 사랑 뿐만 아니라, 하나님의 사랑 또한 포함되어 있다. 그리스도께서는 그와 더불어 그들을 오도록 초대했는데, 이는 그가 마련해둔 천국을 유업으로 물려주려 하심이다. 그들에게 내리시는 부는 천국에서 갖게 되는 부이며, 그분이 주시는 명예는 왕이 가지게 되는 명예이다. 그들이 얻게 되는 더할 수 없는 축복은 바로 천국이 세상에 기초한 것으로부터 마련되어졌다는 것이다. 하나님께서는 그들을 영원히 사랑하심으로 그들에게 천국을 마련해 주신다. 그분께서는 세상의 창조물 가운데 무엇보다 그들을 사랑하시는 마음에 이 영광스러운 천국을 마련하신 것이다. 그러므로 그들은 그것을 소유할 권리가 있다. 그들은 그것을 소유할 뿐만 아니라, 그것을 '유업으로 받도록', 즉 주인으로서 그것을 소유하라는 하나님의 명령을 받았으며, 그분의 자식으로서 천국을 소유할 권리 또한 부여받았다. …

여기에서 이 모든 내용을 종합해 볼 때, 우리는 성자들이 받게 될 영광과 축복이 끝이 없다는 것을 알 수 있다. 그러므로 그들은 흔히 말하는 영원한 삶, 끝없는 삶을 살게 된다. 마태복음 25장 46절에는 "심판의 날에 악한 자들은 영벌속으로 보내질 것이고, 의로운 자들은 영생으로 들어갈 것이다"라고 기록되어 있으며, 시편 16편 11절에는 "주의 우편에는 영원한 즐거움이 있나이다"라고 기록되어 있다. 그들이 누리게 되는 즐거움은 오래 계속되는 정도가 아니라 영원한 것이다. 요한복음 6장 50

절에 "예수께서 그를 믿는 자는 죽지 아니한다"라는 기록 속에 더욱 명백히 나타난다. 요한계시록 22장 5절에는 "그들은 영원히 지배할 것이다"고 기록되어 있다. 축복받은 자들은 보좌를 영원히 지키게 된다. 만일 그들이 누리는 행복에 종말이 있으리라는 것을 안다면, 그 종말이 아주 멀리 있다 할지라도, 그들은 기쁨 속에도 음울함을 맛보게 될 것이다. 즉, 종말이 있다고 생각하면 행복이 커지는 만큼 불안한 마음도 더 커지고, 종말이 없다고 생각하면 즐거움은 그만큼 더 커지게 된다. 성도들은 자신들이 누리는 행복에 종말이 오리라는 위험성을 전혀 느끼지 못하게 될 것이며, 하나님의 존재가 없어지리라는 위험한 생각 따위는 더더욱 하지 않는다. 하나님께서 영원하신 만큼 그들의 행복도 영원한 것이다. 샘물이 마르지 않는 한 그들은 두려워할 필요가 없고, 단지 그 물을 얻어 마시기만 하면 되는 것이다. …

Bibliography

Primary Sources

Adams, Thomas. *Works*. London, 1630.

Alleine, Joseph. *An Alarm to the Unconverted*. London, 1671.

Ames, William. *An Analytical Exposition of Both the Epistles of the Apostle Peter*. London, 1641.
———. *Conscience, with the Power and Cases Thereof*. London, 1639.
———. *The Marrow of Sacred Divinity*. London, 1641.

Andrewes, Lancelot. *Ninety-six Sermons*. 5 vols. Oxford, 1841-1865.

Ball, John. *The Power of Godliness*. London, 1657.
———. *A Short Catechism Containing the Principles of Religion*. London, 1642.
———. *A Treatise of the Covenant of Grace*. London, 1645.

Baxter, Richard. *An Apology for the Nonconformist's Ministry*. London, 1681.
———. *A Call to the Unconverted to Turn and Live*. Kidderminster, 1658.
———. *A Christian Directory: or, A Sum of Practical Theology*. London, 1673.
———. *Directions and Persuasions to a Sound Conversion*. Kidderminster, 1658.
———. *Methodus Theologiae Christionae*. London, 1681.
———. *The Reformed Pastor*. Kidderminster, 1656.
———. *Reliquiae Baxterianae*. Edited by Matthew Sylvester. London, 1696.

―――. *Richard Baxter and Puritan Politics*. Edited by Richard Schlatter. New Brunswick, N.J., 1957.
―――. *The Saints Everlasting Rest*. Kidderminster, 1650.
―――. *The Scripture Gospel Defended*. London, 1690.

Baynes, Paul. *An Entire Commentary upon the Whole Epistle of the Apostle Paul to the Ephesians*. London, 1643.

Bedford, Thomas. *An Examination of the Chief Points of Antinomianism*. London, 1646.

Bolton, Samuel. *The Sinfulness of Sin*. London, 1646.
―――. *The True Bounds of Christian Freedom*. London, 1645.

Bradford, John. *Writings*. Edited by Aubrey Townsend. 2 vols. Cambridge, 1848, 1853.

Bradshaw, William. *English Puritanism*. Dort(?), 1605.
―――. *The Unreasonableness of the Separation*. Dort, 1614.

Bridge, William. *Works*. 5 vols. London, 1845.

Brooks, Thomas. *Apples of Gold for Young Men and Women*. London, 1657.
―――. *The Crown and Glory of Christianity*. London, 1662.
―――. *Heaven on Earth*. London, 1654.
―――. *Paradise Opened*. London, 1675.
―――. *Works*. Edited by Alexander B. Grosart. 6 vols. Edinburgh, 1866-1867.

Bunyan, John. *Christian Behaviour*. London, 1663.
―――. *Grace Abounding to the Chief of Sinners*. London, 1666.
―――. *The Life and Death of Mr. Badman*. London, 1680.
―――. *The Pilgrim's Progress from This World to That Which Is to Come*. London, 1678.
―――. *Prayer*. London, 1664.

Burgess, Anthony. *Spiritual Refining*. 2 vols. (*A Treatise of Grace and Assurance* and *A Treatise of Sin*). London, 1652, 1654.
―――. *The True Doctrine of Justification*. London, 1648.

Burroughs, Jeremiah. *A Treatise of the Evil of Evils: or, The Exceeding Sinfulness of Sin*. London, 1654.

Burton, Henry. *The Law and the Gospel Reconciled*. London, 1631.

Caryl, Joseph. *The Nature and Principles of Love, as the End of the Commandment*. London, 1673.

Charnock, Stephen. *Discourses upon the Existence and Attributes of God*. London, 1682.
―――. *Discourse on the Nature of Regeneration*. London, 1683.
―――. *Necessity of Regeneration*. London, 1683.
―――. *Works*. Edited by Thomas Smith. 5 vols. Edinburgh, 1864-1866.

Chauncy, Charles. *Seasonable Thoughts on the State of Religion in New England.* Boston, 1743.

Clarkson, David. *Justification by the Righteousness of Christ.* London, 1675.

The Confession of Faith: Agreed upon by the Assembly of the Divines at Westminster. London, 1647.

Cotton, John. *A Brief Exposition with Practical Observations upon the Whole Book of Ecclesiastes.* London, 1654.

———. *The Way of Life.* London, 1641.

Cranmer, Thomas. *Work.* Edited by G. E. Duffield. Appleford, Berkshire, 1964.

Crisp, Tobias. *Works.* 2 vols. 7th ed. London, 1832.

Dod, John. *A Plain and Familiar Exposition of the Lord's Prayer.* London, 1625.

———. *A Plain and Familiar Exposition of the Ten Commandments.* London, 1603.

Downame, George. *The Christian's Freedom.* Oxford, 1609.

———. *The Covenant of Grace.* Dublin, 1631.

———. *A Treatise of Justification.* London, 1639.

Edwards, Jonathan. *Essay on the Freedom of the Will.* London, 1754.

———. *History of Redemption.* Boston, 1777.

———. *Images or Shadows of Divine Things.* Edited by Perry Miller. New Haven, 1948.

———. *Life and Diary of the Rev. David Brainerd.* Boston, 1749.

———. *Puritan Sage: Collected Writings of Jonathan Edwards.* Edited by Vergilius Ferm. New York, 1953.

———. *Selections from the Unpublished Writings of Jonathan Edwards of America.* Edited by Alexander B. Grosart. Published privately, 1865.

———. *Treatise on Grace, and Other Posthumously Published Writings.* Edited by Paul Helm. Cambridge, 1971.

———. *A Narrative of Surprising Conversions.* London, 1736.

———. *Sinners in the Hands of an Angry God.* London, 1741.

———. *Thoughts on the Revival in New England.* London, 1742.

———. *A Treatise Concerning Religious Affections.* London, 1745.

Flavel, John. *The Method of Grace in the Holy Spirit's Applying to the Souls of Men the Eternal Redemption Contrived by the Father, and Accomplished by the Son.* London, 1681.

———. *The Mystery of Providence.* London, 1671.

———. *The Reasonableness of Personal Reformation and the Necessity of Conversion.* London, 1691.

Goodwin, Thomas. *Exposition of Ephesians.* London, 1681.

———. *The Objects and Acts of Justifying Faith.* London, 1697.

———. *An Unregenerate Man's Guiltiness Before God.* London, 1692.

———. *The Work of the Holy Ghost in Our Salvation.* London, 1703.

Greenham, Richard. *Faith, Justification, and Feeling*. London, 1599.
———. *The Marks of a Righteous Man*. London, 1599.
———. *Of Conscience*. London, 1599.
———. *Of Quenching the Spirit*. London, 1599.
———. *Works*. Edited by Henry Holland. London, 1599.

Hinde, William. *The Office and Use of the Moral Law of God in the Days of the Gospel*. London, 1622.

Hooker, Richard. *Of the Laws of Ecclesiastical Polity*. 2 vols. London, 1593-1597.

Hooker, Thomas. *The Application of Redemption by the Effectual Work of the Word and Spirit of Christ, for the Bringing of Lost Sinners to God*. London,.1656.
———. *The Soul's Preparation for Christ*. London, 1632.
———. *A Survey of the Sum of Church Discipline*. London, 1648.

Hopkins, Ezekiel. *A Discourse of the Nature, Corruption, and Renewing of the Conscience*. London, 1701.
———. *Exposition of the Ten Commandments*. London, 1692.
———. *Practical Christianity*. London, 1701.
———. *A Practical Exposition on the Lord's Prayer*. London, 1692.

Hopkins, Samuel. *System of Doctrine*. 3 vols. Boston, 1782.

Howe, John. *The Blessedness of the Righteous*. London, 1668.
———. *Man's Creation in an Holy but Mutable State*. London, 1660.
———. *Works*. Edited by J. P. Hewlett. 3 vols. London, 1848.

Jewel, John. *An Apology in Defence of the Church of England*. London, 1562.
———. *A Defence of the "Apology."* London, 1567.
———. *A Treatise on the Holy Scriptures*. London, 1582.
———. *A Treatise on the Sacraments*. London, 1583.

Manton, Thomas. *Exposition of the Epistle of James*. London, 1651.
———. *Exposition of the Epistle of Jude*. London, 1658.
———. *A Practical Exposition of the Lord's Prayer*. London, 1684.
———. *Works*. Edited by Thomas Smith. 22 vols. London, 1870-1875.

Marshall, Walter. *Gospel Mystery of Sanctification*. London, 1692.

Mather, Cotton. *Ratio Discipline Fratrum Nov-Anglorum*. Boston, 1726.

Mather, Increase. *The Divine Right of Infant-Baptism Asserted and Proved from Scripture and Antiquity*. Boston, 1680.
———. *The Doctrine of Divine Providence*. Boston, 1684.
———. *The Order of the Gospel, Professed and Practiced by the Churches of Christ in New England*. Boston, 1700.

Mather, Samuel. *All Men Will Not Be Saved Forever*. Boston, 1782.

Milton, John. *Complete Poetical Works*. Edited by Henry Stebbing. New York, 1853.

Owen, John. *Works*. Edited by Thomas Russell 23 vols. London, 1826.

Pemple, William. *A Treatise of Justification by Faith*. Oxford, 1625.

———. *A Treatise of Justification by Grace*. London, 1627.

Perkins, William. *Complete Works*. Edited by I. Breward. Appleford, Berkshire, 1970.

———. *A Discourse of Conscience*. Cambridge, 1596.

———. *The Foundation of Christian Religion, Gathered into Six Principles*. London, 1590.

———. *A Golden Chain: or, The Description of Theology, Containing the Order of the Causes of Salvation and Damnation According to God's Word*. London, 1591.

———. *Of the Calling of the Ministry*. London, 1606.

———. *A Reformed Catholic*. Cambridge, 1598.

———. *Works*. Cambridge, 1603.

Preston, John. *A Heavenly Treatise of the Divine Love of Christ*. London, 1640.

———. *The Law Out Lawed: or, The Charter of the Gospel*. Edinburgh, 1631.

———. *The New Covenant*. London, 1629.

———. *The Saints Daily Exercise*. London, 1629.

Prince, Thomas, Jr., ed. *The Christian History, Containing Accounts of the Revival and Propagation of Religion in Great Britain and America*. 2 vols. Boston, 1744, 1745.

Rutherford, Samuel. *Christ Dying and Drawing Sinners to Himself*. London, 1647.

———. *The Covenant of Life Opened*. Edinburgh, 1655.

———. *Letters*. Edited by A. A. Bonar. London, 1891.

———. *A Survey of the Spiritual Antichrist*. London, 1648.

———. *The Trial and Triumph of Faith*. London, 1645.

Sibbes, Richard. *The Bruised Reed and Smoking Flax*. London, 1630.

———. *The Christian Work*. London, 1639.

———. *The Demand of a Good Conscience*. London, 1640.

———. *Exposition of Philippians 3*. London, 1639.

———. *The Spouse: Her Earnest Desire after Christ Her Husband*. London, 1638.

———. *Works*. Edited by Alexander B. Grosart. 6 vols. Edinburgh, 1861-1864.

Smith, Henry. *Sermons*. London, 1615.

Stennett, Joseph. *Hymns in Commemoration of the Sufferings of Our Blessed Saviour Jesus Christ*. London, 1733.

Taylor, Thomas. *The Principles of Christian Practice*. London, 1635.

———. *The Progress of Saints to Full Holiness*. London, 1630.

Traill, Robert. *Sermons Concerning the Throne of Grace.* London, 1696.
———. *A Vindication of the Protestant Doctrine Concerning Justification.* London, 1692.

Tyndale, William. *Works.* Edited by G. E. Duffield. Appleford, Berkshire, 1964.

Ussher, James. *A Body of Divinity.* London, 1645.

Watson, Thomas. *A Body of Divinity.* London, 1692.

Zanchius, Hieronymus. *The Doctrine of Absolute Predestination.* Translated by A. M. Toplady. 2nd ed. London, 1779.

Secondary Sources

Babbage, Stuart Barton. *Puritanism and Richard Bancroft.* London: SPCK, 1962.

Bartlett, Robert M. *The Pilgrim Way.* Philadelphia: Pilgrim, 1971.

Bennet, Benjamin. *A Memorial of the Reformation Chiefly in England.* 2nd ed. London: Clark, 1721.

Benoit, Jean Daniel. *Direction spirituelle et Protestantisme: Étude sur la legitimité d'une direction Protestante.* Paris: Alcan, 1940.

Blunt, John Henry. *The Reformation of the Church of England.* 2 vols. London: Longmans and Green, 1892, 1896.

Bolam, Charles Gordon, et al. *The English Presbyterians: From Elizabethan Puritanism to Modern Unitarianism.* Boston: Beacon, 1968.

Brook, Benjamin. *The Lives of the Puritans.* 3 vols. London: Black, 1813.

Brown, John. *The English Puritans.* Cambridge: University, 1910.

Burnet, Gilbert. *The History of the Reformation of the Church of England.* 2 vols. London: Smith, 1841.

Burrage, Champlin. *The Early English Dissenters in the Light of Recent Research (1550-1641).* 2 vols. Cambridge: University, 1910.

Cadier, Jean. *The Man God Mastered: A Brief Biography of John Calvin.* Translated by O. R. Johnston. Grand Rapids: Eerdmans, 1960.

Calamy, Edmund. *An Account of the Ministers Ejected or Silenced After the Restoration in 1660.* 2 vols. London: Lawrence, 1713.

Campbell, Douglas. *The Puritan in Holland, England, and America.* 3rd ed. New York: Harper, 1893.

Carruthers, Samuel William. *The Everyday Work of the Westminster Assembly.* Philadelphia: Presbyterian Historical Society, 1943.

Choisy, Eugène. *Études sur Calvin et le Calvinisme.* Paris, 1935.

Clark, Henry W. *A History of English Nonconformity from Wiclif to the Nineteenth Century.* 2 vols. London: Chapman and Hall, 1911, 1913.

Clark, William. *The Anglican Reformation.* Ten Epochs of Church History, edited by John Fulton, vol. 10. New York: Christian Literature, 1897.

Coolidge, John S. *The Pauline Renaissance in England: Puritanism and the Bible.* Oxford: Clarendon, 1970.

Cragg, Gerald R. *Puritanism in the Period of the Great Persecution, 1660-1688.* New York: Harper, 1957.

Dale, R. W. *History of English Congregationalism.* Edited by A. W. W. Dale. 2nd ed. London: Hodder and Stoughton, 1907.

Davies, Horton. *The Worship of the English Puritans.* London: Oxford University, 1948.

De Jong, Peter Y. *The Covenant Idea in New England Theology, 1620-1847.* Grand Rapids: Eerdmans, 1945.

Elliott, Emory. *Power and the Pulpit in Puritan New England.* Princeton: Princeton University, 1975.

Eusden, John D. *Puritans, Lawyers and Politics in Early Seventeenth-Century England.* New Haven: Yale University, 1958.

Faust, Clarence H., and Johnson, Thomas H. *Jonathan Edwards.* American Century Series, edited by Harry Hayden Clark. New York: Hill and Wang, 1935.

Foster, Frank Hugh. *A Genetic History of the New England Theology.* Chicago: University of Chicago, 1907.

Gaustad, Edwin Scott. *The Great Awakening in New England.* New York: Harper, 1957.

Gould, George, ed. *Documents Relating to the Settlement of the Church of England by the Act of Uniformity of 1662.* London: Kent, 1862.

Haller, William. *The Rise of Puritanism.* New York: Columbia University, 1938.

Henson, Herbert Hensley. *Studies in English Religion in the Seventeenth Century.* London: Murray, 1903.

Hill, Christopher. *The World Turned Upside Down: Radical Ideas During the English Reformation.* New York: Viking, 1972.

Hughes, Philip Edgcumbe. *Theology of the English Reformers.* Grand Rapids: Eerdmans, 1965.

Kevan, Ernest F. *The Grace of Law: A Study in Puritan Theology.* Grand Rapids: Baker, 1965.

Latourette, Kenneth Scott. *A History of Christianity.* New York: Harper, 1953.

Loane, Marcus L. *Makers of Religious Freedom in the Seventeenth Century.* Grand Rapids: Eerdmans, 1961.
―――. *Masters of the English Reformation.* London: Church Book Room, 1954.
―――. *Pioneers of the Reformation in England.* London: Church Book Room, 1964.

McGiffert, Arthur Cushman. *Jonathan Edwards.* New York: Harper, 1932.

Marsden, J. B. *The History of the Early Puritans.* London: Hamilton and Adams, 1850.
―――. *The History of the Later Puritans.* London: Hamilton and Adams, 1852.

Martin, Hugh. *Puritanism and Richard Baxter.* London: SCM, 1954.

Miller, Perry. *Errand into the Wilderness.* New York: Harper, 1966.
―――. *The New England Mind: The Seventeenth Century.* Cambridge: Harvard University, 1954.
―――, and Johnson, Thomas H. *The Puritans.* 2 vols. New York: American Book, 1938.

Monk, Robert C. *John Wesley: His Puritan Heritage.* Nashville: Abingdon, 1966.

Neal, Daniel. *The History of the Puritans.* 4 vols. London: 1732-1738.

Nuttall, Geoffrey F. *The Holy Spirit in Puritan Faith and Experience.* Oxford: Blackwell, 1946.

Palmer, Edwin H.; Cohen, Gary G.; and Hughes, Philip Edgcumbe: eds. *The Encyclopedia of Christianity.* 4 vols. Wilmington: National Foundation for Christian Education, 1964-1972.

Paul, Robert S. *The Lord Protector: Religion and Politics in the Life of Oliver Cromwell.* Grand Rapids: Eerdmans, 1955.

Plooij, Daniël. *The Pilgrim Fathers from a Dutch Point of View.* New York: New York University, 1932.

Porter, H. C. *Puritanism in Tudor England.* Columbia: University of South Carolina, 1971.

Prall, S. E. *The Puritan Revolution: A Documentary History.* Garden City, N.Y.: Doubleday, 1968.

Price, Thomas. *The History of Protestant Nonconformity in England.* London: Ball, 1836.

Robinson, William Childs. *The Reformation: A Rediscovery of Grace.* Grand Rapids: Eerdmans, 1962.

Rupp, E. G. *Studies in the Making of the English Protestant Tradition (Mainly in the Reign of Henry VIII).* Cambridge: University, 1947.

Schneider, Herbert Wallace. *The Puritan Mind.* New York: Holt, 1930.

Simpson, Alan. *Puritanism in Old and New England.* Chicago: University of Chicago, 1955.

Smyth, Charles H. *Cranmer and the Reformation Under Edward VI.* London: SPCK, 1973.

Thomas, I. D. E., ed. *The Golden Treasury of Puritan Quotations.* Chicago: Moody, 1975.

Toon, Peter. *God's Statesman: The Life and Work of Dr. John Owen.* London: Paternoster, 1972.

———. *Puritans and Calvinism.* Lancashire, Pa.: Reiner, 1973.

Tracy, Joseph. *The Great Awakening: A History of the Revival of Religion in the Time of Edwards and Whitefield.* Boston: Tappan and Dennet, 1842.

Wakefield, Gordon Stevens. *Puritan Devotion: Its Place in the Development of Christian Piety,* 1957.

Walker, Williston. *A History of the Christian Church.* New York: Scribner, 1918.

Whiting, C. E. *Studies in English Puritanism from the Restoration to Revolution, 1660-1688.* London: SPCK, 1931.

CHRISTIAN LITERATURE CRUSADE

사단법인 기독교문서선교회는 청교도적 복음주의신학과 신앙을 선포하는 국제적, 초교파적, 비영리 문서선교기관입니다.

사단법인 기독교문서선교회는 한국교회를 위한 교육, 전도, 교화에 힘쓰고 있습니다.

만일 당신이 예수 그리스도와 그리스도인의 생활에 대하여 알기를 원하시면 지체 말고 서신연락을 주십시오. 주 안에서 기쁜 마음으로 도움을 드리겠습니다.

서울 서초구 방배동 983-2
Tel. (02)586-8761~3

사단법인 기독교문서선교회

청교도 신학

Introduction to Puritan Theology

2002년 5월 1일 초판 발행
2018년 2월 9일 초판 2쇄 발행

지은이	에드워드 힌슨
옮긴이	박영호
펴낸곳	사) 기독교문서선교회
등록	제16-25호(1980. 1. 18)
주소	서울시 서초구 방배로 68
전화	02) 586-8761~3(본사) 031) 942-8761(영업부)
팩스	02) 523-0131(본사) 031) 942-8763(영업부)
홈페이지	www.clcbook.com
이메일	clckor@gmail.com
온라인	기업은행 073-000308-04-020, 국민은행 043-01-0379-646
	예금주: 사)기독교문서선교회

ISBN 89-341-0300-0 (93230)

※ 낙장 · 파본은 교환해 드립니다.